汪文学学术作品集

汉晋文化思潮变迁研究
——以尚通意趣为中心

汪文学 著

贵州出版集团
贵州人民出版社

图书在版编目（ＣＩＰ）数据

汉晋文化思潮变迁研究：以尚通意趣为中心 / 汪文
学著 . -- 贵阳：贵州人民出版社，2019.4
（汪文学学术作品集）
ISBN 978-7-221-15146-9

Ⅰ . ①汉… Ⅱ . ①汪… Ⅲ . ①文化思潮 – 研究 – 中国
– 汉代②文化思潮 – 研究 – 中国 – 晋代 Ⅳ . ① K230.3

中国版本图书馆 CIP 数据核字 (2019) 第 007445 号

汉晋文化思潮变迁研究——以尚通意趣为中心

汪文学 / 著

责任编辑：刘泽海　　陈思宇

封面设计：陈　电

封面题签：李华年

出版发行　贵州人民出版社有限公司

地　　址：贵阳市观山湖区会展东路 SOHO 办公区 A 座

印　　刷：深圳市新联美术印刷有限公司

开　　本：787 毫米 × 1092 毫米　1/16

字　　数：350 千字

印　　张：29.5

版　　次：2019 年 4 月第 1 版

印　　次：2019 年 4 月第 1 次印刷

书　　号：ISBN 978-7-221-15146-9

定　　价：118.00 元

作者简介

　　汪文学，男，1970年生，苗族，贵州思南人，文学博士，教授。现任贵州省文化和旅游厅副厅长、九三学社贵州省委副主委、贵州省政协委员。曾任贵州民族大学图书馆副馆长、文学院院长、教务处处长，全国青联第十、十一届委员。曾获得"全国各族青年团结进步优秀奖""贵州青年五四奖章"和"国务院全国民族团结模范个人""贵州省甲秀文化人才"称号，被评为贵州省高校哲学社会科学学术带头人、贵州省教学名师。主讲的"中国人的精神传统"被评为国家级中国大学精品视频公开课，获得贵州省哲学社会科学优秀成果奖、贵州省文艺奖多项。主要从事中国古代文化与文学、贵州地域文化与文学研究，独立承担国家社科基金课题研究2项，发表学术论文60余篇，出版学术著述10余种，即《正统论——发现东方政治智慧》（2002）、《汉晋文化思潮变迁研究》（2003）、《传统人伦关系的现代诠释》（2004）、《汉唐文化与文学论集》（2008）、《贵州古近代文学理论辑释》（2009）、《诗性风月——中国古典文学中的情爱》（2011）、《中国古代性别与诗学研究》（2012）、《中国人的精神传统》（2012）、《道真契约文书汇编》（2014）、《边省地域与文学生产》（2016）、《扬雄与六朝之学》（2019）、《蟫香馆使黔日记（点校）》（2019）等，主编大型地域文献丛书《中国乌江流域民国档案丛刊》《贵州古近代名人日记丛刊》《中国西南布依摩经丛刊》等数种。

"汪文学学术作品集" 序

在新近出版的一本学术专著的"后记"中，我曾写下这样一段话："人到中年，经营一些大的课题，常感力不从心。但此生已无改行的可能，学问之路还得继续走下去，只能勉力为之。孤灯夜伴，展玩书卷，摆弄文字，后半生的日子大概只能这样去过了。"（《边省地域与文学生产——文学地理学视野下的黔中古近代文学生产和传播研究》，上海古籍出版社2016年版）落款时间是2016年4月。当时提笔写下这段文字的时候，我的内心是真诚的，绝无半点矫情。可大大出乎意料的是，在我写下这段文字之后不到三个月，不可能的事情终于发生了，我真的改行了，从工作了二十三年的大学教师岗位，调到政府部门做公务员，从事文化和旅游管理工作。说实在的，这个变动完全出乎我的意料，真的是人世变幻，沧海桑田，人在江湖，身不由己。二十三年的学术生涯，几乎占去了一个人可以正常工作时间的三分之二，剩下三分之一的时间得从头开始去做一件完全陌生的工作，想起来确是心有余悸。从专业的学术研究者转身为职业的行政工作者，师友间戏称为是"学而优则仕"，或者称之为"华丽转身"。这个"转身"是否可称作"华丽"？现在很难断言。

在这样一个人生与学术之重要转折时期，对既往的学术工作进行总结，对未来的业余学术研究进行规划，当是一件很有意义的事情。因此，编辑个人学术作品集的计划便提上议事日程，并得到出版界朋友的积极支持和大力襄助。

在过去二十余年的学术经历中，我先后出版专题研究著述五种（《正统论——发现东方政治智慧》《汉晋文化思潮变迁研究——以尚通意趣为中心》《传统人伦关系的现代诠释》《诗性风月——中国古典文学中的情爱》《边省地域与文学生产——文学地理学视野下的黔中古近代文学生产和传播研究》），学术论文集二种（《汉唐文化与文学论集》《中国古代性别与诗学研究》），文献整理著述三种（《贵州古近代文学理论辑释》《道真契约文书汇编》《蟫香馆使黔日记》），学术普及读物一种（《中国人的精神传统》），主编地域文献丛刊两种（《贵州古近代名人日记丛刊》《中国乌江流域民国档案丛刊·沿河卷》），待出版的专题学术著述三种（《扬雄与六朝之学》《温柔敦厚：中国古典诗学理学》《贵州地域文化精神研究》），等等

如今编选个人学术作品集，并非是对个人学术作品的汇编，而是选择其中自认为比较重要，有再版之价值，围绕某问题进行专题研究并提出核心观点且能自圆其说的专题学术著述。经过慎重选择，共计八种：《正统论——中国古代政治权力合法性理论研究》《汉晋文化思潮变迁研究——以尚通意趣为中心》《中国传统人伦关系的现代诠释》《诗性风月之光华——传统中国语境中的情爱精神研究》《中国人的精神传统》《边省地域与文学生产——文学地理学视野下的黔中古近代文学生产和传播研究》《扬雄与六朝之学》《温柔敦厚：中国

古典诗学理想》）。以下，略述各书要旨，以便读者选择阅读。

《正统论——中国古代政治权力合法性理论研究》。此书于 2002 年由陕西人民出版社首次出版，原名为《正统论——发现东方政治智慧》，这是当时应出版社的要求改定，现更名为《正统论——中国古代政治权力合法性理论研究》，如此与书稿本身的内容更加吻合。与传统学者仅仅将正统论视为一种史学观念不同，本书认为，作为一种观念或理论，正统论既属于史学范畴，又属于政治学范畴。准确地说，它首先是一种政治观念，然后才是一种史学观念。虽然古代中国的正统之争多以史书为载体，通过史家的褒贬书法表现出来。但是，史学上的正统之争是政治上的正统之争的一种手段，并且不是惟一的手段。所以，正统论，本质上是一种政治理论；正统之争，本质上是一种政治权力的合法与非法之争；正统论是具有古代中国特色的权力合法性理论。本书分析其产生的社会根源，探讨其本身的理论结构及其对中国古代政治文化的影响，辨析其与西方权力合法性理论之异同。通过这项研究，一方面试图对中国历史上遗留下来的一些聚讼不已的政治、文化问题提供一种可能的解释，另一方面是藉此发掘出中国古代的政治智慧，为当代中国的政治文化建设提供一些可资借鉴的制度文化资源。本书是我的第一本学术著作，写作于十五年前，虽然文字表述不免稚嫩，但其基本观点至今仍然坚持。本次再版，仅作部分文字上的修订和润饰，基本内容和框架结构未作大的改动。

《汉晋文化思潮变迁研究——以尚通意趣为中心》。此书于 2003 年由贵州人民出版社首次出版。本书研究汉晋文化思潮之变迁，以汉末魏初为转折点，以汉朝四百年为一阶段，以魏晋六朝四百年为一整体。汉晋文化思潮发生根本性的改变，是在东汉末年，与当时盛行的人物品鉴和尚通意趣，有密切关系。或者说，魏晋之学始于汉末，始于汉末之人物品鉴，起于汉末知识界盛行的尚通意趣。本书力图从汉末魏晋六朝之知识界广泛盛行的尚通意趣之角度，对汉晋八百年间文化思潮之变迁作总体的考察，探讨其变迁之"内在理路"。揭示出在汉末魏晋六朝知识界普遍盛行而又被现当代学术界普遍忽略的尚通意趣，分析这种具有时代精神特点的尚通意趣，对其间人物品鉴、士风、学风和文风的影响。本书的目的在于，通过尚通意趣这个独特的视角，对汉晋文化思想史上的若干分歧问题，对汉晋文化思潮变迁之"内在理路"问题，增加一个理解的层面，提供一种可能的诠释。此次再版，在引用的材料上做了部分增减和再次核实，在文字上做了一些润饰和调整，但基本观点未作任何变动。

《中国传统人伦关系的现代诠释》。此书于2004年由贵州民族出版社首次出版，原名为《传统人伦关系的现代诠释》，现更名为《中国传统人伦关系的现代诠释》。本书研究传统中国社会的人伦关系，以儒家五伦（君臣、父子、夫妇、兄弟、朋友）为基础，旁及由父子伦理衍生而来的祖父、母子、父女、师徒伦理，援用现代社会心理学、民俗学等理论，对其伦理现状形成之原因，从历史、文化、心理、习俗等方面，进行追本溯源的诠释。尤其是对传统民间社会诸多隐而不显的人伦现状，或者是被道德家有意掩饰的人伦关系的真面目，进行充分的揭示和深入的阐释，从而展示传统中国民间社会秩序的真实状态。真实地展现传统人伦关系的本来面目，并用现代观点予以充分诠释，是本书的宗旨。本次再版，在章节题目上做了较大的变动，使之更为醒目；删去部分略显枝蔓的文字，使之更为紧凑；在文字表述上做了一些润饰，使之更为简练；在材料上做了部分补充，使之更为充实。

至于其基本观点，则未作任何改动。

《诗性风月之光华——传统中国语境中的情爱精神研究》。此书于 2011 年由中央编译出版社首次出版，原名为《诗性风月——中国古典文学中的情爱》，这是当时应出版社的要求改定，现更名为《诗性风月之光华——传统中国语境中的情爱精神研究》。本书综论传统中国社会两性情爱关系之现状，研究传统中国人情爱生活的理想追求与现实现状的反差，讨论传统中国人诗意化、审美化的人生态度，探讨华夏民族文化心理中的诗性精神。传统中国人的诗性精神，在其情爱生活中得到最充分的体现。研究华夏族人的文化心理和诗性精神在其情爱生活中的具体呈现，是本书的主要目的。我们认为：诗性精神是传统中国社会情爱生活的基本特征。古典艺术作品是传统中国人诗性精神的直接体现，传统情爱生活是古代中国人诗性精神的间接展现。研究传统中国人的诗性精神，艺术作品是文本依据，情爱生活是鲜活证据。本次再版，在不影响整体阅读的情况下，删去了与《中国传统人伦关系的现代诠释》雷同的部分，增补了部分材料，在文字表述上做了一些修改。

《中国人的精神传统》。此书于 2012 年由武汉大学出版社首次出版。本书非专题研究著作，而是将自己过去从事的几项专题研究成果中，比较适合大众接受的十个专题，如中国人的盛世情怀、家国观念、经典意识、诗学理想、诗性精神、山水情怀、逐鹿策略、英雄崇拜、师道传统、父子伦理等等，以通俗易懂、生动有趣的形式，呈现给读者。因此，本书介于专业研究与学术普及之间，论题的专业性与表述的通俗化，是我的工作目标和努力方向。因此，本书虽非专题学术著作，但论题的专业性是可以保证的，论题之观点亦非常识介绍，而是基于个人独立的学术见解。在表述上亦非原文照抄，而是做了尽量的通俗化和趣味性处理。本书曾作为大学文科学生通识课教材，部分内容录制成教学视频，发布在教育部"爱课程""网易公开课"等网站，被评为"中国大学精品视频公开课"。所以，作为"作品集"中的一种单独出版，亦有一定的价值。

《边省地域与文学生产——文学地理学视野下的黔中古近代文学生产和传播研究》。此书是 2012 年度立项的国家社科基金课题"边省地域对文学生产和传播的影响研究"的研究报告，于 2016 年由上海古籍出版社首次出版。本书以黔中古近代文学为例，依据文学地理学的理论和方法，研究边省地域空间对文学活动的影响，探讨边省地理环境、地域区位和地域文化对文学生产和传播的影响。以为"多山多石"之黔中地理特征和"不边不内"之黔中地域区位为特点的黔中"大山地理"，孕育了多姿多彩、五方杂处、和而不同的黔中"大山文化"。在黔中"大山地理"和"大山文化"之影响下产生的黔中"大山文学"，它的传播不仅受到"大山地理"和"大山文化"之影响和制约，它的生产亦深深地打上了"大山地理"和"大山文化"的烙印。黔中"大山地理"和"大山文化"赋予了黔中"大山文学"的创新精神和"边缘活力"，制约了黔中"大山文学"的文体选择，影响了"大山文学"的题材取舍，铸就了"大山文学"的"大山风格"。本次再版，在引用的资料上做再次核实，在文字表述上稍作修改，其他则未作大的改动。

《扬雄与六朝之学》。此书是我的博士论文，尚未公开出版。本书研究之论域有二：一是关于扬雄学术思想文化及其影响的研究，二是关于六朝之学之渊源的研究。简言之，就是关于扬雄与六朝之学之渊源影响关系的研究。通过对扬雄之生平经历、家族背景、师友网络、人生哲学、性情好尚等方面的研究，揭示其影响六朝之学的个人可能性；通过对其学术渊源、思想背景、学术观念、学术方法、学术思想、文学创作和文学理论等方面研究，揭示其对六朝之学的具体影响。其最终目的，就是证实"六朝之学始于扬雄"这个学术"假说"。本书是在《汉晋文化思潮变迁研究——以尚通意趣为中心》一书之基础上，在尚通意趣这个大背景下，对汉晋文化思潮变迁的持续研究，其基本观点亦有进一步的深化和修正（即从"魏晋之学始于汉末"发展至"六朝之学始于扬雄"）。

《温柔敦厚：中国古典诗学理想》。此书尚未公开出版，部分内容在研究生课程上讲授过。本书在区分中国古代诗学之"古典美"和"现代性"之基础上，力图呈现中国古典诗学之理想品格——"温柔敦厚"产生的理论基础、思想背景，分析其基本内涵和在诗歌创作中的体现，探讨其对中国文化特质之形成和中国人的精神传统之涵养所发生的影响，以及对当代国民教育的借鉴意义，对当代精神文化建设的现代价值。中国古典诗学以均衡、和谐为主要特征，以雅、厚、和为最高追求，以"温柔敦厚"为理想品格。本书即是从"温柔敦厚"这个理想品格的角度讨论中国古典诗学的一般性特征，包括审美特征和教化功能。彰显"温柔敦厚"说的现实意义，消除长期以来积压在"温柔敦厚"之上的偏见和误解，还"诗教"说以本来面目，阐释"诗教"说的社会价值，是本书的主要目的。

从事学术研究，尤其是从事博大精深、积淀深厚的中国传统文化的研究，学术积累是一个长期的过程，传统经典文本和学者研究著述，堪称汗牛充栋，需要大量的时间去理解、消化和思考。所以，在这个学科领域，"晚成"是必然的。在一般情况下，"不惑"之年方可"登堂"，"知天命"之年才算"入室"，"耳顺"之年才渐入佳境。而我在尚未步入"知天命"之年，就着手治学反思和学术总结，并编辑出版个人学术作品集。我深知这种做法有欠妥当，但亦是不得已而为之。在个人学术经历由"专业"转身"业余"之际，反思过往，展望未来，编选作品集，于自己是一个总结，亦是一个纪念；于长期以来关心、鼓励和支持我的师友，亦是一个交待。

汪文学

二〇一八年五月二十日

目 录

"汪文学学术作品集"序　　　　　　　　　001

绪　论：方法与视角　　　　　　　　　001

第一章　问题的提出与全书提要　　　　007

一、汉晋文化思潮之差异　　　　　　　008

　　1. 经明行修与简易通侻：汉晋士风之差异　　　009

　　2. 渊综广博与清通简要：汉晋学风之差异　　　011

　　3. 错彩镂金与清水芙蓉：汉晋文风之差异　　　012

二、近代以来有关汉晋文化思潮变迁研究之观点　　014

三、本书研究的切入点　　　　　　　　022

　　1. 魏晋之学始于汉末　　　　　　　023

　　2. 魏晋之学起于人物品鉴　　　　　026

四、全书内容提要　　　　　　　　　　029

第二章 汉晋间之尚通意趣探析　　034

一、"通"义界说　　034

二、古今学者对汉晋间之尚通意趣的关注　　037

三、汉末魏晋六朝时期的尚通意趣　　043

四、尚通意趣产生的文化背景和社会基础　　057

    1. 汉初的倜傥士风和博达学风　　057

    2. 尚通意趣之产生与经今古文学的斗争　　060

    3. 尚通意趣之形成与老庄之学的复兴　　068

    4. 尚通意趣之发生与《周易》的通变思想　　073

    5. 尚通意趣与汉末魏晋社会的游离特点　　077

第三章 尚通意趣与汉晋间的人物品鉴　　082

一、人物品鉴释义　　083

    1. "品鉴""品藻"和"品题"释义　　083

    2. 汉末魏晋六朝人物品鉴概说　　085

二、汉晋间人物品鉴的总体发展趋势　　089

    1. 由实而虚：汉晋间人物品鉴的发展趋势之一　　089

    2. 由形鉴而神鉴：汉晋间人物品鉴的发展趋势之二　　095

    3. 由道德功利而艺术审美：汉晋间人物品鉴的发展趋势之三　　105

三、魏晋六朝人物品鉴新品目诠释　　116

1. 神　　　　　　　　　　　　　　116

2. 简　　　　　　　　　　　　　　126

3. 识　　　　　　　　　　　　　　132

4. 清　　　　　　　　　　　　　　136

5. 朗、秀、韵等其他品目　　　　　142

四、魏晋人物品鉴中的两种重要人物类型　　147

1. 通人　　　　　　　　　　　　　147

2. 英雄　　　　　　　　　　　　　151

第四章　尚通意趣与汉晋士风之变迁　　162

一、尚通意趣与魏晋士风之新特点　　　　　163

1. "通侻"与尚通　　　　　　　　163

2. "雅远"与尚通　　　　　　　　165

3. "旷达"与尚通　　　　　　　　169

二、汉末魏晋时期的"浮华交会"之风　　　171

1. "浮华交会"：汉末魏晋的重要社会问题　　171

2. 汉末魏晋"浮华交会"之特点及其兴起之原因　　178

三、魏晋六朝时期的"文人无行"说　　　　191

1. "文人无行"：魏晋六朝学者关注的一个重要话题　　191

2. "文人无行"：文学艺术的本质要求　　194

3. "人的自觉""文的自觉"与"文人无行"　　199

附录："仲宣伤于肥戆"解　　　　　　　　　　205

第五章　尚通意趣与汉晋学风之转移　　　　　211

一、从拘泥执障到清通简要：汉晋学风发展之总体趋势　211

二、尚通意趣与汉晋学术取径、方法和目的之变迁　222

　　1.　由实入虚：汉晋学术取径的发展趋势　　222

　　2.　由繁入简：汉晋学术方法的发展趋势　　224

　　3.　由学入识：汉晋学术目的的发展趋势　　232

三、从《人物志》论汉晋学风之变迁　　　　236

　　1.　《人物志》是汉末魏初知识界盛行的尚通意趣的产物　236

　　2.　《人物志》在学术方法上的创新　　　238

　　3.　"思心玄微"的学术方法

　　　　在《人物志》中的实践及其影响　　　247

第六章　尚通意趣与汉晋文风之嬗变（上）　252

一、尚通意趣与文学自觉观念之形成　　　253

　　1.　通人娴于文辞　　　　　　　　　254

　　2.　尚通意趣与审美超越意识之形成　　258

二、尚通意趣与创作题材　　　　　　　　270

　　1.　尚通意趣与"缘情"文学的复兴　　271

    2. 尚通意趣与山水文学的勃兴　　　　　　　　286

  三、尚通意趣与艺术构思　　　　　　　　　　　301

    1. 艺术构思：六朝文论的核心问题之一　　　301

    2. 尚通意趣对构思主体之能力和修养的影响　304

第七章　尚通意趣与汉晋文风之嬗变（下）　　315

  一、尚通意趣与创作方法　　　　　　　　　　315

    1. 尚通意趣与六朝文学创作中的新变意识　　315

    2. 尚通意趣与六朝文学中的繁简问题　　　　327

    3. 尚通意趣与六朝文学中的佳句创作和欣赏　338

  二、尚通意趣与文学风格　　　　　　　　　　351

    1. 错彩镂金与清水芙蓉：六朝文学的两种基本风格　351

    2. 说“文秀质羸”——关于钟嵘《诗品》“王粲”条的疏证　374

    3. 说“直致”——关于钟嵘《诗品》的一个诗学概念的诠释　386

  三、尚通意趣与文学批评　　　　　　　　　　400

    1. 尚通意趣与魏晋六朝文学批评观念之自觉　400

    2. 尚通意趣与“知音”批评方法　　　　　　411

参考文献　　　　　　　　　　　　　　　　　　420

后　记　　　　　　　　　　　　　　　　　　　428

“汪文学学术作品集”后记　　　　　　　　　　431

绪论：方法与视角

　　学术研究要在前代和当代学者研究成果的基础上有所突破和创新，大致有两个渠道：一是新材料的发现；二是新方法、新视角的选择和运用。古今中外的学术创新和进步，概莫能外。对于汉晋文化思潮变迁之研究而言，成批量或者成规模的新材料的发现虽有可能，但至少目前还没有足够可以用来重新诠释汉晋文化思潮发展变迁的新材料。所以，重新诠释汉晋文化思潮之变迁，摆在我们面前的，只有新方法、新视角的选择和运用这个渠道。

　　本书研究汉晋文化思潮之变迁，采用的是"内在理路"这种研究方法，选择的是尚通意趣这个新视角。试图通过尚通意趣这个新视角，研究汉晋文化思潮变迁的"内在理路"。

　　提出"内在理路"观点，并成功地用于研究中国古代文化思想史的，是余英时。他在《清代思想史的一个新解释》一文中说：

　　　　现在西方研究 intellectual history 或 history of ideas，有很多种看法。其一个最重要的观念，就是把思想史本身看做有生命的、有传统的，这个生命、这个传统的成长并不是完全仰赖于外在刺激的，因此单纯地用外缘来解释思想史是行不通的。同样的外在条件、同样的政治压迫、同样的经济背景，在不同的思想史传统中可以产生不同的后果，得到不同的反应。所以在外缘之外，我们还特别要讲到思想史的内在发展。我称之为内在的理路（inner logic），也就是每一个特定的思想传统本身都有一套问题，需要不断地解决，这些问题，有的暂时解决了，有的没有解决，有的当时重要，后来不重要，而且旧问题又衍生新问题，如此流转不已。这中间是有线索条理可寻的。……如果我们专从思想史的内在发展着眼，撇开政治、经济及外面因素不问，也可以讲出一套思想史。从宋明儒学到清代经学这一阶段的儒学发展史也正可以这样来处理。[1]

对于汉晋文化思潮变迁之研究，过去的研究者多从社会、政治、经济等角度，探讨当时政治格局和经济秩序之变化对汉晋文化思潮变迁的影响。这可以侯外庐的《中国思想通史》为代表，用余英时的话说，这种观点属于典型的"外缘影响"论。仅仅从"外缘影响"研究文化思潮之变迁，其缺点是显而易见的，余英时言之甚详，现当代学者亦多注意到这个问题。所以，当"外缘影响"论被学者普遍采用的时候，"内在理路"的研究亦逐渐被学者重视。如汤用彤的《魏晋玄学论稿》，按照"人物品鉴—名理学—言意之辨—玄学"这样一个学术思路研究魏晋玄学的发生发展。贺昌群的《魏晋清谈思想初论》，从老庄之学的复兴、诸子学之重光，以及由此造成的人生观之转变，研究汉晋文化思潮之变迁，这种研究，他称之为"文化之决定因素"。实际上，他与汤用彤一样，走的是"内在理路"的研究路子。不过，准确地说，汤、贺二人走的虽是"内在"的路子，但对"内在"之"理路"却缺乏深入的阐释。如汤用彤认为由汉代的儒学到魏晋的玄学，是"学问演进之必然趋势"，是"学理之自然演进"，至于学理何以会朝着由

---

[1]　余英时：《中国思想传统的现代诠释》第 201 页，江苏人民出版社 1998 年版。

儒而玄的"必然趋势"而"自然演进"，即学理演进的"内在"的"理路"问题，却未予充分的解释。又如贺昌群注意到老庄之学的复兴和诸子学的重光，以及人生观之转变，对汉晋学术思潮变迁之影响，至于老庄之学何以会在此时复兴？诸子学何以会在此时重光？他亦未能作出令人信服的解释。所以，与汤用彤一样，他对"内在"的"理路"的诠释，亦是不够的。余英时撰著《汉晋之际士之新自觉与新思潮》一文，从"士之内心自觉"的角度解释汉晋文化思潮之变迁的"内在理路"，提出"汉晋间学术思想之变迁以个体内心之自觉为其背景"的新说。然而，他于"士之内心自觉"所发生的文化背景，却又语焉不详。因此，可以说，直到目前为止，学术界对汉晋文化思潮变迁的"内在"的"理路"的了解是欠缺的，值得我们进一步探讨。

作者赞同余英时的观点：撇开政治、经济等外缘因素不问，专从思想史的"内在理路"着眼，亦可以讲出一套思想史。将余英时的方法运用到汉晋文化思潮变迁的研究上，作者认为：专从思想文化演进的"内在理路"着眼，亦可以讲出一套汉晋文化思潮变迁史。本书就是从尚通意趣这个新视角，探讨汉晋文化思潮的"内在"发展"理路"，展示汉晋文化思潮发展的"自主性"。但是，需要说明的是，强调文化思潮发展的"内在理路"，我们并不排斥其所受的"外缘影响"。关于这一点，余英时在《〈论戴震与章学诚〉增订本自序》中指出：他并不是要用"内在理路"说来取代"外缘影响"论，历史任何一方面的重大变动，其造因都是极其复杂的，任何企图将历史变动纳入一个整齐系统的努力都是失败的，"内在理路"说不过是在展示学术思想变迁的"自主性"，但是这种"自主性"是相对的，不是绝对的，它的有效性亦是受到严格限制的，它不过是为历史的转变增加一个理解的层面，它不但不排斥任何持之有故的外缘解释，而且亦可以与一切有效的外缘解释互相支援、互相配合。[1] 具体在本书中，作者在阐释汉晋文化思潮变迁的"内在理路"时，亦时时不忘"外缘影响"，本书曾多次引用侯外庐、杜国庠关于汉末魏初游离经济对文化学术发生影响的观点，来阐释汉晋文化思潮之变迁，就是一个明显的例子。不过，由于本书的基本立场是从文化学术的"内在理路"，阐释由汉而晋的文化思潮之变迁过程。所以，对当时一切外在的政治、经济、社会等等变动于文化思潮变迁之影响，或着墨不多，或略而不论。

受余英时的启发，[2] 本书选择强调"内在理路"，淡化"外缘影响"的方法，研究汉晋文化思潮的变迁。接下来的问题，就是研究视角的选择。研究汉晋文化思潮变迁的"内在理路"，有很多视角可供选择，但如何选择一个最佳视角，却是很费周折的。在最初设计这项研究课题时，作者打算选取人物品鉴这个极富时代特色同时又被现当代学者普遍关注的视角。因为人物品鉴是汉末魏晋六朝时期影响广泛的一项社会活动，对当时士风、学风、文风皆产生过十分深刻的影响。故现当代学者如汤用彤、宗白华、王瑶、李泽厚等，在讨论魏晋玄学、美学、文学和文论时，皆重视人物品鉴，认为人物品鉴是了解魏晋六朝学术文化思想的关键。受这些前辈学者的影响，作者当时认为人物品鉴是研究汉晋文化思潮变迁的最佳视角。但是，随着阅读的积累和思考的深入，这个观点就逐渐地被动摇和瓦解了。因为作者发现，人物品鉴虽然影响着魏晋士风、学风和文风的发展进程，但人物品鉴同士风、学风、文风一样，亦受着某种时代风尚的影响，而朝着同一个方向（即由实入虚）发展。所以，人物品鉴是研究汉晋文化思潮变迁之"内在

---

[1] 余英时：《论戴震与章学诚》书首，生活·读书·新知三联书店 2000 年版。

[2] 虽然我是在本书初稿即将完成时，才接触到余英时的"内在理路"说，但亦不妨说是一种启发。因为余英时运用"内在理路"说研究中国思想史的成功范例，使我对本书的研究有了范式依据和充分信心。

理路"的一个重要出发点，但却不一定是最佳的视角。或者说，在汉晋文化思潮变迁之研究中，人物品鉴这个视角，还不具备根源上的意义。作者深信，研究汉晋文化思潮变迁之"内在理路"的最佳视角，应是影响魏晋六朝人物品鉴、士风、学风、文风之发展呈现出共同走向（即由实入虚）背后的那个"某种时代风尚"。

要寻求这个"某种时代风尚"，并非易事。经过一番艰苦的思考和探索，作者逐渐注目于汉末魏晋六朝时期流行的尚通风尚。不过，激发作者将尚通风尚假定为研究汉晋文化思潮变迁之"内在理路"的最佳视角，设定为汉晋文化思潮变迁之根源性原因，则是得力于葛兆光的启示。葛兆光在《知识史与思想史——思想史的写法之二》一文中说：

> 有时，知识的储备是思想接受的前提，知识的变动是思想变动的先兆。像在讨论魏晋玄学的时候，人们也可以看到，那种表面非常玄虚的哲理讨论的背后，也有相当复杂和深厚的关于知识的历史背景。研究者普遍不曾注意的是，恰恰是东汉博学通儒的知识主义倾向，使得当时知识阶层的知识取径大大拓展，而这种知识拓展的直接后果，正好就是瓦解了儒家经典作为知识的唯一性，"性与天道"这种儒家不曾精研的命题顿时成了各种思想入侵的缝隙，各种杂驳的知识就成了人们阅读的热门，正是在这样的情势中，老庄思想才会顺理成章地成为思想的资源，佛教关于佛性的经典才会被如此多的人研读。[1]

虽然本书的研究结论与葛兆光的观点不尽相同，比如，本书提出的尚通意趣，与葛兆光提出的"知识主义倾向"，就有比较明显的区

---

[1] 葛兆光：《知识史与思想史——思想史的写法之二》，《读书》1998年第2期。

别。但是，促使作者认识到尚通意趣在汉晋文化思潮变迁中的重要性，激发我将之假定为研究汉晋文化思潮变迁之"内在理路"的最佳视角，则确是葛兆光的这段文字和差不多同时出版的《中国思想史》（第一卷）的相关论述。

在葛兆光论著的启发下，作者参阅了章学诚、鲁迅、贺昌群、牟润孙及日本学者吉川忠夫等人的相关论述，进一步坚定了信心，使本书的研究视角由最初的"假定"，变成了最后的"认定"。作者深信：尚通是魏晋六朝的时代精神，尚通意趣是研究汉晋文化思潮变迁之"内在理路"的最佳视角。

需要郑重指出的是，本书选择尚通意趣这个新视角研究汉晋文化思潮变迁的"内在理路"，但作者并不排斥一切言之有理的新旧阐释。在探讨"内在理路"时，亦充分吸收学术界的"外缘影响"研究成果；选择以尚通意趣为视角中心，亦兼采其他持之有故的研究视角，如人物品鉴。本书的目的，旨在通过尚通意趣这个视角，对汉晋文化思潮变迁之"内在理路"，进行通盘的诠释，为汉晋文化思潮之变迁历程，增加一个理解的层面，提供一种可能的诠释。当然，它既不是唯一层面，亦不是唯一的诠释。

第一章　问题的提出与全书提要

　　本书以汉晋文化思潮之变迁为研究对象。但是，作者为本书所确定的研究范围却是相当有限的，它既不是泛论汉晋文化思潮之发展历史，亦非简单地罗列汉晋文化思潮之异同。而是着眼于"变迁"二字，在呈现汉晋文化思潮之差异性的基础上，分析产生汉晋文化思潮变迁之内在原因，研究汉晋文化思潮发展的"内在理路"。

　　汉晋文化思潮之显著差异，在学术界已是共识。但这种共识多半停留在经验或印象层面，并未得到认真而全面的清理和总结。本书力图从士风、学风和文风三个层面，清理和总结汉晋文化思潮的差异。但清理和总结汉晋文化思潮之差异不是本书的写作目的，它只是作者的一个工作平台。本书的研究，是在这个工作平台上，揭示产生这种差异的内在原因，分析其发展演变的"内在理路"。

　　研究汉晋文化思潮变迁之原因及其"内在理路"，自近代以来，就受到学者的关注，并提出了若干有影响的观点。作者在借鉴前辈学者和当代学人之观点的基础上，发掘出在当时思想文化界相当流行的尚通意趣，并以尚通意趣为中心研究汉晋文化思潮之变迁（这正是本书标题的意思）。作者认为：尚通意趣虽然不是汉晋文化思潮变迁的唯一原因,但汉晋文化思潮变迁中的诸多问题,甚至许多根本性的问题,唯有从尚通意趣出发,才能获得比较确切和令人信服的解释。

为了说明提出本课题研究的必要性和重要性,在本章,作者将对以下问题进行说明和分析。即汉晋文化思潮之差异主要体现在哪些地方?近代以来学术界对该问题之研究的得失分析,本书研究的切入点,等等。

一、汉晋文化思潮之差异

在中国历史上,从汉高祖刘邦建国(前 206 年)到隋文帝杨坚开国的开皇元年(581 年),约八百年时间,学术界或泛称为中古时期,或习惯性地称之为魏晋六朝。总之,是将这八百年视为一个完整的、相对独立的历史时期进行研究的。其实,无论是从政治、经济等制度文化方面看,还是从学术思想、文学艺术和士人风范等精神文化领域考察,汉魏六朝实在是可以分成两个独立的阶段,即以汉朝四百余年(前 206 年—220 年)为第一阶段,以魏晋六朝(220 年—公元 581 年)约四百年为第二个阶段。这种划分,不仅是为了时间上的整齐划一,实在是因为以建安、曹魏为转折点的汉朝四百年,与以晋为中心的魏晋六朝四百年,在政治、经济、文化等方面皆存在着极为显著的差异。从政治上看,汉朝四百年,是一个基本能维持大一统局面的统一时期,以晋为中心的魏晋六朝四百年,相对来说,则是一个动荡、分裂时期。从社会特点上看,汉朝四百年相当于西方的中古时代,魏晋六朝四百年则大略相当于西方的文艺复兴时期。[1] 特别是本书所讨论的思想文化领域，其差异就更是显而易见。可以说，汉魏转折之际，是中国古代思想文化发生急剧变革的时期。王国维指出："学术变迁莫剧于三国之际。"[2] 曹聚仁亦说："汉魏之际，中国学术大变。"[3] 概而言之，汉代文化思想可称为经验主义的，举凡思想、学术、艺术，概莫能外。而魏晋六朝文化思想则是自然主义或浪漫主义的。这种差异，具体体现在士风、学风、文风等几个方面。

1. 经明行修与简易通倪：汉晋士风之差异

汉晋士风之差异，主要体现在当时士人不同的价值取向和人生行为方式上。一般而言，汉代以察举取士，其察举之科目有孝廉、明经、

---

[1] 梁启超在《清代学术概论》一书中，把清代视为中国历史上的"文艺复兴时代"。刘大杰首先提出异议，认为魏晋时代才是一个"文艺复兴"的时代，他说："魏晋文化思想，可以说是旧的破坏时代，同时又是一个新的建立时代，无论哲学文艺宗教人生观各方面，都脱离了旧时代的桎梏，活跃而又自由地发展着新的生命。这些新生命，都是后代文化思想的重要种子，在这个时代，从某种意义上说，是有着文艺复兴的意味的。"（《魏晋思想论》第 156 页，上海古籍出版社 1998 年版）宗白华亦认为魏晋六朝时代"社会秩序的大解体，旧礼教的总崩溃、思想和信仰的自由、艺术创造精神的勃发，使我们联想到西欧十六世纪的'文艺复兴'"。（《美学散步》第 177 页，上海人民出版社 1981 年版）余英时在《汉晋之际士之新自觉与新思潮》一文中亦指出：十四、十五世纪意大利知识分子个性发展之环境、历程，与中国汉晋之际的士人有极多的相似之处。（《士与中国文化》，上海人民出版社 1987 年版）萧艾《试论〈世说〉产生的时代背景及其历史意义》一文亦认为："只有魏晋时期相当于西欧的文艺复兴。因为这一时期的确恢复了战国百家争鸣的局面。西方文艺复兴时期，最突出的特点是冲破中世纪神权的统治，人文主义思潮澎湃；文学、艺术从宗教束缚中解脱，取得了新的成就。一言以蔽之，是人的觉醒，是个性的解放。魏晋时期不正是挣脱儒家礼教的枷锁，新学说、新理论争相萌芽，文学艺术走向自觉、独立的道路吗？"（《〈世说〉探幽》之《代序》，湖南出版社 1992 年版）

[2] 王国维：《汉魏博士考》，见《观堂集林》卷四。

[3] 曹聚仁：《中国学术思想史随笔》第 106 页，生活·读书·新知三联书店 1986 年版。

贤良方正、质朴敦厚、逊让有行等，其所重者在言与行，而士人进身之途径亦在言与行。于是，当时士人最重德行操守，以经明行修、砥砺名节为人生之最高追求，故当时士人多有修廉隅异操和苦读经书以徼名者。因此，当时之清议名流，月旦人物，尚实际，重功业，贵德行，尊经术，实为传统儒家品鉴人物的道德标准。魏晋时期，清议名流月旦人物，则普遍倾向于贵通博，尚浮华，重交游，贱名节，鄙俗功，尚超脱，贵放逸，尊识度，重清简。在此期间，儒家尊尚的德行操守虽未被完全废弃，但已明显让位于姿容言行、风神韵致，谨守儒学的行为方式已经被儒道兼综的方式所取代，特别是道家达生任性、贵生轻节、旷而且真的人生追求，成为当时士人的兴趣所在，"不是人的行为节操，而是人的内在精神性（亦即被看作是潜在的无限可能性）成了最高的标准和原则。完全适应着门阀贵族们的贵族气派，讲求脱俗的风度气貌成了一代美的理想。不是一般的、世俗的、表面的、外在的，而是必须能表达出某种内在的、本质的、特殊的、超脱的风貌姿容，才能为人们所欣赏、所评价、所议论、所鼓吹的对象"。[1]

裴頠《崇有论》批评魏晋士人"薄综世之务，贱功烈之用，高浮游之业，埤经实之贤"。又说：其时士人"立言借其虚无，谓之'玄妙'；处官不亲所司，谓之'雅远'；奉身散其廉操，谓之'旷达'"。[2]干宝《晋纪总论》亦说魏晋时期，"学者以老庄为宗而黜六经，谈者以虚薄为辩而贱名俭，行身者以放浊为通而狭节信，进仕者以苟得为贵而鄙居正，当官者以望空为高而笑勤恪"。[3]裴、干二氏虽然是批评时弊，但亦颇为中肯。一般而言，汉人尚功业，重德行，其风度是

---

[1] 李泽厚：《美的历程》第 92 页，文物出版社 1981 年版。

[2] 《全晋文》卷三十三。

[3] 《文选》卷四十九。

庄严、雄伟的。魏晋人则以放达、超脱为特点。与汉人的谨严、拘泥不同，魏晋人是通侻、简易。如果说汉人的人生是一种道德境界、道德人生，追求的是外在的功业和操守；那末，魏晋人的人生则是一种艺术境界、艺术人生，追求的是一种诗意化的人生神韵。汤用彤说："汉人朴茂，晋人超脱。朴茂者尚实际。"[1] 超脱者重玄虚。宗白华说："晋人之美，美在神韵。"[2] 魏晋人的这种神韵之美，被后世学者称为"魏晋风度"或"魏晋风流"。

总之，汉代士风以经明行修、砥砺名节为特点，魏晋士风则向着浮华玄虚、简易通侻的方向发展。

2. 渊综广博与清通简要：汉晋学风之差异

汉代学术是经学，魏晋学术是玄学。汉代经学，无论是古文经学，还是今文经学，皆注重名物考证和文字训诂，是一种重据守实的考据之学。魏晋玄学，虽与经学相关，但它却是儒道兼综，而又以道家为主，因而与汉代经学不同，它是一种追求寄言出意的义理之学。这是从宏观上讲。具体而言，汉代经学与魏晋玄学在学术取径、方法和目的等方面，皆存在着显著的差异。

其一，学术取径。汉代训诂文字、考证名物的章句之学，拘于儒经，默守师法家法，重实尚用，学者以通经为进身之阶，或以经学断政事，"率多不便属辞，守其章句，迟于通变，质于心用"，[3] 执障、拘泥、繁琐是它的最大特点。魏晋玄学，祖尚玄虚，探求大义，"以老庄为

---

[1] 汤用彤：《言意之辨》，见《魏晋玄学论稿》第40页，中华书局1962年版。
[2] 宗白华：《论〈世说新语〉和晋人的美》，见《美学散步》第185页，上海人民出版社1981年版。
[3] 干宝：《晋纪总论》，见《文选》卷四十九。

宗而黜六经"，"以博依为急务，谓章句为专鲁"。[1] 其所讨论的问题，如才性之辨、本末之辨和言意之辨，都是超越经验世界的玄远问题，即形而上的问题。讨论之范围亦不限于儒家之六经，老庄哲学和佛教经典亦逐渐成为学术思想的重要资源，"性与天道"这些儒家不曾精研的命题亦成为学界的热点。

其二，学术方法。汉人治学，重师法家法，陈陈相因，述而不作，因循守旧，是一种经验性的学术方法。魏晋学者治学，不为章句，以探求义理为本，以构建本体之学为旨归（包括玄学本体、人格本体、文学本体），重视创新求异，是一种思辨性的学术方法。由此之故，汉人治学，重实守据，博而不能返约，虽有渊综广博的特点，但亦不免深芜繁琐之弊。魏晋学者治学，"略其玄黄而取其隽逸"，讲求"寄言出意""寄形出神"，主张以简驭繁，举一统万，因而有清通简要的特点。

其三，学术目的。汉人治学，重在文字训诂和名物考证，简言之，就是重象重言。魏晋学者则是重意重神。换言之，汉人重"学"，魏晋人尚"识"。重"学"者，识其事而不能通其理，是知识积累型的学者；重"识"者，着重阐释义理，辨别是非，是思想义理型的学者。

总之，汉代学风有渊综广博、繁琐拘泥的特点。魏晋学风则朝着清通简要、尚识重意的方向发展。

3. 错彩镂金与清水芙蓉：汉晋文风之差异

汉晋文学风气之差异，主要体现在创作方法、抒情方式和文学风格等三个方面。

其一，在创作方法上。汉代文学家，特别是赋作家，奉行的是"推

---

[1] 裴子野：《雕虫论》，见《全梁文》卷三十三。

类而言，极丽靡之辞"的创作方法，[1]"草区禽族，庶品杂类"，[2] 无不一一罗列，这种与汉代经学相呼应的文风，表现了汉人对自然和社会的大一统式的总结，同时亦说明汉人的艺术概括能力不高，还不善于选取典型来表现一般，对少与多的辩证法缺乏深入的体会。因此，它虽有酣畅淋漓的好处，但亦有一览无余的缺陷。[3] 与此相应，汉代诗歌亦有"气象混沌，难以句摘"的特点。魏晋文学家，受到玄学家举一统万、以简驭繁的学术方法的启示，深明以典型表现一般、以少总多的道理，因而在文学创作中亦贯彻着"片言明百意"的方法，如创作佳句秀句以笼罩全篇，就是一个显明的例子。另外，汉代文学家受经学重师法家法的影响，在创作中摹拟习气较重，千人一面，缺乏个性特点。魏晋时期，文人的创新求变意识比较浓厚，文学发展的阶段性特点特别明显，"若无新变，不能代雄"，是当时文人的一个创作原则。

其二，在抒情方式上。汉代文学，特别是乐府古辞，往往是按照情感发展的自然顺序来安排诗篇结构，形成一种平铺直叙的、线性的、单一的抒情方式，缺乏变化和曲折。而魏晋诗歌，其抒情方式往往是网状的、复合的，按照情感起伏的节奏剪裁诗思，让读者从各个侧面去领略诗人的情思。[4]

其三，在艺术风格上。汉代艺术，以大为美，以力量为美，以古朴为美，多丈夫气，显得厚重、遒劲，有气势和力量，有混沌浑朴的特点。汉赋的长篇巨制，汉雕刻的庞大体积，无不如此。同时，还崇尚华丽，以饱满（力量）和绚丽（丽采）厌悦人心，重外在的涂饰，

[1]　《汉书·扬雄传》。

[2]　《文心雕龙·诠赋》。

[3]　参见王钟陵《中国中古诗歌史》第 13 ~ 14 页，江苏教育出版社 1988 年版。

[4]　参见刘跃进《门阀贵族与永明文学》第 6 页，生活·读书·新知三联书店 1996 年版。

使欣赏者获得一种视觉感官上的满足，是一种"错彩镂金"式的艺术风格。魏晋艺术，与汉代艺术风尚不同，多是小巧玲珑的。亦与汉代厚重、遒劲的艺术风格不同，多是秀逸、精致、空灵的，有女郎气。它虽然亦重外在的涂饰，但更多的是一种内在的精神气韵之美。它没有汉代艺术的"陵嚣之气"，亦不像汉代艺术那样"叫嚣夸大""愤怒"，而是"沉静的、是敏感的"，"能以冷静头脑驾驭强烈感情"，"不是力而是韵"。与汉代的"动"相反，它以"静"为特色，[1] 使读者获得一种精神上的审美愉悦，是一种"清水芙蓉"式的艺术风格。

总之，汉代文学饱满充沛、典雅壮丽，体现出一种"错彩镂金"之美；魏晋文学以清新秀逸、精致空灵为主要特点，体现出一种"清水芙蓉"式的艺术风格。

二、近代以来有关汉晋文化思潮变迁研究之观点

大体而言，汉晋文化思潮之变迁，呈现出由经验主义而自然主义的发展趋势。具体地说，在士风方面，是从汉代的经明行修向魏晋的简易通俗方向发展；在学风上，由汉代的渊综广博向魏晋的清通简要方向发展；在文风上，由汉代的"错彩镂金"向魏晋的"清水芙蓉"方向发展。总之，汉晋文化思潮之变迁，大体呈现出避实就虚的特点。关于汉晋文化思潮变迁之趋势，古代学者已有一定的认识，如《后汉书·儒林传序》云：

> 太初元年，梁太后诏：大将军下至六百石，悉遣子弟就学。……自是游学增盛至三万余生。然章句渐疏，而多以浮华相尚，儒者之风盖衰矣。

---

[1]　顾之京：《顾随诗文论丛·驼庵文话》，天津人民出版社1995年版。

颜之推《颜氏家训·勉学篇》亦说：

> 学之兴废，随世轻重。汉时贤俊，皆以一经弘圣人之道，上明天时，下该人事，用此致卿相者多矣。末俗已来不复尔，空守章句，但诵师言，施之世务，殆无一可。故士大夫子弟皆以博涉为贵，不肯专儒。

这是指出汉晋间学风之发展变化。对于汉晋间士风之变迁，宋人程颐说：

> 东汉之士多名节。知名节而不知节之以礼，遂至苦节，苦节既极，故魏晋之士变而为旷荡，尚浮虚而无礼法。礼法既亡，与夷狄无异，故五胡乱华。[1]

这是对汉晋士风变迁的精审总结。对于汉晋文风之变迁，《文心雕龙·通变篇》和历代诗话著作多有说明，兹不引述。总之，古代学者已清楚地看到汉晋文化思潮之变迁，并准确地指出了汉晋文风、士风、学风之差异。但是，一个明显的缺陷，是他们多半停留在经验事实的陈述层面，未能深入探讨汉晋文化思潮发生如此重要变化的深刻原因。

近代以来，汉晋文化思潮的变迁问题引起了学者的高度重视，并对此进行了多方面的探讨。归纳起来，大致是从以下两个角度进行的：一是从学术思想本身演变的角度，探讨汉晋文化思潮演进之"内在理路"，其要点大致涉及到儒学的危机、诸子学的复兴，特别是老庄思想、名理学和人物品评等方面，亦具体讨论到扬雄、王充、马融、仲长统、曹操等人在汉晋文化思潮变迁中的重要推动作用。二是从政治、经济

---

[1] 程颐：《二程集》卷十八《河南程氏遗书序》。

等"外缘影响"的角度，探讨当时政治格局和经济形态之变化对汉晋文化思潮变迁的重要影响。其中，代表性的观点有以下几种：

第一个用近代科学观点研究汉晋文化思潮变迁之"内在理路"的，是哲学史家汤用彤。他曾经很明确地指出：

> 玄学统系之建立，有赖于言意之辨。但详溯其源，则言意之辨实亦起于汉魏间之名学。名理之学源于评论人物。……言意之辨盖起于识鉴。[1]

综观《魏晋玄学论稿》一书，汤用彤是按照"人物识鉴—名理学—言意之辨—玄学"这样一个学术思路来研究魏晋玄学的发生发展过程。虽然作为方法论意义的言意之辨对玄学之形成是否具备如此关键的作用，已遭到学者的质疑。[2] 但他所揭示的玄学起于人物识鉴和名理学这一点，则是得到了学术界的普遍认同。因此，他在考察集汉魏人物品鉴之大成的刘劭《人物志》一书后指出：

> 魏初清谈，上接汉代之清议，其性质相差不远。其后乃演变而为玄学之清谈。此其原因有二：（一）正始以后之学术兼接汉代道家之绪，老子之学影响逐渐显著，即《人物志》已采取道家之旨。（二）谈论既久，由具体人事以至抽象玄理，乃学问演进之必然趋势。[3]

这是从学术思想的"内在理路"角度探讨汉晋文化思潮之变迁。同时，他亦比较注重政治环境对文化变迁的影响，他说：

---

[1] 汤用彤：《言意之辨》，见《魏晋玄学论稿》第 27 页，中华书局 1962 年版。

[2] 陈明：《六朝玄音远，谁似解人归——魏晋玄学研究四十年的回顾与反思》，见《原学》第二辑，中国广播电视出版社 1995 年版。

[3] 汤用彤：《读〈人物志〉》，见《魏晋玄学论稿》第 16 页，中华书局 1962 年版。

> 自东汉党祸以还，曹氏与司马氏历世猜忌，名士少有全者，士大夫惧祸，乃不评论时事，臧否人物。此则由汉至晋，谈者由具体事实至抽象原理，由切近人事至玄远理则，亦时势所造成也。

因此，他认为：汉晋文化思潮之变迁，"一方因学理之自然演进，一方因时势所促成，遂趋于虚无玄远之途，而鄙薄人事"。[1]汤用彤将内因（即"内在理路"）与外因（即"外缘影响"）联系起来考察汉晋文化思潮之变迁，是很全面的。特别是他对外因的探讨，虽然简略，但亦很有说服力。然而，他所说的内因是"学问演进之必然趋势"、"学理之自然演进"，至于学理何以会朝着由实而虚的"必然趋势"而"自然演进"，他却未予说明，虽然这正是研究魏晋玄学的重点。实际上，我们从他的内因探讨中，"隐约可以感受到黑格尔老人《精神现象学》中的那绝对理念的影子"。[2]

汤用彤之后，对汉晋文化思潮之变迁做过深入研究的是贺昌群。他认为：文化之变迁，取决于"文化之决定因素"，而"文化之决定因素"有二：一为人生观之信仰，"一社会中人生观之转变，必在其社会秩序起重大变化之时，或社会之生存受重大威胁之时，新人生观之曙光，初启明于少数先知先觉，因时代之推演而逐渐延播于社会之多数，此新人生观逐渐居于时代思潮之领导地位"；一为经济制度，它"包括生产工具，生产条件，与直接从事生产者间之一切关系"。由这个前提出发，他着重从汉晋间士人的人生观之转变，研究汉晋文化思潮之变迁。他认为："汉晋间人生观之转变，盖因大一统政治的

[1] 汤用彤：《读〈人物志〉》，见《魏晋玄学论稿》第17页，中华书局1962年版。
[2] 陈明：《六朝玄音远，谁似解人归——魏晋玄学研究四十年的回顾与反思》，见《原学》第二辑，中国广播电视出版社1995年版。

崩溃，由儒家严肃之教条思想，解放而为老庄旷达任性之自然主义思想。"这种人生观的转变，突出而典型地表现在东汉时期"达生任性，不拘儒者之节"的马融身上。认为马融在世的八十七年中，"政治社会，学术思想既经巨变，因而对于人生意义莫不持一种批评与怀疑之态度，岁月既久，遂演成其时代之新人生观，新学术思想"。[1] 贺昌群从人生观之转变探讨汉晋文化思潮之变迁，从表面上看，与汤用彤的人物品鉴视角不同，实际上就是一事之两面，并无显著的区别。因为人物品鉴之标准尺度，实际上就是一代士人的人生价值观念。问题是，贺昌群揭示出汉晋间士人的人生观之转变，在于老庄之学的复兴。然而，老庄之学何以会在此时复兴？以及为什么会在此时发生"诸子学之重光"？他皆未能从学理上予以解释，亦没有从当时士人的内在深层需要的角度进行说明。

思想史家侯外庐、杜国庠等人，主要从政治、经济之外部因素解释汉晋文化思潮之变迁。他们认为：两汉与魏晋的基本分野，是经济形态和土地制度的变化，即汉代土断人户的组织，被魏晋半生产半军事的具有游离经济特点的屯田制所取代，从而改变了安土重迁的汉县乡亭旧法，实行"相土处民，计民置吏"的临时办法，这就造成了安固形态下的缙绅礼仪的破产，必然给博士意识下的古典章句之师法以恶劣的打击，代之而兴的意识形态，便是清谈玄虚。经济上的游离其业，反映于文化思想，便成为浮华任诞。没有物质条件的浮游，就不会有意识的虚诞。[2] 侯、杜二氏从"外缘影响"的角度探讨汉晋文化思潮之变迁，特别是从经济形态之变化角度着手，比以往学者专从儒

---

[1]　贺昌群：《汉魏间学术思想之流变》，见《魏晋清谈思想初论》第 16～18 页，辽宁教育出版社 1998 年版。

[2]　侯外庐：《魏晋思想之历史背景和阶级根源》，杜国庠《魏晋清谈及其影响》。参见许抗生《魏晋南北朝哲学思想研究概述》第 128 页，天津教育出版社 1991 年版。

学危机、政治黑暗之方面讨论，当然要深刻得多，亦是一个进步。作者亦深信，由安土重迁向游离经济的转变，对汉晋文化思潮由实而虚之发展有重要影响。但是，"以阶级观点，把作为人类精神生活的上层建筑视为经济基础的简单对应物，大而化之地处理思想史上的文化事实"，[1] 明显存在着时代局限。同时，作者认为，政治、经济背景对文化思想的影响虽然不可忽视，但它只是文化思潮变迁的一个充分条件，而不是必要条件。文化思潮变迁之探讨，除了考虑"外缘影响"，还必须主要在文化思潮之内部寻求变迁之"内在理路"。

余英时较早对上述着重"外缘影响"的研究提出异议，他指出：对于汉晋文化思潮变迁之研究，"时贤之用心，或偏重于士族政治、经济势力之成长，或深入于清谈之政治背景之隐微，要多为分析之作，而鲜有综贯之论"。[2] 在不否定"外缘影响"研究之积极意义的前提下，他特别提倡文化思想发展之"内在理路"的研究，认为"专从思想史的内在发展着眼，撇开政治、经济及外面的因素不问，也可以讲出一套思想史"。[3] 基于这样的认识，他撰著《汉晋之际士之新自觉与新思潮》一文，采用"内在理路"的研究方法，从"士之自觉"的角觉，阐释汉晋文化思潮之变迁。他说：

> 斯篇主旨以士之自觉为一贯之线索而解释汉晋之思想变迁。窃谓依此解释，不仅儒学之变为老庄，其故可得而益明，即当时政治、经济、

---

[1] 陈明：《六朝玄音远，谁似解人归——魏晋玄学研究四十年的回顾与反思》，见《原学》第二辑，中国广播电视出版社 1995 年版。

[2] 余英时：《汉晋之际士之新自觉与新思潮》，见《士与中国文化》第 251 页，上海人民出版社 2003 年版。

[3] 余英时：《清代思想史的一个新解释》，见《中国思想传统的现代诠释》第 201 页，江苏人民出版社 1998 年版。

社会各方面之变动而最为近人所措意者，亦未尝不可连贯而参证之。[1]

窃以为一切从外在事态之变迁而迂曲为说者，皆不及用士之内心自觉一点为之解释之确切而直截。盖随士大夫内心自觉而来者为思想之解放与精神之自由，如是则自不能满足于章句之支离破碎，而必求于义理之本有统一性之了解。此实为获得充分发展与具有高度自觉之精神个体，要求认识宇宙人生之根本意义，以安顿其心灵之必然归趋也。故东汉学术自中叶以降，下迄魏晋玄学之兴，实用之意味日淡，而满足内心要求之色彩日浓。……此亦汉晋之际学术思想之发展不得纯以政治状况等外在事态释之之故也。[2]

余英时以"士之内心自觉"为背景解释汉晋学术思想变迁之"内在理路"，其论据确凿，论证详密，确为不刊之论。然而，对于"士之自觉"，特别是与汉晋学术思想变迁关系最直接的"士之内心自觉"的形成原因，他却未能加以充分的说明。或者说，他仅着重钩沉了汉晋之际"士之内心自觉"，表现于"外在之现象"（如求名之风和人物评论）和"内心之意趣"（如思想感情、行为方式和人生理想等等）二者而已，于"士之内心自觉"发生的文化思想背景，则语焉不详。所以，余英时对汉晋文化思潮变迁的解释，虽为学者公认的"综贯之论"，但其中尚有未发之覆，还有值得进一步申论的余地。

当代学者李泽厚、刘纲纪在其编著的《中国美学史》中，亦探讨了汉晋文化思潮变迁之原因。他们认为：汉晋文化思潮变迁之动因有二：其一，汉帝国的瓦解，世家大族庄园经济独立、迅速的发展和门

---

[1] 余英时：《汉晋之际士之新自觉与新思潮》，见《士与中国文化》第251页，上海人民出版社2003年版。

[2] 余英时：《汉晋之际士之新自觉与新思潮》，见《士与中国文化》第312页，上海人民出版社2003年版。

阀世族政治的逐渐形成，是产生魏晋文化思想的客观环境。庄园经济的发展，为世家大族提供了十分优裕的物质享受，使他们有了大量自由时间可以用于文艺的欣赏与创造；在中央集权的汉帝国不再存在的情况下，文艺欣赏不是为了政治的目的，而是为了精神上的愉悦；门阀世族政治的形成，一改汉代"经明行修"的入仕路径，人物的才情、品貌、风度成为士人标榜的品质，将汉代士人一味依附政治改为超然于现实政治之上。其二，汉帝国的瓦解，引起儒学思想的危机，使门阀世族所关注的不是国家所代表的总体利益，而是个体的生存和发展，探讨一种理想的人格本体，极大地强调人格的自由和独立，成为时代的中心课题。儒学信仰危机的加深，对人生意义的探求，把魏晋思想引向了玄学。[1]

李泽厚、刘纲纪的研究，在前人的基础上前进了一步，代表当代学者研究的新水平。通过比较发现，他们基本上是沿着前人外因（外缘影响）与内因（内在理路）并重的思路进行的。就外因讲，从汤用彤强调政治环境对文化变迁之影响，到侯外庐、杜国庠指出游离经济与浮华玄虚的时代风气之间的对应关系。到李、刘二氏手里，又前进一步，他们不仅指出政治环境，特别是魏晋门阀制度对文化思想的重要影响，还着重强调庄园经济对当时文化特色形成的促进作用。就内因而言，从汤用彤提出玄学起于人物识鉴，至贺昌群从魏晋人生观之转变探讨汉晋文化之变迁，至余英时从"士之内心自觉"的角度研究汉晋文化思潮变迁的"内在理路"，以人物、人格为中心的研究思路逐渐清晰起来，并成为学界的共识。李泽厚在此基础上，明确指出："人（我）的自觉成为魏晋思想的独特精神，而对人格作本体的建构，

---

[1] 李泽厚：《中国美学史》（魏晋南北朝卷）第 4～7 页，安徽文艺出版社 1999 年版。

正是魏晋玄学的主要成就。"[1] "极大地强调人格的自由和独立，这是玄学区别于儒学的一个根本。"[2] 并提出魏晋时代是"人的觉醒"的时代，由"人的觉醒"带来了"文的觉醒"。

关于汉晋文化思潮变迁之"外缘影响"，经过几代学者的努力，在学术界已形成共识，因不是本书重点讨论的对象，故略而不论。关于其"内在理路"，讨论不断深入，逐渐凸现出"人的觉醒"这个中心环节。然而，问题并没有彻底解决，比如：关于汉晋人物品鉴由实而虚、由形鉴而神鉴、由功利而艺术之发展的原因问题；关于魏晋人物品鉴中神、简、清、识、朗、秀、韵等新品目和通人、英雄等新型人物群体产生的背景问题；关于汉晋士风由重经明行修到尚通侻简易的原因问题；关于"浮华交会"和"文人无行"说的本质问题；关于汉晋学风由拘泥执障而清通简要之发展的"内在理路"问题；关于汉晋学者在学术取径、方法和目的上存在显著差异的背景问题；关于魏晋时期审美超越意识和文学自觉观念形成之思想根源问题；关于魏晋文学创作题材、艺术构思和文学批评新风尚产生的原因问题；关于汉晋文学在创作方法和艺术风格上存在明显差异的文化根源问题，等等，都没有得到圆满的解答。本书试图在前人研究之基础上，从一个新的视角，即从汉末魏晋六朝知识界盛行的尚通意趣的角度，考察汉晋文化思潮变迁之"内在理路"，对上述问题作出自己的解答。

三、本书研究的切入点

本书研究汉晋文化思潮之变迁，以汉末魏初为转折点，以汉朝四百年为一阶段，以魏晋六朝四百年为一整体。汉晋文化思潮发生根本性的

[1] 李泽厚：《中国古代思想史论》第 193 页，人民出版社 1986 年版。

[2] 李泽厚：《中国美学史》（魏晋南北朝卷）第 7 页，安徽文艺出版社 1999 年版。

变迁，是在东汉末年，与汉末盛行的人物品鉴，有很密切的关系。作者认为：魏晋之学始于汉末，魏晋之学起于汉末之人物品鉴。这就是本书研究的切入点。

1. 魏晋之学始于汉末

魏晋文化新思潮之产生，有一个渐进的过程。它不是因某个杰出人物或某部优秀著作的出现而突然产生的。它实际上是渊源于汉代文化，特别是与汉末新思潮有密切的关系。

魏晋之学始于汉末，在今日已成学者之共识。其实，它早在《世说新语》书中就有明确的体现。《世说新语》反映魏晋名士的风流媚趣，往往追踪到汉末，以汉末名士为开端人物，如《德行篇》以陈蕃、徐穉、黄宪、李膺等汉末名士开头，《言语篇》以边让、孔融、祢衡开头，《政事篇》以陈寔开头，《文学篇》以马融、郑玄开头，这正有一种直探本源的意义。可以说，《世说新语》将魏晋名士的风流意趣归源于汉末名士，正体现了刘义庆对魏晋之学始于汉末的认识。[1]

唐宋时期，讨论汉晋文风之变迁者，无不归源于东汉。如李汉说：

> 秦汉已前，其气浑然，迫乎司马相如、董生、扬雄之徒，尤所谓杰然者也。至后汉、曹魏，气象萎尔。司马氏以来，规范荡悉。[2]

柳宗元亦说：

> 殷周之前，其文简而野；魏晋以降，则荡而靡；得其中者汉氏。汉

---

[1] 陈寅恪《陶渊明之思想与清谈之关系》一文指出："《世说新语》记录魏晋清谈之书也。其书上及汉代者，不过追溯原起，以期完备之意。惟其下迄东晋之末刘宋之初迄于谢灵运，固由其书作者只能述至其所生时代之大名士而止，然在吾国中古思想史，则殊有重大意义。盖起自汉末之清谈适至此时代而消灭，是临康王不自觉中却于此建立一划分时代之界石及编定一部清谈之全集也。"（《陈寅恪文学论文选集》第 131 页，上海古籍出版社 1992 年版）陈寅恪重在讨论陶渊明与清谈之关系，故尤重《世说新语》下限的思想史意义，但他亦指出了《世说》之上限具有"追溯原起"的思想史意义。对此，余英时《汉晋之际士之新自觉与新思潮》一文亦说："《世说》所收士大夫之言行始于陈仲举、李元礼诸人者，殆以其为源流之所出，故其书时代之上限在吾国中古社会史与思想史上之意义或尤大于其下限也。""陈先生注重清谈思想之流变，故重视《世说》年代之下限，此说诚不可易。但若从士大夫新生活方式之全部着眼则尤当注重其上限淡清特其一端耳！而《世说》所载固不限于清淡也"。（《士与中国文化》第 267、345 页，上海人民出版社 2003 年版）侯外庐在《中国思想通史》中指出："《世说新语》一书，……所引举的人物，凡属汉末者，都是徐稺、黄宪、袁闳、荀淑、陈寔、郭泰以下诸名士。而且许多重要篇目，都自汉末诸名士叙起。我们不难窥测《世说新语》的撰集者，以徐稺、郭泰等乃是清谈的揭幕人物，故撰集从他们开始。""《世说》之撰集者把他们作为清谈学风的开始者来处理，是十分明显的事实。""各篇篇首，除魏晋以下诸人起首外，凡涉及魏以前者，必自汉末诸名士始（《规箴篇》系特例），可知汉末之与魏晋，在《世说新语》撰集者看来，同属于整个清谈时代。"（第 2 卷第 411、413 页，人民出版社 1957 年版）

[2] 李汉：《昌黎先生集序》，见《韩昌黎全集》卷首。

氏之东，则既衰矣。[1]

他们皆认为魏晋文风源于东汉。至宋代，苏轼称韩愈"文起八代之衰"，所谓"八代"，就是指东汉、魏、晋、宋、齐、梁、陈、隋这八个朝代。[2]现当代的文学史研究者，讨论汉晋文风之变迁，亦多有同于上述唐宋人的观点。如刘师培《中古文学史讲义》、中国社科院文学所主编的《中国文学史》，皆认为东汉后期的鸿都门学对魏晋文风产生过重要影响。齐天举《思潮风尚变迁与东汉后期文学》一文，又认为马融是汉晋文风变迁的关键人物。[3] 总之，魏晋文风起于东汉，是唐代以来文学研究者的共识。

非仅文风如此，其他如士风、学风亦源于东汉。章太炎《五朝学》说："魏晋者，俗本之于汉，陂陀从迹以至，非能骤溃。"他具体考察了干宝、葛洪、傅玄、范晔等人对汉魏风气的评论，认为"傅玄、葛洪去汉近，推迹魏、晋之失，自汉渐染，其言公。范晔离于全汉，固已远矣，徒道其美，不深迹其瑕眚"，他指出：

> 汉季张邈从政，号为坐不窥堂。孔伷亦清谈耳。孔融刺青州，为袁谭所攻，流矢雨集，犹隐几读书，谈笑自若，城陷而奔。阮简为开封令，有劫贼，外白甚急，简方围棋，长啸曰：局上有劫，甚急。斯数子者，盖王导、谢安所从受法。及夫蓬发褒服，嘲弄蚩妍，反经诡圣，顺非而博，

---

[1] 柳宗元：《柳河东集》卷二十一《柳宗直〈西汉文类〉序》。

[2] 范文澜、岑仲勉二史家即有此说。范说见《中国通史简编》(修订本)第二编第720页，人民出版社1964年版。岑说见《隋唐史》之《唐史》第17节《文字由骈俪变为散体》，中华书局1982年版。

[3] 《中国古典文学论丛》第4期。这显然是接受了贺昌群关于魏晋风气起于马融之观点德影响。

在汉已然。魏晋因之，犹时有乐广、嵇绍之伦。[1]

汤用彤在《言意之辨》一文中说："魏晋教化，导源东汉。""魏晋之学固出于汉末。"[2]余嘉锡《世说新语笺疏》之《德行》"王戎、和峤同时遭大丧"条说："盖魏、晋间一切风气，无不自后汉开之。"同篇"客有问陈季方"条又说："魏、晋诸名士不独善谈名理，即造次之间，发言吐词，莫不风流蕴藉，文采斐然，盖自后汉已然矣。"《伤逝》"王仲宣好驴鸣"条亦说："此可见一时风气，有开必先。虽一驴鸣之微，而、魏晋名士之嗜好，亦袭自后汉矣。况名教礼法，大于此者乎？"[3]

总之，魏晋文风、学风、士风皆导源于东汉，汉末是汉晋文化思潮变迁的转折点，这已是学界的共识。这是本书研究的切入点之一。

2. 魏晋之学起于人物品鉴

魏晋之学始于汉末，进一步说，魏晋之学起于汉末之人物品鉴。自汤用彤揭示出玄学起于人物识鉴这个观点以来，研究汉晋文化思潮之变迁者，如贺昌群、李泽厚等学者，皆特别重视人物品鉴在汉晋文化变迁中的重要作用。作者认为，人物品鉴作为汉晋间的一项影响广泛的社会活动，对当时社会的审美情趣、士风、文风和学风皆产生过很深入的影响。因为人物品鉴直接决定一个人的荣辱浮沉，比如，在汉末，人物品鉴决定一个人的仕途进退和升降；在魏晋，它又决定一个人在社会中的地位和声誉。与个人利益有特别密切的关系。所以，

[1] 章太炎：《章太炎学术史论集》第264～266页，傅杰编校，中国社会科学出版社1997年版。

[2] 汤用彤：《言意之辨》，见《魏晋玄学论稿》第26、41页，中华书局1962年版。

[3] 余嘉锡：《世说新语笺疏》第10、19、635页，上海古籍出版社1996年版。

人物品鉴决定士风的取向，而士风又直接影响哲学、美学、文学、文论的特征。人物品鉴对士风的影响是最直接的，是决定性的，从汉代的砥砺名节之风到魏晋的浮华交会之风，就与人物品鉴标准之变迁有直接的对应关系。此点较为明显，毋需赘言。本节所欲论者，乃人物品鉴与哲学、美学、文学和文论之关系。

在哲学领域，汤用彤在《言意之辨》中指出：

> 凡欲了解中国一派之学说，必先知其立身行己之旨趣。汉晋中学术之大变迁亦当于士大夫之行事求之。……世风虽有迁移，而魏晋之学固出于汉末，而在在与人生行事有密切之关系。

古代中国学术的人文特点，决定其与人生行事有密切关系。所以，在汤用彤看来，中国学术，特别是汉晋学术之变迁，与当时士人之人生观大有关系。他认为：

> 玄学统系之建立，有赖于言意之辨。但详溯其源，则言意之辨实亦起于汉魏间之名学。名理之学源于评论人物。……言意之辨盖起于识鉴。[1]

于是，他重点从"集当世识鉴之术"的刘劭《人物志》来研究汉晋学术的变迁，指出："汉末晋初，学术前后不同，此可就《人物志》推论之。"[2] 此后，当代学者基本上采用他的这种研究思路，如李泽厚认为《人物志》"这部著作较早地，同时又鲜明具体地反映了从汉到魏思想的新变化，对了解魏晋的哲学和美学思想有着十分重要的作

---

[1]　汤用彤：《魏晋玄学论稿》第 41、27 页，中华书局 1962 年版。

[2]　汤用彤：《魏晋玄学论稿》第 11、14 页，中华书局 1962 年版。

用"。[1]孔繁说:"刘劭《人物志》的出现,标志着汉末清议的变化。""《人物志》在汉末魏晋由清议到清谈之演进中,具有承上启下的意义。"[2]

在美学方面,宗白华说:"晋人的美学是'人物的品藻'。""中国美学竟是出发于'人物品藻'之美学。美的概念、范畴、形容词,发源于人格美的评赏。"[3]李泽厚亦认为:人物品鉴"在魏晋南北朝时期,它对审美的意识、趣味、好尚的变化,艺术的鉴赏、创造的发展,以至许多重要美学概念的形成,都产生了直接重大的影响",并认为"这是了解魏晋南北朝美学的重要关键"。[4]

在文学和文论方面,王瑶说:"中国文论从开始起,即和人物识鉴保持着极密切的关系;而文学原理等反是由论作者引导出来的。"[5]宗白华亦发现:"中国艺术和文学批评的名著,谢赫的《画品》,袁昂、庾肩吾的《画品》、钟嵘《诗品》、刘勰的《文心雕龙》,都产生在这热闹的品藻人物的空气中。"[6]黄霖构建中国古代文学理论体系,以

---

[1] 李泽厚:《中国美学史》(魏晋南北朝卷)第 74 页,安徽文艺出版社 1999 年版。

[2] 孔繁《魏晋玄谈》第 23 页,辽宁教育出版社 1991 年版。

[3] 宗白华:《论〈世说新语〉和晋人的美》,见《美学散步》第 186、178 页,上海人民出版社 1981 年版。

[4] 李泽厚:《中国美学史》(魏晋南北朝卷)第 55 页,安徽文艺出版社 1999 年版。

[5] 王瑶具体研究了人物识鉴与魏晋六朝文体辨析的影响关系,他说:"政治上要'考核名位',要'名检',研究人才是否称职,和职位是否相合;因而中国的文学批评也即沿着两条路线发展——一方面是论作家,研究其所长的文体和所具的才能;一方面即是辨析文体,研讨每一种文体的渊源、性质和应用。从当时的观点说,文学亦正如官位之必须合于职守一样,如果明白了某一职守的性质和作用,则官之是否称职,才之是否合位,便可'一目了然'了。同样的道理,如果能够确定了某种文体的标准是应该如何的,然后再来考核某一作家或作品是否合于此种文体的说明,则也必然地优劣自见了。"(《文体辨析与文章总集》,见《中古文学史论》第 89 页,北京大学出版社 1986 年版)这是人物品鉴对文学理论产生直接影响的一个显著例子。

[6] 宗白华:《论〈世说新语〉和晋人的美》,见《美学散步》第 178 页,上海人民出版社 1981 年版。

"人"为中国古代文学和文论的本源，用"原人"二字概括中国古代文学理论批评体系的基本品格和核心精神，他说："一部中国古代文学批评史，千言万语，归根结蒂就是立足在'原人'的基点上。中国古代文学理论批评体系的核心就是以人为本原。"[1]刘明今更进一步提出："中国古代文论产生的契机有二：一是因观风俗、识美刺，而促成教化论批评；另一便是人物品藻，因品藻人物而关注其才性，关注其体现才性的文学，以至品赏文学之美，由此而形成以才性论为中心的文学批评。""由此导致文学观念、批评观念以及批评具体操作的一系列变化，从而根本上改变了西汉时期教化论批评的模式，有力地促进了文学批评的发展。"[2]

总之，魏晋之学源于人物品鉴，魏晋时期的哲学、美学、文学、文论皆受到人物品鉴的直接影响，从而呈现出与汉代文化截然不同的面目。因此，研究汉晋文化思潮之变迁，人物品鉴当是一个重要的切入点。

魏晋之学始于汉末，魏晋之学起于汉末之人物品鉴。本书的研究就是以此为切入点，探索汉末魏晋知识界的尚通意趣，讨论尚通意趣对汉末魏晋人物品鉴之影响，进而分析它对当时士风、学风和文风变迁的影响。

四、全书内容提要

本书力图对汉晋文化思潮之变迁作总体的考察，着重从当时知识界盛行的尚通意趣之角度，探讨汉晋文化思潮变迁之"内在理路"。作者首先揭示出汉末魏晋六朝知识界盛行着一种尚通意趣，并分析其

[1] 黄霖：《中国古代文学理论体系·原人论》第5页，复旦大学出版社2000年版。
[2] 刘明今：《中国古代文学理论体系·方法论》第79、93页，复旦大学出版社2000年版。

产生的政治社会和文化思想背景，进而研究尚通意趣对汉晋间人物品鉴、士风、学风和文风的影响。我们的目的在于，通过尚通意趣这个独特的视角，对汉晋文化思想史上的若干纷歧问题，提供一种可能的解释；对汉晋文化思潮变迁之"内在理路"，提供一种自认为比较有说服力的观点。本书第一章"问题德提出与全书提要"，在概说汉晋八百年间其前四百年与后四百年在士风、学风和文风之差异的基础上，对古今学者关于汉晋文化思潮变迁之原因德种种观点进行评估；在评价其是非得失之基础上，提出本书研究汉晋文化思潮变迁德两个切入点，即魏晋志学始于汉末，魏晋之学起于人物品鉴。

自清代以来，研究汉晋文化思想史者，逐渐注意到汉末魏晋六朝知识界盛行的尚通意趣，如章学诚、鲁迅、贺昌群、曹聚仁、牟润孙、葛兆光和日本学者吉川忠夫等等，皆曾注意到这种意趣，但都没有展开深入的分析和讨论，对这种新风尚于汉晋文化思潮变迁的影响程度，亦估计不足。本书第二章"汉晋间之尚通意趣探析"，对尚通意趣之"通"义进行考察和界定，概述前辈学者和当代学人对尚通意趣的注目和研究，展示汉末魏晋六朝时期尚通意趣的发展历程，并着重探讨尚通意趣产生的政治社会和文化思想背景。作者的结论是：尚通意趣产生于汉末，盛行于魏晋，是六朝的"时代精神"。它在汉末魏晋游离经济、游离社会的刺激下，在经今古文学的矛盾斗争中，通过古文家的提倡，在《周易》"通变"思想的启发下，在老庄思想的影响下，逐渐发生、发展和盛行起来的。

人物品鉴是汉末魏晋时期名士圈子中影响最为广泛的一项精神活动，它对其间的哲学、美学、文学、文论和士风皆产生过特别重要的影响，因而被近代以来的学者视为研究汉晋文化思潮的最佳切入点。本书第三章《尚通意趣与汉晋间的人物品鉴》，对汉晋间的人物品鉴进行动态的考察，在呈现汉末魏晋人物品鉴的一般情况之基础上，着重研究它由实而虚、由形鉴而神鉴、由道德功利而艺术审美的总体发展趋势，和魏晋人物品鉴中产生的通、神、简、清、识、朗、秀、韵等新品目，以及出现的通人、英雄等几个有时代特色的重要人物类型。作者认为：汉晋间人物品鉴的总体发展趋势、新品目的产生和新人物类型的出现，皆与尚通意趣有关。或者说，皆以尚通意趣为文化背景，是在尚通意趣之影响下产生的。

汉人朴茂，晋人超脱。汉晋士风之显著差别，在学界已有共识。本书第四章"尚通意趣与汉晋士风之变迁"，从尚通意趣的角度解释汉晋士风的变迁特点，分析尚通意趣与魏晋士人"通侻""雅远""旷达"新风范的因果关系。本章的重点，是讨论魏晋士风中的"浮华交会"和"文人无行"这两个特别重要的话题。指出朋友交游是"浮华交会"的核心内容，通过对朋友一伦在儒家五伦中的特殊性的深入考察，进而分析这种以朋友交游为核心的"浮华交会"风气与尚通意趣的关系。"文人无行"是魏晋六朝学者特别关注的一个重要话题，作者提出"文人无行"是文学自觉的本质要求，分析"文人无行"与"人的自觉"和"文的自觉"之间的相互影响，并从尚通意趣的角度解释"文人无行"的原因。

本书第五章"尚通意趣与汉晋学风之转移"，从尚通意趣的角度研究汉晋学术的发展。实际上，从汉至晋，从今文经学至古文经学，到经今古文学，到玄学，本身就是一个从不通到通、从拘泥执障到清通简要的发展过程。本章着重探讨汉晋学者在学术取径、方法和目的上的显著差异，并从尚通的角度对这种差异做出学理上的解释。探讨汉晋学风之变迁，作者受前辈学者和当代学人的启发，特别属意于刘劭的《人物志》，认为《人物志》中提出的"质性平淡，思心玄微，能通自然"，是刘劭在学术方法上的创新，在汉晋学风变迁史上具有承上启下的重要意义。本章对此作全面深入的阐释，认为这种新方法的提出，亦是以尚通意趣为文化背景的。

本书第六、七章"尚通意趣与汉晋文风的嬗变"，讨论尚通意趣对文风变迁的影响。因篇幅较大，故分为上、下两章。在这两章中，作者将对以下问题作详细的探讨：文学自觉观念和审美超越意识的形成；尚通意趣对文学创作题材的影响，导致"缘情"文学和山水文学的勃兴；尚通意趣对艺术构思的影响，包括对构思主体之"博练"能力和"虚静"心胸之培养的影响；尚通意趣对创作方法的影响，包括对魏晋六朝文学创作中的新变意识、佳句的创作和欣赏、文学中去繁尚简等问题；尚通意趣对文学风格的影响，作者认为，魏晋六朝文学中存在着"清水芙蓉"与"错彩镂金"、"直致"与"雅致"两种不同的文学风格，魏晋人推崇"清水芙蓉"，尚"直致"，皆与尚通意趣有密切关系；尚通意趣对文学批评和鉴赏的影响，魏晋时代文学批评观念之自觉，魏晋人在文学批评中反对贵古贱今、反对文人相轻，在文学鉴赏提倡"圆鉴"，都是以尚通意趣为文化背景的。魏晋六朝文学中存在着以曹植、陆机、颜延之为代表和以王粲、潘岳、谢灵运为代表的两种创作倾向，前者为保守的倾向，后者为创新的倾向，创新的一派正是以尚通意趣为思想文化资源的。通过以上讨论，旨在对此间的文学自觉问题，做一个比较全面系统的阐释。

总之，作者试图通过尚通意趣这个新视角，对汉晋文化思潮之变迁做通盘的诠释。本书大体上属于对汉晋文化思潮变迁的宏观研究，准确地说，是从微观角度进行的宏观研究。作者力图从微观的细节问题的考察入手，进行宏观的史实叙述和理论阐释。因此，资料的详实繁富，是本书的一个重要特点。亦许，作者的观点不一定能够得到大多数读者的认同，但作者为此而整理排列的资料，却可以为读者进一步研究这个问题，提供一些借鉴。

第二章　汉晋间之尚通意趣探析

尚通意趣是本书立论之根基。因此，在着手讨论尚通意趣对汉晋间人物品鉴、士风、学风和文风之变迁所发生的影响之前，首先必须对尚通意趣本身作一番彻底的考察。在本章，作者将对尚通意趣之"通"的内涵进行界定；对古今学者于尚通意趣之研究作简单的回顾；通过钩沉汉晋间关于尚通意趣之发生发展的史料，对此种具有"时代精神"特点的意趣进行宏观的描述，并进而探讨它赖以发生发展的社会背景和思想基础。

一、"通"义界说

在汉语中，"通"是一个内涵非常广泛的词汇。据《辞源》，"通"有到达、畅通、流通、通知、陈述、通晓、往来交好、全部、普遍、通奸、土地区划单位、量词等十余个义项。本书所谓"尚通"之"通"，乃特指，而非泛指。具体地说，它主要包含以下几层意义。

其一，指通达之意。《说文》云："通，达也。"章学诚《文史通义·横通》解释说："通之为名，盖取譬于道路，四冲八达，无不可至，谓之通也。亦取其心之所识，虽有高下、偏全、大小、广狭之不同，而皆可以达于大道，故曰通也。"又如，《易·系辞上》云："推而行之谓之通。""往来不穷谓之通。"孔《疏》引《正义》解释说："'往来不穷谓之通'者，须往则变来为往，须来则变往为来，随须改变，不有穷已，恒得通流，是谓之通也。"据此可知，"通"有随须改变、往来不穷的意义。"通"在这个意义上，与拘泥、执障相对。此为汉末魏晋时期尚通之"通"的第一义。

其二，指兼通、博通之意。《荀子·不苟》云："则可谓通士矣。"杨倞注云："通者，不滞之谓也。"《释名·释言语》云："通，洞也。无所不贯洞也。"据此可知，"通"有牢笼全有、包罗万象、融汇贯通之意。"通"在这个意义上，与兼、博相近，故文献中往往有"兼通""博通"的提法；与偏、狭相对，故汉末魏晋学者常以通（兼）、偏对举。[1] 此为汉末魏晋时期尚通之"通"的第二义。

其三，指通简之意。"通"与"博"相近，但不能完全等同。尚博者，有流于繁琐的可能，如汉代章句学者的名物训诂之学，可谓博学，然其"务于物名，详于器械，矜于训诂，摘其章句而不能统其大义之所极"。[2] 博而不识大体，不通大义，是"博而寡要"。即便是有"通儒"之称的古文学者或今古文学者，其治学上的"知识主义取径"，亦难免繁琐的弊病。尚通与贵简则是相互依存的，通则简（融汇贯通者，方能识大体、求大义），简则通（简明扼要者，方能往来不穷、融汇贯通），故最明"通变"之道的《易·系辞》，亦大讲"易简"之义，提出"易简而天下之理得矣"。而汉魏以来尚通之学者，其为人为学，皆有尚简的特点，如郑玄为学"质于辞训，通人颇讥其繁"。[3] 刘勰

[1] 参见本书第七章第三节"尚通意趣与文学批评"。
[2] 徐干：《中论·治学》。
[3] 范晔：《后汉书·郑玄传》。

亦说："通人恶烦，羞为章句。"[1] 这种观念体现在当时人的言语中，往往是"通""简"成词，如"清通简要""通简有识""通倪简易"等等；体现在学术方法上，则是大力提倡以简驭繁、执一统万、约以存博、简以济众。"通"在这个意义上，与"简""约"相关，与繁琐、冗杂相对。此为汉末魏晋间尚通之"通"的第三义。

其四，指通变、变通之意。在中国古籍中，讲通变、变通之道最显豁、最在影响者，当推《周易》，汉末魏晋时期尚通意趣的发生和发展，正是以《周易》之通变观念为思想文化背景的(详后)。《易·系辞》云："通变之谓事。""一阖一辟谓之变，往来不穷谓之通。""易：穷则变，变则通，通则久。"《周易》据通以言变，依变以论通，通、变互为因果，因通而变（"通变"），因变而通（"变通"）。汉代章句学者，"守其章句，迟于通变"，因而无论是为人还是治学，皆以"法天奉古"为准则，有因循守旧、墨守成规的特点。汉末魏晋以《周易》为思想源泉而产生的尚通意趣，不仅继承了《周易》的"通变""变通"思想，而且还进一步发展出"新变"的观点。[2] 因此，当时人无论是为人还是治学，皆有"遭时定制""与世推移"的特点。魏晋人因尚通而重变，"通"在这个意义上，是变的前提，亦是变的结果，与变发生了直接的互为因果的关系。此为汉末魏晋时期尚通之"通"的第四义。

汉末魏晋时期尚通之"通"，约而言之，有通达、通博、通简、通变四义。此四义是相互关联的，达则入于博，博而返约（简），简约而入于通变。此四义又正与执障、偏狭、繁琐、因循相对。所以，汉末魏晋学者之尚通，就是贵通尚达，重简尊变，忌偏忌执，鄙繁弃旧。

---

[1] 刘勰：《文心雕龙·论说》。

[2] 参见本书第七章第一节之"尚通意趣与六朝文学创作中的新变意识"。

二、古今学者对汉晋间之尚通意趣的关注

尚通意趣作为汉末魏晋六朝时期的一种普遍社会风尚，在此间的文献中有较为明确的反映。以现存文献考察，最早从尚通的角度阐述汉晋士风之变迁者，是西晋人傅玄，他在《举清远疏》中说：

> 魏武好法术而天下贵刑名，魏文慕通达而天下贱守节。[1]

注意到"贱守节"的时代风气与"慕通达"的时代风尚之间的因果关系。较为全面地从尚通角度阐述汉晋风气之变迁者，当推东晋人葛洪，他在《抱朴子·名实篇》中说：

> 汉末之世，灵、献之时，品藻乖滥，英逸穷滞，饕餮得志，名不准实，贾不本物，以其通者为贤，塞者为愚。

"通者为贤，塞者为愚"，此正为魏晋人物品鉴之总纲领。在他看来，汉末魏晋人物品鉴之"品藻乖滥""名不准实，贾不本物"，其根源是尚"通"。即以尚通为汉晋人物品鉴标准变迁之关键。他又说：

> 其利口谀辞也似辨，其道听途说也似学，其心险貌柔也似仁，其行污言洁也似廉，其好说人短也似忠，其不知忌讳也似忠。故多通也。[2]

《刺骄篇》亦说：

---

[1] 《晋书》卷四七《傅玄传》。
[2] 杨明照：《抱朴子外篇校笺》（上）第 490 页，中华书局 1991 年版。

闻之汉末，诸无行。自相品藻次第，群骄慢傲，不入道检者，为都魁雄伯，四通八达，皆背叛礼教，而从肆邪僻，讪毁真正，中伤非党，口习丑言，身行弊事。凡所云为，使人不忍论也。夫古人所谓通达者，谓通于道德，达于仁义耳，岂谓通乎亵黩，而达于淫邪哉！[1]

这是从尚通的角度探讨汉晋士风、学风之变化。葛洪之意见，正确与否，在所不论。值得注意的是，他为我们昭示了汉晋时期社会风气之变迁与其时盛行的尚通意趣之间的内在联系。

清代学者章学诚研究东汉学术，亦比较注重当时知识界的尚通倾向，他在《文史通义》之《释通》《横通》二篇，就论及到汉末学术文化中尚通的问题。其《释通》篇说：

班固承建初之诏，作《白虎通义》，应劭愍时流之失，作《风俗通义》。盖章句训诂，末流浸失，而经解论议家言，起而救之，二子为书，是后世标通之权舆也。自是依经起义，则有集解、集注、异同、然否诸名。离经为书，则有六艺、圣证、匡谬、兼明诸目。其书虽不标通，而体实存通之义。[2]

《说文》训通为达，自此之彼之谓也。通者，所以通天下之不通也。读《易》如无《书》，读《书》如无《诗》。《尔雅》治训诂，小学明六书，通之谓也。古人离合撰著，不言而喻，汉人以通为标目，梁世以通入史裁。则其体例，盖有截然不可混合者矣。

指出东汉中后期的学者"依经起义"和"离经为书"，是对汉代传统

[1] 杨明照：《抱朴子外篇校笺》下43第页，中华书局1991年版。

[2] 章学诚：《文史通义》第84、81页，江苏广陵古籍刻印社1991年版。

章句之学的反动，说明了汉代学风由固执而通博的发展走向。又说：

> 汉氏之初，《春秋》分为五，《诗》分为四。然而治《公羊》者，不议《左》《谷》；业《韩诗》者，不杂《齐》《鲁》。专门之业，斯其盛也。自后师法渐衰，学者聪明旁溢，异论纷起，于是深识远览之士，惧《尔雅》训诂之篇，不足以尽绝代离辞，同实殊号，而缀学之徒，无由汇其指归也。于是总五经之要，辨六艺之文，石渠杂议之属，始离经而别自为书，则通之为义所由倣也。刘向总校五经，编录《三礼》，其于戴氏诸记，标分品目，以类相从，而义非专一，若《檀弓》《礼运》诸篇，俱题通论。则通之定名，所由著也。[1]

从谨守师法的"专门之业"，到"总校五经"和"总五经之要"的贯通之学，是汉代经学由拘执于一经到博通五经的发展趋势。

在现当代，学者讨论汉晋文化学术，亦甚注意尚通重达问题。如鲁迅先生于 1927 年 9 月在广州所作的题为《魏晋风度及文章与药及酒之关系》的学术演讲中，特别提到汉魏转折之际尚通脱的问题。他指出：

> 汉末魏初的社会风尚，除了尚刑名外，还有一个特点，就是尚通脱。他（曹操）为什么要尚通脱呢？自然也与当时的风气有莫大的关系。因为在党锢之祸以前，凡党中人都自命清流，不过讲"清"讲得太过，便成固执，所以在汉末，清流的举动有时便非常可笑了。……所以深知此弊的曹操要起来反对这种习气，力倡通脱。通脱即随便之意。

这里指出当时士风的通脱，并研究了通脱士风产生的背景和原因。他

---

[1] 章学诚：《文史通义》第 81 页，江苏广陵古籍刻印社 1991 年版。

还进一步分析通脱士风对文风、学风的影响，认为"此种提倡影响到文坛，便产生想说甚么便说甚么的文章"，说曹操的"胆子很大，文章从通脱得力不少，做文章时又没有顾忌，想写的便写出来"，这是讲文风的通脱。在学风方面，他说："更因思想通脱之后，废除固执，遂能充分容纳异端和外来思想，故孔教以外的思想源源引入。"[1] 这是讲学风的通脱。总之，鲁迅先生分别指出了汉末魏初士风、学风和文风方面都存在着尚通脱的风气。虽然他只是提出了问题，未予充分的探究，但的确是很有启发性的观点。

贺昌群在《魏晋之政与清谈之起》一文中，亦注意到魏晋士人尚通达的问题："魏晋六朝人以通达二字为形容人物风度之常语。"[2] 他认为：

> 魏晋人所指通达二字之义，当补注《庄子·齐物论》云：道通为一，惟达者知通为一，通也者达也。郭象注云：夫达者无滞于一方，因而不作，条畅而自得，不知所以因而自因也。是魏晋人以通达为指有道之称。[3]

值得注意的是，贺昌群不仅指出了魏晋人以通达评人的现象，还特别标示出尚通重达与老庄哲学的关系。关于这个问题，作者将在本章第四节详论，兹不赘述。

另外，曹聚仁在讨论汉代经学之变为魏晋玄学时，虽未明确提出尚通的问题，但他亦注意到东汉时期学术界的"自由解释之风"或"自由精神"。他说："今学乃汉代经师之正宗，有古学乃见歧异。歧异既生，思想乃不囿于一方，而自由解释之风始可兴起。"王弼《易》学之创新，

[1] 鲁迅：《而已集》第 82～83 页，人民文学出版社 1973 年版。
[2] 贺昌群：《魏晋清谈思想初论》第 27 页，辽宁教育出版社 1998 年版。
[3] 贺昌群：《魏晋清谈思想初论》第 40 页，辽宁教育出版社 1998 年版。

"亦不过继东汉以来自由精神之渐展耳"。[1]其所谓的"自由精神",就相当于作者所说的尚通意趣。

牟润孙在《论魏晋以来崇尚谈辨及其影响》一文中,亦注意到汉末尚通重博的学术风气,但未予深论。[2]日本学者吉川忠夫在《六朝士大夫的精神生活》一文中说:

> (汉末)真正的学问者,支持兼通五经的"通儒"。甚于顽迷固陋的太学博士。流传于六朝士大夫的,确实不外是这个通的意识。六朝人理想的通,更超越"通儒",而以通于经学及其外的一切事象的人,即"通人"为目标。但此"通人"一语,作为代表如此时代精神的人类典范而被给予新内涵,还是后汉末的事。[3]

吉川忠夫不仅指出尚通是六朝的"时代精神","通人"是六朝"时代精神的人类典范",而且还发现尚通是"后汉末的事",确为的论。但亦像其他学者一样,未予深究。

对汉末魏晋之尚通意趣进行过较为深入之分析者,是葛兆光。他在讨论思想史之写法时,曾经提出这样一个发人深省的问题。他说:

> 有时,知识的储备是思想接受的前提,知识的变动是思想变动的先兆。像在讨论魏晋玄学的时候,人们也可以看到,那种表面非常玄虚的哲理讨论的背后,也有相当复杂和深厚的关于知识的历史背景。研究者普遍不曾注意的是,恰恰是东汉博学通儒的知识主义倾向,使得当时知

[1] 曹聚仁:《中国学术思想史随笔》第106~107页,生活·读书·新知三联书店1996年版。

[2] 牟润孙:《注史斋丛稿》第307页,中华书局1987年版。

[3] (日)吉川忠夫:《六朝士大夫的精神生活》,见《日本学者研究中国史论著选译》第七卷《思想宗教》第88页,中华书局1993年版。

识阶层的知识取径大大拓展，而这种知识拓展的直接后果，正好就是瓦解了儒学经典作为知识的唯一性，"性与天道"这种儒家不曾精研的命题顿时成了各种思想入侵的缝隙，各种杂驳的知识就成了人们阅读的热门，正是在这样的情势中，老庄思想才会顺理成章地成为思想的资源，佛教关于佛性的经典才会被如此多的人研读。[1]

基于这样一种认识，他在《中国思想史》（第一卷）中，讨论汉晋之际固有思想与学术的演变时，就特别注意东汉博学通儒的"知识主义倾向"，他说：

> 在一个思想没有变为资源与动力的时代，人们很容易把自己的思路引向拓宽见闻，在知识的陌生处寻找过去未曾涉足的领域，在更深广处获取知识开掘的惊喜和乐趣，特别是在经典成为人们必须阅读的唯一文本时，借助经典注释而表现才华与见闻的方式就更加盛行，在诠释中，刺激了历史知识、文字知识、草木鸟兽鱼虫知识的增长，也凸显了知识的意义。

由此而"在民间形成了一种推崇知识尤其是推崇历史知识、文字知识和博物知识的风气，并随着这一风气的传续形成了'古学'与'通儒'的传统"。他发现，在东汉时期，"'博学'这个词用在褒扬人的才智上，则意味着社会对知识兴趣的增长，没有渊博知识的人似乎很难令人钦服而成为精神方面的领袖。于是，这就形成了当时社会上'耻一物之不知'的知识主义风气"，"博学多识成了当时一种倍受推崇的品格，贾逵与马融先后成为知识界的领袖，正是这一知识风气的象征，而融会古今、

---

[1] 葛兆光：《知识史与思想史——思想史的写法之二》，《读书》1998年第2期。

博通六经的郑玄的出现，则是这一知识风气的结果，而这种博学多识的风气，无形中拓开了思想的范围，也拓宽了思想的资源"。[1] 应该说，这是当代学者对东汉后期知识界博学多通的知识主义取径比较深入的揭示和研判，以及对其影响的正确评估。这个论述，对作者选择尚通意趣这个独特视角开展汉晋文化思潮变迁的研究，有重要启示意义。

古今学者注目于汉末魏晋六朝之尚通意趣，以葛洪、章学诚、鲁迅、葛兆光、吉川忠夫的论述为重。葛洪以批判的眼光概述了当时社会士人尚通贵达的一般情况；章学诚着重指出汉末学风之通博，以及通义之所由起和通名之所由仿；鲁迅先生指出了汉末魏初在士风、文风和学风上崇尚通脱的时代风气；葛兆光分析了博学多识的知识主义风气兴起的原因，论证了这种博学风气对于"拓开思想的范围"和"拓宽思想的资源"的重要意义。作者认为：他们的分析或只着重于学术风气方面，未能就博学多通的风气对士风、文风之影响展开全面的讨论；或只局限于古文家或今古文家之通博，未能进一步考察"通人"或玄学家之通博；并且，他们对博学多通的风气于汉晋文化思潮变迁之重要影响程度，估计不足。在这里，我更赞同吉川忠夫的说法，即尚通重博是汉末魏晋六朝的"时代精神"，"通人"是这种"时代精神的人类典范"。

三、汉末魏晋六朝时期的尚通意趣

自东汉以来，在具有革新倾向的异端知识群体中，普遍流行着一种尚通意趣。当时文人，在知识取径上，贵尚通博之学，反对章句之学。在行为方式上，慕通达，贱守节。在艺术创作上，尚清简，鄙拘泥。

---

[1]　葛兆光：《中国思想史》（第一卷）第 427～430 页，复旦大学出版社 1998 年版。

贵通尚博成为一时之时尚，尚通重达是汉末魏晋六朝的时代精神。

东汉时期尚通意趣之产生，是基于对传统章句之学的反叛。一般而言，汉代章句之学，学者固守一经，默守师法家法，注重文字训诂和名物考证，"一经说至百余万言"，[1] 发展到非常繁琐冗杂的境地，以致学者终身不能明一经，因而引起了"异端"知识群体的反感。如班固在《汉书·艺文志》中批评说：

> 古之学者耕且养，三年而通一艺，存其大体，玩经文而已，是故用日少而畜德多，三十而五经立也。后世经传既已乖离，博学者又不思多闻阙疑之义，而务碎义逃难，便辞巧说，破坏形体，说五字之文，至于二三万言。后进弥以驰逐。故幼童而守一艺，白首而后能言，安其所习，毁所不见，终以自蔽，此学者之大患也。

章句之学，作为一种微观研究，是一切学问之基础，本无可厚非。但微观的章句研究是手段，通古今、明大义才是目的。而汉代章句学者以手段为目的，这正如徐干《中论·治学》所说：

> 凡学者大义为先，物名为后，大义举而物名从之。然鄙儒之博学也，务于物名，详于器械，矜于训诂，摘其章句而不能统其大义之所极，以获先王之心。此无异乎女史诵诗，内竖传令也。故使学者劳思虑而不知道，费日月而无成功。

如此治学，未免本末倒置。况且又默守师法家法，"安其所习，毁所不见"，更是学问之大患。所以，自西汉后期以来，儒学内部便兴起

---

[1] 《汉书·儒林传》。

了删减五经章句的行动，同时亦有一股反对章句之学、主张通博之学的势力发展起来，如夏侯胜批评"章句之徒，破大道也"，[1]杨终批评"章句小徒，破坏大体"。[2]所谓"大道""大体"，就是徐干所谓的"大义"。学问之道本在存大体、明大道、通大义，而章句之徒"碎义逃难""破坏大体"，与学问之旨不合，故屡遭批评，被斥为"小儒""专儒""俗儒"或"鄙儒"。

通博之士反对章句之学，其于学问，不好章句，只求训诂通而已。如扬雄"少而好学，不为章句，训诂通而已，博览无所不见"。[3]班固"博贯载籍，九流百家之言，无不穷究，所学无常师，不为章句，举大义而已"。[4]桓谭"博学多通，遍习五经，皆训诂大义，不为章句，能文章，尤好古学，数从刘歆、扬雄辨析疑异"。[5]卢植"能通古今学，好研精而不守章句"。[6]荀淑"博学而不好章句，多为俗儒所非"。[7]梁鸿"博览无不通，而不为章句"。[8]这说明，在对传统章句之学的反叛过程中，一大批具有革新倾向的知识群体逐渐成长壮大起来，他们以博览而不为章句为时尚，逐渐形成一种抉破樊篱、超越师法家法、由具体到抽象、由名物训诂（微观）到贯通义理（宏观）的治学方法，并以此拯救章句学的繁琐、偏执和固陋之弊。

由一种治学方法推广开来，便在当时社会酿成了贵通尚达的时尚，"耻一物之不知"和"耻智之不博"，成为当时新兴知识阶层的共同

[1] 王先谦：《后汉书·杨终传集解》引惠栋引《汉书》。
[2] 《后汉书·杨终传》。
[3] 《汉书·扬雄传》。
[4] 《后汉书·班固传》。
[5] 《后汉书·桓谭传》。
[6] 《后汉书·卢植传》。
[7] 《后汉书·荀淑传》。
[8] 《后汉书·梁鸿传》。

追求。其时之清议名流，月旦人物，崇尚通博，并且形成了"通人"、"通儒"等具有的特定内涵的品目，如"（杜）林从（张）竦受学，博洽多闻，时称'通儒'"。[1]贾逵"虽为古学，兼通五家《谷梁》之说，……学者宗之，后世称为'通儒'"。[2]马融"才高博洽，为世'通儒'，教养诸生，常有千数"。[3]应劭《风俗通义》更把儒生分为通儒和俗儒二类，他说：

> 儒者，区也，言其区别古今，居则玩圣哲之词，动则行典籍之道，稽先王之制，立当时之事，纲纪国体，原本要化，此通儒也。若能纳而不能出，能言而不能行，讲诵而已，无能往来，此俗儒也。[4]

其所谓之"俗儒"，就是只能讲诵的章句之徒；而"通儒"，不仅能通先王之道，更主要是能够学以致用，以先王之道为依据而"遭时定制"，是达权变、明世事的学者。"通人"亦是当时学者月旦人物的一个重要品目，如桓谭在《新论·识通》篇中，称司马迁、扬雄为"通人"，称汉高帝、文帝、武帝为"通而蔽者"。王充《论衡·实知》亦云："太史公，汉之通人也。"《论衡·别通》篇界定"通人"说："博览古今者为通人"，"通人胸怀百家之言"。还说：

> 夫富人不如儒生，儒生不如通人。通人积文十箧以上，圣人之言，贤人之语，上自黄帝，下至秦汉，治国肥家之术，刺世讥俗之言，备矣。

他将天下人分为俗人、儒生、通人、文人和鸿儒五类，"通人"居其一，

---

[1] 《后汉书·杜林传》。

[2] 《后汉书·贾逵传》。

[3] 《后汉书·马融传》。

[4] 王利器：《风俗通义校注·佚文·徽称》，中华书局1981年版。

可知"通人"确是当时一个特殊的知识群体。

另外，人们亦建议废弃章句之徒，起用多闻博识、深知道术的通博之士参政，如桓谭上疏说："陛下宜垂明听，发圣意，屏群小之曲说，述五经之正义，略雷同之俗语，详通人之雅谋。"[1] 韦彪亦上书说："谏议之职，应用公直之士，通才謇正，有补益于时者。"[2] 因为"大才怀百家之言，故能治百族之乱，……汉氏廓土，牧万里之外，要荒之地，褒衣博带。夫德不优者不能怀远，才不大者不能博见。故多闻博识，无顽鄙之訾；深知道术，无浅暗之毁也"。[3]

在东汉中后期的知识群体中，博学多通是一种倍受推崇的理想品格。它由少数人的主张逐渐发展成时代思潮，可以说是当时"异端"知识群体的一种普遍追求，甚至是他们研究学术、品鉴人物、观察社会的理想价值标准。所以，当时学者，以"通"释儒，如扬雄《法言·君子》说："通天地人曰儒，通天地而不通人曰伎。"以"通"释圣，如许慎《说文》说："圣，通也。于事无所不通曰圣。"刘劭《人物志·八观》

---

[1] 《后汉书·桓谭传》。

[2] 《后汉书·韦彪传》。

[3] 《论衡·别通》。

说："达者称圣。""圣之为称，明智之极明也。"[1] 以"通"释王，如许慎《说文》说：

> 王，天下所归往也。董仲舒曰：古之造文者，三画而连其中谓之王。三者，天、地、人也，而参通之者，王也。

以"通"释君子，如嵇康《释私论》说：

> 夫称君子者，心无措乎是非，而行不违乎道者也。何以言之？夫气静神虚者，心不存于矜尚；体亮心达者，情不系于所欲。矜尚不存乎心，故能越名教而任自然；情不系于所欲，故能审贵贱而通物情。物情顺通，故大道无违。越名任心，故是非无措也。是故言君子则以无措为主，以

---

[1] 东晋玄学家对"圣"之"通"义做过玄学化的解释，据刘孝标注《世说新语·文学载》："向子期、郭子玄《逍遥义》曰：夫大鹏之上九万，尺鷃之起榆枋，小大虽差，各任其性。苟当其分，逍遥一也。然物之芸芸，同资有待，得其所待，然后逍遥耳。唯圣人与物冥而循大变，为能无待而常通，岂独自通而已。又从有待者不失其所待，不失，则同于大道矣。支氏《逍遥论》曰：夫逍遥者，明至人之心也。庄生建言大道，而寄指鹏、鷃。鹏以营生之路旷，故失适于体外；鷃以在近而笑远，有矜伐于心内。至人乘天正而高兴，游无穷于放浪；物物而不物于物，则遥然不我得，玄感不为，不疾而速，则逍遥靡所不适，此所以为逍遥也。若夫有欲当其所足，足于所足，快然有似天真，犹饥者一饱，渴者一盈，岂忘蒸尝于糗粮，绝觞爵于醪醴哉！苟非至足，岂所以逍遥乎？此向、郭之注所未尽。"按：支遁与向、郭二家的分歧在于，向、郭二家认为圣人与道同体，"无待而常通"，故能逍遥，而万物如鹏、鷃等"有待而不失其所待"，亦"同于大道"，故亦能逍遥。支遁则认为只有圣人才是真正的逍遥，而万物如鹏、鷃等虽任性自足，然皆有局限，不能"同于大道"，故而皆非真正的逍遥，只有圣人"物物而不物于物"（即"应物而不累于物"），或者说，只有圣人"览通群妙，凝神玄冥，灵虚响应，感通无方"（支遁《大小品对比要钞序》，见《出三藏记集经序》卷八），才能达到真正的逍遥。其实，支遁与向、郭二家之观点是异中有同，即皆认为圣人之所以能入于逍遥之境，是因为圣人有"无待而常通"或"感通无方"的质性，即有"通"的特点。因为"通"，故能"与物冥而循大变"，能览通万物，应变无穷，故而亦就能入于逍遥之境。

通物为美。言小人则以匿情为非，以违道为阙。[1]

以"通"释道，如扬雄《法言·问道》说："或问道。曰：道也者，通也，无不通也。"李轨注云："万物由之以通。"王弼亦说："道也者，无之称也，无不通也，无不由也。"[2]刘劭《人物志·八观》说："道也者，回复变通。"其时学者，著书立说，亦乐于以"通"为名，如班固的《白虎通》、应劭的《风俗通》。[3]而汉末学者"依经起义"的集解、集注、异同、然否之作，和"离经为书"的六艺、圣证、匡谬、兼明之作，"其书虽不标通，而体实存通之义"。[4]

尚通意趣亦受到当时理论家的关注，如桓谭《新论》有《识通篇》，王充《论衡》有《别通篇》，皆是讨论尚通意趣之专文。桓谭《识通》，散佚已久。据其佚文考察，可能是以通为标准，进行人物品鉴之专文，如他说："才通著书以百数，惟太史公广大，其余藂残小论，不能比之。"这是以"通"评司马迁。又说："扬子云何人耶？答曰：才智开通，能入圣道，汉兴以来未有此人也。""通人扬子云"，这是以"通"评扬雄。又说："汉高祖建立鸿基，侔功汤武，及身病，得良药弗用，专委妇人，归之天命，亦以误矣，此通人而蔽者也。"评文帝、武帝是"通而蔽者"。[5]

---

[1] 《全三国文》卷五十，又东晋王坦之著《废庄论》，批评庄子及其学说之影响说："庄子之利天下也少，害天下也多。故曰：鲁酒薄而邯郸围，庄生作而风俗颓。礼与浮云俱征，伪与利荡并肆。人以克己为耻，士以无措为通。时无履德之誉，俗有蹈义之愆。"（《晋书·王坦之传》）按：王坦之所谓"士以无措为通"，即嵇康《释私论》所谓："夫称君子者，心无措是非，而行不违乎道者也。"

[2] 楼宇烈：《王弼集校释》第624页，中华书局1999年版。

[3] 据马宗霍《中国经学史》说："汉儒说经之书，……有曰通者，如易有《洼君通》，杜抚作《韩诗题约义通》是也。"（第55页，上海书店1984年版）

[4] 章学诚：《文史通义·释通》，江苏广陵古籍刻印社1991年版。

[5] 桓谭：《新论》，孙冯翼辑，四部备要本。

以现存之文献考察，东汉学者于"通"之义论证周详完备者，当推王充，他分别从生物学和社会学两方面，讨论"通"对于人生、学问的重要意义。在生物学方面。他说：

> 夫不通者，恶事也，故其祸变致不善。
>
> 气不通者，强壮之人死，荣华之物枯。
>
> 血脉不通，人以甚病。
>
> 开户纳光，坐高堂之上，眇升楼台，窥四邻之庭，人之所愿也。闭户幽坐，向冥冥之内，穿圹穴，卧造黄泉之际，人之所恶也。夫闭心塞意，不高瞻览者，死人之徒也哉。

他甚至认为：

> 诸夏之人所以贵于夷狄者，以其通仁义之文，知古今之学也。如徒作胸中之资，以取衣食，经历年月，白首没齿，终无知晓，夷狄之次也。

至于学问方面，他认为：那些"不览古今，论事不实，或以说一经为是，……不能博五经，又不能博众事，守信一学，不好广观，无温故知新之学，而有守愚不览之暗"的章句之徒，就是"死人之徒"。[1] 他说：

> 知古不知今，谓之陆沉。……知今不知古，谓之盲瞽。[2]
>
> 学士之才，农夫之力，一也。能多种谷，谓之上农；能博学问，谓之上儒。[3]

---

[1] 《论衡·别通》。

[2] 《论衡·谢短》。

[3] 《论衡·别通》。

> 诸生能传百万言，不能览古今，守信师法，虽辞说多，终不为博。博达疏通，儒生之力也。[1]

王充所言，正是当时通博之士的普遍见解。

随着汉王朝的土崩瓦解，此种尚通意趣并未随之消失，反而因为适逢一个开放自由、无拘无束的思想环境而变本加厉地发展起来。如果说尚通意趣在汉代还是一种民间思潮，还是少数"异端"文人的个别追求。那末，至曹魏，则是得到统治者的认同而加以提倡，由民间思潮、个别追求发展成为时代思潮，甚至是一种时代精神。士风上的通侻简易，学术上的清通简要，文学的通变新奇，成为曹魏以来知识界的普遍追求。

曹魏统治者提倡通侻简易，可以曹操、曹丕为代表。如曹操，据鲁迅先生说，他就是崇尚"通脱"的。他说：

> 他（曹操）为什么要尚通脱？自然也与当时的风气有莫大的关系。因为在党锢之祸以前，凡党中人都自命清流，不过讲"清"讲得太过，便成固执，所以在汉末，清流的举动有时便非常可笑了。……所以深知此弊的曹操要起来反对这种习气，力倡通脱。通脱即随便之意。[2]

的确，在东汉时期，多有崇尚名节之士。[3]但是，讲名节讲得太过，有刻情修容、以异操邀名者，有保身怀方的重节轻仕者，甚至还有"窃名伪服，纯盗虚声"者。总之，在那时，相当多的一部分文人"知名

[1] 《论衡·效力》。
[2] 鲁迅：《魏晋风度及文章与药及酒之关系》，见《而已集》，人民文学出版社1973年版。
[3] 参见赵翼《廿二史札记》卷五《东汉尚名节》。

节而不知节之以礼，遂至于苦节"。[1] 物极必反，故而在当时即出现了马融这样的以"达生任性""贵生轻节"为特征的通侻之士。建安时期，因曹操的提倡和力行，这种通侻风气逐渐传播开来，发展成为一种时尚，这正如刘师培所说："建武以还，士民秉礼；迨及建安，渐尚通侻。"[2] 由"秉礼"到"通侻"，正说明了汉魏士风之发展特点。至于曹丕，其为人、为政，与乃父风尚颇为接近，亦有通侻简易的特点，[3] 在其影响下造成"天下贱守节"的后果，进一步助长了浮华交会的通侻之风。如曹植《赠丁翼》诗云："滔荡固大节，时俗多所拘。君子通大道，无愿为世儒。"卞兰《赞述太子赋并上赋表》云："嘉通人之达节，笑俗士之守株。"以"重智贵艺"为特征的徐干，在《中论·贵言篇》亦说：

> 昔仓梧丙娶妻美，而以与其兄，欲以为让也，则不如无让焉。尾生与妇人期于水下，水暴至，不去而死，欲以为信也，则不如无信焉。叶公之党，其父攘羊，而子证之，欲以为直也，则不如无直焉。陈仲子不食母兄之食，出居于陵，欲以为洁也，则不如无洁焉。宗鲁受齐豹之谋，死孟絷之难，欲以为义也，则不如无义焉。

这些自古以来就被人们尊奉的耿介之士，在徐干看来，"犹夫俗士而已矣"，他推崇的是"周乎上哲之至论，通乎大圣之洪业"，并且能够在行为上因时制宜的"达士"。这正是对"魏文慕通达而天下贱守节"的回应，更可看作是一代士人的宣言。正因如此，在曹魏时代才产生了与汉末"三君""八俊"等相呼应的"四聪""八达"等名号，

[1]　《二程集》卷十八《河南程氏遗书序》。

[2]　刘师培：《中古文学论著三种》第 5 页，辽宁教育出版社 1997 年版。

[3]　《宋书·五行志一》载："魏文帝居谅阴之始，便数出游猎，体貌不重，风尚通脱。"

和"修浮华""浮华事"和"浮华友"等专门称谓。夏侯玄、诸葛诞、邓飏之徒共相题表的"四聪""八达",实际上就是一个崇尚通倪简易的知识群体。

在"尊儒贵学"的魏明帝时代,朝廷曾有罢斥浮华、整顿通倪士风的举措,诸葛诞、夏侯玄、邓飏等"四聪""八达"群体,皆因"浮华不务道本"而遭到禁锢。但是,"通者为贤,塞者为愚"已经成为一种时代精神,明帝朝的禁锢未能阻止这种新风尚的发展。在晋宋时期,它更加广泛地发展起来。据载:

> 魏末阮籍,嗜酒荒放,露头散发,裸袒箕踞,其后贵游子弟阮瞻、王澄、谢鲲、胡毋辅之之徒,皆祖述于籍,谓得大道之本。故去巾帻,脱衣服,露丑恶,同禽兽,甚者名之为"通",次者名之为"达"也。[1]

这种风尚,正如干宝所说:魏晋之时,"行身者以放浊为通而狭节信"。[2]亦如葛洪《抱朴子·行品篇》所说:魏晋文人,"其利口谀辞也似辨,其道听途说也似学,其心险貌柔也似仁,其行污言洁也似廉,其好说人短也似忠,其不知忌讳也似直,故多'通'也"。我们姑且不论干宝、葛洪的意见正确与否,单就他们把这种浮华虚诞的风气称为"通"来看,亦足见尚通意趣在魏晋时期的开展情形和影响情况。

晋宋文人,以"通"为时尚。如"庾凯虽居职位,未尝以事务自婴,从容博畅,寄通而已"。[3]支遁读书治学,"每标举会宗,而留心象喻,解释章句或有所漏,文字之徒多以为疑。谢安石闻而善之曰:此九方

---

[1] 《世说新语·德行》注引王隐《晋书》。

[2] 《晋纪总论》,见《文选》卷四十九。

[3] 《世说新语·赏誉》注引《文士传》。

皋相马也，略其玄黄而取其隽逸"，其所制作，群公赏为"名通"。[1]"名通"成为一时之常语，据《世说新语·文学》载：

> 殷中军问：自然无心于禀受，何以正善人少，恶人多？诸人莫有言者，刘尹答曰：譬如写水著地，正自纵横流漫，略无正方圆者。一时绝叹，以为"名通"。

> 人有问殷中军：何以将得位而梦棺器，将得财而梦矢秽？殷曰：官本是臭腐，所以将得而梦棺尸；财本是粪土，所以将得而梦秽汙。时人以为"名通"。

甚可注意者，其时之隐士，既非巢、许那样的狷介之士，亦非东汉时的苦节之士，而是一些轻介贱节的通侻之士，如：

> 戴逵，字安道，……性甚快畅，泰于娱生，好鼓琴，善属文，尤好乐燕，多与高门风流者游，谈者许其"通隐"。[2]

> 何点虽不入城府，而遨游人世，不簪不带，或驾柴车，蹑草履，恣心所适，致醉而归，士大夫多慕从之，时人号为"通隐"。[3]

---

[1] 《世说新语·轻诋》注引《支遁传》。余嘉锡说："'通'谓解说其义理，使之通畅也。晋、宋人于讲经谈理了无滞义者，并谓之通。本篇云殷浩能清言，未过有所通''支为法师，许为都讲，支通一义，四座莫不厌心'，'长史诸贤来清言，客主有不通处'，'许询得《渔父》一篇，谢安看题，便各使四坐通'，'支道林先通，作七百许语'，'义羊孚与仲堪首《齐物》，乃至四番后一通'云云，皆是也。'名通'之为言，犹之'名言''名论云尔，后人用比，误以为名贵通达，失其义矣。"（《世说新语笺疏》第231页，上海古籍出版社1993年版）按，"名通"之所以是"名言""名论"，正因为其解说义理由通畅的特点。

[2] 《世说新语·雅量》注引《晋安纪》。

[3] 《梁书·何点传》。

而当时的人物品鉴中，"通"更是一个使用频率最高的词汇之一，如：

谢安弘粹通远，温雅融畅。（《世说新语·德行》注引《文字志》）

卫玠颖识通达，天韵标令。（《世说新语·言语》注引《卫玠别传》）

王衍早知名，以虚通理称。（《世说新语·言语》注引虞预《晋书》）

车胤长，又为桓宣武所知，清通于多士之时，官至选曹尚书。（《世说新语·识鉴》）

谢幼舆曰："友人王眉子清通简畅。"（《世说新语·赏誉》）

山简疏通高素。（同上）

钟会曰："裴楷清通，王戎简要。"（同上）

世目谢尚书为"令达"，阮遥集云："清畅似达。"（同上）

谢鲲通简有识，不修威仪，好迹而心整，形浊而言清。（同上。注引《江左名士传》）

谢仁祖清易令达。（《世说新语·品藻》）

司马文王问武陔，"陈玄伯（陈泰）何如其父司空（陈群）？"陔曰："通雅博畅，能以天下声教为己任者，不如也；明练简至，立功立事过之。"（同上）

抚军问孙兴公，"谢仁祖何如？"曰："清易令达。""阮思旷何如？"曰："弘润通长。"（同上）

山涛通简有德，秀、戎、伶朗达有隽才。（同上。注引《魏氏春秋》）

王澄有通朗称，而轻薄无行。（同上。注引《晋阳秋》）

郝隆为人通亮清识。（同上。注引《晋诸公赞》）

陈群常叹曰："若华公可谓通而不泰，清而不介者矣。"（《三国志·魏志·华歆传》）

等等。其时之学者，亦甚关注尚通问题，如陆机说："是以经治（疑为'治经’）必宣其通，图物恒审其会。"[1] 治经、图物都要以会通为手段，因为在他看来，"通于变者，用约而利博；明其要者，器浅而应玄。是以天地之赜，该于六位；万殊之曲，穷于五弦"。[2] 这与葛洪所谓"通人总原本以括流末，操纲领而得一致"的说法正相吻合。[3] 另外，据《抱朴子》（佚文）载："余尝问嵇君道曰：'左太冲、张茂先，可谓通人乎？'君道答曰：'通人者，圣人之次也，其间无所复容。'[4] 值得注意的是，在王充划分的人物类型（俗人、儒生、通人、文人、鸿儒）中，"通人"虽高于俗人和儒生，但亦低于文人、鸿儒，虽不算太低，但亦不是太高。而在嵇君道这里，"通人"仅次于圣人，其社会地位是大大地提高了。

魏晋时期，从理论上对尚通意趣进行过深入研究的是刘劭。他的《人物志》一书，实际上就是尚通意趣的产物。[5] 他在《人物志》书中，从圣人的中庸平淡之质性的角度，对"通"作过新的诠释，他说："道而能节者，通也。通而时过者，偏也。""通者亦宕，宕者亦宕，其宕则同，其所以为宕则异。""纯宕似流，不能通道；依宕以通，行傲过节。"[6] 亦就是说，尚通必须有一定的度，即以中和平淡为节制，做到"道而能节"；若"通而时过"，就不是"通"，而是"偏"，这不仅有"行傲过节"的缺点，而且亦"不能通道"。这体现了刘劭在尚通意趣的开展过程中的某种先知先觉，因为晋宋时期的名士，确有讲"通"讲过头了的，如"露头散发，裸袒箕踞"的阮瞻、王澄之流，

---

[1] 《演连珠》（其三十六），《文选》卷五十五。

[2] 《演连珠》（其四十五），《文选》卷五十五。

[3] 《抱朴子·尚博》。

[4] 杨明照：《抱朴子外篇校笺·佚文》引《意林》，中华书局 1997 年版。

[5] 参见本书第五章第三节"从《人物志》论汉晋学风之变迁"。

[6] 《人物志·八观》。

就是"通而时过者"，此种"通""达"就过头了，是"偏"，是"宕"，是从汉末的"苦节"极端走向另一个"放荡"的极端。

四、尚通意趣产生的文化背景和社会基础

魏晋风气始于汉末，起于汉末之尚通意趣。尚通意趣产生于汉末，与当时的学术文化思想和社会政治、经济的变迁有着很密切的关系。从学术文化思想的背景看，我们研究尚通意趣的发生，首先要注意的是经今古文学的矛盾斗争，可以说，尚通意趣就是在这种矛盾斗争中产生的，并随着古文经学的发展而逐渐兴盛。同时，亦与当时老庄之学的复兴和《周易》"通变"思想的流行有关。从社会政治、经济背景看，社会的急剧动荡、割据分裂的极端发展、半生产半军事的游离经济和流行于当时社会的浮游风气，破坏了汉儒的师法家法和安土重迁的安固生活，亦为尚通意趣的进一步开展奠定了社会基础。

1. 汉初的倜傥士风和博达学风

作者在前章已经指出：汉代学风拘泥、繁琐、执障，汉代士风讲经明行修、砥砺名节，重德行操守，甚者拘文牵俗、动如节度。这主要是就儒学独尊之后的汉代社会而言。其实，在儒学独尊之前，在犹有战国遗风的汉初社会，我们看到的倒是另一番景象，即崇尚倜傥非常之人，鄙薄拘文牵俗之徒；追求自由博通，反对拘泥偏狭。如汉武帝元封五年（前106年）诏曰：

> 盖有非常之功，必待非常之人。故马或奔踶而致千里，士或负俗之累而立功名。夫泛驾之马，跅弛之士，亦在御之而已。[1]

[1] 《汉书·武帝纪》。

这与曹操"唯才是举"的求贤令并无二致。司马相如在《难蜀父老》文中亦说：

> 盖世必有非常之人，然后有非常之事；有非常之事，然后有非常之功。夫非常者，固常人之所异也。故曰：非常之原，黎民惧焉，及臻厥成，天下晏如也。……且夫贤君之践位也，岂特委琐龌龊，拘文牵俗，修诵习传，当世取悦云尔哉！必将崇论宏议，创业垂统，为万世规。故驰骛乎兼容并包，而勤思乎参天贰第。[1]

明确鄙夷拘文牵俗之徒，赞扬倜傥非常之人。这与公孙弘提出的"人主病不广大"的观点是一致的。[2] 司马迁在《报任安书》亦说："古者富贵而名摩灭，不可胜记唯倜傥非常之人称焉。"像汉末那种刻情修容的苦节之士，就为人所不耻。如《史记·货殖列传》说：

> 家贫亲老，妻子软弱，岁时无以祭祀进醵，饮食被服不足以自通，如此不惭耻，则无所比矣。……无岩处奇士之行，而长贫贱，好语仁义，亦足羞也。

人们追求一种与宇宙并存、与天地同游的通达博观的生活方式，如《淮南子·泰族训》说：

> 凡人之所以生者，衣与食也。今囚之冥室之中，虽养之以刍豢，衣之以绮绣，不能乐也。以目之无见，耳之无闻。穿隙穴，见雨雾，则快

---

[1] 《文选》卷四十四。
[2] 《史记·平津侯主父列传》。

然而叹之，况开户发牖，从冥冥见昭昭乎？从冥冥见昭昭学，文犹尚肆
然而喜。又况出室坐堂，见日月光乎？见日月光，旷然而乐。又况登泰
山，履石封，以望八荒，视天都若盖，江河若带。又况万物在其间者乎？
其为乐岂不大哉！

从“囚之冥室”到“穿隙穴”、到“开户发牖”、到“出室坐堂”、到“登
泰山、履石封”，视界从狭小到博大，心情由“不能乐”到“快然而乐”，
正显示出人们对通达博观的生活方式的追求。人生的最大乐趣亦在于
“万物在其间”，即拥有世间万物。因此，《淮南子》一再强调：

夫牛蹄之涔，无尺之鲤；块阜之山，无丈之才。所以然者何也？皆
其营宇狭小，而不能容巨大也。[1]

夫随一隅之迹，不知因天地以游，憾莫大焉。虽时有所合，然而不
足贵也。（《淮南子·说林训》）[2]

以广大博观为乐的人生观，通过各种途径渗透到学术思想中，就
是在学术思想上要求博通多识，反对拘泥偏狭。如司马迁著《史记》，
上下贯穿三千余年，举凡政治、经济、军事、文化、学术、文学、地理、
风俗等等，皆熔为一炉，体现一种博而能通、通而能简的学术功力。
又如《淮南子·泰族训》论学问之道说：

---

[1] 《淮南子·俶真训》。

[2] 《淮南子·说林训》。另外，朱光潜亦说：“中国话讲‘苦闷’，苦和闷联在一起；
说‘畅快’，快和舒畅联在一起。一个东西积压在那里，阻塞自然流动就会发病，
发散掉就好了。发热、伤风、咳嗽都是这样。”（《怎样学美学——一九八〇年
七月十一日在全国高校美学教师进修班上的讲话》，见《朱光潜美学文集》第三
卷第 544～545 页，上海文艺出版社 1983 年版。）

> 夫观六艺之广崇，穷道德之渊深，达乎无上，至乎无下，运乎无极，翔乎无形，广于四海，崇于太山，富于江河，旷然而通，昭然而明，天地之间，无所系戾，其所监观，岂不大哉！

在文学上，司马相如提出："赋家之心，苞括宇宙，总览人物。"亦就是说，在文学创作中，艺术家要使自己的心胸阔大到能够容纳整个宇宙万物和人类历史，有一种贯穿古今、穷极天地的想象力。这种观点亦体现在他的创作中，据说他作赋的时候，为了"控引天地，错杂古今"，实现"笼天地于形内，挫万物于笔端"的创作目的，进入了"忽然而睡，焕然而兴"的痴狂状态。[1]

总之，汉初承袭战国诸子遗风，再加上"凡事简易，禁网疏阔"的政治环境的影响，[2]形成了崇尚倜傥非常、反对拘文牵俗的士风，和以博达众观为特色的学风。这为汉末博学通儒的知识主义取径和尚通意趣的产生和发展，提供了重要的启示和借鉴。

2. 尚通意趣之产生与经今古文学的斗争

"凡事简易，禁网疏阔"的社会背景，为汉初倜傥士风和博达学风的产生，提供了重要条件。自汉武帝"罢黜百家、独尊儒术"后，汉代的士风、学风和文风皆发生了深刻的变化。

汉武帝独尊之儒术，是公羊学家董仲舒等人建构的今文经学。今文经学最大的特点有二：一是繁琐，二是迷信。

就繁琐言。今文经学家解说经文，支离破碎，一经说至百余万言，少则亦有几十万言，如秦恭延君，受小夏侯说文于张山拊，复增师法

---

[1] 《西京杂记》卷二。

[2] 《汉书·循吏传》。

至百万言。[1] 据桓谭《新论》说：秦近君能说《尧典》，篇目两字，说至十余万言，说"曰若稽古"四字为三万言。[2] 其他今文学者的情况与此类似。对于这种繁琐冗杂的学风，在两汉转折之际就引起了部分学者的反感，如首倡古文经学的刘歆，在《移书让太常博士》中批评今文学者说：

> 往者缀学之士，不思废绝之阙，苟因陋就寡，分文析字，烦言碎辞，学者罢老，且不能究其一艺，信口说而背传记，是末师而非往古。至于国家将有大事，若立辟雍、封禅、巡狩之仪，则幽冥而莫知其原。犹保残守缺，挟恐见破之私意，而无从善服义之公心，或怀妒嫉，不考情实，雷同相从，随声是非，……岂不哀哉！[3]

班固在《汉书·艺文志》中亦批评今文学者说：

> 不思多闻阙疑之义，而务碎义逃难，便辞巧说，破坏形体，说五字之文，至于二三万言，后进弥以驰逐，故幼童而守一艺，白首而后能言，安其所习，毁所不见，终以自蔽，此学者之大患也。

的确，今文学者的特点，就是固守师法烦言碎辞，抱残守缺，便辞巧说。

今文经学为何发展成如此繁琐不通的局面呢？其原因是多方面的。首先，就儒家本身讲，与其他诸子如道家、法家相比，其讲礼制，流于繁文缛节；其讲政治，迂阔而不切于实际。故在先秦，即遭迂阔

---

[1] 《汉书·儒林传》。

[2] 马宗霍《中国经学史》说："延与近形近，实即一人。"（第58页，上海书店1984年版）

[3] 《汉书·刘歆传》。

繁琐之讥。至汉代，司马谈著《论六家要旨》，其评儒家，亦说它"博而寡要，劳而少功"。其在魏晋，诸季野、支道林讨论北方学风，有所谓"渊综广博""显处视月"的说法，[1] 亦是针对儒家"博而寡要"的学风说的。所以，儒家本身极有发展成繁琐哲学的可能，这大概与他"推类而言"的学术方法有关。[2] 不过，在先秦时代，儒学作为一种"生动的实践哲学"，为了它的实践性，儒家学者如孔子、孟子都特别强调"博而能约"，如孔子说："吾道一以贯之。"[3] 意思是对于万事万物有一个总的原则以贯穿其中，"一以贯之"包含着一与多的辩证关系。王弼《论语释疑》就是从孔子"一以贯之"之道引申出"执一统万"的学术方法，其云：

> 贯，犹统也。夫事有归，理有会。故得其归，事虽殷大，可以一名举。总其会，理虽博，可以至约穷也。譬犹以君御民，执一统众之道也。

孟子亦说过："博学而详说之，将以反约也。"[4] 然而，在武帝以后，儒家被意识形态化，虽然它仍力求保持它的实践性，但它已经取得了独尊的地位，处于一种无竞争对手和无需证明就自然合理的状态，因而亦就丧失了它的战斗性和创造性，其本身潜在的繁琐一面就必然会无限制地发展起来。这是今文经学发展为繁琐哲学的内因。

---

[1] 《世说新语·文学》。

[2] 儒家学者治学，在学术方法上讲"推"。如孔子说："己所不欲，勿施于人。"孟子说："老吾老以及人之老，幼吾幼以及人之幼。""推恩足以保四海，不推恩无以保妻子。"讲"刑于寡妻，至于兄弟，以御于家邦"等等，皆是"推"的方法的使用。"推"即取譬联类。汉人作赋，讲"推类而言"，故汉赋尤其是大赋，其繁富之美，就缘于此。所以，在汉代，儒学之繁琐与汉赋之繁富，皆与其所采取的"推"的方法有关。

[3] 《论语·里仁》。

[4] 《孟子·离娄下》。

其次，今文经学走向繁琐，亦有深刻的外因。班固《汉书·儒林传赞》说：

> 自武帝立五经博士，开弟子员，设科射策，劝以官禄。迄于元始，百有余年，传业者渐盛，支叶蕃滋，一经说至百余万言，大师众至千余人，盖利禄之路然也。

学者治学，只为利禄，不是为真正的学术创新而努力，只是把它当作获取官禄的敲门砖。因此，就只有寻章摘句，以备射策之用，其繁琐冗杂、碎义逃难亦就在所难免。其实，我们还注意到，自儒学独尊之后，从武帝朝至东汉中期，整个今文经学在两三百年的发展史上，基本上没有任何创造性的人物和观点。虽然我们不要求代代出大师，但两三百年的今文经学发展史上，都没有创造性的学术大师产生，这实在是可怪的事情。当然，明白原因后，就不觉得奇怪了。因为今文经学在这个时候已经意识形态化，它只许遵守、因袭、阐释，不许创造、发挥，更不能颠覆。翦伯赞对此有精到的分析，其云：

> 儒家哲学之变为繁琐的哲学是必然的。因为一种学说到了只许赞扬、不许批判的时候，这种学说就会停止它的发展。我们知道儒家学说是在百家争鸣的局面中成长起来的。在当时，它受到它论敌的批判，也批判它的论敌。所以它是一种生动而活泼的战斗哲学——不管它为了甚么政治目的而战斗。但是到汉代，它已经被捧上文化思想的王座，它已经僵化为"永恒不变的真理"。而且汉代的统治者，把它当作一种材料，筑成了一条文化思想的狭路。在狭路的起点，写着知识分子由此入口；在狭路的终点，堆积着大堆的禄米。为了获得禄米，必须通过这条唯一的狭路。因此，在当时，这条狭路中便挤满了利禄之徒。他们口里念着圣

经贤语，心里想着高官厚禄。为了多领禄米，总得东扯西拉，说些"子曰诗云"。这样一来，儒家学说的"枝叶"遂日趋"繁茂"，以致"一经说至百余万言"。[1]

葛兆光亦注意到：

> 自从儒学成为官方承认的学问，并可以作为晋身之阶以后，表面上看来儒家是胜利了，但实际上却使它逐渐丧失了其独立的批评的自由，儒生成了皇权之下的官员，他们不能不受到皇权的制约与束缚，而为了那些利益，儒生从此也不得不采取实际而灵活的策略与态度。[2]

> 从西汉到东汉最终定型的意识形态是一个十分庞大的体系，……庞大的体系笼罩与涵盖了一切，它给生存在其中的人们一个印象，即一切都臻于完美，人们只要在它的那一套架构中调节自己的生活，补充自己的知识，完善自己的心灵，就一切圆满。于是在过分自足而完整的意识形态笼罩下，思想往往无从发展，而思想者也往往容易在充满了现存答案的思想世界中自甘沉默。[3]

意识形态化了的今文经学，只允许人们在其庞大的体系内因袭、传承，允许补充知识，包括历史、人物和语言方面的知识，反对思想上的突破和创新。同时，在师法、家法的严格限制下，知识的填充成为学者唯一用力的地方，因而必然造成学问的繁琐冗杂，这亦就是葛兆光所说的"以博闻强记为特征的知识主义风气"，因为"在经典成为人们必须阅读的唯一文本时，借助经典注释而表示才华与见闻的方

---

[1] 翦伯赞：《秦汉史》第493页，人民出版社1991年版。

[2] 葛兆光：《中国思想史》（第1卷）第387页，复旦大学出版社1998年版。

[3] 葛兆光：《中国思想史》（第1卷）第426页，复旦大学出版社1998年版。

式就更加盛行，在诠释中，刺激了历史知识、文字知识、草木鸟兽鱼虫知识的增长，也凸显了知识的意义"。[1] 比较而言，今文学者的这种知识取径，亦是一种博，但它与古文学者的博不同，更与玄学家的博迥异。古文家之博，是博通，是博而能约；玄学家的博，更是以清通简要为特点。今文学者的博，是知识积累型的博，致命的是它博而不通，博而不能返约，故而只能流于繁琐冗杂，便辞巧说。

就迷信言。孔子"不语怪力乱神"，不言"性与天道"。因此，先秦儒家的思想，理性精神占主导地位，迷信思想甚少。在汉代，公羊学大师董仲舒用阴阳五行说附会儒家经典，大讲天人感应，鼓吹灾异谴告，使原本颇有理性精神的儒学神学化，大大加强了它的迷信色彩。至西汉后期、东汉前期，今文学者又发挥出谶纬之学，以迎合时君。这样，儒学不仅被意识形态化，而且亦同时被彻头彻尾地神学化。

在今文经学日趋繁琐、逐渐神学化的时候，古文经学产生了，并在民间知识界广泛流传，亦得到许多有识之士的同情和支持。古文经学是为反对今文经学而兴起的，其斗争之矛头就直指今文经学的两个致命的缺陷，即繁琐和迷信。古文学者反对今文之繁琐，倡导清通简要；反对今文之迷信，倡导真美客观。古文学者用以反繁琐求简要、反迷信求真美的思想或理论武器，就是"通"。通则简，通则真。作者认为，尚通意趣就是随着古文经学的发生、发展而兴起的。

其实，在古文经学兴起之初，今文学者一方面已认识到自己繁琐冗杂的缺陷，另一方面亦感觉到来自古文经学的压力，便已着手删节五经章句，如王莽曾令博士删节五经章句，每经之章句定为二十万字；光武帝亦令博士讨论删节五经章句，虽然没有讨论出结果来，但删节工作却在儒生中开展起来了。今文学者删节章句，并不是心甘情愿的

[1] 葛兆光：《中国思想史》（第1卷）第427页，复旦大学出版社1998年版。

忍痛割爱，如王莽时一个叫郭路的博士，在删节章句时，因用心太苦而困死在灯下，这多少反映出今文博士对繁琐章句的依依不舍的留恋心情。与此相反，新兴的古文学者，多半都不为章句，如本章前引的古文经学家扬雄、桓谭、王充、贾逵、卢植、荀淑、梁鸿、许慎、马融、郑玄等人，史书说他们不为章句，以通训诂、举大义为学术旨归，并且亦不像今文学者那样终身只读一经，而是一批博通群经的学者。这些古文学者，亦在当时知识界获得了"通儒"的称号。

古文学者不仅反对今文学的繁琐，亦同时反对今文学的迷信。迷信和繁琐是相伴而生的，繁琐者往往流入迷信，而迷信往往需要繁琐的伪饰。古文学者大多具有历史的眼光和科学的精神，如桓谭、尹敏、王充、张衡、荀悦、荀爽等人，都反对迷信的谶纬之学。其中反对迷信思想最为有力的是王充，他著《论衡》的目的，据他自己说："是故《论衡》之造也，起众书并失实，虚妄之言胜真美也。"[1] 亦就是以疾虚妄、尚真美为目的。值得注意的是，以疾虚妄、尚真美为特色的王充，亦正是东汉时期倡导尚通意趣最为得力的思想家，他在《论衡》书中专著《别通》一篇，论证尚通于人生和学问之重要性，是现存东汉时期论证尚通意趣最为全面、系统的专门论文。另外，东汉初年的桓谭，亦是一位反对谶纬迷信的重要思想家，他上书光武帝，极言谶纬宜禁，其言有曰：

> 今诸巧慧小才，伎数之人，增益图书，矫称谶记，以欺惑贪邪，诖误人主，焉可不抑远之哉！[2]

---

[1] 《论衡·对作》。

[2] 《后汉书·桓谭传》。

桓谭由此被光武帝视为"非圣无法"，拟处以腰斩。桓谭"叩头流血"，才得免死，贬为六安郡臣，郁闷而死。就是这样一位因反对谶纬得罪的思想家，亦是东汉前期倡导尚通意趣最为得力的人物，其在《新论》一书中亦专著《识通》一篇，讨论尚通的问题。其书虽已散佚，但从后人辑录的零星片言看，当是与《论衡》之《别通》为相同性质的论文。东汉时期两位反对谶纬迷信最有力的人物，恰恰又是当时倡导尚通意趣最得力的思想家，这当然不是偶然的巧合，而完全可以充分地说明反对迷信与崇尚通博是互为表里的。换言之，破除迷信必须以通为基础，尚通是破除迷信、通向真美的重要途径。

东汉思想家仲长统亦反对迷信，他在《昌言》中说：

> 和神气，惩思虑，避风湿，节饮食，适嗜欲，此寿考之方也。不幸而有疾，则针石汤药之所去也。萧礼容，居中正，康道德，履仁义，敬天地，恪宗庙，此吉祥之术也。不幸而有灾，则克己责躬之所复也。

至于末世，"则淫厉乱神之礼兴焉，俯张变怪之言起焉，丹书压胜之物作焉。故常俗忌讳可笑事，时事之所遂往。而通人所深疾也。"因此，他建议："诸压胜之物，非礼之祭，皆所宜急除者也。""通人"深疾迷信。仲长统反对迷信，亦因为他崇尚通博，今本《昌言》虽无《新论》《论衡》那种专门讨论尚通的篇章，但仲长统对尚通却是很注意的，他说："人之性，有山峙渊停者，患在不通；……好古守经者，患在不变。"[1] 注意到通变于人生和学问的重要性。

总之，今文经学以繁琐、迷信为特点，古文经学以反繁琐、破迷信起家。在经今古文学的矛盾斗争中，古文学者以"通"为理论武器，

---

[1] 《全后汉文》卷八十九。

反对今文学者。所以，尚通意趣实际上就是随着古文经学的发生发展，在经今古文学的矛盾斗争中，逐渐发展起来的。

3. 尚通意趣之形成与老庄之学的复兴

汉武帝"罢黜百家，独尊儒术"，确立儒家思想在思想界的独尊地位，并进而将之意识形态化。然而，一度在汉初思想界占主导地位的黄老之学，并未因"罢黜百家"而销声匿迹，而是由社会之上层转入民间，成为一种影响仍然深广的民间思想。

在西汉后期，我们看到，老庄之学已常为学者所研习。如扬雄，其思想体系和处世行为，就有很浓厚的老庄思想成分。他的《法言》一书，往往是儒道兼综。他在《解嘲》一文中，提出了一些关于阴阳盛衰的说法，如他说：

> 攫拏者亡，默默者存。位极者高危，自守者身全。是故知玄知默，守道之极，爰清爰静，游神之庭，惟寂惟漠，守德之宅。[1]

这些言辞，就充满了老庄思想的意味。同时，扬雄又特别推崇他的那位研究《周易》《老子》的同乡严君平。尤其值得注意的是，在汉昭帝时期举行的"盐铁会议"上，那些被称为"文学""贤良"的儒生，在驳斥朝廷官员时，不仅引用孔孟学说，有时还引用《老子》《庄子》中的文字，如《盐铁论》之《本议》《未通》引《老子》，《毁学》引《庄子》。[2]这说明，在"独尊儒术"的时代，老、庄之学并未被完全禁绝。

---

[1] 扬雄：《解嘲》，《文选》卷四十五。

[2] 参见曹道衡《南朝文学与北朝文学研究》第49页，江苏古籍出版社1998年版。

但是，老、庄之学的复兴，从少数学者的研习，发展成为大多数学者的思想资源，却要等到东汉时期。大致是随着古文经学的发生发展，在经今古文学的矛盾斗争中，老、庄之学被古文学者所采纳，逐渐成为代表学术新思潮的知识者的重要思想资源。曹道衡说：

> 魏晋玄风的兴起是两汉以来学术思想发展演变的结果，崇尚老庄的风气，其起源几乎与今文经学的衰微及古文经学的兴起是同步的。[1]

葛兆光亦说：

> 东汉思想界与学术界有知识主义风气的滋生，这种追求博学的风气正好越过正统经典的樊篱，给处在边缘的老、庄思想的卷土重来提供了一个契机。[2]

如前所述，这种博学的风气是由古文学者倡导的。所以，实际上是古文经学"给处在边缘的老、庄思想的卷土重来提供了一个契机"。

综观东汉时期的古文学者，大都与老、庄思想发生过或深或浅的关系。如桓谭，虽然我们目前没有材料证明他与老、庄思想有直接的关系，但他与老、庄学者班嗣有过接触，还向班嗣借阅老、庄之书，[3]

[1] 参见曹道衡《南朝文学与北朝文学研究》第292页，江苏古籍出版社1998年版。
[2] 葛兆光：《中国思想史》（第1卷）第433页，复旦大学出版社1998年版。
[3] 班嗣"虽修儒学，然贵老庄之术"，桓谭欲借其书，班嗣回信说："若夫严子（即庄子）者，绝圣弃智，修生保真，清虚淡泊，归之自然。"他批评桓谭说："今吾子已贯仁谊之羁绊，系名声之缰锁，伏周孔之轨躅，驰颜闵之极挚，既系挛于世教矣，何用大道为自炫耀。"故不予借。（《全汉文》卷五十六《报桓谭》）

可见他是向往老、庄之学的。张衡与老、庄关系密切，他的《二京赋》，引用《老子》的话就不少，如"终日不离其辎重""却走马以粪"，均出自《老子》。其《东京赋》篇末说："得闻先生之余论，则大庭氏何以尚兹。"其"大庭氏"，就出自《庄子》的《胠箧篇》。《归田赋》把"感老氏之遗诫"与"咏周孔之图书"并举，完全是老、庄的思想。[1] 又如王充，他自称好道家之书，作养性之书，其《论衡》，就多有道家思想。古文经学大师马融，与老、庄思想的关系更密切，他不仅研究道家学说，为《老子》《淮南子》作注，而且还身体力行，实践道家思想，据《后汉书·马融传》载：马融"善鼓琴，好吹笛，达生任性，不拘儒者之节。居宇器服，多存侈饰，常坐高堂，施绛纱帐，前授生徒，后列女乐"。他的人生观，用他自己的话说：

> 古人有言，左手据于下之图，右手刎其喉，愚夫不为。所以然者，生贵于天下也。今以曲俗咫尺之羞，灭无赀之躯，殆非老、庄所谓也。

这种人生态度，完全是道家的观点。集汉学之大成者郑玄，亦与老、庄之学有关系，据王利器《郑康成年谱》说："至于郑玄，则《礼运》注引《老子》曰：法令滋章，盗贼多有。《大学》注引《老子》曰：多藏必厚亡。"甚至有学者据《南齐书·王僧虔传》所载王僧虔之《诫子书》，怀疑郑玄注释过《老子》。[2] 另外，古文经学大师许慎亦注释过道家著作《淮南子》。甚至今文学者范升，据《后汉书》本传说，他亦讲《老子》。

在先秦诸子中，道家本就是以通达为旨趣的。儒家拘泥于仁义道

---

[1] 参见曹道衡《南朝文学与北朝文学研究》第 70 页，江苏古籍出版社 1998 年版。

[2] 参见曹道衡《南朝文学与北朝文学研究》第 73 ~ 74 页，江苏古籍出版社 1998 年版。

德，法家执着于实际政务。唯有道家，具备兼容并包的特色，有通达的特点。司马谈在《论六家要旨》中对诸子的分析是有见地的，他说："阴阳之术，大祥而众忌讳，使人拘而多所畏""儒者博而寡要，劳而少功，是以其事难尽从""墨者俭而难遵，是以其事不可遍循""法家严而少恩""名家使人俭而善失真"。总之，皆有这样那样的偏执拘泥的缺点。至于道家，他说：

> 道家使人精神专一，动合无形，赡足万物。其为术也，因阴阳之大顺，采儒墨之善，撮名法之要，与时迁移，应物变化，立俗施事，无所不宜。指约而易操，事少而功多。

总之，道家博取诸家之优点而熔为一炉，既有通达的一面（即"应物变化""无所不宜"），又有简要的一面（即"指约而易操，事少而功多"），是一种通达简要的学风。这与东晋时期孙安国、支道林讨论南方学风时所说的"清通简要"，如"牖中窥日"，[1] 是一致的。

老庄之学崇尚通达，如《老子》第十五章说："古之善为士（或作'上'）者，微妙玄通，深不可识。"《庄子·齐物论》亦说：

> 凡物无成与毁，复通为一，唯达者知通为一，为是不用而寓诸庸。庸也者，用也；用也，者通也；通也者，得也。适得而几已，因是已，已而不知其然，谓之道。劳神明为一，而不知其同也，谓之朝三。

贺昌群以为魏晋人尚通达源于《庄子》，可谓有识。[2] 前引《淮南子》

---

[1] 《世说新语·文学》。按，这里所说的南方学风，就是指以道家为主体德玄学学风。

[2] 贺昌群：《汉魏间学术思想之流变》，见《魏晋清谈思想初论》第 16～18 页，辽宁教育出版社 1998 年版。

之《泰族训》《俶真训》《说林训》等篇章，亦阐释老庄通达博观的学术旨趣。而这正为东汉时期倡导尚通的王充所继承，如《论衡·别通篇》说：

> 开户纳光，坐高堂之上，眇升楼台，窥四邻之庭，人之所愿也。闭户幽坐，向冥冥之内，穿圹穴，卧造黄泉之际，人之所恶也。夫闭心塞意，不高瞻览者，死人之徒也哉！

这段文字，就是本于《淮南子·泰族训》"凡人所生者"至"其为乐岂不大哉"一段。

总之，尚通意趣是随着古文经学的发生发展，在经今古文学的矛盾斗争中兴起的。在经今古文学的斗争中，斗争论辩的学术背景和古文学者本身追求通博的知识取径，为处在边缘的老庄思想的卷土重来提供了一个契机。[1] 老庄思想在古文学者中传播开来，对古文学者手中这个尚通的思想武器，起着催化和刺激的作用。所以，老庄之学的复兴，实际上就是尚通意趣盛行的一个重要思想背景。

---

[1] 东汉古文经学和今文经学论战的学术背景，对当时学术产生的影响有二：其一，简明学风渐成趋势。陈启云认为"后汉的经学因论战的关系而注意简明的条例"（陈启云《〈荀悦与中古儒学〉中文版自序》，辽宁大学出版社 2000 年版），如郑众的《春秋杂记条例》，荀爽的《春秋条例》，荀悦的《汉纪》等等，皆在序文和篇首有极简明的条例。马宗霍《中国经学史》说："汉儒说经之书，具见两《汉书》《儒林传》及《艺文志》，综其立名，各有不同。"其在西汉，则有曰传、故、微、说、记、章句等书名；至于东汉，传、故、说、记、章句而外，有曰注、通、笺、学、释、删、略、问、难、解、条例、训旨、异同等书名（第 54～56 页，上海书店 1984 年版）。从东汉新产生的说经书名看，显示了当时学风的两个特点：一是论难辩驳之风气特盛，如问、难、异同等书名，就是这种风气的产物。二是通简之风盛行，如删、略、通、条例等书名，就是这种风气的产物。其二，兼通治学渐成时尚。古文学者和今文学者为了论战的需要，皆不断改变其固守立场，而采兼通的方法，如今文学者暗中采纳古文学的观点，古文学者亦暗中沿用今文学的观点。至郑玄，则是调合古今，从而集汉学之大成。

4. 尚通意趣之发生与《周易》的通变思想

"易"本为上古卜筮之书的泛称。据《周礼·春官·宗伯》说，古有三易，即伏羲之《连山》、黄帝之《归藏》和周代之《周易》。《连山》《归藏》已亡佚，现仅存《周易》。《周易》分为《经》和《传》两部分。《经》起于殷周之际，《传》是解《经》之作，成书于战国秦汉之际。

何谓"周易"？关于"易"，据郑玄《易赞》说："《易》一名而含三义。易简，一也；变易，二也；不易，三也。"其中"不易"之义，起于战国晚期君主专制逐步确立时代的《易传》之中，《经》中之"易"，其本义是"易简"和"变易"，而又以"变易"之义为本。关于"周"，郑玄《易赞》说："《周易》者，言易道周普，无所不备。"贾公彦《周礼疏》进一步解释说："《周易》纯阳为首，乾为天，天能周匝于四时，故名易为《周易》。"[1] 因此，所谓"周易"，就是"周普变易"，即宇宙时空中一切事物的变易之道。《周易》亦就是力图对人类、社会、自然、宇宙等"周普变易"问题，进行总体的概括和说明，建立起一个"弥纶天地，无所不包"的世界模式。

在这里，我们注意的是《周易》之"易简""变易"之义，亦就是《周易》书中经常提到的"通变"观念。所谓"易简"，即容易、简单，它是《周易》之"易"的原始意义，指《周易》的预测方法——筮法——比甲骨占卜的预测方法简单容易。《易·系辞下》说："易简而天下之理得矣。""天下之理"即天下万物的变化之道，亦就是《易》所说的"变易"之道。"易简"是得"天下之理"的前提。或者说，"易简"是"变易"的前提，简则通，繁则塞。《周易》的"通变"（即"变

---

[1] 或以为《周易》之"周"是周代之"周"，《周易》即周代的易书，唐孔颖达《周易正义》主此说。

易"）思想是建立在"简要"（即"易简"）之基础上的。

在先秦学术中，最重"通变"思想者，首推《周易》。它首先肯定宇宙中的事物无时无刻不是处在变动之中的，《易·系辞下》说："《易》之为书也不可远，为道也屡迁。变动不居，周流六虚，上下无常，刚柔相易，不可为典要，唯变所适。"故司马迁《史记·太史公自序》说："《易》著天地阴阳四时五行，故长于变。"认为整个自然和社会都处在变化之中，唯有变化中的事物才能生存和发展。就社会人事言，"通变之谓事"，[1] "功业见乎变"，"参伍以变，错综其数，通其变，遂成天地之文"。就自然言，"日月相推而明生焉"，"寒暑相推而岁成焉"。[2] "变"是"通"的前提，《周易》指出："阖户谓之坤，辟户谓之乾；一阖一辟谓之变，往来不穷谓之通。"[3] 事物像门的开阖一样，永远处在变动之中，只有处于"不穷"之变化中的事物，才能"通"。[4] 只有"通"的事物才能久，故《易·系辞下》说："易：穷则变，变则通，通则久。是以自天佑之，吉无不利。"

《周易》自成体系的"通变"思想，约而言之，有如下三点：其一，"通"有通达、通晓、贯通之意；其二，"通变"有通于变化的意思；其三，"变通"指事物因变化而通达。"通变"和"变通"，反映了《周易》作用的两个方面：通于变化和因变而通。[5]《周易》的这种

---

[1]　《易·系辞上》。

[2]　《易·系辞下》。

[3]　《易·系辞上》。

[4]　孔颖达《周易正义》说："'往来不穷谓之通'者，须往则变来为往，须来则变往为来，随须改变，不有穷已，恒得通流，是谓之通也。"高亨《周易大传今注》说："宇宙之门一闭一开，万物一入一出，是谓之变，闭开入出，往来不穷，是谓之通。"金景芳、吕绍纲《周易全解》亦说："往来无穷地变，就是通。"。另外，《易》云："化而裁之谓之变，推而行之谓之通。"王弼注云："乘变而往者，无不通也。"总之，"变"是"通"的前提。

[5]　参见詹福瑞《中古文学理论范畴》第 232 页，河北大学出版社 1997 年版。

通于变化和因变而通的"通变""变通"思想，两汉的今文学者未必懂得，即使懂得，亦未必重视这种富于辩证色彩的思想。因为今文学者讲《易》，大抵是一些望气预言吉祥灾异之说，其所重者，是《易》之象数。这正如司马迁所说："《易》之为术，幽明远矣，非通人达才，孰能注意焉。"[1]今文学者"守其章句，迟于通变"，亦就不明"通变""变通"的道理；只有"通人达才"才能注意《易》之义理，理解并重视《易》之"通变""变通"思想。

所以，作者认为：今文学者"迟于通变"，故而不能理解亦不会重视《易》之"通变""变通"思想。古文学者以《易》为群经之首，[2]虽然被今文学者指斥为"颠倒五经"，但这正是古文学者的高明之处，因为《易》不仅先于《诗》而产生，而且更为重要的是，《易》"弥纶天地，无所不包"，力图建立一个牢笼全有的世界模式，比其他经典更富有哲学义理。古文家所重者，就在其义理。据此，我们推论：古文学者吸取《易》的"通变""变通"思想，从而推动了尚通意趣的进一步开展。这大致是符合东汉时代文化学术之演进逻辑的。

如果说古文学者虽以"举大义"为学术旨归，但仍拘泥于名物训诂，仍有不能全面开展的缺点。那末，以"清通简要"为特色的魏晋玄学，则是以《易》为重要学术思想资源，其学问之"清通简要"，便与《易》有了直接的因缘关系。且不说荆州"后定"之易学与玄学的直接渊源关系，就是玄学大师王弼所揭示的一系列学术方法，亦完全是从《周易》中直接演绎出来的，与《周易》的"易简""变易"之道直接相关。王弼《周易略例》说：

---

[1] 《史记·田敬仲完世家》。

[2] 今文经学的经典顺序是《诗》《书》《礼》《乐》《易》《春秋》。古文经学的经典顺序是《易》《书》《诗》《礼》《乐》《春秋》。

夫众不能治众，治众者，至寡者也。……故众之所以得咸存者，主必致一也。

物无妄然，必由其理。统之有宗，会之有元。故繁而不乱，众而不惑。故六爻相错，可举一以明也；刚柔相乘，可立主以定也。是故杂物撰德，辩是与非，则非其中爻，莫之备矣。故自统而寻之，物虽众，则知可以执一御也；由本以观之，义虽博，则知可以一名举也。故处璇玑以观大运，则天地之动未足怪也；据会要以观方来，则六合辐辏未足多也。故举卦之名，义有主矣；观其《彖辞》，则思过半矣。……品制万变，宗主存焉；《彖》之所尚，斯为盛矣。

夫少者，多之所贵也；寡者，众之所宗也。……繁而不忧乱，变而不忧惑，约以存博，简以济众，其唯《彖》乎！乱而不能惑，变而不能渝，非天下之至赜，其孰能与于此乎？故观《彖》以斯，义可见矣。[1]

在这里，王弼通过对《彖辞》之作用和意义的论述，提出的"以简驭繁""执一统万""以寡治众"的观点，就是玄学家治学的基本方法，并且对魏晋文学艺术亦产生过很重要的影响（详后）。

《周易》之"通变"思想影响于汉魏政治者，就是"遭时定制"观点的提出。自董仲舒以来，汉儒讲"天不变，道不变"，讲"法天奉古"，以《春秋》决狱，以《诗》为谏书，皆体现了政治、思想上因循守旧的特点。在"通变"思想的影响下，"法天贵真""遭时定制"成为一种新的时代思潮。如仲长统《昌言·损益》说：

作有利于时，制有便于物者，可为也。事有乖于数，法有玩于时者，可改也。故行于古有其迹，用于今无其功者，不可不变。变而不如前，

---

[1] 楼宇烈：《王弼集校释》第 591～592 页，中华书局 1999 年版。

易而多所败者，亦不可不复也。（《全后汉文》卷八十八）[1]

崔寔《政论》说：

> 故圣人能与世推移，而俗士苦不知变。以为结绳之约，可复理乱秦
> 之绪；干戚之舞，足以解平城之围。

他批评"俗人拘文牵古，不达权制"、"顽士暗于时权，安习所见"。认为"济时拯世之术，岂必体尧蹈舜，然后乃治哉"，应该"随形裁割，取时君所能行，要措斯世于安宁之域而已。故圣人执权，遭时定制，步骤之差，各有云施，不强人以不能，背所急而慕所闻也"。[2]

大体而言，汉儒《易》学，主要是象数之学，故于《易》之"通变""变通"思想，多半不能领会，亦不会重视。在汉末魏初，《易》学之义理一派兴起，"通变""变通"思想遂为其时士人所关注和重视，其于政治、文化、学术、人生和文学之杨影响甚巨，并直接促进了流行于当时知识界的尚通意趣德进一步开展。

5. 尚通意趣与汉末魏晋社会的游离特点

以上，我们从文化思想内部探讨了尚通意趣产生和发展的原因。如果说，经今古文学的矛盾斗争，为尚通意趣的产生提供了一个文化背景；那末，老庄之学的复兴和《周易》义理之学的兴起，则为尚通意趣的发生、发展提供了重要的思想资源。而这一切都与古文学者有密切的关系。作者认为：尚通意趣的产生与形成，不仅是由文化思想发展之内因决定的，而且亦与汉末社会的游离特点密切相关。

---

[1] 《全后汉文》卷八十八。
[2] 《全后汉文》卷四十六。

在当代学者中，最先注意到汉末社会的游离特点对当时学术风气发生影响的，是思想史家侯外庐、杜国庠等人。侯外庐在《魏晋思想之历史背景与阶级根源》一文中指出：汉末三国的封建割据时代，强固的两汉的土断人户的组织，代之以所谓的屯田制度。由于"豪强擅恣，贵戚兼并"破坏了自然土地制度，而改变了安土重迁的汉乡亭旧法，实行"相土处民，计民置吏"的临时办法。这就造成了两汉与魏晋的基本分野。魏晋时期游离失所的部曲农民，被游离失业的地主豪强带领着，随着军事的变动，而暂时与土地结合，以最高的租佃制度，来养育着军事首长兼地主豪强的生活。这是一种半军事半生产的游离经济，这样的世界，和两汉的乡亭土地制度相反，必然要使安固形态下的缙绅礼仪渐渐破产，必然要给博士意识下的古典章句之师法以恶劣的打击，代之而起的意识形态，便是清谈玄虚。经济上的游离其业，反映于思想，便是浮诞。杜国庠在《魏晋南北朝的社会经济及其思想动向》一文中，亦有与此大体相近的观点。[1]

侯外庐提出的屯田制度取代乡亭旧法是"两汉与魏晋的基本分野"的观点，是否正确，暂且不论。但他关于游离经济对魏晋学风之影响的观点，则是值得注意的。汉末魏晋时期，军阀割据，战乱纷起，中原一带兵戈铁马，使文人士大夫流离失所，居无定处，如汉末董卓之乱，中原文人避难荆州，或投奔孙吴；三国鼎立之际，又流入邺城，云集曹操门下；西晋末年的社会动乱，中原士大夫又再次避难江左。同时，各军事集团带领着游离失所的部曲农民，随着军事的变动而迁移。总之，汉末魏晋社会具有很明显的游离特点，文人的这种游离生活，必然导致缙绅礼仪的破产，必然给古典章句之师法以恶劣的打击。因为

---

[1] 参见许抗生《魏晋南北朝哲学思想研究概述》第128～130页，天津教育出版社1991年版。

无论是遵从缙绅礼仪，还是墨守章句师法，都必须以社会的稳定和士人生活的安定为前提。社会的动乱和士人的颠沛流离，即使想遵从缙绅礼仪和墨守章句师法，亦是不可能的。

一般而言，生活在稳定、封闭环境中的学者，其思想、学术往往有稳重、保守的特点；生活在飘泊、游离环境中的士人，其思想、学术则常常有兼通、浮华之特征。[1] 这种现象，在中外历史上都是很常见的。比如，汉末魏初之易学，据汤用彤说，北方和江南地区多承袭汉人的象数之学，学风较为保守，而荆州"后定"之易学，则讲义理，有趋新求变的特点，因而成为魏晋玄学的一个重要源头。[2] 实际上，创建荆州"后定"之易学者，不是安固生活状态下的荆州学子，而是飘泊流离而来的北方学者。又如，学者常言北朝学者治学"渊综广博"，深芜而穷其枝叶，传承了东汉古文学者的经说传注，学风较为保守。南方学者治学"清通简要"，简约而得其精华，并且求新求变的意识特别强烈。唐长孺《读〈抱朴子〉推论南北学风的异同》对此有深入细致的分析，他说：

> 三国时期的新学风兴起于河南，大河以北及长江以南此时仍守汉人传统，所谓南北之分，乃是河南北，而非江南北。

他认为：魏晋新学风的发源地在河南，"河东独崇儒学"，"江南学

---

[1] 吕思勉说："游学二字，昉见《史记·春申君列传》，曰：游学博闻。盖谓其因游学所以能博闻也。学术初兴，散布未广，受业者不免拘墟，故虽极精深，而阙广大，言之似通，行之实窒，非有君人南面之学，无以用之，及杂家兴，兼儒、墨，合名、法，知国体之有此，见王治之无不贯，而此弊祛矣。故杂家之兴，实学术之一大变，此惟游学可以致之，故游学实于学术大有裨益者也。"（《吕思勉读史札记》第 741 页，上海古籍出版社 2005 年版）

[2] 汤用彤：《魏晋玄学论稿》第 121 页，中华书局 1962 年版。

风近于汉代", 与河北的学风一样, 比较保守。东晋以后, 江南名士受河南传来的新学风的影响, 但整个东晋南朝, "江南土著与渡江侨旧在学风上仍然有所区别", 江南土著还"相当重视传统经学"。[1]总之, 在魏晋时期, 学术新风气最先开创于荆州, 而后转移到以洛阳为中心的河南。东晋以后, 这种学术新风气虽传入江左, 但主要还是流行于渡江侨旧的圈子中, 而河北、河东以及江南土著, 其学风还是相当保守的, 承继的基本上还是东汉古文学者的经说传注, 还在守着师法家法说经。

魏晋学风为何有如此明显的地域特征呢? 作者认为: 这与荆州、洛阳地区社会的游离性质和人口的流动迁移有直接的关系。在当时, 河东、河北、江南的环境相对稳定和封闭, 生活在其间的儒生, 还有条件保住他们的缙绅礼仪和章句师法, 因而学风比较保守。荆州"后定"之学, 多由迁徙而来的北方学者研习而成。洛阳中区, 是魏晋时期政治中心, 亦是社会环境极不稳定的地区, 先有董卓之乱, 再有魏晋转折, 后有五胡入侵, 因而亦是人口大规模流动的地区。在这里, 墨守章句师法和保持缙绅礼仪已不大可能, 因而能够继荆州之后成为新学中心。

所以, 作者认为: 侯外庐关于游离经济于魏晋学风之影响的观点, 是可靠的。在此基础上, 作者进一步认为: 汉晋间尚通意趣的发生发展, 亦与汉末魏晋社会、经济之游离特点密切相关。因社会的动荡, 士人辗转飘泊, 游离奔走, 不再具备保持缙绅礼仪和章句师法的学术环境, 自然就会流入浮华玄虚和兼通博览。尚通意趣就是在汉末魏晋这种具有游离性质的社会、经济环境中发生、发展和流行起来的。

综上所述, 尚通意趣产生于东汉, 盛行于魏晋六朝, 是汉末魏晋六朝时期影响深远的一种时代思潮。它兴起于经今古文学的矛盾斗争

---

[1] 唐长孺:《魏晋南北朝史论丛》, 生活·读书·新知三联书店1978年版。

中，与古文学者关系密切。或者说，它就是古文学者倡导起来的，并且是古文学者用来与今文学者作斗争的思想武器。尚通意趣的发生发展，得力于《周易》"通变"思想的启示，亦从老庄思想中吸取了丰富的营养。老庄和《周易》为尚通意趣的发生发展提供了重要的思想资源。而汉末魏晋社会、经济的游离特点，不仅刺激了尚通意趣的发展，而且亦为它的流行提供了社会基础。

第三章 尚通意趣与汉晋间的人物品鉴

汤用彤《言意之辨》说："大凡欲了解中国一派之学说，必先知其立身行己之旨趣。汉晋中学术之大变迁亦当于士大夫之行事求之。"又说："世风虽有迁移，而魏晋之学固出于汉末，而在在与人生行事有密切之关系也。"[1]一时代之士风（即士大夫"立身行己之旨趣"）与学术思想有着十分密切的关系，汉间晋尤其如此。因为汉晋士风曾发生过极为显著的变迁，在此变迁过程中，又产生过一种在当时影响广泛的社会活动——人物品鉴。人的问题是这个时代学术、思想和文学关注的核心问题（如李泽厚称魏晋是一个"人的自觉"的时代，魏晋玄学是一种人格本体之学）。因此，研究汉晋文化思潮，人格、士风和人物品鉴，是一个关键的切入点。如前所说：魏晋之学始于汉末，起于汉末之人物品鉴。人物品鉴对魏晋哲学、美学和文学皆产生过直接而深入的影响。

人物品鉴与魏晋六朝尚通重博的社会风尚之关系是最直接的。因为任何一种意趣一旦形成社会风尚之后，首先直接影响的是士人的行为方式和社会对士人的评价标准，然后再通过士人的好恶取舍去影响

---

[1] 汤用彤：《魏晋玄学论稿》第41页，中华书局1962年版。

其他社会文化活动。同时，士风与人物品鉴之间又是相互影响、彼此作用的。人物品鉴虽有改造士风、引导士人好尚的作用，但人物品鉴之标准在很大程度上又是从时代士风中总结出来的，又反过来对士风的形成起推波助澜的作用。有什么样的士风，就有什么样的人物品鉴。反之，亦然。因此，本书研究尚通意趣与汉晋文化思潮变迁之关系，首先论及的是尚通意趣对汉晋人物品鉴风尚变迁的影响，再进而研究尚通意趣对汉晋士风、学风和文风嬗变的重要作用。

尚通意趣对汉晋人物品鉴风尚变迁之影响，约而言之，有如下两点：其一，在尚通意趣的影响下，汉晋间人物品鉴逐渐朝着由实入虚的方向发展，至魏晋，人物品鉴呈现出避实就虚的倾向。具体体现在品鉴方法上，呈现出由形鉴而神鉴的演绎趋势；在人格美的追求上，表现出由功利道德而艺术审美的发展特点。其二，在尚通意趣的影响下，汉晋间人物品鉴之标准和品目都发生了新的变化，出现了神、简、识、清、韵、秀、朗等新品目，和通儒、通人、英雄等新型人物群体。在本章，作者在概述汉晋人物品鉴一般情况之基础上，对上述两个方面的问题，作较深入的探讨和分析。

一、人物品鉴释义

1. "品鉴""品藻"和"品题"释义

人物品鉴，又称"品藻"或"品题"。所谓"品"，即"等级"之谓，《汉书·匈奴传》说："故约汉常遣翁主，给缯絮食物有品以和亲。"颜师古注云："品，谓等差也。"《后汉书·郭泰传》注引谢承书云："泰之所名，人品乃定。先看后验，众皆服之。"所谓"人品"，即人之品第等级。魏晋六朝人言"品"，多含有品第等级、并在等级中显优劣的意思。如谢赫《古画品序》说："夫画品者，盖众画之优劣也。"钟嵘《诗品序》评论当时的文论著作"就谈文体，不显优劣"，"并义在文，曾无品第"，其著《诗品》，就是要为汉魏晋宋时期一百二十余位诗人做出品第等级，在品第中见优劣。当时产生的《画品》《棋品》和《书品》之类以"品"为题的著作，其旨意与钟嵘《诗品》相同，皆有分列品第以显优劣的意思。

"品藻"一词，最早见于扬雄《法言》，其《重黎篇》云："或问《左传》。曰：品藻。"在魏晋六朝，"品藻"成为文人常用语，如刘义庆《世说新语》，专著《品藻》一篇。如葛洪《抱朴子·尚博》说："然时无圣人目其品藻。"又云："夫唯精也，故品藻难一焉。"颜之推《颜氏家训·涉务》说："吾见世中文学之士，品藻古今，若指诸掌。"何谓"品藻"？颜师古《汉书·扬雄传注》注"尊卑之条，称述品藻"句说："品藻者，定其差品及文质。"即"品藻"包含定其差品和评价文质两方面的含义。

与"品藻"义近者，还有"品鉴"一词，"鉴"与"藻"义近，有鉴别之意，故古代常有"藻鉴""藻镜（同'鉴'）"之语，如江总《让尚书仆射表》说："藻镜官方，品裁人物。"杜甫《上韦丞相二十韵》说："持衡留藻鉴，听履上星辰。"《旧唐书·李义府传》说："义府本无藻鉴才，怙武后之势，专以买官为事，铨序失次，人多怨雠。"故"品鉴"亦有定其差品和鉴定文质之二义。

与"品藻""品鉴"义近者，还有"品题"一词。如《后汉书·许劭传》载："劭与靖俱有高名，好共核论乡党人物，每月辄更其品题，故汝南俗有'月旦评'焉。"李白《与韩荆州书》亦说："今天下以君侯为文章之司命，人物之权衡，一经品题，便作佳士。"按，"品题"一词，亦当有品第和题目二义，所谓"题"，义近"藻""鉴"，时人或称"题目"，或径直称之为"目"，如《世说新语·政事》云："山司徒前后选，殆周遍百官，举无失才。凡所题目，皆如其言。"《赏誉》云："时人欲题目高坐而未能，桓廷尉以问侯，周侯曰：可谓卓朗。"又云："世目李元礼：谡谡如劲松下风"。"周公孙度目邴原，所谓云中白鹤，非燕雀之网所能罗也。""钟士季目王安丰：阿戎了了解人意。"以上所举是品题人物，当时品题其他事物亦有称"目"的，如《世说新语·言语》说："桓征西治江陵城甚丽，会宾僚出江津望之，云：若能目此城者有赏。顾长康时为客，在坐，目曰：遥望层城，丹楼如霞。桓即赏以二婢。"[1] 从以上所举例子可知，所谓"题目"，就是品鉴之语。

所以，所谓"品题"，与"品鉴""品藻"一样，是一联合词组，包含两方面含义：一是定其差品，即当时品鉴之三品、九品之类；二是定其题目，即用简洁之语言描述其风格特点，如上引《世说》例即是，《诗品》关于各品诗人的具体评论亦属此类。所谓"人物品鉴"，就是对人物定其差品和进行总体的鉴赏评价。

2. 汉末魏晋六朝人物品鉴概说

在汉晋以前，为了选拔、识别和任用人才，人们已经很注意对人物的品行、学问进行观察和评论，并逐步建立起一些品评人才的方法和原则，如孔子就曾以德行、言语、政事、文学四科评价他的弟子。[2] 孟子亦曾以圣之清、圣之任、圣之时、圣之和等名目评价伯夷、伊尹、

----

[1]　参见萧艾《〈世说〉探幽》上篇《〈世说〉中所见魏晋六朝习用语集释》之"目、题目"条（湖南出版社 1992 年版）。另外，侯外庐《中国思想通史》第二卷第十章亦有专论"题目"一节（人民出版社 1957 年版）。

[2]　《论语·先进》。

柳下惠、孔子等人。[1] 庄子论人亦有神人、真人、圣人等品目。[2] 孔子把人格道德修养分为知之、好之、乐之三重境界。[3] 孟子则把人格道德修养所达到的境界，从低到高依次分为善、信、美、大、圣、神六个等级。[4] 至汉代，相人之术相当流行，学者把相术与人物品评结合起来。如王充《论衡》有《骨相篇》，论述骨相与性命之关系。王符《潜夫论》有《相列篇》，对王充观点作了进一步的阐述。三国曹植、王朗亦分别撰有《相论》，发表对相人之术的看法。

　　总之，在汉晋以前，人物品评已经备受重视。但是，人物品鉴成为一项影响广泛而深入的社会活动，甚至成为某些人的职业或一项专门学问，对社会政治、学术文化和文人的日常生活发生重要影响，则是在汉末魏晋六朝时期。

　　考察汉末魏晋六朝时期的人物品鉴，有专门以此为职业者，如汝南许劭、许靖兄弟的"月旦评"，其他如何颙、郭泰、李膺诸人，虽不以此为专职，然一生中相当多的时间都是在品鉴人物，并且有一言九鼎、隐操士人命运和影响皇朝政治的功效。其间学者品鉴人物，著为专书者，据《隋书·经籍志》载，有《士操》（魏文帝撰）、《人物志》（刘劭撰）、《刑声论》（佚名）、《士纬新书》（姚信撰）、《姚氏新书》（疑为姚信撰）、《九州人士论》（卢毓撰）、《通古人论》（佚名）等数种。刘孝标《世说新语注》引录的《名士传》《江左名士传》《汝南先贤传》《竹林七贤论》《晋诸公赞》《楚国先贤传》《海内先贤传》《高士传》《逸士传》等书，以及王粲《英雄传》、孔融《汝颍优劣论》等，皆是这种时代风气的产物。

---

[1] 《孟子·万章下》。

[2] 《庄子·逍遥游》。

[3] 《论语·雍也》。

[4] 《孟子·尽心下》。

其间之子书亦甚关注人物品鉴。如王充《论衡》之《骨相》《答佞》《程材》《量知》《谢短》《效力》《别通》《超奇》《定贤》等篇，皆专门讨论如何鉴别和评价人物的问题，《骨相》讨论骨相与性命的关系，《答佞》回答了如何识别佞人的问题，《程材》《量知》和《效力》三篇分别从"材能行操""学知"和"才力"三个方面讨论文吏与儒生的区别，认为儒生胜于文吏。《识通》研究如何识别"通人"，提出"富人不如儒生，儒生不如通人"的观点。《超奇》讨论如何识别超等人才，并将人才分为俗人、儒生、通人、文人、鸿儒五等，认为"儒生过俗人，通人胜儒生，文人逾通人，鸿儒超文人"。《定贤》批驳了十九种识别贤人的错误观点，提出了自己的识别标准。葛洪《抱朴子》之《擢才》《名实》《清鉴》和《行品》诸篇，亦讨论了人物品第优劣问题，《擢才》讨论如何选拔"弘伟之士"的问题，《名实》讨论人物品鉴中的名实问题，《清鉴》讲具体的人物品鉴方法和原则，《行品》则将人分为善人和恶人两类，共八十五目，其中善人有圣人、贤人等四十目，恶人有悖人、逆人等四十五目，并从十个方面分析了人物何以难鉴的问题。

汉晋间人物品鉴之专书，流传至今且影响最大者，当推刘劭《人物志》和刘义庆《世说新语》。刘劭《人物志》，凡三卷，十二篇，它是中国历史上，甚至是世界历史上第一部研究人物才性的人才学专著。魏晋间的人物品鉴著作，在当时虽不在少数，但流传至今且保存完整者，唯有刘劭的《人物志》。就其散佚著作的留存片断看，《人物志》又是当时品鉴著作中最具理性色彩和理论深度的著作，它产生于汉末魏初人物品鉴的风气中，又超越了当时就事论事、就人论人的具体操作层次，将之上升到理论高度，从理论上对当时的人物品鉴进行原则、规律、方法的归纳和整理，是一部总论人物品鉴原理之专著。

它不仅从人物外在的言语、体貌、行为等方面，系统地阐释人才的本质、人才的分类和鉴人用人的标准、原则问题，而且亦从哲学、心理学的角度论述了鉴人、用人之道。刘义庆《世说新语》，全书分三十六门，共一千一百三十条，其中"赏誉"一百五十六条，"言语"一百零八条，"文学"一百零四条，"品藻"八十八条。言语之妙者即为赏誉，是"言语"可归入"赏誉"，"文学"亦然。"赏誉"重在称赞某人，而"品藻"则以某人与另一人作比较。总之，从《世说新语》的整个内容来看，主要部分是对人物的品评，是汉晋间一部着重搜集人物品鉴材料的著作。《世说》一书的类目设置，差不多亦都是以人物品题和鉴赏为视点而区分的：有的品鉴人物的不同类型，如德行、言语、政事、文学、自新、栖逸、轻诋、假谲、俭啬、汰侈、惑溺等门；有的品鉴人物的不同性格，如方正、雅量、豪爽、任诞、简傲、忿狷、谗险等门；有的品鉴人物的不同才能，如捷悟、夙惠、术解、巧艺、排调等门；有的则直接是人物品题的记载，如识鉴、赏誉、品藻、容止、企羡等门。其他如规箴、伤逝、宠礼、黜免、尤悔、纰漏、仇隙等门，虽与人物品题关系不大，但从广义上讲，亦是一种人物品评。[1] 总之，与《人物志》一样，《世说新语》亦是一部人物品鉴的专书。不同的是，《世说新语》是一部人物品鉴的具体资料汇编，而《人物志》则是一部总论人物品鉴原理的理论专著。

　　人物品鉴是汉末魏晋六朝时期影响最为广泛的一项精神文化活动，生活在这个时代的文人，或深或浅，都涉及过这项活动，同时亦在不同程度上受到过它的影响。

---

[1] 参见萧艾《〈世说〉探幽》第11页，湖南出版社1992年版。王能宪《〈世说新语〉研究》第41页，江苏古籍出版社1992年版。张海明《玄妙之境》第119～122页，东北师范大学出版社1998年版。

二、汉晋间人物品鉴的总体发展趋势

在汉晋以前，人物品鉴已经引起了统治者和思想者的广泛注意。但是，人物品鉴成为一项影响广泛而深入的社会文化活动，成为时代生活之中心话题，则是在汉末魏晋六朝时期，这与当时的政治、风俗和文化思潮密切相关。同时，作者亦注意到，由于汉代和魏晋六朝在政治、文化、哲学、风俗等方面的显著差别，亦导致风行其间的人物品鉴呈现出明显的阶段性特征。特别是汉末魏初兴起的尚通意趣，对当时的人物品鉴产生了直接的影响，是导致汉晋间人物品鉴呈现出阶段性特征的主要原因。它不仅直接促成了魏晋人物品鉴新标准、新品目的产生，亦直接导致了汉晋人物品鉴由实到虚、由形鉴而神鉴、由道德功利而艺术审美的总体发展特点。

1. 由实而虚：汉晋间人物品鉴的发展趋势之一

在尚通意趣的影响下，汉晋间的一切文化活动皆呈现出由实而虚的发展特点。如在学术方面，汉代训诂文字、考证名物的章句学，固为实学，且不说今文学者的离章析句，就是古文学者的训释大义，皆有重实守据的特点。魏晋玄学，祖尚玄虚，探求大义，乃可视为虚学。其间学者的谈论，由"清议"转为"清淡"，所谈论的内容由具体的政治问题和人事理则，演进为抽象玄虚的三玄义理，亦显示出由实而虚的发展特点。在艺术上，汉代艺术古拙、质朴、凝重，富有力量和质感，讲求外形的繁富靡丽和体积规模；魏晋艺术清峻、通脱、空灵，讲求内在的神气韵味，亦呈现出由实而虚的发展趋势。在士风上，由汉代的经明行修、砥砺名节，发展到魏晋的浮华虚称、希心高远，亦是一个由实而虚的演进过程。

汉晋间的一切文化活动皆呈现出由实而虚的发展特点。实际上，在汉末魏晋六朝时期，普遍存在着一种与尚通相关联的崇虚意趣，故学者评论魏晋六朝文化和风俗，莫不以"虚"为辞，如干宝《晋纪·总论》说当时"学者以老庄为宗而黜六经，谈者以虚薄为辩而贱名俭。"颜之推在《颜氏家训》中，亦批评魏晋士人"高谈虚论，左琴右书，以费人君禄位"，说他们"浮华虚称"。《晋书·儒林传序》说："有晋始自中朝，迄于江左，莫不崇饰华竞，祖尚玄虚。"《晋书·王戎子衍传》载王衍临终叹息曰："呜呼！吾曹虽不如古人，向若不祖尚浮虚，戮力以匡天下，犹可不至今日。"《晋书·裴秀子頠传》亦说："頠深患时俗放荡，不尊儒术，何晏、阮籍素有高名于世，口谈浮虚，不遵礼法，尸禄耽宠，仕不事事。"钱大昕《何晏论》亦说："典午之世，士大夫以清谈为经济，以放达为盛德，竞事浮虚，不修方幅，在家则丧纪废，在朝则公务废。"学者斥魏晋风气为"浮华"，"浮华"就是"虚"，故有"浮虚""虚华"之说，如《论衡·变虚》说："出虚华之三言，谓星却而祸除。"朱博《崇厚论》说："是以虚华盛而忠信微。"魏晋学术为玄学，"玄"亦是"虚"，故有"玄虚"之说。总之，一个"虚"字，可概括魏晋六朝文化、习俗的总体特征。

与魏晋六朝之尚"虚"相比，汉代文化则以平稳笃实为特点。其形成原因有二：一是受儒家思想的浸润影响。与老庄相比，儒学明显有雅正笃实的特点，在它的影响下，自然容易形成一种以笃实为特色的文化。二是由长期承平一统之局面所促成。贺昌群说：

　　大抵大一统之世,承平之日多,民康物阜,文化思想易趋于平稳笃实。衰乱之代,荣辱无常,死生如幻,故思之深痛而虑之切迫,于是对宇宙之终始,人生之究竟,死生之意义,人我之关系,心物之离合,哀乐之情感，皆成当前之问题，而思有以解决之，以为安身立命之道。[1]

即在承平一统的局面下，文化偏向于实；而在衰乱动荡如南北朝时代，人们往往容易对具有超越性质的宇宙人生问题感兴趣，其文化亦就被染上了虚的色彩。当然，魏晋六朝人崇虚，不仅与衰乱动荡的社会现实有关，它还源于老庄之学，与汉末魏晋六朝老庄之学的复兴密切相关。老庄之学，"其术以虚无为本"，[2]以"虚无无为"为"天地之平""道德之质"。[3]《庄子》一书亦屡言虚道，如《人间世》说："唯道集虚。虚者，心斋也。""虚室生白，吉祥止止。"《疏》云："司马（彪）云：室，喻心，心能空虚，则纯白生也。"《德充符》说："虚而往，实而归。"《山木》说："人能虚己以游世，其孰能害之。"如前所述，汉晋间尚通意趣的兴起，与当时老庄之学的复兴密切相关，是具有兼容性的老庄之学直接刺激了尚通意趣的发展。我们注意到，由于老庄之学的复兴，导致了尚通和崇虚两种意趣的产生，这表明尚通与崇虚之间有密切关系。"通则渐漭玄思"（刘师培语），"通"是入"虚"的前提，只有达到"通"，才能入于"虚"境。"静故了群动，空故纳万境"（苏轼语），"虚"又是进入"通"的条件，只有达到"虚"，才能进入"通"境。这正是庄子所谓"唯道集虚""虚室生白"的意思。

魏晋六朝文化思想避实就虚的特点，实际上体现了魏晋六朝人对超越意识的追求。以超越自我、超越道德、超越礼教、超越社会，为人生、学问的归宿。冯友兰在《论风流》一文中指出："真风流的人，必有玄心。"所谓"玄心"，即是"神超神越"，超越了自我的超越感，

[1] 贺昌群：《清谈思想初论》，见《魏晋清谈思想初论》第44页，辽宁教育出版社1998年版。

[2] 《史记·太史公自序》。

[3] 《庄子·刻意》。

认为"超越感是风流品格的本质的东西"。[1] 这种超越意识，体现在魏晋名士精神生活的各个方面。在人生中，他们企图超越宇宙时空的拘限而进入绝对自由的人生境界，如刘伶以天地为房屋、以房屋为衣服；[2] 阮籍驾车漫游，碰壁恸哭而止；甚至他们饮酒吃药，追求放达，亦体现了这种超越意识，象征着他们超越有限追求无限的努力。在艺术审美领域，对自然山水的欣赏，超越比德而入于审美；对女性美的欣赏，超越肉欲而入于情韵；对文学艺术的品评，超越功利而入于审美；在物我关系上，超越物我界线，持物我齐一的观点。如《世说新语·言语》记载支公对鹤的同情，《任诞》记载诸阮与猪同饮，以及陶渊明笔下"采菊东篱下，悠然见南山"的诗境，皆体现了物我两忘的超越境界。在学术学问上，超越细节（名物训诂）而识大体（大义），其时学者"好读书，不求甚解"（即不为章句），但"每有会意，便欣然忘食"，[3] 追求的是超越细节之"意"（大义）。总之，魏晋六朝人精神生活的方方面面，皆具有超越形体而入于精神、超越具体而入于玄虚的特点。换言之，就是由实入虚的发展。

在尚通、崇虚意趣的影响下，汉晋间的人物品鉴亦呈现出由实而虚的发展趋势。一般而言，汉代以察举取士，其察举之科目，有特举和岁举两类，特举科目有贤良方正、明经、明法等，岁举科目有秀才、孝廉等。当时之察举，有"以德取人"和"以能取人"之不同，亦有"以文取人""以族取人"和"以名取人"之新发展。但有一个共同点，

---

[1] 张岱年：《三松堂学术文集》，北京大学出版社 1984 年版。

[2] 李善《文选注》引臧荣绪《晋书》说："伶志气旷放，以宇宙为狭。"刘伶《酒德颂》说："有大人先生者，以天地为一朝，万期为须臾，日月为扃牖，八荒为庭衢。行无辙迹，居无定庐，幕天席地，纵意所如。"大人先生的这种人生境界，实际上就是刘伶自己追求超越的一个写照。

[3] 陶渊明：《五柳先生传》，见逯钦立校注《陶渊明集》卷六，中华书局 1979 年版。

就是重视言与行，看重功业与德行。德行、经术、文法和政略是考察士人的基本科目，经明行修、砥砺名节、便习官事是取士品人的重要标准。如"以德取人"，就充分体现了儒家为政以德、教民以德的统治理念；"以能取人"就是以实际的吏能、功能作为入官升职的条件，其所重者是士人的行政才能；"以文取文"则是把对某种专门知识（如经术笺奏）的程式化考试，作为居官任职的首要条件。在东汉中后期，由于国家政治的腐败，地方豪族和世家大族的兴起，以及名士群体的涌现，选官制度中出现了"以名取人""以族取人"的标准。[1] "以族取人"，特别是"以名取人"，虽是对汉代"以德取人""以能取人"和"以文取人"的反叛，已经暗含了魏晋人物品鉴的某些发展端绪。但从总体上看，东汉后期取士所重的"名"与"族"，主要还是指士人的名节操行和阀阅身份，还是一种外在的东西，所重者还是"实"。因此，在汉代，受国家选官制度的影响，当时清议名流，月旦人物，尚实际，重功业，贵德行，尊经术，实为传统儒家品鉴人物的道德规范和法家设官取士的功能标准。简言之，就是尚实，重实际的功业德行。

"以名取人"和"以族取人"出现于东汉后期。在魏晋时期，随着门阀制度的成熟和巩固，"名"与"族"仍是国家选官制度的重要依据。但是，值得注意的是，自东汉后期开始，在名士交游圈中，人物品鉴逐渐朝着避实就虚的方向发展，那些体制外的清议名流，月旦人物，普遍倾向于贵通博，尚浮华，贵交游。博学多通成为一种倍受推崇的理想品格，人物内在的精神气韵和才情风度得到重视，精神气韵高于功业德行的观念，在名士交游圈中得到大多数人的认可。某种专业知识固然重要，但仅凭专业知识很难赢得社会的尊重，还必须要有独特的精神气韵。如何颙评张仲景，就是一个典型的例子，据载：

---

[1]　参见阎步克《察举制度变迁史稿》第 1 部分，辽宁大学出版社 1997 年版。

"颜有人伦鉴，同郡张仲景总角造颜，颜谓曰：'君用思精而韵不高，将为良医。'卒如其言。"[1]汉晋间人物品鉴由实入虚的发展趋势，在东汉后期已初露端倪。

至魏晋，人物品鉴进一步发展为贱名节、鄙俗功、尚超脱、贵放逸、尚识度、重清简、尊神明。在此期间，"名"和"族"虽仍然是人物品鉴的重要参照，儒家的德行操守亦未被完全废弃，但亦明显不占优势，逐渐让位给才情风度、风神韵致。谨守儒学规范的行为方式已经被儒道兼综所取代。汉人最看重的名节和功业，遭到魏晋人的唾弃，超脱放逸成为倍受推崇的理想人格，贵智尚艺成为一代名士的精神时尚，神、简、清、识、韵、朗、秀等成为人物品鉴的重要品目。这是对汉儒以经明行修、砥砺名节为特点的为人准则，和以儒家道德规范为依据的人物品鉴标准的否定。因为在尚通博、贵放达的魏晋名士看来，汉儒的经明行修、砥砺名节，就是人生的执和障。魏晋名士就是要破除这种执和障，还人生以本来面目。

汉晋间人物品鉴由实而虚的发展趋势，不仅体现在品鉴标准上由经明行修而风神韵致的发展，亦反映在品鉴方法上由具体褒贬而原理探讨之发展。由汉至晋，人物品鉴亦同其他学术文化活动一样，呈现出由具体而抽象之发展趋势，即由具体的人物褒贬发展为抽象的人物才性理论之探讨。这种转变，发生在汉末新兴知识群体中，据余英时说：

> 人物评论之成为专门之学，实由郭林宗奠其基，而抽象原理之探讨，就创始之意义言，亦或由郭林宗倡其风，至少郭林宗与许子将于其评论人物之时已运用比较抽象之概念，非纯粹作具体之褒贬，则可以断言。

---

[1]　王先谦：《后汉书·何颙传集解》引惠栋引《颙别传》。

> 若取尚存之刘劭《人物志》言之，其书以后出故，析论之精微容或超迈林宗之作，但恐亦不能完全无关于后汉之流风。[1]

由于史料不足，余英时未能对此提供坚实的证据。但从学术文化发展的一般规律来看，他的这个推测应当是符合汉晋间人物品鉴发展之实情的。

汉人执、障，晋人通、达。执、障是实，是固；通、达是虚，是空。汉晋间人物品鉴由执、障而通、达的演进，正是由实而虚的发展。实、固，则不通。反之，虚则神，达则通。由执、障到通、达，由朴茂到超脱，由拘泥到放逸，由古拙凝重到清妙空灵。汉晋间人物品鉴的此种发展趋势，正是以尚通意趣为思想背景的。

2. 由形鉴而神鉴：汉晋间人物品鉴的发展趋势之二

在尚通意趣的影响下，汉晋间的文化思潮，包括人物品鉴，逐渐朝着由实而虚的方向发展。与此相应，其间的人物品鉴方法亦呈现出避实就虚的特点。具体地说，就是由形鉴而神鉴的转变。

一般而言，汉代鉴人，重道德言行、经学修养和政事经略，无论是当时的"以德取人""以能取人"，还是"以名取人""以族取人"，其所重者，皆是人物外在的东西，即外在于人物心性的道德、功能、名声和阀阅，我们称这种鉴人方法为"形鉴"。形鉴之法中最重要的是相法。汤用彤说："汉代观人之方，根本为相法，由外貌差别推知其体内五行之不同。"又说："汉人相人以筋骨，魏晋识鉴在神明。"[2]相术起源很早，汉代尤其盛行，王充《论衡》和王符《潜夫论》皆有专篇论之。以科学的眼光审视相术，虽有一定的合理之处，但大体说

---

[1] 余英时：《汉晋之际士之新自觉与新思潮》，见《士与中国文化》第 277 ～ 278 页，上海人民出版社 2003 年版。

[2] 汤用彤：《言意之辨》，见《魏晋玄学论稿》第 40 页，中华书局 1962 年版。

来，多虚无迷信，故不可确信。而像王充、王符这样的以"疾虚妄"、反迷信为特色的、具有强烈批判意识的思想家，对相术皆深信不疑，一般人对它的信奉亦就可以想见，其风行于汉代的情况亦不难推测。

葛洪《抱朴子·清鉴篇》说：

> 唐、吕、樊、许善于相人状，唯知寿夭贫富、官秩尊卑，而不能审情性之宽剋，志行之污隆。惟帝难之，况庸人乎？而吾子举论形之例，诘精神之谈，未修其本，殆失指矣。

葛洪把鉴人之法分为"论形之例"（形鉴）和"精神之谈"（神鉴）二类，"论形之例"即相法，其所鉴者，乃人物之寿夭贫富、官秩尊卑，而不能审察人物之情性志行。此乃论相术者之通识，如《荀子·非命篇》说："今之世，梁有唐举，相人之形状颜色，而知其吉凶、妖祥。"通过对人物外在形状颜色的考察，推知其吉凶祸福，这是相术家的主要工作路径。故汉初蒯通曾说："仆尝受相人之术……贵贱在于骨法，忧喜在于容色。"[1]即人之贵贱、忧喜皆体现在骨法和容色上。王充《论衡》著《骨相篇》，集中讨论了骨相与性命的关系。何谓"性命"？他说："贵贱贫富，命也；操行清浊，性也。"认为"非徒富贵贫贱有骨体也，而操行清浊亦有法理，……非徒命有骨法，性亦有骨法"。需要说明的是，王充所谓的"性"，是指"操行清浊"，属道德范畴，与魏晋人所言之"情性"不同。魏晋人言"性"，多指人的自然状态的本真之情，与道德无涉。其次，王充以"骨法"言"操行清浊"，是他对古代相术范围的扩大和引申。古代相术家多就骨相论人之贵贱、夭寿、祸福、贫富等"命"的内容，较少以骨相论人之道德操行者。

---

[1] 《史记·淮阴侯列传》。

王充说："惟知命有明相，莫知性有骨法，此见命之表证，不知性之符验也。"说明"命"与骨相的关系显豁，"性"与骨相的关系隐晦，一般相术家亦就"惟知命有明相，莫知性有骨法"。其实，在《论衡·骨相》中，王充所着重讨论的，亦是骨相与命的相互关系，阐释人的"骨"（骨骼、形体）与"相"（相貌、容色）对人的"命"（贫富、寿夭、贵贱、祸福）的决定作用。他说：

> 人曰命难知。命甚易知。知之何用？用之骨体。人命禀于天，则有表候于体。察表候以知命，犹察斗斛以知容矣。表候者，骨法之谓也。
>
> 故知命之工，察骨体之证，睹富贵贫贱，犹人见盘盂之器，知所设用也。
>
> 论命者如比之于器，以察骨体之法，则命在于身形，定矣。

王符《潜夫论》亦著有《相列篇》，专论骨相与性命的关系，他说：

> 人身体形貌皆有象类，骨法角肉各有分部，以著性命之期，显贵贱之表，一人之身，而五行八卦之气具焉。
>
> 人之相法，或在面部，或在手足，或在行步，或在声响。
>
> 骨法为禄相表，气色为吉凶候。

王符所侧重讨论者，与王充一样，亦在以骨法论"命"，而不在"性"。

汉代鉴人之法为相术，其所重者，在人物外在之形体、骨相和容色，故称之曰"形鉴"。魏晋时期，在尚通意趣的影响下，学术文化沿着由实入虚的方向发展，人物品鉴亦呈现出由"形鉴"而"神鉴"的发展趋势。前引汤用彤之言说："汉代相人以筋骨，魏晋识鉴在神明。"

就揭示了人物品鉴的这种发展趋势。从前引葛洪《抱朴子·清鉴篇》中的一段话，可知魏晋人所重者是"神鉴"而非"形鉴"，并且以"精神之谈"（神鉴）为本，以"论形之例"（形鉴）为末。因为"形鉴"所能鉴者乃人之寿夭贫富、官秩尊卑，不能"审情性之宽剋，志行之汚隆"，只能测知外在的东西，而不能测知人物内在的心性。洞察人物之内在情性，唯有"神鉴"。在魏晋时期，人之贵贱、寿夭、贫富、祸福仍然为社会普遍关注，相术仍然很风行，"形鉴"亦未被完全废弃。但是，具有魏晋时代特色，为当时社会占极重要位置之名士所重点关注的，不再是外在的贵贱、寿夭、贫富、祸福，而是内在的风神、情韵、气度和神采。状貌容色仍然为魏晋人所注重，如当时之名士搔首弄姿、涂白抹粉、顾影自怜。但魏晋人对容貌的注重，既不是为政治的目的，亦与吉凶祸福无关，而是一种美的追求，是内在风神之美，风神、情韵之质的外在表现。所以，汉人常用的"形鉴"之法亦仍为魏晋名士所采纳，但魏晋人之"形鉴"不再是为了预测吉凶祸福，而是为着"以形观神"的目的，或者说，"形鉴"是作为"神鉴"的辅助手段而存在。

汉代相人以"形鉴"，其所重者在"命"；魏晋品人以"神鉴"，其所重者在"性"。汉晋间人物品鉴由重"命"而重"性"的发展，汉末人物品鉴专家郭泰实为一个重要的转折人物。余英时对此有详细的考察，其结论说：

> "人物鉴识"之成为一种专门学问乃自林宗始。而林宗之所以成为斯学之开山者，其关键殆即在于彼能汰除旧观人术中之卜相成分，亦即不重命之贵贱，而径从才性之高下、善恶以立说。……林宗之时，人物

评论与命相之术已截然分途。[1]

知人之鉴，自古称难。故孔子再三感叹知人之难，说过"知人诚智"的话。在汉代，人物品鉴虽仍是一件难事，但因为有相术的辅助而进入了程式化的境地，有许多程式化的鉴人原则和方法可以利用。如王充《论衡·骨相篇》说："人曰命难知。命甚易知。知之何用？用之骨体。"以骨相论人，犹如"察斗斛以知容"，是甚为容易的。如刘劭的《人物志》，就对汉魏人物品鉴进行了理论总结，归纳出鉴别人才的"九征"、"八观"和"五视"之法。[2] 如果说汉代论人重命，那末魏晋论人则重性，重人的内在风神情韵。虽然王充亦说过，"性亦有骨法"，可以从人的骨相论其"操行清浊"之性。但是，如前所说，以骨相论人"性"是王充的私见，相术家多不如此，况且王充所谓之"性"，与魏晋人的看法甚为不同。考察人的内在风神情韵之性，是极为困难的，故魏晋学者再三言及知人之难。如刘劭说："人物之理，妙不可得而穷已。""人物之理，妙而难明。"[3] "人物精微，能神而明，其道甚难，固难知之难。"[4] "盖人物之本，出于情性，情性之理，甚微而玄。非圣人之察，其孰能究之哉。"[5] 人物之情性玄妙深微，能神而明，与道同体，故鉴人与体道一样，皆非易事。他指出：

---

[1] 余英时：《汉晋之际士之新自觉与新思潮》，见《士与中国文化》第 275～276 页，上海人民出版社 2003 年版。

[2] 《人物志》一书是汉晋人物品鉴发展史上的一部承上启下的著作，它一方面对汉代鉴人方法和原则进行了归纳总结，另一方面又开启了魏晋鉴人新风气，其以神、精、筋、骨、气、色、仪、容、言九个方面论人，就体现了这种承上启下的特点。因此，我们在《人物志》中，既可看到骨相、五行论人的汉代旧法，亦能发现精神、气韵论人的魏晋新风。

[3] 《人物志·七缪》。

[4] 《人物志·效难》。

[5] 《人物志·九征》。

> 必也聪能听序，思能造端，明能见机，辞能辩意，捷能摄失，守能待攻，
> 攻能夺守，夺能易予，兼此八者，然后乃能通于天下之理。通于天下之理，
> 则能通人矣。[1]

即必须具备"聪能听序"等八项才能，才能通于"天下之理"（即"道"），人之情性与"天下之理"同样地深微玄妙，只有通"天下之理"者，才可"通人"。这与王充以鉴人为易事相比，的确有很大的不同。葛洪《抱朴子》论人物品鉴，亦表达了类似的见解，如《擢才篇》说："英逸之才，非浅短所识。""自匪明并悬象，玄鉴表微者，焉能披泥抽沦玉，澄川掇沉珠哉！"《清鉴篇》慨叹"知人果未易也"，指出：

> 欲试可乃已，则恐成（疑"成"字衍）折足覆悚；欲听言察貌，则
> 或似是而非，真伪混错。然而世人甚以为易，经耳过目，谓可精尽。余
> 甚猜焉，未敢许也。
> 区别臧否，瞻形得神，存乎其人，不可力为。自非明并日月，听闻
> 无音者，愿加清澄，以渐进用，不可顿任。

葛洪认为"瞻形得神"，品鉴人之神，"不可力为"，只有"明并日月、听闻无音"者才能做到。他回答"形鉴"论者的指责说：

> 余非谓人物了不可知，知人挺无形理也。徒以斯术存乎大明，非夫
> 当（"当"疑作"常"）人自许，然而世士各谓能之，是以有云，以警
> 付任耳。

---

[1] 《人物志·材理》。

世士常人所能者是较易之"形鉴",而人物之情性"非若天地有常候,山川有定止也",因此,"形鉴"论者"唯知寿夭贫富、官秩尊卑,而不能审情性之宽剋,志行之洿隆",他批评"形鉴"论者"举论形之例,诘精神之谈,未修其本,殆失指矣"。所以,在魏晋六朝,"神鉴"是一种倍受推崇的能力。"神鉴"一词亦屡见于当时文籍,如《晋书·王廙传》载:桓玄与司马道子书云:"其崎岖九折,风霜备经,虽赖明公神鉴,亦识会居之故也。"《晋书·郭璞传》载郭璞《请省刑疏》说:"愿陛下少留神鉴,赐察臣言。"《南齐书·武十七王传》载:南齐隆昌年间诏称萧子良"体睿履正,神鉴渊邈"。

总之,知人诚难。就人之性、命二者言,"命"是实,"性"乃入于虚道。就鉴人之"形鉴"与"神鉴"两种方法言,"形鉴"是实,有具体之方法可依据,如相术,如《人物志》中总结的"九征""八观"和"五视"原则;"神鉴"是虚,无方法和原则可言,甚至如葛洪所言,是"不可力为"的,故而是难知之难。所以,在汉晋人物品鉴中,有刘劭《人物志》对汉魏"形鉴"之法的理论探讨和方法总结,而无专书讨论"神鉴"的理论和方法,有的只是记录"神鉴"资料的《世说新语》。

《世说新语》是一部记载汉末魏晋间名士之言行举止的专书,其中《赏誉》篇共一百五十六则,是《世说新语》三十门中则数最多的一门,较为集中地反映了那个时代具有审美特点的人物品鉴。其篇名曰"赏誉",是意味深长的。所谓"赏誉",就是对人物品性、才情之美的欣赏与赞誉。对于与功业、德行、学问不同的才情、风神、气韵,不能"形鉴",只能"赏誉"。"赏誉"就是"神鉴"。"如果说汉末察举的乡党评议主要特点是'评',那么魏晋人物品题的特点便是

'赏'。赏，即是认识美，欣赏美，赞美美，亦即是一种审美的过程"。[1]故《刘子·正赏》说："赏者，所以辩情也；评者，所以绳理也。赏而不正，则情乱于实；评而不均，则理失其真。"情乃主观之物，理乃客观之事。故辨主观之情者，须由直觉之"赏"；辨客观之理者，须由理性之"评"。魏晋人重"赏"，特重"妙赏"。[2] 所谓"妙赏"，就是对美的深切领悟和独特感受，如：

> 王子猷出都，尚在渚下。旧闻桓子野善吹笛，而不相识。遇桓于岸上过，王在船中，客有识之者，云："是桓子野。"王便令人相闻云："闻君善吹笛，试为我一奏。"桓时已贵显，素闻王名，即便回下车，踞胡床，为作三调。弄毕，便上车去。客主不交一言。（《世说新语·任诞》）
>
> 桓子野每闻清歌，辄唤"奈何"。谢公闻之曰："子野可谓一往有深情。"（同上）
>
> 刘尹云："孙承公狂士，每至一处，赏玩累日，或回至半路却返。"（同上）
>
> （车）胤既博学多闻，又善于激赏。（《世说新语·识鉴》注引《续晋阳秋》）

"神鉴"又称"神解"，亦是指一种"妙赏"能力。如：

> （刘伶）与阮籍、嵇康相遇，欣然神解，携手入林。（《晋书·刘伶传》）
>
> 张融玄义无师法，而神解过人，白黑之论，鲜能抗拒。（《南齐书·张融传》）

---

[1] 王能宪：《〈世说新语〉研究》第 142 页，江苏古籍出版社 1992 年版。

[2] 冯友兰《论风流》指出：魏晋风流是一种美，风流有四个特点，其中之一就是"妙赏"。（《三松堂学术文集》，北京大学出版社 1984 年版）

王公曾诣和上，和上解带偃伏，悟言神解。（《世说新语·简傲》注引《高士传》）

荀勖善解音声，时论谓之"闇解"。遂调律吕，正雅乐。每至正会，殿庭作乐，自调宫商，无不谐韵。阮咸妙赏，时谓"神解"。每公会作乐，而心谓之不调，既无一言直勖，意忌之，遂出阮为始平太守。后有一田父耕于野，得周时玉尺，便是天下正尺。荀试以校己所治钟鼓、金石、丝竹，皆觉短一黍，于是伏阮神识。（《世说新语·术解》）

"闇解"，即冥思苦想而有所解悟，偏重于理性的把握。而"神解"，或谓"神识"，正是一种"妙赏"，其直觉、主观色彩浓厚。据此可知，在魏晋人的心目中，"神解"高于"闇解"。

在魏晋六朝，无论是人物品鉴，还是艺术鉴赏，抑或是山水观览，我们看到当时人少用"评"字，而多用"赏"字，以及与"赏"有关的"品""味""玩"等词汇。如"品"字，《世说新语》有《品藻》，其时有《诗品》《棋品》《画品》等著作。"品"的基础在"赏"，在"味"，在"玩"。刘明今对魏晋文献中常用的这几个词进行过具体研究，他说：

"味"则标示着对作品艺术特征的一种深入的、主观的、直觉的把握。……味觉的分辨主观色彩强，各人口味不同，而且很难明确地将自己的感受表达出来，如鱼饮水，冷暖自知，这样便突出了文学欣赏的主观性，仁者见仁，智者见智，可有不同的体会。……"玩"用在文论上也强调对文章之美的观赏，同样是一种偏于感性的直觉，……"玩"与"味"在深浅上虽有差异，但二者都强调了艺术鉴赏的直觉性、主观性。[1]

[1] 刘明今：《中国古代文学理论体系·方法论》第 262～265 页，复旦大学出版社 2000 年版。

总之，作者认为：汉晋间人物品鉴由"形鉴"而"神鉴"的嬗变，就是品鉴态度由"评"而"赏"的发展，或者说，是由理性客观向感性直观的发展。这种发展趋势，不仅体现在人物品鉴上，而且亦通过人物品鉴影响到对山水、音乐和文学的欣赏上。

汉晋间人物品鉴由实而虚、由"形鉴"而"神鉴"的发展，与当时学风、文风之演进是同步进行的。汤用彤说：

> 玄者玄远。宅心玄远，则重神理，而遗形骸。神形分殊本玄学之立足点。学贵自然，行尚放达，一切学行，无不由此演出。……由重神之心，而持寄形之理，言意之辨，遂亦合于立身之道。[1]

玄学上的言意之辨和神形分殊，得力于人物品鉴上重神理、轻形骸的有益启示。或者说，人物品鉴由"形鉴"而"神鉴"的发展，导致了神形分殊，致使重神理、轻形骸观念的产生，影响或刺激了玄学言意之辨的提出。因此，与其说言意之辨合于立身之道，不如说言意之辨起于立身之道。汤用彤提出"言意之辨起于识鉴"，说的就正是这个学术发展理路。

就文风的变迁而言，人物品鉴由"形鉴"而"神鉴"的发展，亦为汉晋文风之嬗变提供了有益的借鉴。如咏物赋，汉代最重形似，偏重事物外形的摹拟，期于穷形尽相，此与汉代鉴人重"形鉴"有关。魏晋咏物，颇尚神似，偏重事物神情之刻画，受"神鉴"的影响更大。晋宋间的绘画亦是如此，如顾长康画人，数年不点目精，其原因正如

---

[1] 汤用彤：《言意之辨》，见《魏晋玄学论稿》第39页，中华书局1962年版。

他所说："四体妍蚩，本于无关妙处，传神写照，正在阿堵中。"[1]
说明当时的人物画家追求的是"传神写照"（神似），而不是"四体妍蚩"（形似）。形似"无关妙处"，神似高于形似。又如戴安道画人，因为"神明太俗"，而遭到庾道季的訾议。顾长康画裴叔则，特意在其面颊上画了三毛，目的亦是为了追求"神明"。[2]又据《世说新语·贤媛》载：

> 王尚书惠尝看王右军夫人，问：眼耳未尝恶不？答曰：发白齿落，属乎形骸。至于眼耳，关于神明，那可便与人隔。

右军夫人重"神明"而轻"形骸"，这与汉晋间人物品鉴由"形鉴"而"神鉴"的发展趋势，是完全吻合的。

3. 由道德功利而艺术审美：汉晋间人物品鉴的发展趋势之三

一般地说，汉代学术思想和文学艺术，皆有重功利、尚实用的特点，美刺讽谏、功利实用是衡量思想、学术、艺术的唯一尺度，有之则优，无之则鄙。如学术思想领域的经学、谶纬，皆为缘饰政治权力而发，为论证政治权力的合法性、维护封建皇权的权威统治而兴。如文学艺术，汉人所重者是实用功利，以美刺讽谏为论证艺术价值的唯一标准。汉儒说诗的诗教说，就是一个典型的例子，故程廷祚《诗论十三》说："汉儒言诗，不过美刺二端。"[3]再说汉人论赋，无论是扬雄的"劝百讽一"说，还是汉宣帝、班固等人对汉赋的肯定评价，都是从功利实用、美

---

[1]　《世说新语·巧艺》。

[2]　《世说新语·巧艺》。

[3]　《青溪集》卷二。

刺教化的角度出发的。总之，汉代是一个艺术审美趣味未能全面自觉开展的时代。而魏晋时期，则是一个艺术审美意识大为发扬的时代。在这个时期，文学不再是政治教化的附庸，不再以工具形式承载教化宣传功能，它本身的审美娱乐作用得到前所未有的重视。自然山水亦超越了先秦两汉人赋予的比德意义，成为具有独立审美价值的观照对象。与之相关的山水画亦超越了传统的劝善惩恶的功利实用目的，而成为艺术家畅叙情怀的载体。同时，其间的学术思想——玄学，虽仍与社会政治有千丝万缕的关系，甚至被有的学者视为正始改制的理论依据。[1] 但是，从它的思维方法和理论构建看，它毕竟已经远离尘务而入于玄虚，与政治的距离至少不像汉代儒学那末靠近。它有纯粹智力游戏的特点，这种纯粹的哲学已经和自觉的艺术相仿佛了。所以，作者认为，魏晋玄学亦有艺术化、审美化的趋势。与汉代儒学相比，它对艺术自觉精神的形成所发生的影响，是积极的，不是消极的。

汉晋文化思潮的变迁，明显存在着由道德功利而艺术审美的发展特点。人物品鉴作为汉晋间一项备受社会各界关注的文化活动，亦与其间的文化思潮的整体发展趋势一样，呈现出由道德功利而艺术审美的发展特点。

考察汉晋间人物品鉴由道德功利而艺术审美的发展特点，我们先从先秦两汉时期儒、道、法三家的理想人格说起。一般地说，在先秦诸子中，对后世影响最大、特征最明显、且不易被他家包容的，是儒、道、法三家。此三家对人格美的标示，在后代文人中亦有典范意义。简言之，儒家标榜道德人格，法家推崇吏治人格，道家追求艺术人格。

就儒、道二家标榜的人格境界看，分而言之，儒家推崇道德人格，道家追求艺术人格，合而言之，皆有超越化、审美化的倾向。先说儒

---

[1] 参见王葆玹《正始玄学》，齐鲁书社 1987 年版。

家。孔子在《论语》书中谈到的人格美，主张温良恭俭让，是一种温柔敦厚的人格美，但未展开充分的阐释和分析。孟子极大地强调了人格美的价值和意义，他标示出一种积极进取、以天下为己任的独立伟岸的人格美，即"富贵不能淫，贫贱不能移，威武不能屈"的人格精神。他说：

> 可欲之谓善，有诸己之谓信，充实之谓美，充实而有光辉之谓大，大而化之之谓圣，圣而不可知之之谓神。[1]

"充实"是美的基础，有"充实"之质，方能逐渐进入由美而大而圣而神的境界。亦只有具备内在的"充实"，才能达到"富贵不能淫"的人格境界。那末，如何才能具备"充实"之质呢？孟子认为必须要"养浩然之气"，通过修炼，培养成"至大至刚"的"浩然之气"，亦就具备了"充实"之质。那末，又如何培养"浩然之气"呢？孟子认为要采取"配义与道""集义而生"的办法。归根结底，就是以修养仁义道德为前提。所以，孟子的人格理想，是属于道德价值判断的范畴。这与孔子所谓"里仁之谓美"，是一脉相承的，仍是以善为最高的境界，认为善包括美，善高于美。故朱熹注"充实之谓美"句说："力行其善，至于充满而积实，则美在其中，而无待于外。"因此，作者认为：儒家的理想人格是道德人格。[2]

再看道家。如果说儒家理想的道德人格是追求美与善的和谐统一，

---

[1] 《孟子·尽心下》。

[2] 汤一介《再论中国传统哲学的真善美问题》说："中国传统哲学在'真、善、美'问题上大体可分为三大系统，这就是孔子、老子和庄子三大系统，从价值论上看，他们关于'真、善、美'问题有如下的不同：孔子：善——美——真；老子：真——善——美；庄子：美——真——善。"认为"孔子的人生境界（或圣人的境界）是由'知真'、'得美'而进于'安而行之，不勉而中'的'圆满至善'的境界，即由'真'而'美'而'善'。"（见张岱年等著《国学今论》第7、10页，辽宁教育出版社1991年版）

那末，道家的理想人格则是强调美与真的一致性。或者说，儒家以"法天奉古"为理想人格的行动准则，道家则强调"法天贵真"。更进一步考察，同属于道家的老、庄，在真、善、美的追求上，亦略有不同，因而在人格美的理想上亦稍有出入。正如汤一介所说：道家中的老子把"同于道""得道"作为一种超越世俗的、极高的人生境界，把"同于道"作为人生的最高追求，即由美而善而真的人生境界。庄子在真、善、美问题上，不在"求知"，而在追求一种超越的人生境界，这种精神上绝对自由的境界，只能是一种艺术上的审美的境界。老子追求"同于道"，属于认知的范围，是一种哲理的觉悟；庄子的"同于道"，则是对道的欣赏与观照。[1] 因此，庄子的人生境界是艺术境界，老子的人生境界是哲学境界。但是，哲学的最高境界是诗，诗的最高境界是哲学，哲学与诗是相通的。所以，老、庄的人格境界，分则为二，合则为一，笼统地可名之曰超越的审美艺术境界。[2]

与儒家的道德境界相比，道家的艺术境界具有超越性，它超越了世俗的道德仁义，而进入到一个"同于道"的自由境界。同时，我们亦注意到，儒家在求善的基础上，亦在努力追求一种随心所欲的自由人格，如孔子说：

吾十有五而志于学，三十而立，四十而不惑，五十而知天命，六十而耳顺，七十而从心所欲逾矩。[3]

[1] 汤一介：《再论中国传统哲学的真善美问题》，见张岱年等著《国学今论》第14、15、23页，辽宁教育出版社1991年版。
[2] 李泽厚、刘纲纪《中国美学史》（第一卷）说："道家是第一个把审美同超功利的人生态度不可分割地联系在一起。""后世美学对审美与艺术特征的认识，大部源于道家，特别是庄子学派。""庄子哲学所提倡的人生态度，就其本质来看，正是一种审美的态度。"（第35、241页，中国社会科学出版社1984年版）
[3] 《论语·为政》。

通过不断的学习积累和善性修炼，逐渐向着自由的境界（即"从心所欲不逾矩"的境界）迈进。这种"耳顺""从心所欲不逾矩"的境界，既是善，亦是美，是"一种直觉的审美境界，所得到的是一种超于经验的直觉意象，也可以说是一种艺术的境界，'美'的境界，或者可称为'压天'的境界"。[1] 所以，儒、道两家的人格境界虽有诸多不同，但都具有审美化、艺术化、超越化的特点。从学理上讲，儒、道两家作为古代中国人的人生哲学，其方向不同，但却能互补，能统一于个体人格中，形成儒道兼综或外儒内道的格局，其原因大概就在于此。

与道家的超越追求相比，儒家推崇的善性人格，的确具有世俗化的特点。但与法家推崇的吏治人格相比，儒家又显示出它的超越性，因为它毕竟超越了实际的吏治才能而入于具有抽象意义的善性范畴。法家"以吏为师""以法为教"，选官取士以实际的行政能力为唯一依据，故其理想的人格是重功利，尚吏才，崇功能，可名之曰世俗的

---

[1]　汤一介：《再论中国传统哲学的真善美问题》，见张岱年等著《国学今论》第9页，辽宁教育出版社1991年版。

实用吏治人格，其特征是事功精神强，敬业乐群，做事精密扎实。[1]

回到我们讨论的汉晋间人物品鉴由道德功利而艺术审美的演绎问题上来。一般而言，汉代流行的人格理想有两种，一是儒家的道德人格，二是法家的吏治人格，这与汉代官方执行的统治思想和选官政策有关。汉武帝"罢黜百家，独尊儒术"，确立儒家思想在政治、文化上的正统地位，但汉朝政治真正执行的则是王、霸大略，据《汉书·元帝纪》载：汉宣帝"所用多文法吏，以刑名绳天下"，太子元帝说："陛下持刑太深，宜用儒生。"宣帝答曰："汉家自有制度，本以霸、王道杂之，奈何纯用德教，用周政乎？"汉宣帝所谓"霸、王道杂之"，道出汉家为政的实质，即兼用儒、法，实行外儒内法的统治策略。此种统治策略影响到选官制度，就是对儒生与文吏的兼容并取。因此，汉朝官僚机构里的成员约可分为儒生与文吏两大群体。儒生、文吏各有所长，儒生是"知识文化角色"，文吏是"行政文官角色"；儒生之功在"轨德立化"，强调推行教化；文吏之功在于"优理事乱"，强调奉行律令。

---

[1] 冯友兰在《新原人》书中，将人生境界从低级到高级依次分为自然境界、功利境界、道德境界和天地境界四种类型。所谓自然境界，就是顺着人的本能或其社会风俗习惯行事的境界。所谓功利境界，就是为着利己而行事的具有功利意义的境界。所谓道德境界，就是所作所为都是有严格意义的道德行为，为社会的利益而做事。所谓天地境界，就是为宇宙的利益而做事的境界。虽然简单的比附总是有局限的，但是将儒、道、法三家理想的人格境界，与冯友兰的人生四层境界说进行比附，确有利于我们的理解。大致说来，功利境界是法家的理想，道德境界是儒家的理想。道德境界之所以高于功利境界，是由于它相对于功利境界来说，具有超越性。这正与我们提出的儒家比法家更具超越性的观点，是吻合的。天地境界，亦就是哲学境界，这是老子所理想的。自然境界，亦就是艺术境界，这是庄子所理想的。如前所说，哲学与诗是相通的，哲学的极境"真"，大致等同于艺术的极境"美"，哲学境界亦就是艺术境界，自然境界亦就等同于天地境界。虽然在冯友兰的人生境界层次中，自然境界处于最低层次，天地境界居于最高层次，但是这并不矛盾。因为在道家看来，最低级的往往是最高级的。老、庄追求的"同于道""得道"的境界（即"天地境界"），实际上就是返璞归真，回到人的本真状态，即"自然境界"。

儒生"致力于古典文化的整理和文化价值的阐释，以及对现实社会的指导和批评"；[1] 文吏"经专门培训而具备了基本行政才能，依照能力、功绩和年劳任职升迁，并严格地遵守法律规章和充分地利用文书簿记进行工作"。[2] 在选官方法上，"诸生试家法，文吏课笺奏"。[3] "诸生通章句，文吏能笺奏"，[4] 这两大群体之间，互相批评，彼此轻视。《汉书·何武传》载：何武"疾朋党，问文吏必于儒者，问儒者必于文吏，以相参验"。是知朋党的产生，亦以儒生、文吏的身分为分野。王充《论衡》著《程材》等七篇专题论文，讨论儒生与文吏的优劣异同，说明这确是当时政界、学界都极为关注的大问题。

其实，我们跳出儒生与文吏的相互攻讦，站在一个较高的角度考察，就会发现，儒生与文吏的冲突，实际上就是儒家理想的道德人格和法家理想的吏治人格的冲突。相较而言，文吏明律令，娴文法，善于处理繁杂的行政事务；儒生超越繁杂的实际政务，以"轨德立化"为职志，以文化价值的阐释者自居。儒生较之于文吏，虽具有超越特点，但就其本质而言，都注重实际功利，皆着力于为现实政治服务，只不过有着力于实际政务和着力于理论阐释或意识形态之建构的不同。实际上他们皆未能远离政治权力，皆极力向政治权力中心靠拢。不同的是，一是从高处俯视权力，向权力靠近；一是从低处效劳于权力，向权力靠拢。因此，儒、法两家的人格理想，分而言之，有道德人格和吏治人格之别；合而言之，则都有功利的、世俗的、政治教化的特点。笼统地称之道德功利人格，是符合实际的。正像统治思想上儒、法并非截然对立，可以外儒内法，可以"霸、王道杂之"。在人格理想上，

[1]　阎步克：《察举制度变迁史稿》第 10 页，辽宁大学出版社 1997 年版。
[2]　阎步克：《士大夫政治演生史稿》第 17～18 页，北京大学出版社 1996 年版。
[3]　《后汉书·左雄传》。
[4]　《后汉书·顺帝纪》阳嘉元年（132）十一月诏语。

两家亦是互补的。在东汉中后期，儒生习法令、作笺奏；文史兼习经学章句，两家都在朝统一的方向发展，其结果，就如阎步克《士大夫政治演生史稿》所说，产生了"亦儒亦法"、学者兼官僚的士大夫阶层，并由此导致帝国政治由文史政治向士大夫政治的过渡。

据阎步克考察，儒家与法家的合流，儒生与文史融合成士大夫阶层，是在东汉后期。值得注意的是，在儒、法由分而合的发展之际，沉没了相当长一段时期的道家思想抬头了，并在知识界弥漫开来。它不仅成为一些"异端"思想家的学术思想资源和人生价值取向，就是如马融、郑玄这样的儒生，亦对之倾注了极大的热情。[1] 与此相关，当儒生的道德人格与文史的吏治人格由分而合，逐渐演绎成士大夫人格特征的时候，老庄所追求的人生之"天地境界"和"自然境界"，亦成为一代名士追求的时尚，追求艺术化、审美化的人生成为一种时代趋势，神、通、清、简、识、韵、朗等成为一时备受推崇的品目，"薄综世之务，贱功烈之用，高浮游之业，埤经实之贤"的时尚追求，[2] 明显就是对儒生道德人格和文史吏治人格的扬弃。追求"处官不亲所司"的"雅远"风范，和"奉身散其廉操"的"旷达"风度，皆具有超越道德、功利而入于艺术、审美的倾向。对艺术才能的重视，对个体才情风韵的青睐，对高情远致的追求，皆体现出一种超越特征。实际上，中国艺术精神的自觉和人格本体精神的觉悟，同步完成于汉魏之际，这种同步现象，至少说明这两者是相通的，是相辅相成的。艺术的自觉是建立在人性的觉醒（即人的艺术化、审美化）之基础上的，

---

[1]　参见本书第二章第四节"尚通意趣与老庄之学的复兴"。

[2]　裴頠《崇有论》，《全晋文》卷三十三。

人性的觉醒亦得力于艺术自觉的启示。[1]

由老庄之学的复兴，导致老庄倡导的艺术化人格成为魏晋名士的理想追求。在魏晋时期，人的个性化问题受到前所未有的重视。如果说，"儒家是从人际关系中来确定个体的价值，庄学则从摆脱人际关系中来寻求个体的价值"。[2] 在汉代，儒学独尊导致政治、文化的伦理化，从而使人们从人的社会属性来确定个体的价值，人的群体性受到重视，而个性精神受到极大的限制。汉末魏初，随着老庄之学的复兴，不是人的社会属性，而是自然属性，受到人们的青睐；不是人的群体性，而是人的才情风度和个性精神，受到人们的重视。从某种意义上讲，富有审美特征和艺术趣味的事物，应该是独特的，有个性的；反过来说，有个性特征的事物，就是美的、艺术化的事物。汉魏之际，人的个性精神的张扬，就是人生追求步入艺术化、审美化境界的先兆。魏晋时期，人生境界不仅艺术化了，而且进一步哲学化了，进入到人格本体论阶段，即冯友兰所说的"天地境界"。李泽厚对魏晋人格本体论问题进行过深入的探讨，他认为：魏晋玄学的中心问题，就是要探讨一种理想的人格本体，"人（我）的自觉成为魏晋思想的独特精神，而对人格作本体建构，正是魏晋玄学的主要成就"，"玄学实际上是用人格的本体来概括、统领宇宙的。魏晋玄学的关键和兴趣并不在于去重新探索宇宙的本源秩序、自然的客观规则，而在于如何从变动纷乱的人世、自然中去抓住根本和要害，这个根本和要害归根结底是要

[1] 席勒说："只有当人是充分意义的人的时候，他才游戏。并且只有当他游戏的时候，他才完全是人。"（《审美教育书简》第15封信，译林出版社2012年版）认为艺术起于游戏，人之自觉的标志亦是游戏。这说明艺术精神和人之自觉是相通的。

[2] 李泽厚：《庄玄禅宗漫述》，见《中国古代思想史论》第192页，人民出版社1986年版。

树立一个最高统治者的'本体'形象"。[1] 魏晋玄学的中心问题是否是构建人格本体论问题？可以继续讨论。但是，我们说玄学家特别关注人格境界，并企图建构本体人格，这大致是符合历史事实的。在以何晏、王弼为首的玄学家构建的人格本体论中，"无为"是其中心要义，"自然"是其行为范式，"无累"是其心理原则。这里虽有王弼、何晏之本体人格，阮籍、嵇康之精神人格和向秀、郭象之个性人格的区别，但在本质上却都是相通的，即皆着力于使人格境界从道德、功利、实用的范围中超越出来，进入审美化、艺术化的境界，使人生观向哲学观转化，并进而从本体论的高度审视人生。其实，人格本体境界亦就是人格的审美、艺术境界，抽象地从哲学高度看，是本体境界；形象地直观地看，则是自然境界，是艺术审美境界。李泽厚、刘纲纪曾指出：正始以后，人物品藻从政治实用的、发展而为哲学的和审美的。前者与玄学的形成发展相关联，后者与文艺的发展相关联，同时两者又是互相渗透的。[2] 作者认为：与其将人物品鉴的这种发展分为独立的两个方面，不如说它是一事之两面，因为两者其实是很难区分的，并且是基本相通的。所以，"无论是以何、王为代表的本体人格，还是以嵇、阮为代表的精神人格，抑或是以向、郭为代表的个性人格，从主导精神的倾向上看，不同于儒、墨、道而独自形成一种崭新的审美型的理想人格。……正是这种审美型的理想人格的出现和确立，使得审美的人生态度成为六朝士大夫纷纷尊尚、效法的最基本、最普遍的人生态度，并由此改变了传统士大夫的价值观念和价值取向；使得其审美型的理想人格成为'魏晋风度'最核心的理论。有此审美型的

---

[1]　李泽厚：《庄玄禅宗漫述》，见《中国古代思想史论》第 193、195 页，人民出版社 1986 年版。

[2]　李泽厚、刘纲纪：《中国美学史》（魏晋南北朝卷）第 35 ~ 36 页，安徽文艺出版社 1999 年版。

理想人格，方有六朝人审美的人生态度；有此审美的人生态度，方有六朝人纯粹审美的文学艺术观念和眼光，也方有六朝生机盎然、多姿多彩、令人炫目的艺术成就"。[1]

牟宗三在讨论中国古人的人格追求时，曾经多次提到中国古人的浪漫性格太强的问题。他认为中国人追求的是"道德人格和艺术性人格"。[2]他说：

> 中国人传统的风气，尤其是知识分子，不欣赏事功精神，乃至反映中华民族的浪漫性格太强，而事功的精神不够。事功的精神是个散文的精神，平庸、老实，无甚精采出奇。萧何即属事功的精神，刘邦、张良皆非事功的精神，可是中国人欣赏的就是后者。……中国人喜欢英雄，打天下、纵横捭阖，皆能使人击节称赏。再高一层，中国人欣赏圣贤人格，不论是儒家式的或是道家式的。中国人的文化生命正视圣贤、英雄，在此状态下，事功的精神是开不出来的。
>
> 英雄只能打天下，打天下不是个事功精神，故不能办事。圣贤的境界则太高，亦不能办事。而中国人欣赏的就是这两种人，所以事功的精神萎缩，这里没有一个学问来正视它，证成它，开出它。[3]

所谓的"事功精神"，略近于法家的功利型人生境界。儒家追求的道德人格和圣贤境界，虽有近于法家功利的一面，但它又能超越世俗的功利和具体的事务而进入审美化的境界。只不过儒家的这种审美化境界，与道家以"真"为核心的境界不同，它是以"善"为核心，相同

---

[1] 陈顺智：《魏晋南北朝诗学》第 35 ～ 36 页，湖南人民出版社 2000 年版。

[2] 牟宗三：《中国文化的特质》，见《道德理想主义的重建》第 43 页，中国广播电视出版社 1993 年版。

[3] 牟宗三：《从儒家当前的使命说中国文化的现代意义》，见《道德理想主义的重建》第 12 ～ 13 页，中国广播电视出版社 1993 年版。

点则在于他们皆把人生艺术化和审美化。中国人追求艺术人格，中国人的浪漫性格太强，虽然不能说是魏晋名士直接培育起来的，但它与魏晋名士的追求有明显的渊源关系。

三、魏晋六朝人物品鉴新品目诠释

在尚通意趣的影响下，汉晋间之人物品鉴呈现出由实而虚的发展趋势。在这个总体趋势的促进下，又呈现出由形鉴而神鉴、由道德功利而艺术审美的演绎特点。在这个发展趋势的影响下，其品鉴之标准亦发生了相应的变化。一般而言，汉代常用的品鉴标准是学、行、节、义、忠、孝、廉、俭等等。魏晋六朝品鉴标准避实就虚，遗形重神，常用的有通、神、清、简、识、秀、韵、朗等等。在这几个常用品目中，"通"是基础，是根本，是手段，神、清、简、识、秀、韵、朗是"通"的结果，或者说，是尚通意趣的产物。由通而简，由简而识，由通而朗，由朗而清，由清而韵。关于"通"，作者在第二章已引证说明，兹不赘述。在这里，作者将略引史料，对其他几个品目作详细的分析说明。

1. 神

"神"是魏晋六朝人物品鉴的最高品目，其他如通、清、简、识、淡、朗、韵、虚等目，皆是对超其形外的"神"的具体内容的表述。

以"神"为人物品鉴之最高品目，并不始于魏晋，先秦诸子便有此说，如孟子说：

> 可欲之谓善，有诸己之谓信，充实之谓美，充实而有光辉之谓大，大而化之之谓圣，圣而不可知之之谓神。[1]

---

[1] 《孟子·尽心下》。

把人格美的自我完善依次分为善、信、美、大、圣、神六种境界。"大"者，博也。"大而化之"，是谓博而能通，通而能变。"大而化之之谓圣"的说法，与许慎《说文》以"通"释"圣"的观点，是一致的。然而，"圣"还不是人格美的最高境界。"圣"德达到神妙而不可预知的境界，是谓"神"，"神"才是孟子理想中的人格美的最高境界。《易·系辞》说："一阴一阳谓之道，阴阳不测谓之神。"秦汉之际学者讲君人南面之术，亦以"神"为君王修炼的最高境界，如《韩非子·扬权》说："主上不神，下将有因。"又说："主失其神，虎随其后。主上不知，虎将为狗。"董仲舒《春秋繁露·立元神》亦说：

> 为人君者，其要贵神。神者，不可得而视也，不可得而听也。是故视而不见其形，听而不闻其声。……不见不闻，是谓冥昏。能冥则明，能昏则彰。能冥能昏，是谓神人。

所谓人君"贵神"，即贵"冥"，贵"昏"，用张舜徽的话说，就是"装糊涂"。[1]但是，需要强调的是，这个糊涂是装出来的，不是真正的糊涂，是在"明"和"彰"的基础上伪装的，即董仲舒所谓的"能冥则明，能昏则彰"。明、彰者，通也。君王之"神"以"通"为前提，故董仲舒释"王"曰："古之造文者，三画而连其中谓之王。三者，天、地、人也，而参通之者，王也。"[2]再说，孟子所说的人格美的最高境界"神"，亦是在"大而化之"的"圣"的基础上达到的，所谓"大而化之"，就是博而能通、通而能变的意思；所谓"圣"，据《说文》的解释，

---

[1] 张舜徽：《周秦道论发微》第 12 页，中华书局 1982 年版。

[2] 许慎：《说文解字》释"王"引。

亦是"通"的意思。据此可知，先秦两汉学者言"神"，无不归源于尚通，"通"是入"神"的基础和前提。

通而能神。东汉中后期以来，在尚通意趣的影响下，人物品鉴渐重神韵。在魏晋六朝时期，"神"成为人物品鉴之最高品目。如：

> 王戎云：太尉神姿高彻，如琼林玉树，自是风尘外物。（《世说新语·赏誉》）
>
> 桓宣武表云：谢尚神怀挺率，少致民誉。（同上）
>
> 刘丹阳（惔）、王长史（濛）在瓦官寺集，桓护军（伊）亦坐在共商略西朝及江左人物。或问：杜弘治何如卫虎（玠）？桓答曰：弘治肤清，卫虎奕奕有神令。（同上《品藻》）
>
> 王濛神气清韶。（同上《言语》注引《王长史别传》）
>
> 孙登神明甚察。（同上《栖逸》注引《文士传》）
>
> 何晏七岁，明惠若神。（同上《夙惠》）

此外，仅就《世说新语》及刘孝标注中所载有关"神"的品目，还有神骏、神明、神谋、神检、神识、神解、神韵、神王、风神、神情、神气、神意、神怀、神宇、神悟、神侯、神锋太隽、神衿可爱、神理隽彻、精神渊箸等等。

魏晋六朝人物品鉴所重之"神"其内涵何指？作者认为，它既不同于讲君王南面之术者以统治策略为内容的"神"，亦与孟子以善为核心的"神"迥异。它具有超越特点，它不仅超越了君王南面术的功利目的，而且亦超越了孟子的道德伦理内容，是以精神气韵、器识明慧、高深玄妙为特点，进入到人格本体论的高度。大体上说，魏晋人物品鉴中的"神"有二义：一是指在具体的品鉴活动中，清谈家追求的玄妙深微、自然通脱、与道逍遥的人格美；二是指玄学家在人格本体论的建构中，所标示出来的人格美的本体范畴。二者分则为二，合则为一，实际上就是一物之两面，或表述上的两个层次（即品鉴层次和哲理层次）。

兹就后一义详论之。在玄学家建构的人格本体中，"神"即人的精神本体，这个精神本体的特点，如王弼所说："神则无形者也。"[1]亦如韩康伯所说："神也者，变化之极，妙万物而为言，不可以形诘者也。……至虚而善应，则以道为称；不思而玄览，则以神为名。"[2]据此可知，在魏晋玄学中，"神"即是"道"，"神"和"道"皆是本体，"道"是万物之本体，"神"是精神之本体。万物的本原是"道"，"神"是"道"在人格精神中的本体显示。如果说汉代是从经明行修、砥砺名节的角度讲人格美，把经学上的渊博和德行操守上的卓越，作为一种理想的人格美来推崇，是一种舍本求末的做法。那末，魏晋玄学家则是从本体的高度讲人格美，把"同于道""与道逍遥"作为人生的最高境界。与汉人的世俗境界相比，这是一种超越境界。与汉人舍本求末的做法相比，这是一种舍末求本的态度。从本体论高度讲人格美，与魏晋玄学家舍弃汉代哲学上的神学目的论、宇宙构造生成论，而直探宇宙本体，建立哲学本体论，在学理上是相通的。因此，在魏晋玄学家构建的人格本体论中，"神"成为他们所醉心的理想人格的核心内容。"道"法自然，自然以"真"为特点。理想的人格亦当以自然为法，以"真"为美。"越名教而任自然""法天贵真"，能够"达自然之至，畅万物之情"的人，[3]才是最高境界的人——神人。

从人格本体的高度，回到具体的品鉴层面，我们发现，魏晋品人，

[1] 《易·观卦注》。

[2] 《易·系辞上注》。

[3] 王弼：《老子》第二十九章注。

最重目精。因为在魏晋人看来，传达内在之神者，莫过于目精，这正如孟子所说：

> 存乎人者，莫良于眸子。眸子不能掩其恶，胸中正，则眸子瞭焉。胸中不正，则眸子眊焉。听其言也，观其眸子，人焉廋哉！[1]

即从眸子可以考察人之正与不正。至魏晋，人们认为目精是传达人之内在神明、情韵的最好载体，如刘劭《人物志·九征》说："征神见貌，则情发于目。"据《世说新语·贤媛》载：

> 王尚书惠尝看王右军夫人，问：眼耳未尝恶不？答曰：发白齿落，属乎形骸。至于眼耳，关于神明，那可便与人隔。

其时画家画人物，亦重目精传神，如《世说新语·巧艺》载：

> 顾长康好写起人形，欲图殷荆州，殷曰：我形恶，不烦耳。顾曰：明府正为眼尔，但明点瞳子，飞白拂其上，使如轻云之蔽日。
> 顾长康画人，或数年不点目精，人问其故，顾曰：四体妍蚩，本无关于妙处，传神写照，正在阿堵中。

是知其间品人、画人，皆有遗形存神、以目显神的特点。

汉末魏晋名士论养生之道，以达生任性为准则，亦多持养神、颐神之观点。如马融说：

---

[1] 《孟子·离娄上》。

生贵于天下也,今以曲俗咫尺之羞,灭无訾之躯,殆非老庄所谓也。[1]

他绛帐讲经,盛设女乐,体现了道家贵生适性的思想,开启了贵生轻节达生任性的新士风。在汉末魏晋学者看来,贵生适性之目的,在于养神或颐神。如李固说:

> 臣闻气之清者为神,人之清者为贤。养身者以练神为宝,安国者以积贤为道。[2]

"练神"就是养身。郭泰亦说:

> 虽在原陆,犹恐沧海横流。吾其鱼也,况可冒冲风而乘奔波乎!未若岩岫颐神,娱心彭老,优哉游哉,聊以卒岁。[3]

仲长统说:

> 蹰躇畦苑,游戏平林,濯清水,追凉风,钓游鲤,弋高鸿,讽于舞雩之下,咏归高堂之上。安神闰房,思老氏之玄虚;呼吸精和,求至人之仿佛。与达者数子,论道讲书,俯仰二仪,错综人物,弹《南风》之雅操,发清商之妙曲。涓摇一世之上,睥睨天地之间。不受当时之责,永保性命之期。如是,则可以凌霄汉,出宇宙之外矣。岂羡夫入帝王之门哉![4]

---

[1] 《后汉书·马融传》。
[2] 《后汉书·李固传》。
[3] 葛洪:《抱朴子·正郭》。
[4] 《后汉书·仲长统传》。

养身重在养神（"养身以练神为宝"，养神重在"颐神"和"安神"。而"颐神"或"安神"之途径，不是"冒冲"风而乘奔波"，而是隐居"岩岫"，或者"游戏平林"嵇康著《养生论》，亦提出养生之道重在养神的观点，他说：

> 精神之于形骸，犹国之有君也。神躁于中，而形丧于外；犹君昏于上，国乱于下也。……是以君子知形恃神以立，神须形以存。悟生理之易失，知一过之害生。故修性以保神，安心以全身。爱憎不栖于情，忧喜不留于意，泊然无感，而体气和平，又呼吸吐纳，服食养身，使形神相亲，表里相济也。[1]"

萧绎《金楼子·立言》亦说：

> 颜回希舜，所以早亡；贾谊好学，遂令速殒；扬雄作赋，有梦肠之谈；曹植为文，有反胃之论。生也有涯，智也无涯。以有涯之生，逐无涯之智。余将养性养神，获麟于《金楼》之制也。

无论是嵇康的"修性以保神"说，还是萧绎的"养性养神"说，皆力求主体"泊然无感""体气和平"，达到"安心以全身"的目的，否则即有"早亡""速殒"之祸。此乃魏晋文人关于养身重在养神论之大旨。

另外，刘勰《文心雕龙》讲创作构思，亦涉及到"养神"问题。其《神思》说："文之思矣，其神远矣。故寂然凝虑，思接千载；悄然动容，视通万里。""思理为妙，神与物游。神居胸臆，而志气统其关键；

---

[1] 《全三国文》卷四十八。

物沿耳目，而辞令管其枢机。枢机方通，则物无隐貌；关键将塞，则神有遁心。""神"于创作至关重要，故"养神"成为创作者之首务，他说："是以陶钧文思，贵在虚静；疏瀹五脏，澡雪精神。""秉心养术，无务苦虑；含章司契，不必劳情。"这是讲"养神"的功夫。

还有，学习历来被视为修炼德行、增长知识的途径，如孟子说："学问之道无他，求其放心而已矣。"[1] 可是，在魏晋时期，学习亦被认为是通神养性的手段，如徐干《中论·治学》说："学也者，所以疏神达思，怡情理性，圣人之上务也。"

魏晋名士服食、饮酒、赏乐、游山水等活动，亦皆为着养神的目的。如服食，何晏说："服五石散，非唯治病，亦觉神明开朗。"[2] 上引嵇康《养生论》亦说："呼吸吐纳，服食养身，使形神相亲，表里相济也。"何晏作为开启服食风气之人，嵇康作为服食的名士，他们的话是有感而发，是可信的。

又如饮酒，王荟说："酒正自引人著胜地。"王蕴说："酒正使人人自远。"王忱亦说："三日不饮酒，觉形神不复相亲。"[3] 沈约《七贤论》说："彼嵇、阮二生，志存保己。既托其迹，宜慢其形。慢形之具，非酒莫可。故引满终日，陶瓦尽年。"[4] 酒是"慢形之具"，饮酒和服食一样，可以使人"形神相亲"。什么是"形神相亲"的境界？王瑶引《庄子·达生篇》中这样一段话：

> 夫醉者之坠车，虽疾不死；骨节与人同，而犯害与人异，其神全也。乘亦不知也，坠亦不知也，死生惊惧不入乎其胸中，是故逆物而不慑。

---

[1] 《孟子·告子上》。

[2] 《世说新语·言语》。

[3] 《世说新语·任诞》。

[4] 《全梁文》卷二十九。

124

彼得全于酒而犹若是，而况得全于天乎！

然后解释说："照老庄哲学的说法，形神相亲则神全，因而可求得一物我两冥的自然境界，酒正是追求的一种手段。竹林诸人皆好老庄，饮酒正是他们求得一种超越境界的实践。"所以，魏晋名士说酒中有"趣"，如陶渊明诗曰："酒中有真味。"其《孟府君传》说："（桓）温常问君：'酒有何好？而卿嗜之。'君笑而答之：'明公但不得酒中趣耳。'"王瑶解释说：

> 其实所谓酒中趣即是自然，一种在冥想中超脱现实世界的幻觉。……陶诗言酒中有真味，真即"任真"之真，也即自然，……所以酒中趣正是任真地酣畅所得的"真"的境界，所得的欢乐。[1]

在魏晋名士这里，欣赏音乐亦有养神的作用，嵇康《琴赋序》云：

> 余少好音声，长而玩之，以为物有盛衰，而此无变；滋味有厌，而此不倦。可以导养神气，宣和情志。处穷独而不闷者，莫近于音声也。[2]

颜之推《颜氏家训·杂艺》亦说：

> 古来名士，多所爱好（音乐）。洎于梁初，衣冠子弟，不知琴者，号有所阙。

---

[1] 王瑶：《文人与酒》，见《中古文学史论集》第 34～35 页，古典文学出版社 1956 年版。

[2] 《全三国文》卷四十七。

这与曹植所谓"夫君子而不知音乐，古之达论，谓之通而蔽"的说法相近。[1]其实，自东汉中后期以来，尚通贵达者多好乐，如桓谭性好俗乐；马融绛帐讲经，后陈女乐。因为音乐如颜之推所说，"足以畅神情"，有养神颐心的作用。这与先秦两汉之儒家讲"声音之道与政通""乐通伦理"，强调音乐的政治和伦理功能，是截然不同的。

魏晋名士喜欢山水之游，欣赏山水亦是为了通性养神，如嵇康说："长寄灵岳，怡志养神。"[2]《世说新语·栖逸》载："许掾好游山水，而体便登涉。时人云：'许非徒有胜情，实有济胜之具。'"有"胜情"者方能游"胜地"。所谓"胜情"，从上下文看，当指观赏山水的情怀。就六朝人的具体用例来看，所谓"胜情"，当指清通玄虚之情。[3]

---

[1] 《与吴季重书》，见高步瀛《魏晋文举要》，中华书局 2000 年版。

[2] 《四言赠兄秀才入军诗》第十七章，见《先秦汉魏晋南北朝诗》之《魏诗》卷九。

[3] "胜地"即自然山水，"胜情"即观赏山水的情怀。王荟说："酒正引人著胜地。"（世说新语·任诞））按："胜"字屡见六朝文籍，其构成之词语，除"胜地""胜情""济胜之具"外，还有"虚胜""名胜""胜理"等等，如《世说新语·文学》载："傅嘏善言虚胜，荀粲谈尚玄远。"注引《粲别传》云："粲太和初到京邑，与傅嘏谈，嘏善名理，而粲尚玄远。"又说："（何）晏闻（王）弼名，因条向者胜理语弼曰：……""支道林辩圣人之逍遥，当时名胜，咸味其音旨。""宣武集诸名胜讲《易》，日说一卦。"同上《赏誉》说："（王洽）每与（法汰）周旋，行往来名胜许，辄与俱。"徐震堮《世说新语校笺》引胡三省《通鉴注》说："江东人士，其名位通显于时者，率谓之佳胜、名胜。"侯外庐《中国思想通史》释"名胜"说："'名'即古代名辩之名；……'胜'即名理胜负之胜，魏晋人称至理为胜理或第一理。故"名胜"也者，是名流（有第一流、第二流、第三流之分别）的各级身分，从清谈诘辩，辞喻取胜，以显示身分高人一等。"（第三卷第47页）萧艾《世说探幽》之《世说中所见魏晋六朝习用语集释》"名胜"条与此同。作者以为，学者参稽刘孝标注引《粲别传》，释"傅嘏善言虚胜"之"虚胜"为"名理"，是正确的。但如侯外庐、萧艾等人以"胜负"释"名胜"之"胜"，却不完全符合当时文意。若"胜"真是"胜负"之意，那末"胜地""胜情""济胜之具""虚胜""胜理"之"胜"，就难以用"胜负"一义以释。其实，侯外庐在解释"名胜"时，已经注意到"'名胜'有时亦称'名通''名达'"的问题。作者认为，联系"名通""名达"来理解"名胜"，可知，六朝人所谓的"胜"，当是清通达玄虚的意思；所谓"胜情"，当指清通玄虚之情。

此清通玄虚之"性情",略近于六朝人所谓之"神情"。在六朝人的观念中,有"性情"者方能游"胜地",游"胜地"可以培育人的"胜情"。郭泰所谓"岩岫颐神",嵇康所谓"长寄灵岳,怡志养神",讲的就是这个意思。此种观念,应当是六朝名士的通况。如《世说新语》。《言语》载:王胡之游吴兴印渚曰:"非惟使人情开涤,亦觉日月清朗。"《文学》载:"郭景纯诗云:林无静树,川无停流。阮孚云:泓峥萧瑟,实不可言,每读此文,辄觉神超形越。"谢灵运在《山居赋》自注中称其山水写景文字能"通神会性,以永终朝",其《游名山志序》说:"夫衣食,生之所资;山水,性之所适。……岂以名利之场,贤于清旷之域耶。"阙名《庐山诸道人游石门诗序》说石门之景是"神丽",游石门而"神以之畅",获得的是"神趣"。

另外,在晋宋人看来,修炼佛法亦是为了养神,如宗炳《明佛论》说:"今依周孔以养民,味佛法以养神,则生为明后,没为明神,则常王矣。"

总之,在魏晋六朝时期,服食、饮酒、赏乐、观景等活动,皆具有新的意义。它们是魏晋六朝人追求高情远志之人生境界的工具,是他们养神、通性、颐心、悟道、谈玄的手段。这与传统社会一般人所持的服食治病、饮酒成礼、赏乐通政、山水比德、诗文美刺的实用观点,是完全不同的。

2. 简

"简"是魏晋六朝时期人物品鉴中使用频率较高的品目之一。简者,约也,约而能通,通而明其旨要,是谓之简。故魏晋六朝名士,月旦人物,往往有"清通""简要"之目。

以"简"论人,非始于魏晋。周秦诸子言君人南面之术,皆以"简"为君王必具之品德。如《论语·雍也》说:

子曰：雍也可使南面。仲弓问子桑伯子。子曰：可也，简。仲弓曰：居敬而行简，以临其民，不亦可乎？居简而行简，无乃大简乎？子曰：雍之言然。

朱熹释"简"为"事不烦而民不扰"，颇为中肯。冉雍懂得"居敬行简"的道理，故孔子认为"雍也可使南面"。据此可知，孔子言主术，是尚简的。又《庄子·天道》说："本在于上，末在于下。要在于主，详在于臣。"《荀子·王霸》说："明主好要，而暗主好详。主好要则百事详，主好详则百事荒。"《韩非子·扬权》说："毋失其要，乃为圣人。"皆言主术尚简要。唐宋学者亦常有此论，如李德裕《王言论》说："夫帝王与群言，不在援引古今，以饰雄辩，惟在简而当理。"刘洎《谏诘难臣僚上言书》说："皇天以无言为贵，圣人以不言为德，老君称大辩若讷，庄生称至道无文，此皆不欲烦也。"

但是，主术尚简，并非苟简，而是简而得其要，是简要。简而欲得其要，必以通为前提，故曰通则简。反之，博而欲求其通，必以简为前提，故曰简则通。所以，自东汉中后期以来，在尚通意趣的影响下，士人普遍对繁琐的章句之学感到不满，即使一代通儒郑玄，"通人"亦颇讥其繁琐冗杂。孟子曰："博学而详说之，将以反说约也。"[1] 章句学者的缺点在于博而不通，博而不能返约，故而流为繁琐冗杂，是执和障，是不通。简则通，只有简约才能博通，故通人恶繁。通则简，只有博通才能约简，故通人尚简。刘勰《文心雕龙·论说》所谓"通人恶烦，羞为章句"，说的就是这个意思。汉人不仅在经学上有繁琐之弊，就是在行为方式上，亦被繁琐的礼仪所束缚，而流为苦节。

---

[1] 《孟子·离娄下》。

在文学上，汉赋就典型地代表了汉代艺术对繁富之美的追求。即使是大力提倡尚通贵真的学者王充，其《论衡》一书亦写得十分繁富，并且他还公开提倡繁文，为《论衡》"繁不省"的特征辩护说："累积千金，比于一百，孰为富者？盖文多胜寡，财富愈贫。""事众文饶，水大鱼多，帝都谷多，王市肩磨。"[1] 还说："繁文之人，人之杰也。"[2] 但是，东汉中后期以来，在尚通意趣的影响下，士人普遍去繁重简，"简"成为魏晋六朝人物品鉴的最高品目之一。在当时名士的日常生活中，举凡人生、清谈、学问、文艺等方面，无不以"简"为上。

在人生行为方式上，魏晋六朝名士"面目气韵，恍然生动，而简约玄淡，真致不穷"，[3] 以简约为人生准则，如《世说新语·赏誉》载："吏部郎阙，文帝问其人于钟会，会曰：裴楷清通，王戎简要，皆其选也。"何谓"简要"？严复解释说："简要者，知礼法之本而所行者简。"[4] 即虽不抛弃儒家礼法，但又不完全遵守儒家的繁文缛节。钟会向文帝推荐人才，以"清通""简要"为条件，说明当时社会对人才的评价，不再以拘文牵俗、砥砺名节为上。其实，自西汉后期以来，贵通尚达的新思潮人物，其为人多尚简易，如扬雄为人"简易佚荡"。[5] 桓谭"性好倡乐，简易不修威仪"。[6] 刘陶"为人居简，不修小节"。[7] 李膺"性简亢，无所交接"。[8]《三国志·王粲传》说："粲貌寝而体弱通侻。"裴松之注云："通侻，简易也。"是知"简易""简约"体现在行为

---

[1] 《论衡·自纪》。

[2] 《论衡·超奇》。

[3] 胡应麟：《少室山房笔丛》。

[4] 转引自徐震堮《世说新语校笺》上册第11页，中华书局1984年版。

[5] 《汉书·扬雄传》。

[6] 《后汉书·刘陶传》。

[7] 《后汉书·刘陶传》。

[8] 《后汉书·李膺传》。

方式上，就是"通倪"的意思。《世说新语》及刘孝标注所引有关文献，多有"简"目，如诸季野"少有简贵之风"。[1] 王述"简贵真正"，[2] "体道纯粹，简贵静正"。[3] 许询"风情简素"。[4] 山涛"为人赏简默"，[5] "通简有德"。[6] 王眉子"清通简畅"。[7] 王舒"风概简正"。[8] 谢混"通简有识"。[9] 王胡之"性简，好达玄言也"，[10] 等等。

魏晋品人，往往"简"与"通"成词，如"通简""清通简要"等等，这与裴松之以"简要"释"通倪"一样，说明重"简"与尚"通"间有内在的联系。阮籍从音乐方面讲到"通"与"简"的关系，其《乐论》说："昔先王制乐，……必通天地之气，静万物之神也。"他推崇雅乐，至于雅乐何以能"通天地之气"，他解释说："乾坤易简，故雅乐不烦。……不烦则阴阳自通。"亦就是说，雅乐因"易简"而"不烦"，故能使"阴阳自通"，能"通天地之气"（即阴阳之气）。阮籍讨论雅乐之观点正确与否，暂且不论。值得注意的是，他循着"易简"—"不烦"—"自通"的逻辑论证雅乐，为我们清晰地昭示了"通"与"简"的因果关系。

魏晋六朝时期的尚"简"观念，影响及于清谈，使之"简约玄谈，尔雅有韵"，[11] 意重玄远，语尚简约。语繁则执障不通，不通故不能

---

[1]　《世说新语·德行》注引《晋阳秋》。

[2]　《世说新语·言语》注引《王中郎传》。

[3]　《世说新语·赏誉》注引《晋阳秋》。

[4]　《世说新语·言语》注引《续晋阳秋》。

[5]　《世说新语·识鉴》注引《竹林七贤论》。

[6]　《世说新语·品藻》注引《魏氏春秋》。

[7]　《世说新语·赏誉》。

[8]　《世说新语·赏誉》。

[9]　《世说新语·赏誉》注引《江左名士传》。

[10]　《世说新语·赏誉》注引宋明帝《文章志》。

[11]　袁聚：《世说新语序》。

达玄远之意，故以语简意远为佳。"简"是通玄、达玄的前提，前引刘孝标注《世说新语·赏誉》引宋明帝《文章志》所谓"王胡之性简，好达玄言"，就说明了尚简与通玄之间的因果关系。"词约旨丰"成为清谈名士悉心追慕的目标。如：

> 阮宣子有令闻，太尉王夷甫见而问曰：老庄与圣教同异？对曰：将无同。太尉善其言，辟之为掾，世谓"三语掾"。卫玠嘲之曰：一言可辟，何假于三？宣子曰：苟是天下人望，亦可无言而辟，复何假一。遂相与为友。（《世说新语·文学》）
>
> （张凭）诣刘（尹），刘洗濯料事，处之下坐，唯通寒暑，神意不接。张欲自发无端，顷之，长史诸贤来清言。客主有不通处，张乃遥于末坐判之，言约旨远，足畅彼我之怀，一坐皆惊。真长延之上坐，清言弥日，因留宿至晓，……即同载诣抚军（司马昱），……即用为太常博士。（同上）
>
> 乐广善以约言厌人心，其所不知，默如也。太尉王夷甫、光禄大夫裴叔则能清言，常曰：与乐君言，觉其简至，吾等皆繁。（《世说新语·赏誉》注引《晋阳秋》）[1]
>
> 谢公曰：长史（王濛）语甚不多，可谓有令音。（《世说新语·赏誉》）
>
> 王濛性和畅，能清言，谈道贵理中，简而有会。（同上注引《王濛别传》）
>
> 王长史谓林公：真长可谓金玉满堂。林公曰：金玉满堂，复何为简选。王曰：非为简选，直致言处自寡耳。刘孝标注云：谓吉人之辞寡，非择言而出也。"（《世说新语·赏誉》）

---

[1] 按："简至"，即简约之致、简约之美。此乃六朝习用语，如《晋书·刘惔传》载："时孙盛作《易象妙于见形论》，帝使殷浩难之，不能屈。帝曰：使真长来，故应有以制之。乃令迎惔，盛素敬服惔，及至，便与抗答，辞甚简至，盛理遂屈，一坐抚掌大笑，咸称美之。"《世说新语·赏誉》说："简文云：渊源（殷浩）语不超诣简至，然经纶思寻处，故有局陈。""简至"，与《诗品》"直致""雅致"的构词法相同。参见本书第七章第二节。

庾凯不为辨析之谈，而举其旨要，太尉王夷甫雅重之。(同上注引《文士传》)

(王衍)及与(阮)脩谈，辞寡而旨畅，衍乃叹服焉。(《晋书·阮籍传附脩传》)

(阮瞻)读书不甚研求，而默识其要，遇理而辩，辞不足而旨有余。(《晋书·阮籍传附瞻传》)

(王)献之尝与兄徽之、操之俱诣谢安，二兄多言，献之寒温而已。既出，客问优劣，安曰：小者佳。吉人之辞寡，以其少言，故知之。(葛立方《韵语阳秋》卷五)

清谈名士相信"吉人之辞寡"，故在清谈活动中推崇"简至"，以"言约旨丰""辞寡旨畅""简而有会"为清谈旨境，以为"约言"胜于"多言"。此种风尚影响及于学术，致使六朝人在学术上亦有简约的特点，如《世说新语·文学》载：

诸季野语孙安国云：北人学问渊综广博。孙答曰：南人学问清通简要。支道林闻之曰：圣贤固所忘言，自中人以还，北人看书如显处视月，南人学问如牖中窥日。

《隋书·儒林传》亦说："南人约简，得其英华。北学深芜，穷其枝叶。"北方学者，保留着东汉的古文学风，以章句训诂和名物考证为学问，虽然"渊综广博"，但不能做到"博而反约"，其所得者乃"枝叶"，故有"深芜"之弊。南方学者，承继汉末以来的尚通意趣，其人为学，崇尚"清通简要"，以执一统万、以简驭繁、以少总多为方法，以探求大义为旨归，故其所得者乃学问之"英华"，因而有"约简"之誉。

魏晋六朝士人之重简观念，对文学亦有相当的影响，如晋宋文人关于文学繁简之争论，后世文学家讲的言外之意、韵外之味，或追求的"不著一字，尽得风流"，皆受到这种尚简观念的影响。关于这个问题，作者将在本书之第七章详述，兹不赘言。

总之，魏晋六朝人在举止、清谈、学术和创作方面，皆力求"简至"。这种对简约的追求，与老庄、玄学对无言之美的追求相关联，甚至与玄学本体论的建构，亦有关系。王弼在解释《论语》"予欲无言"章时说：

> 予欲无言，盖欲明本。举本统末，而示物于极者也。夫立言垂教，将以通性，而弊至于湮；寄旨传辞，将以正邪，而势至于繁。既求道中，不可胜御，是以修本废言，则天而行化。以淳而观，则天地之心见于不言；寒暑代序，则不言之令行乎四时，天岂谆谆者哉。"[1]

据此可知，玄学之"无言"是为了"明本"，"废言"是为了"修本"，简言之，就是"处约味道"。当然，"无言"或"废言"不是绝对的废弃言辞，任何思想都必须以言语为载体。玄学家讲的"无言"，应是简约之言，即以简约之言"明本""修本"。实际上，通则简，简则通，只有简约才能通玄、明本。繁琐则冗蔽，冗蔽故不能深入事物之本质，因而亦就不能"明本"。

3. 识

一般而言，汉人重"学"，晋人尚"识"。"学识"如同"知识"，合则为一，分则为二。"学"和"知"偏重于知识的积累，以"渊综

---

[1] 王弼：《论语释疑》，楼宇烈《王弼集校释》下，中华书局 1999 年版。

广博"为特点，如萧绎《金楼子·立言》说："博通子史，但能识其事，不能通其理，谓之学。"识其事而不能通其理，这正是章句学者的特点，故曰汉人重"学"，可算是知识积累型的学者。所谓"识"，偏重于对知识的归纳总结，着重于探讨义理，辨别是非，以"清通简要"为特点，如李善注《文选》之《五君咏》"识密鉴亦洞"云："识者，心之别名。湛然不动谓之心，分别是非谓之识。"贺昌群亦说："魏晋间第一流人物之所谓识，盖指根本义而言。"[1]魏晋学者，寄言出意，寄形显神，以义理为旨归，以言事为筌蹄，返博为约，正是一种与重"学"相反的学风，可称作思想义理型的学者，故曰晋人尚"识"。

汉人重"学"，晋人尚"识"，汉晋间士人好尚之此种不同，亦与东汉中后期以来的尚通意趣大有关系。汉代章句之学渊综广博，但又不免枝叶繁琐，可谓博而不通。在尚通风气中成长起来的"通人"，最恶章句之繁琐，而制驭繁琐之最佳手段，莫过于"识"，故《文心雕龙·才略》说："士龙朗练，以识检乱，故能布采鲜净，敏于短篇。""朗练"即清通简要，"朗练"之人尚"识"，有"识"之士方能制繁"检乱"，其文章亦才有"鲜净"的特点。"通人"尚简，简则有识，识则能简，故曰"通人"尚识。刘孝标注《世说新语·文学》之"北人看书如显处视月，南人学问如牖中窥日"二句时，对这个问题就有比较清楚的说明，其云："学广则难周，难周则识暗，故如显处视月。"这个说法源自许劭"太丘（陈寔）道广，广则难周"一语。[2]"学广"者，即学问之渊深广博；"难周"者，即不通；不通则"识暗"。至于南方学风，刘孝标说："学寡则易核，易核则知明，故如牖中窥日。""易核"，即简明扼要之谓；"易核则知明"，即以简通识、以约达明之谓。

[1] 贺昌群：《魏晋清谈思想初论》第 37 页，辽宁教育出版社 1998 年版。
[2] 《后汉书·许劭传》。

魏晋士人弃"学"尚"识"，这与老庄提倡的"绝圣弃智""绝学任性"有关，但又不能完全等同。这正如玄学家谈论的言意之辨，虽与老庄"大道不言"之说有关，但玄学家主张寄言出意，并不像老庄那样完全否定言。同样，魏晋士人弃"学"尚"识"，但他们并不完全否定"学"，他们反对的是繁琐的章句之学。但是，作为简明扼要的知识储备，却是必要的。

魏晋名士在学术上的重"识"轻"学"，影响及于人物品鉴，就是他们在月旦人物时雅尚识度。如：

> （荀）粲与（傅）嘏善，夏侯玄亦亲，常谓嘏、玄曰：子等在仕途间，功名必胜我，但识劣我耳。嘏难曰：能盛功名者，识也。天下孰有本不足而末有余者邪？粲曰：功名者，志局之所奖也。然则志局自一物耳，固非识之所独济也，我以能使子等为贵，然未必齐子等所为也。[1]

荀粲之意，谓功名乃"志局之所奖"，非识度所能独济，识高者未必能立功名，而立功名亦不仅赖识度，故自居于识胜度，而以功名让人。傅嘏之意，谓功名亦识度之表现，识度为本，功名为末。[2]观荀、傅之争，虽有歧义，但重视识度以"识"为本，乃是其共同点。又如：

> 嵇中散（康）语赵景真：卿瞳子白黑分明，有白起之风，恨量小狭。
> 赵曰：尺表能审玑衡之度，寸管能测往复之气，何必在大，但问识如何耳。

---

[1] 《三国志·荀彧传》裴注引何劭《荀粲传》。

[2] 参见缪钺《清谈与魏晋政治》，见《冰茧庵丛稿》，上海古籍出版社1985年版。另外，贺昌群《魏晋之政与清谈之起》亦说："嘏与钟会皆偏胜于形名、名理，而玄远之致不及夏侯玄、何晏、荀粲等，是以颇盛于功名之念。……魏晋间第一流人物之所谓识，盖指根本义而言，……今粲犹得象外之意，其造诣处非嘏之所及。"（《魏晋清谈思想初论》第38页，辽宁教育出版社1998年版）

（《世说新语·言语》）

李元礼（膺）尝叹荀淑、钟皓曰：荀君清识难尚，钟君至德可师。（《世说新语·文学》）

刘越石（琨）云：华彦夏识能不足，强果有余。（《世说新语·识鉴》）

（周）伯仁为人志大而才短，名重而识暗，好乘人之弊，此非自全之道。（同上）

郗尚书（恢）与谢居士（敷）善，常称：谢庆绪（敷）识见虽不绝人，可以累心处都尽。（《世说新语·栖逸》）

孙登谓嵇康曰：子识火乎？生而有光，而不用其光，果然在于用光；人生有才，而不用其才，果然在于用才。故用光在乎得薪，所以保其曜；用才在乎识物，所以全其年。今子才多识寡，难乎免于今之世矣，子无多求。（《世说新语·栖逸》注引《文士传》）

山公（涛）与嵇、阮一面，契若金兰。……妻曰：君才致殊不如，正当以识度相友耳。公曰：伊辈亦常以我度为胜。（《世说新语·贤媛》）

顾长康画裴叔则，颊上益三毛，人问其故，顾曰：裴楷俊朗有识具，正此是其识具。看画者寻之，定觉益三毛如有神明，殊胜未安时。（《世说新语·巧艺》）

考察以上诸例，赵景真以"量"之大小不足论，"但问识如何耳"；孙登亦以为才多不足贵，当以"识"为主，才多识寡足以致祸；山涛不论"才致"，而以"识度"自重；顾长康画人重"识具"，以"识具"显"神明"。此皆时人"弃学"、"轻才"而尚"识"之旨。

所以，在魏晋六朝时期，以"识"品人成为一种时尚，如王朗"每以识度推华歆"。[1]陈群"有识度"。[2]满奋"性清平,有识"。[3]荀爽"清和有识裁"。[4]谢玄"识局贞正,有经国之才略"。[5]杨朗"有器识才量"。[6]卫玠"少以明识清允称"。[7]殷浩"识致安处,足副时谈"。[8]支遁"清识玄远"。[9]谢鲲"通简有识"。[10]刘恢"识局明济,有文武才。王濛每称其思相淹通,蕃屏之高选"。[11]诸葛"简穆有器识"。[12]郗隆"为人通亮清识"。[13]王坦之"雅贵有识量",[14]等等。

4. 清

以"清"论人,始于孟子。《孟子·万章下》载:"孟子曰:伯夷,圣之清者也;伊尹,圣之任者也;柳下惠,圣之和者也;孔子,圣之时者也。"伯夷因何而有"圣之清者"之称呢?孟子解释说:

> 伯夷,目不视恶色,耳不听恶声。非其君,不事;非其民,不使。治则进,乱则退。横政之所出,横民之所止,不忍居也。思与乡人处,如以朝衣朝冠坐于涂炭。当纣之时,居北海之滨,以待天下之清也。故

---

[1] 《世说新语·德行》。

[2] 《世说新语·德行》注引《魏书》。

[3] 《世说新语·言语》注引荀绰《冀州记》。

[4] 《世说新语·言语》注引《晋阳秋》。

[5] 《世说新语·识鉴》注引《续晋阳秋》。

[6] 《世说新语·识鉴》注引王隐《晋书》。

[7] 《世说新语·识鉴》注引《晋诸公赞》。

[8] 《世说新语·赏誉》。

[9] 《世说新语·赏誉》注引《支遁别传》。

[10] 《世说新语·赏誉》注引《江左名士传》。

[11] 《世说新语·赏誉》注引宋明帝《文章志》。

[12] 《世说新语·赏誉》注引《晋阳秋》。

[13] 《世说新语·品藻》注引《晋诸公赞》。

[14] 《世说新语·品藻》注引《续晋阳秋》。

闻伯夷之风者，顽夫廉，懦夫有立志。

可知孟子所谓的"清"，主要是指一种内在的道德美和外在的行为美。曹魏时期，刘劭著《人物志》，把人才分为十二类，其中之一是清节家，他说：

> 若夫德行高妙，容止可法，是谓清节之家。
>
> 清节之流，不能弘恕，好尚讥诃，分别是非，是谓臧否，子夏之徒是也。
>
> 清节之德，师氏之任也。（《人物志·流业》）
>
> 故自任之能，清节之材也。故在朝也，则冢宰之任，为国则矫直之政。（《人物志·材能》）
>
> 夫节清之业，著于形容，发于德行，未用而章，其道顺而有化。故其未达也，为众人之所进；既达也，为上下之所敬。其功足以激浊扬清，师范僚友。其为业也，无弊而常显，故为世之所贵。（《人物志·利害》）
>
> 夫清节之人，以正直为度，故其历众材也，能识性行之常，而或能法术之诡。（《人物志·接识》）

从以上引录的文字可知，刘劭所谓"清节家"，是德行（"德行高妙"）和容仪（"容止可法"）两方面特别突出，并足以"师范僚友"的道德家，与孟子所谓的"圣之清者"，大体相近。

魏晋名士以"清"论人，通常与儒家的道德伦理无关，往往是以道家为思想背景，与传统的清气浊气论人关系较为密切。自汉代以来，以气论人成为一种时尚，而人所禀之气的清与浊，尤为学者所关注，并进而形成了以清气、浊气论人的习惯。学者言人之体气，又往往以清气为贵，浊气为卑，如董仲舒说：

> 一国之君，……其官人上士，高清明而下重浊，若身之贵目而贱足也。（《春秋繁露·天地之行》）
>
> 气之清者为精，……治身者以积精为宝。（《春秋繁露·通国身》）

这种以清气、浊气论人的做法，在魏晋时期非常盛行，如刘劭《人物志·八观》说：

> 骨直气清，则休名生焉；气清力劲，则烈名生焉。

"气清"是获致"休名""烈名"的重要条件，反之，则如刘昞注《人物志·七缪》所说，是"质浊气暗，终老无成"。袁准《才性论》说：

> 物何故美？清气之所生也。物何故恶？浊气之所施也。

干宝《搜神记》卷十二说：

> 天有五气，万物化成。木清则仁，火清则礼，金清则义，水清则智，土清则思。五气尽纯，圣德备也。木浊则弱，火浊则淫，金浊则暴，水浊则贪，土浊则顽。五气尽浊，民之下也。

气清则美，气浊则恶，此乃袁准、干宝以清浊论人之准则。葛洪《抱朴子》亦多以气之清、浊解释文才之高下。总之，魏晋学者以清气、浊气论人，明显有扬清抑浊的倾向，并且"当时人所说体气清浊，是指自然禀受"，

"才之清浊来源于所禀之气"。[1]

魏晋人扬清抑浊，"清"成为使用频率很高的最佳品目之一，当时士大夫言必称"清"，形成了"清通""清简""清识""清虚""清谈""清静""清言""清流""清官""清雅""清贵""清定""清明""清妙""清和""清慎""清朗""清纯""清操""清德""清胜""清秀""清远""清约""清夷""清厉""清淳"等品目。可以说，"清"是魏晋人重要的生活理念。"清"的内涵到底是什么呢？日本学者上田早苗在《贵族官僚制度的形成——清官的由来及其特征》一文中，对汉末魏晋人的"清"的观念进行过细致的研究,他指出:"'清'是儒、老、佛三教共同的观念。魏晋以后的贵族制度及贵族文化都以'清'作为其基本要义。"认为"'清'是他们重要的生活理念"。他注意到汉代以来人们对"清"的生活的追求，认为"清"的生活首先无须致力于产业经营，不仅对产业经营不关心，而且稍有盈余，则分予同族亲朋、乡里孤寡。"清"的生活必须是朴素的、节俭的，甚至是寡欲、无欲的，故有"清俭""清素""清贫"之称。作者认为，这种以俭朴、寡欲为内涵的"清"，具有道德色彩，虽然亦存在于魏晋时期，但不占主导地位。其次，魏晋人追求"清"的生活，与逸民不同。上田早苗在他的研究中，特别注意到卢钦称道徐邈的一段文字，其云：

> 徐公志高行洁，才高气猛。其施之也，高而不狷，洁而不介，博而守约，猛而能宽。圣人以清为难，而徐公之所易也。[2]

---

[1] 王运熙、杨明:《魏晋南北朝文学批评史》第33～34页,上海古籍出版社1996年版。
[2] 《三国志·徐邈传》。

通过对这段文字的分析，上田早苗指出：

"清"首先应理解为"高""洁"。（原注：严格地说，仅"高""洁"还不够，须加进"不狷""不介"。）"高"即超俗、摆脱凡俗之意；"洁"即不为世俗之气熏染，与世无争，故其生活悠然闲静。……但"高而不狷、洁而不介"中的"高""洁"并无超凡脱俗之意。若追求"高""洁"，则不能算"清"，而是逸民。……如果过"清"生活的在野学者不愿为官，平淡度过一身，在表面则同逸民无异。但他们之所以不是逸民，正是因为并不过分拘泥于绝对的"高""洁"。只要出仕后仍能保证过"清"的生活，他们也会就职。对在野学者来说，出仕就是"清"生活的继续。[1]

魏晋名士追求的"高而不狷，洁而不介"的"清"的生活，与晋宋"通隐"人物的生活态度，[2] 是相近的。所以，魏晋名士之尚"清"，追求"清"的生活，既不是以道德、容止"师范僚友"的清节家的生活，亦不是以俭朴、寡欲为特征的清贫生活，亦与虽然高洁但又不乏狷介的隐士、逸民迥异。魏晋名士追求的"清"，体现的不只是清高、清洁、清廉的外在行为美，亦不是通常意义上的澄清明净的自然之美。它与品目"神"相近，融合了老庄精神和玄学义理，是清虚玄远、超逸脱俗而又通达自由、不狷不介的内在心性之美。同时，这种心性之美，不完全来于个人的修炼，主要是禀之于自然的清气而形成。故严复释《世说新语·赏誉》"裴楷清通"句说："清通者，中清而外通也。"[3] 所谓"中清"，就是内在心性上的清。葛洪释"清人"说："体冰霜

[1] 《日本中青年学者论中国史》（六朝隋唐卷），上海古籍出版社 1995 年版。

[2] 参见本书第二章第三节"汉末魏晋六朝时期的尚通意趣"。

[3] 转引自徐震堮《世说新语校笺》上册第 8 页，中华书局 1984 年版。

之粹素，不染洁于势利者，清人也。"[1] 刘孝标注《世说新语·品藻》引《江左名士传》说："刘真长曰：吾请评之：弘治肤清，叔宝神清。论者以为知言。"其"肤清"，是一种外在的行为美；"神清"，即清虚玄远、超逸脱俗而又不狷不介、通达自由的内在心性之美，近似于"中情"。魏晋人所重者，在"神清"，而非"肤清"。

魏晋论人，雅尚清品。这与东汉中后期以来知识界盛行的尚通意趣大有关系。如前所述，汉代风尚，博而不通，是谓之执，谓之障；固守一隅，是谓之狷，谓之介。执障、狷介，皆为不通。汉末之守节乃至苦节者，虽在当时亦谓之"清"，但此种"清"，宁可谓之"清节"，不可名之"清通""清简"。魏晋名士所尚之"清"，是"清通""清简"，以通、简为特色，以"高而不狷、洁而不介"为内涵，有通达自由、不狷不介的特点。这种新型的"清"的理念或"清"的生活，是以尚通意趣为文化背景的。在尚通意趣的影响下，魏晋士人尚通简，贵识度，重神韵。因简而通，能通方才有识。相较而言，通、简是手段，神、清是目的，识度是手段达到目的之中介。无通、简之手段和识度之中介，亦就难以形成神、清这种内在心性之美，故严复有言："清通者，中清而外通也。"因此，与"通""神""简""识"一样，"清"亦是魏晋人物品鉴中一个具有特定涵义的品目，并非一般泛指的意义。如：

> 太傅府有三才：刘庆孙长才，潘阳仲大才，裴景声清才。（《世说新语·赏誉》）
>
> （冯）荪与邢乔俱徒李胤外孙，及胤子顺并知名，时称：冯才清，李才明，纯粹邢。（同上）

---

[1] 《抱朴子·行品》。

> 诸葛恢避难江左，与颍川荀道明、陈留蔡道明俱有名誉，号曰中兴
> 三明。时人为之语曰：京都三明各有名，蔡氏儒雅荀葛清。(《世说新语·识
> 鉴》注引《中兴书》)

在这几则材料中，将"清"与"明""纯粹""儒雅"等品目区别开来，
把"清才"与"长才""大才"区分开来，可见"清"之品目和"清才"
之人物类型，确实是有特指的意义。

5. 朗、秀、韵等其他品目

除以上所论之"神""简""识""清"等重要品目外，魏晋间
人物品鉴常用的品目，还有"朗""秀""韵""虚""达"等等。
其中，"达"与"通"基本相近，故不赘。关于"虚"，作者在本章
之第二节已有详述，故亦不论。这里，作者主要对"朗""秀"和"韵"
三个品目作简略的说明。

关于"朗"目，其内涵略同于"通"，亦与"清"相近，指的是
一种光洁明畅的清爽之美。亦与"简"有关，犹如"简"是"通"之
前提，"简"亦是"朗"的手段，故有"简畅"之说。如：

> 王子猷说：世目士少为朗，我家亦以为徹朗。(《世说新语·赏誉》)
>
> 简文目敬豫（王恬）为"朗豫"。（同上）
>
> 王右军……叹林公"器朗神俊"。（同上）
>
> 卞令目叔向：朗朗如百间屋。（同上）
>
> 时人欲题目高坐而未能，桓廷尉（彝）以问周侯，周侯曰："可谓
> 卓朗。"（同上）
>
> 王太尉曰：见裴令公精明朗然，笼盖人上，非凡识也。（同上）
>
> 徐宁字安期，东海郯人，通朗有德素，少知名。(《世说新语·赏誉》

注引《徐江州本事》）

（王）澄通朗好人伦，情无所系。（《世说新语·赏誉》注引王隐《晋书》）

王澄有通朗称，而轻薄无行。（《世说新语·品藻》注引《晋阳秋》）

山涛通简有德，秀、咸、戎、怜朗达有俊才。（《世说新语·品藻》注《魏氏春秋》）

（杨）乔字国彦，爽朗有远意。（《世说新语·品藻》注引荀绰《冀州记》）

王大将军（敦）自目：高朗疏率。（《世说新语·豪爽》）

又如"秀"目，其内涵与"清"略近。王钟陵说："中古审美情趣，如果试图用一个词来加以概括的话，我以为这个词便是'秀美'。"[1] 这是符合实际的。作者认为：以"秀"为美的风尚，与东汉中后期以来知识界盛行的尚通意趣有关，与在尚通意趣之影响下形成的尚简、重神、崇清的风尚有关。简则通，通则神，神则清，清则秀。[2] 在尚通意趣之影响和玄学思潮之浸润下，魏晋名士在学术上崇尚"清通简要"；在文学艺术上，追求清秀、浅近之美；在人物品鉴上，以秀美为上。总之，皆突出地体现出一种秀趣。如：

桓彝见其（谢安）四岁时，称之曰：此儿风神秀彻，当继踪王东海。（《世说新语·德行》注引《文字志》）

（谢安）才锋秀逸。（《世说新语·文学》）

（谢）安才情秀悟，善谈玄理。（《世说新语·文学》注引《文字志》）

（习）凿齿小而博学，才情秀逸。（《世说新语·文学》注引《续

[1] 王钟陵：《中国中古诗歌史》第 168 页，江苏教育出版社 1988 年版。
[2] 参见本书第七章第二节"尚通意趣与文学风格"。

晋阳秋》)

孝武问王爽：卿何如卿兄？王答曰：风流秀出，臣不如恭；忠孝亦何可以假人。（《世说新语·方正》）

世称苟子（王修）秀出，阿兴（王蕴）清和。（《世说新语·赏誉》）

王孝伯道谢公"浓至"，又曰：长史（王濛）虚，刘尹（惔）秀，谢公融。（《世说新语·品藻》）

（王）遵业风仪清秀，涉及经史。（《魏书·王慧龙传附遵业传》）

司徒崔兴海见之（显和）曰：元参军风流清秀，容止闲雅。乃宰相之器。（《魏书·济阴王传附显和传》）

在人物品鉴中，"秀"虽然明显有形容人物外在形仪美好的内容，但更主要是用以表达一种内在的风神才情，偏重于指人物内在的精神、气韵、才调、风度等品格。主要是指一种内在的心性之美，有飘逸、清通、简素的特征，与高壮广厚、端庄稳重的雅美是不相同的。

又如"韵"，亦是魏晋六朝使用频率较高的品目之一。如：

（卫）玠……天韵标令。（《世说新语·言语》注引《卫玠别传》）

和尚……风韵遒迈。（《世说新语·言语》注引《高坐别传》）

何充……思韵淹通。（《世说新语·政事》注引《晋阳秋》）

庾公（谓孙兴公）曰："卫（君长）风韵虽不及卿诸人，倾倒处亦不近。"（《世说新语·赏誉》）

（郗）昙……性韵方正。（《世说新语·贤媛》注引《郗昙别传》）

阮咸长成，风气韵度似父。（《世说新语·任诞》）

考察"韵"字之用例，少见于先秦文献，至汉末才普遍出现，并且多用作音乐或音律术语，如蔡邕《琴赋》云："繁弦既抑，雅韵乃扬。"

曹植《白鹤赋》云："聆雅琴之清韵。"刘勰《文心雕龙·声律篇》说："异音相从谓之和，同声相应谓之韵。"汉魏之际，"韵"之语义又发生了变化，宋人范温《潜溪诗眼》说："自三代秦汉，非声不言韵；舍声言韵，自晋人始。"所谓"舍声言韵"，即把音乐术语的"韵"借用来作为人物品鉴之术语。[1] 不过，作者认为："舍声言韵"，非自晋人始，汉末魏初已有这种用例，如卢弼《三国志·武帝纪集解》引《颙别传》云：

> （何）颙有人伦鉴，同郡张仲景总角造颙，颙谓曰：君用思精而韵不高，将为良医。卒如其言。

此实"舍声言韵"之最早用例。从"非声不言韵"发展到"舍声言韵"的原因，程千帆言之甚详，其云：

> 相从、相应，声音之美，事本专系听觉之和谐。引而申之，触类而长之，则凡耳之所闻，目之所视，或综诸天官之所及，而获得优美之印象、和谐之感觉者，亦目为韵。……韵之一字，其在晋人，盖由其本训屡变而为风度、思想、性情诸歧义，时或用以偏目放旷之风度与性情，所谓愈离其宗者也。然考验所及，则义虽歧出，而皆以指抽象之精神，不以指具体之容止，是则其大齐矣。[2]

不过，就晋宋人用"韵"品人的情况看，以"韵"指放旷之风度或性情，较为普遍，如：

---

[1] 参见张海明《玄妙之境》第 344 页，东北师范大学出版社 1998 年版。

[2] 程千帆：《陶诗"少无适俗韵"韵字说》，见《俭腹抄》第 190 ~ 192 页，上海文艺出版社 1998 年版。

支道林常养数匹马。或言：道人畜马，不韵。支曰：贫道重其神骏。
（《世说新语·言语》）

杨淮二子乔与髦，俱总角为成器。淮与裴、乐广友善，遣见之。性弘方，
爱乔之有高韵。……广性清淳，爱髦之有神检。……论者评之，以为：
乔虽高韵，而检不匹。（《世说新语·品鉴》）。刘孝标注引荀绰《冀
州记》云：乔……爽朗有远意。髦……清平有贵识。又引《晋诸公赞》云：
乔似淮而疏。

（阮）孚风韵疏诞。（《世说新语·雅量》注引《阮孚别传》）

罗友有大韵。（《世说新语·任诞》）。刘孝标注引《晋阳秋》云：
友……不持节检。

（谢）尚性轻率，不拘细行。兄葬后，往墓还。王濛、刘惔共游新亭。
濛欲招尚，先以问惔曰：计仁祖（尚字）正当不为同异耳。惔曰：仁祖韵中，
自应来。（《世说新语·任诞》注引宋明帝《文章志》）

考察以上诸例，所谓"道人畜马不韵"，就是说畜马这种琐屑龌龊之
事有伤冲淡玄远的高情远致。杨乔由于"疏"，由于"检不匹"，由
于"爽朗有远意"，所以才有"高韵"，而且亦只有"性弘方"之裴
颁才能欣赏杨乔之"高韵"。阮孚"疏诞"，故有"风韵"。罗友"不
持节检"，故有"大韵"。谢尚"情轻率，不拘细行"，因其"韵中"，
故刘惔认为他不会以守丧礼而拒绝游燕。再说，陶渊明《归园田居》
诗云："少无适俗韵。"亦指无适应世俗拘泥生活的性情。

总之，在晋宋时期，"韵"与"清淳""节检""神检""俗"
等语汇，其义大致相反，而与"疏""诞""弘方""爽朗""远意""不
拘细行"等语汇，其义大体相近。程千帆以为，"此缘尔时尤尚'作达'
耳"。作者则进一步认为：从"非声不言韵"到"舍声言韵"，"韵"

之含义从指风度、性情发展到专指放旷之风度、性情，是由汉末魏晋时期知识界盛行的尚通意趣决定的。

四、魏晋人物品鉴中的两种重要人物类型

在尚通意趣的影响下，魏晋间的人物品鉴不仅产生了通、神、识、清、简、朗、秀、韵等具有特定内涵的重要品目，而且还出现了几种倍受推崇的、有特定内涵的人物类型，如通人、英雄等。在本节，作者将略引史料，对这两种人物类型进行阐释，并分析其与尚通意趣的关系。

1. 通人

东汉中后期，在尚通的知识背景和浮华的时代风气中，崛起了一个具有变革意识的新型知识群体——通人。他们是尚通意趣的直接产物，是浮华交会之风的实践者，是魏晋新风尚的开山者。他们以浮华、通博为上，改变了一代学风（从渊综广博到清通简要），转移了一代士风（从经明行修到简易通侻），扭转了一代文风（从错彩镂金到清水芙蓉），于汉晋文化思潮之发展变迁，具有非常特殊而又极其重要的意义。

事实上，在汉末魏晋，"通人"不是一个一般意义上的称号，而是一个具有特定内涵的人物群体，专指那种能够突破儒学独尊、超越师法家法、不达政事而以学术为务的尚通重博之士。具体而言，"通人"主要有以下特点：

其一，"通人"不是儒者，"通人"具有突破儒学独尊、超越师法家法、兼通诸子百家的特点。如王充界定"通人"说：

> 通书千篇以上，万卷以下，弘畅雅言，审定文读，而以教授为人师者，通人也。……博览古今者为通人。（《论衡·超奇》）
>
> 通人胸怀百家之言。……夫富人不如儒生，儒生不如通人。通人积文，十箧以上。圣人之言，贤人之语，上自黄帝，下至秦汉，治国肥家之术，刺世讥俗之言，备矣。（《论衡·别通》）

以"博览古今"和"胸怀百家之言"为"通人"的基本特征，以为"儒生不如通人"，是知"通人"不是儒者。又如桓谭以司马迁、扬雄为"通人"，说"才通著书以百数，惟太史公广大，其余丛蕞残小语，不能比之"。又说："通人扬子云。""才智开通，能入圣道，汉兴以来未有此人也。"[1] 司马迁著《史记》，"先黄老而后六经"，桓谭称其为"通人"，正是重其才之"广大"。扬雄学贯儒道，杂取诸子，桓谭许为"通人"，亦是重其"才智开通"。总之，皆未涉守儒之义，与王充界定之"通人"正相吻合。其中尤其值得注意者，是一代大儒郑玄，亦不得"通人"之目。史载：袁绍大宴宾客，"客多豪俊，并有才说，见玄儒者，未以'通人'许之"。[2]此儒者不得"通人"之称的实证。另外，牟子《理惑论》说：

> 汉明帝夜梦神人，身有日光，明日，博问群臣。通人傅毅对曰：臣闻天竺有道者号曰佛，轻举能飞，身有日光，殆将其神也。[3]

可见，在东汉时，学涉佛理者，只有"通人"。而传统儒者，无论是今文学者，还是古文学者，独尊儒学，默守师法家法，皆有拘泥执障

---

[1] 桓谭：《新论》，孙冯翼辑本。

[2] 《后汉书·郑玄传》。

[3] 刘孝标注《世说新语·文学》。

的缺点。"通人"不是儒者，故其学术取径能突破儒学，博览古今，贯通诸子，兼采释家；其学术方法能超越师法家法，抉破樊篱，融会贯通。

其二，"通人"与"通儒"不同，"通人"不达政事。儒者有尚通、守固之别，故儒生有"通儒""俗儒"之分。尚通者为"通儒"，守固者为"俗儒"。"通儒"是尚通意趣的产物，他虽不及"通人"之博达，但比起"俗儒"来，无疑要通达得多。应劭《风俗通》说：

> 儒者，区也，言其区别古今，居则玩圣哲之词，动则行典籍之道，稽先王之制，立当时之事，纲纪国体，原本要化，此"通儒"也。若能纳而不能出，能言而不能行，讲诵而已，无能往来，此"俗儒"也。[1]

应劭所谓的"通儒"，是学以致用的儒者，合学问家、道德家、政治家三重身份于一体，与王充所谓"采掇传书以上书记奏记"的"文人"相类。[2]然而，"通人"的行为放达，与"行典籍之道"的具有道德家身份的"通儒"不同（详后）；"通人"不达政事，与"立当时之事"的具有政治家身份的"通儒"不同，如司马迁、扬雄。就是政治家如汉高祖、文帝、武帝，在桓谭看来，亦是"通而蔽者"，不得"通人"之称。王充亦说"通人"是"览见广博，不能掇以论说，此为匮生书主人。孔子所谓'诵诗三百，授之以政，不达者也'"。[3]说的正是"通人"不达政事的这个特点。他将天下人从低到高依次分为俗人、儒生、通人、文人、鸿儒五类，"通人"位于"儒生"（即应劭所谓的"俗儒"）与"文人"（即应劭所谓的"通儒"）之间，大概就是轻其不达政事。

[1] 王利器：《风俗通义校注·佚文·徽称》，中华书局1981年版。

[2] 《论衡·超奇》。

[3] 《论衡·超奇》。

其三，"通人"贵简尚达。汉儒之学为训诂名物的章句学，章句学最显著的特点就是繁琐执障。"通人"超越儒学，兼综百家，不为章句，学求大义，故最轻儒者之繁琐冗杂。史称郑玄"质于辞训，通人颇讥其繁，至于经传洽熟，为纯儒"。[1] 刘勰亦说："通人恶烦，羞为章句。"[2] "通人"贵简轻繁，本是情理中事。因为繁琐则执障，执障则不通；反之，简则畅，畅则达，达则通。"通人"重通贵达，自然就要崇尚简要，反对繁琐。"通人"在学术上的尚简之风，与其行为上的简易通达，是表里相符的。一般而言，"通人"多不拘礼仪，简易通悦，浮华交会，甚至在魏晋以后还流为放达自任。如有"通人"之称的扬雄，其行为就是"简易佚荡"。[3] 喜欢以"通"评人的桓谭，亦是"性嗜倡乐，简易不修威仪，而喜非毁俗儒，由是多见排抵"。[4] 而仅得"通儒"之称的马融，亦追求"达生任性""贵生轻节"。[5] 曹植在《赠丁廙》诗中更是宣称："滔荡固大节，时俗多所拘。君子通大道，无愿为世儒。"卞兰在《赞述太子赋并上赋表》中说："嘉通人之达节，笑俗士之守株。"这正可作为傅玄《举清远疏》中"魏文慕通达而天下贱守节"一语的注脚。

其四，"通人"善属文，贵文辞。关于这个问题，作者将在本书第六章第一节"尚通意趣与文学自觉观念之形成"中专题讨论，兹不赘言。

总之，"通人"和"通儒"皆是尚通意趣的产物。不同的是，"通儒"只是儒学内部的博通之人，相当于康有为、周予同等人所说的混

---

[1] 《后汉书·郑玄传》。
[2] 《文心雕龙·论说》。
[3] 《汉书·扬雄传》。
[4] 《后汉书·桓谭传》。
[5] 《后汉书·马融传》。

合今古文学、在一定程度上突破师法家法之局限的"通学派"，但其学术仍是重实守据，仍是专门研究儒经中的名物训诂，其行为大致还是以砥砺名节为上，仍以经明行修为人生追求，故《尉缭子·治本》说："野物不为牺牲，杂学不为通儒。"而"通人"则是超越儒学，学贯九流，艺综百家，尚通贵简崇达而又不达政事，且好文辞，用裴頠《崇有论》的话说，就是"薄综世之务，贱功烈之用，高浮游之业，埤经实之贤"，因而亦就被正统儒者斥为"浮华交会之徒"。然而，正是此等以"浮华交会"为特点的"通人"，从学风、士风、文风等方面，为魏晋文化开创了一个新局面。如果说，尚通意趣是汉晋学风、士风、文风转移之关键，那末，"通人"则是承载这个关键的知识群体。

2. 英雄

"英雄"是汉魏转折之际很受社会各界关注的一种人物类型。其时文人如王粲著《英雄记》，记录当时英雄人物的事迹。学者刘劭在《人物志》里，专著《英雄》一篇，论述"英雄"的质性特点。嵇康著《明胆论》，讨论与"英雄"直接相关的明、胆问题。"英雄"一目亦屡见于当时清谈家和政治家之言论中，如《后汉书·许劭传》载：

> 曹操微时，常卑辞厚礼，求为己目，（许）劭鄙其人而不肯对。操乃伺隙胁劭，劭不得已，曰：君清平之奸贼，乱世之英雄。操大悦而去。

其时目曹操为"英雄"者，非许劭受胁而发之私论，乃当时舆论界的公论。如《世说新语·识鉴》载：

> 曹公少时见乔玄，玄谓曰：天下方乱，群雄虎争，拨而理之，非君乎？

然君实乱世之英雄，治世之奸贼。恨吾老矣，不见君富贵，当以子孙相累。

《后汉书·李膺传》载：

初，曹操微时，（李）瓒异其才，将没，谓子宣等曰：时将乱矣，天下英雄无过曹操，张孟卓与吾善，袁本初汝外亲，虽尔勿依，必归曹氏。

《世说新语·容止》载：

魏武将见匈奴使，自以形陋，不足雄远国，使崔季珪代，帝自捉刀立床头。既毕，令间谍问曰：魏王何如？匈奴使答曰：魏王雅望非常，然床头捉刀人，此乃英雄也。魏武闻之，追杀此使。

他人以"英雄"目曹操，曹操亦以"英雄"自命，他曾对刘备说："今天下英雄，惟使君与操耳，本初（袁绍）之徒，不足数也。"[1]除曹操外，孔融亦被目为"英雄"，据《后汉书·孔融传》章怀注引《融家传》说：

客言于（何）进曰：孔文举于时英雄特杰，譬诸物类，犹众星之有北辰，百谷之有黍稷，天下莫不属目也。

此外，当时的军事家亦多劝其主收揽"英雄"以成大业，如周瑜劝孙权说：

（曹）操早托名汉相，其实汉贼也。将军以神武雄才，兼仗父兄之烈，

---

[1] 《三国志·先主传》。

割据江东，地方千里，兵精足用，英雄乐业，尚当横行天下，为汉家除残去秽。

诸葛亮劝说刘备说：

将军（刘备）既帝室之胄，信义著于四海，总揽英雄，思贤如渴，……诚如是，则霸业可成，汉室可兴矣。

据以上引述可知，"英雄"是汉魏转折之际的一个具有特定内涵、很受社会关注的一个重要人物群体。

汤用彤研究汉晋文化思想之变迁，已经注意到"英雄"这个群体，他在《读〈人物志〉》一文中说：

英雄者，汉魏间月旦人物所有品目之一也。天下大乱，拨乱反正则需英雄。汉末豪俊并起，群欲平定天下，均以英雄自许，故王粲著有《汉末英雄传》。……刘劭《人物志》论英雄，著有专篇，亦正为其时流行之讨论。……按汉魏之际，在社会中据有位势者有二：一为名士，蔡邕、王粲、夏侯玄、何晏等是也；一为英雄，刘备、曹操等是矣。[1]

贺昌群对此亦甚为关注，他专门著有《英雄与名士》一文以讨论之，他说：

英雄之名，起于汉末，以前只有豪杰之称，……（豪杰）是指才智高出常人一筹而言，与汉末英雄一词的起源，意义大有不同。

[1] 汤用彤：《魏晋玄学论稿》第10～11页，中华书局1962年版。

他还详细地讨论了"何以这个名词(即'英雄')却发生于汉末纷崩之际，不见于汉帝国大一统的时侯"这个问题。[1]

那末，"英雄"品目到底有什么特定的内涵呢？刘劭《人物志·英雄篇》做了明确的解释，其云：

> 夫草之精秀者为英，兽之特群者为雄。故人之文武茂异，取名于此。是故聪明秀出谓之英，胆力过人谓之雄，此其大体之别名也。……夫聪明者，英之分也，不得雄之胆，则说不行。胆力者，雄之分也，不得英之智，则事不立。是故英以其聪谋始，以其明见机，待雄之胆行之。雄以其力服众，以其勇排难，待英之智成之。然后乃能各济其所长也。……故英雄、异名，然皆偏至之才，人臣之任也。故英可以为相，雄可以为将。若一人之身兼有英、雄，则能长世，高祖、项羽是也。然英之分以多于雄，而英不可少也。英分少，则智者去之。故项羽气力盖世，明能合变，而不能听采奇异，有一范增不用，是以陈平之徒皆亡归。高祖英分多，故群雄服之，英材归之。两得其用，故能吞秦破楚，宅有天下。……故一人之身，兼有英、雄，乃能役英与雄。能役英与雄，故能成大业也。

考察刘劭这段文字，可注意者有三：其一，刘劭认为"英雄"由"英"和"雄"两种质性构成，并以"聪明秀出"释"英"，以"胆力过人"释"雄"。这正是魏晋学者的共识，如三国赵孔曜《荐管辂于冀州刺史裴徽》云：

> (管)辂雅性宽大，与世无忌，可为士雄。仰观天文，则能同妙甘公、

---

[1] 贺昌群：《魏晋清谈思想初论》之《附录》，辽宁教育出版社1998年版。

石申；俯览《周易》，则能思齐司马季主，游步道术，开神无穷，可为士英。[1]

稽康著《明胆论》，与吕安往还讨论"明胆"问题，即就是当时学者普遍关注的"英雄"问题。[2]他针对吕安的"人有胆可无明，有明便有胆"的明胆相生的观点，提出"明胆殊用，不能相生"的观点，他认为：

> 夫元气陶铄，众生禀焉。赋受有多少，故才性有昏明。唯至人特锺纯美，兼周内外，无不毕备。降此已往，盖阙如也。或明于见物，或勇于决断。……故吾谓明胆异气，不能相生。明以见物，胆以决断。专明无胆，则虽见不断。专胆无明，则违理失机。[3]

这个观点与刘劭大体相近，只不过比刘劭的分析更具有超越性，有直探本源的特点。

其二，刘劭认为"英雄"必须同时兼备英才和雄分，只有英才或仅有雄分，都是"偏至之才"。只有兼备英才和雄分，才能"长世"，才能成就大业。这种"英雄"，就是他一向推崇的"国体之人"或"通材之人"，这与《人物志》一书以兼（通）、偏论人的总体思路是吻合的。稽康的《明胆论》亦体现了这一点。

其三，亦是最重要的一点，虽然刘劭一再强调英才和雄分对于"英雄"来说都是不可或缺的，但他还是对英才和雄分作了轻重主次之分，特别提出"英之分以多于雄，而英不可少"的观点，并举刘邦、项羽的得失成败为证，说明英才的重要性。指出这一点很重要，因为它至

---

[1] 《全三国文》卷四十四。
[2] 刘劭说："聪明者，英之分也。""胆力者，雄之分也。""英"即"明"，"雄"近于"胆"。"英雄"问题就是"明胆"问题。
[3] 《全三国文》卷五十。

少可以说明魏晋时期人们对于"英雄"的推崇，明显有重英轻雄的倾向。下面，作者就对这个问题作详细的考察。

首先，考察嵇康的《明胆论》，就会发现他之所谓"明胆"，虽与刘劭阐释的"英雄"大体相近，但亦有细微的区别。即刘劭论"雄"，专注于"武"，多用"力""勇"等词语解释"雄"。嵇康《明胆论》虽未明确解释什么是"胆"，但他说"胆以决断"，即"胆"是一种决断能力，略近于我们讲的"识"。这与刘劭所说的"以其力服众，以其勇排难"的以"武"为内涵的"雄"不同；嵇康所说的"胆"，大致是以文才学识为内涵的。这与刘劭提出的"英之分多于雄，而英不可少"的说法，又是暗合的，显示了当时人对"英雄"人物的特殊看法。

其次，在汉魏转折之际，舆论界公认的"英雄"是曹操。下面，作者就从分析"英雄"曹操入手，看看当时学者赋予"英雄"一词的特殊涵义。从上面引述的材料看，曹操和李瓒都认为袁绍不是"英雄"。袁绍之所以不得"英雄"之目，贺昌群解释说：

> 袁氏是东汉中叶以来的一个大门阀，四世三公，门生故吏遍天下，……他显然是这个已经腐败了的传统文化势力总崩溃到最后阶段的一个典型的代表，他想在这举世汹汹，充满着天灾人祸的大动乱的社会里，仍旧从包庇豪强，维持旧阀阅的既得利益上，去恢复或控制旧秩序，无异于在丧失了灵魂的躯壳中，去求人体的复活。[1]

袁绍因循守旧，故而不得"英雄"之目。反之，"英雄"必然能够遭

---

[1] 贺昌群：《英雄与名士》，见《魏晋清谈思想初论》第90页，辽宁教育出版社1998年版。

时定制，与时俱进，懂得通变的道理。曹操正是此种人物，史称他为人"佻易无威重"，[1] 不以奇节异行邀名，重视世俗生活的享受，与两汉士大夫矜重虚矫的生活态度甚为不同。他不是峨冠博带、规行矩步，而是洒脱不拘、行为放荡；他不再重用那些繁琐无用的经生俗儒，而是主张"惟才是举"。甚至不避讳自己好美色的德性，把男女好合看作是一种正常的生理现象；[2] 他的为文与为人一样，皆通脱自由、不拘常套。可以说，他是转变汉代社会风气的先行者。

曹操被目为"英雄"，除了他具有上述遭时定制、通达自由、与时变化的特征外，还因为学识渊博，英分特足。在上文对《人物志·英雄篇》和《明胆论》的分析中，作者已经指出，汉魏转折之际的学者，在对待"英雄"的问题上，有重英轻雄的倾向。其实，在汉魏之际，虽以武力相争，但其间亦颇流行重文轻武的风气，如《三国志·孙坚传》裴注引《吴录》说："（王睿）与（孙）坚共击零桂贼，以坚武官，言颇轻之。"《三国志·刘巴传》裴注引《零陵先贤传》载：

> 张飞尝就（刘）巴宿，巴不与语。飞遂忿恚。诸葛亮谓巴曰：张飞虽实武人，敬慕足下，主公今方收合文武，以定大事，足下虽天素高亮，宜少降意也。巴曰：大丈夫处世，当交四海英雄，如何与兵子共语乎？

从刘巴的话可知，"兵子"不是英雄，大概就是因为"兵子"有雄质

---

[1] 《三国志·武帝纪》裴注引《曹瞒传》。

[2] 参见周勋初《魏氏"三世立贱"的分析》，见《魏晋南北朝文学论丛》，江苏古籍出版社1999年版。

而乏英分。[1] 曹操虽不轻视武功，但他重文尚艺却是事实。他本人不仅能诗，还兼通音乐、书法、围棋。据张华《博物志》载：

> 汉世，安平崔瑗、瑗子寔，弘农张芝、芝弟昶，并善草书，而太祖亚之。桓谭、蔡邕善音乐；冯翊山子道、王九真、郭凯等善围棋，太祖皆能与之埒能。

至于在文学方面，诗歌、散文皆卓有成就，故赵翼说："创业之君，兼善才学，曹魏父子，固以旷绝百代。"[2] 所以，曹操不仅有雄才，而且英分更足；不仅是建安时代政权的实际掌握者，而且本身亦是一个名士，甚至是名士的首领。当时就有称曹操为名士的，如史称：

> 太尉桥玄，世名知人，睹太祖而异之曰：吾见天下名士多矣，未有若君者也，君善自持。吾老矣，愿以妻子为托。由是身名益重。[3]

前引《世说新语·识鉴》载乔（或作桥）玄称曹操为"英雄"，这里

---

[1] 此种重文轻武、重英轻雄的风气，六朝尤盛。如《晋书·后妃传》载：晋武帝娶手下大将胡奋女为贵妃，却郦其"将种"出身。《世说新语·方正》载："王文度为桓公长史时，桓为儿求王女，王许咨蓝田。既还，蓝田爱念文度，虽长大犹抱著膝上。文度因言桓求己女婚。蓝田大怒，排文度下膝，曰：恶见文度已复痴，畏桓温面？兵，那可嫁女与之。"《南齐书·刘绘传》说刘绘"常恶武事，雅善搏射，未尝跨马。史悛之亡，朝议赠平北将军、雍州刺史，诏书已出，绘请尚书徐孝嗣改之。"因此，在六朝时期，即使起自行伍之武人，亦追逐时尚，附庸风雅，如"本无学术"的刘裕，亦伪装出"颇慕风流"的样子，《宋书·刘穆之传》载刘裕学书事，《宋书·郑鲜之传》载刘裕谈玄事。曹文柱《六朝时期江南社会风气的变迁》（《历史研究》1988 年第 2 期），从文化心理和宗教哲学方面探讨了六朝人重文轻武的内在原因，可资参考。

[2] 赵翼：《廿二史札记·齐梁之君多才学》。

[3] 《三国志·武帝纪》裴注引《魏书》。

则称作"名士",可见,"到了曹操时代,'英雄'与'名士',意义已无甚大区别"。[1]英雄与名士的合二为一,正说明"英雄"亦应具备"名士"的文采风流,或者说,"英雄"中"英"的一面得到特别地强调。

"英雄"中"英"的一面得到特别强调,这与魏晋时期"贵智尚艺"的时代风气密切相关。徐干《中论·智行》说:

> 或问曰:"士或明哲穷理,或志行纯笃,二者不可兼,圣人将何取?对曰:其明哲乎!夫明哲之为用也,乃能殷民阜利,使万物无不尽其极者也。圣人之可及,非徒空行也,智也。伏羲作八卦,文王增其辞,斯皆穷神知化,岂徒特行善而已乎?……或曰:苟有才智而行不善,则可取乎?对曰:……管仲背君事仇,奢而失礼,使桓公九合诸侯,一匡天下之功,仲尼称之曰:微管仲,吾被发左衽矣。召忽伏节死难,人臣之美义也,仲尼比为匹夫、匹妇之为谅矣。是故圣人贵才智之特能,立功、立事益于世矣。

这种观念此与曹操"惟才是举"的用人方针相同,亦与刘劭《人物志》论人重聪明相吻合,[2]是为"贵智"。《中论·艺纪》又说:

---

[1] 贺昌群:《英雄与名士》,见《魏晋清谈思想初论》第96页,辽宁教育出版社1994年版。

[2] 刘劭:《人物志》论人,特重聪明,他说:"观人察质,必先察其平淡,而后求其聪明。聪明者阴阳之精。阴阳清和,则中睿外明。"(《九征》)"智者,德之帅也。"(《八观》)认为聪明是圣人必具的品质,他说:"是以钧材好学,明者为师;比力而争,智者为雄;等德而齐,达者称圣。圣之为称,明智之极明也。""以明将仁,则无不怀;以明将义,则无不胜;以明将理,则无不备。然苟无聪明,无以能遂。"(《八观》)此与徐干《中论·智行》所谓"聪明惟圣人能尽之,大才通人有而不能尽也"的观点,大致吻合。

> 艺之兴也，其由民心之有智乎！……故圣人因智以造艺，因艺以立事，二者近在乎身，而远在乎物。艺者，所以旌智、饰能、统事、御群也，圣人之所不能已也。艺者，以事成德者也；德者，以道率身者也。艺者，德之枝叶也；德者，人之根干也。斯二物者，不偏行，不独立。木无枝叶则不能丰其根干，故谓之瘣；人无艺则不能成其德，故谓之野。若欲为夫君子，必兼之乎。……盛德之士，文艺必众。

此为"重艺"。张岱年指出徐干思想有"重艺贵智"的特点，大体符合实际。[1]汉魏之际推崇"英雄"，而又特重其"英"的一面，这种意识，就是在上述"重艺贵智"的时代风气中产生的。而这种"重艺贵智"的风气，又是在尚通意趣的文化思想背景上形成的。

总之，"英雄"是汉魏转折之际清谈家月旦人物的一个重要类型。当时学者，对于"英雄"人物，强调"英""雄"兼备，"明""胆"并存，认为"英雄"人物不仅要具有遭时定制、与时俱进、明于通变的特征，而且亦特别重视"英"，有重"英"轻"雄"的倾向，要求"英雄"人物必须具备名士的文采风流和重艺贵智的特征。此种对"英雄"的理解和诠释，与汉末魏晋的时代风气有关，更与东汉以来知识界盛行的尚通意趣关系密切。牟宗三曾对中国人崇拜的"英雄"有过精致的分析，其云：

> 从草莽中起而打天下的英雄人物，其背后精神，吾曾名之曰"综合的尽气之精神"。尽才尽情尽气，这是一串。尽心尽性尽伦尽制这一串代表中国文化的理性世界，而尽才尽情尽气，则代表天才世界。诗人、情人、江湖义侠，以至于打天下的草莽英雄，都是天才世界中的人物。……

---

[1]　张岱年：《中国哲学史大纲》第324页，中国社会科学出版社1982年版。

这是一种艺术性的人格表现。与"综合的尽理之精神"下的圣贤人格相反。这两种基本精神笼罩了中国的整个文化生命。[1]

作者认为：中国人崇拜"英雄"，中国人崇拜的"英雄"具有艺术性人格的特点，虽然不能断言就是由汉末魏晋时期的"英雄"崇拜观念直接促成，但说它们之间有密切的渊源影响关系，则是比较符合实际的。

---

[1] 牟宗三《中国文化的特质》，见《道德理想主义的重建》第60页，中国广播电视出版社1993年版。

第四章　尚通意趣与汉晋士风之变迁

　　在前章，我们讨论了尚通意趣对魏晋人物品鉴的影响，认为汉晋间人物品鉴由实而虚、由形鉴而神鉴、由道德功利而艺术审美的发展趋势，以及魏晋时期人物品鉴之通、神、简、识、清、秀、朗、韵等新品目的出现，和通人、英雄等新型人物群体的产生，皆与兴起于东汉而盛行于魏晋的尚通意趣有着十分密切的关系。同时，作者亦指出：人物品鉴与士人风气相互影响，彼此作用。人物品鉴的新特点、新标准，在很大程度上就是时代士风的反映，是从时代士风中总结出来的。而且，人物品鉴的这种新标准，反过来又对士风的形成和发展产生推波助澜的影响，有改造士风、引导士人好尚的意义。有什么样的士风，就有什么样的品鉴标准。反之，亦然。汉晋间人物品鉴由实而虚、由形鉴而神鉴、由道德功利而艺术审美的演绎特点，与其间士风由砥砺名节、忠孝节义而浮华交会、通脱简易的发展趋势，完全吻合，并且皆是尚通意趣的产物。

　　魏晋士人新风尚，以率性放达、任真自然、浮华交会为特点，誉之者赞为"魏晋风流"或"魏晋风度"，毁之者斥为"浮薄玄虚"或"迂诞浮华"。或毁或誉，实为中国文化史上的一大奇特景观。作者无意于此作是非褒贬之论，亦不必为已死之骨校长量短。仅就尚通意趣与魏晋士风之关系做史实辩证，研究尚通意趣对魏晋士人新风尚之形成和发展的影响。关于魏晋士人新风尚，以及此种新风尚形成之原因，前人和当代学者的相关著作，多有评述。关于尚通意趣与魏晋士风之关系，作者在前章亦略有论及。为避免累赘和重复，本章对相关著作已经阐述得甚为明白的，和作者在前章已经论及的地方，将略而不论，或简而述之。本章之重点，是对被学术界忽略的，或者虽有论述却尚欠深入的几个问题，如浮华交会、文人无行等问题，进行深入探讨，并试图从尚通意趣的角度，对这些问题进行深入的阐释。

一、尚通意趣与魏晋士风之新特点

1. "通侻"与尚通

魏晋士风之新特点，如果用一个词来概括，那就是"通侻"。其他如浮薄玄虚、迂诞浮华、雅远旷达、任真自然，皆是"通侻"之具体表现，或者说，是由"通侻"造成的。

"通侻"一词，最早见于《三国志·王粲传》，其云："（王）粲貌寝而体弱通侻。"何谓"通侻"？裴注云："通侻，简易也。"所谓"简易"，就是不修威仪、佚荡不守礼法的意思。自东汉以来，凡代表新文化新思潮的人物，其为人皆有简易佚荡的特点，如扬雄为人"简易佚荡"，[1] 桓谭"性嗜倡乐，简易不修威仪"，[2] 说过"滔荡固大节"的曹植，亦有"性简易"的特点。[3] "通侻"又称"简脱"，

[1] 《汉书·扬雄传》。

[2] 《后汉书·桓谭传》。

[3] 《三国志·曹植传》。

如《抱朴子·讥惑》说："简脱之俗成。"杨明照《抱朴子外篇校笺》云："《左传》僖公三十三年：'无礼则脱。'杜注：'脱，易也。'《国语·周语》韦注：'脱，简脱也。'"是知"简脱"即"简易"的意思。"通侻"又称"轻脱"，如《颜氏家训·风操》说："如此比例，触类慎之，不可陷于轻脱。"王利器《颜氏家训集解》云："本书《养生》篇：'但须精审，不可轻脱。'《后汉书·列女传》：'班昭《女诫》曰：动静轻脱，视听陕输，……此谓不能专心正色矣。'《抱朴子·汉过》篇：'猝突萍莺，骄矜轻侻者，谓之巍峨瑰杰。'轻侻即轻脱，谓轻薄佻脱也。"[1]

"通侻"士风之形成，与汉末魏晋之尚通意趣密切相关。因尚通而不修威仪，不守礼法，故名之曰"通侻"。"通侻"风气之形成，亦与在尚通意趣之影响下形成的崇简之风有关，故前人多以"简易"释"通侻"，而"通侻"亦被称为"简脱"。"通侻"风气之形成，亦与在尚通意趣之影响下，士人尚轻敏而鄙威重有关，故"通侻"亦被名之为"轻脱"。

在尚通意趣影响下产生的"通侻"士风，用裴頠《崇有论》的话说，就是"薄综世之务，贱功烈之用，高浮游之业，埤经实之贤"，或者说是"立言借其虚无，谓之'玄妙'；处官不亲所司，谓之'雅远'；奉身散其廉操，谓之'旷达'"。亦如干宝《晋纪总论》所说：魏晋之时，"风俗淫僻，耻尚失所。学者以老庄为宗而黜六经，谈者以虚薄为辩而贱名俭，行身者以放浊为通而狭节信，进仕者以苟得为贵而

---

[1] 《文心雕龙·程器》说："仲宣轻脆以躁竞。"范文澜注云："王粲'轻脆躁竞'，未知其事。韦诞谓其'肥戆'，疑'脆''肥'皆'锐'之伪也。《体性篇》'仲宣躁锐'。"汪按：范说无据，其实，与其说"脆"是"锐"之误，不如说是"脱"之误。一是因为"轻脱"乃六朝习用语；二是"脆""锐"相比，"脆"字形体更近于"脱"。故"脱"误为"脆"的可能性更大。

鄙居正，当官者以望空为高而笑勤恪"。[1] 魏晋士人尚"玄妙"，重"雅远"，贵"旷达"，皆是"通侻"士风的具体表现，或者说，皆是尚通意趣的产物。唯"玄妙"一例，是指学术风气而言，作者将在第五章专门讨论，兹不赘述。在此，作者将略引史料，说明"雅远""旷达"之士风与尚通意趣的关系。

2. "雅远"与尚通

所谓"雅远"，即"薄综世之务，贱功烈之用"，或云"处官不亲所司"，亦就是追求一种远离尘务、雅致清远的生活境界。

一般地说，汉人普遍能急国家之难而乐尽人臣之道，这与尚功业、重德行的时代风气是分不开的，亦与儒家的修齐观念密切相关。故柳诒徵说："吾谓汉代人民，最能尽国家之义务。汉之国威膨胀，因亦迥绝古今，不可第归美于一二帝王将相。"[2] 李泽厚亦说："在汉代，中华民族是作为一个巨大的整体去征服支配外部世界的，个体的情感欲求的满足和发展处在次要的地位。"[3] 可以说，"生当封侯，死当庙食"是一代士大夫的人生理想。[4] 东汉后期，宦官专权，朝政腐败，纲纪紊乱，文人士大夫的社会责任意识再一次被严酷的社会现实激发出来，如陈蕃说："大丈夫处世，当扫除天下，安事一室乎？"[5] 范滂"登车揽辔，慨然有澄清天下之志"，岑晊"虽在闾里，慨然有董正天下之志"。[6]

随着大汉帝国的没落，士人不能从外部世界的创造活动中获得满

---

[1]　《文选》卷四十九。

[2]　柳诒徵：《中国文化史》（上册）第 305 页，中国大百科全书出版社 1988 年版。

[3]　李泽厚、刘纲纪：《中国美学史》（第 1 卷）第 446 页，中国社会科学出版社 1984 年版。

[4]　《后汉书·梁统传附梁竦传》。

[5]　《后汉书·陈蕃传》。

[6]　《后汉书·党锢列传》。

足，便转向于内心，追求生命存在的意义和价值。特别是汉末的两次党锢之祸，截断了士人参政议政的途径，亦沉重打击了士人建功立业的豪情壮志。魏晋之际，"天下多故，名士少有全者"。[1]士人为了全身，或隐避不仕，或诗酒游宴，使自汉末以来逐渐萌发的道统与政统的分离局面，变成了现实。在此期间，"以天下风教为己任"的精神，被"宅心事外""希心高远"的"雅远"风范所取代，"综世之务"和"功烈之用"遭到唾弃，个体内在的风神情韵，得到前所未有的重视。士大夫以居官自任为"误落尘网"，或居官职，亦不以事务自缨。用干宝的话说，就是"当官者以望空为高而笑勤恪"。至于那些勤于政务、留心王政的官僚，每每遭到名士的讥讽，把"论经者谓之俗生，说法理者名为俗吏"[2]。如"刘颂屡言治道，傅咸每纠邪正，皆谓之俗吏"。[3]

其实，在汉代，亦有儒生与文吏的冲突，王充《论衡》之《程材》诸篇言之甚详，其云："文吏以事胜，以忠负；儒生以节优，以职劣。……取儒生者，必轨德立化者也；取文吏者，必优事理乱者也。""文吏更事，儒生不习。"东汉时期的世俗社会，甚至官方政府，有轻儒生而重文吏的倾向，致使"儒者寂于空室，文吏哗于朝堂"。其时之文吏讥刺儒生"重怀古道，枕籍诗书，危不能安，乱不能治"，儒生又鄙薄文吏为"办职俗吏"，"不识大体"。[4]这与魏晋名士讥刺以事务、王政自缨的"俗吏"甚为相近，但又有本质的不同。因为与文吏相比，汉代的儒生虽然超越了实际的政务，而以"轨德立化"自居，但实际上仍未完全超脱，只不过比文吏离实际政务稍远一点，不像文吏那样仰视权力，而是俯视权力，其所议论、所关心的仍是实际政务。然而，

---

[1]　《晋书·阮籍传》。

[2]　《文选·晋纪总论》李善注引王隐《晋书》载傅玄语。

[3]　干宝：《晋纪总论》，《文选》卷四十九。

[4]　《论衡·程材》。

在魏晋名士看来，言治道者为"俗吏"，论经术者是"俗生"，总之，皆未获得彻底的超脱。魏晋名士追求的以超脱为核心的"雅远"风范，既是对"优事理乱"的文吏的超越，亦是对"轨德立化"的儒生的超越。

仔细推究起来，这种以超脱为核心的"雅远"风范，起于东汉中后期在尚通意趣影响下成长起来的"通人"群体。作者在前章考察"通人"这个特殊的人物群体时，已经指出："通人"具有不达政事的特点。在汉末学者如王充看来，不达政事，不能"稽先王之制，以立当时之事"，是"通人"的缺点，故将"通人"置于集学问家、道德家和政治家于一身的"文儒"之下。而在魏晋，不达政事，不以王务自缨，成为当时名士引以为荣的优点和赖以标举"雅远"风范的资本。汉晋士风之演变，由此可见一斑。作者认为：尚通意趣与雅远风范之间，互为因果关系。通能致远，执障则偏狭，偏狭则拘泥，拘泥于身边事和眼前物；通达则开朗、广阔，产生超越意识，超越现实局限，而入于玄远、浮虚。如庾凯"虽居职位，未尝以事务自婴，从容博畅，寄通而已"。[1]这个例子就很明显地体现了尚通意趣与魏晋名士所追求的"雅远"风范之间的因果关系。

在尚通意趣的影响下，追求"雅远"风范成为魏晋名士的一种普遍风尚，如：

> 乐广与王衍俱宅心事外，名重一时，故天下言风流者，谓王、乐为称首焉。（《晋书·乐广传》）
>
> 羊孚风流疏诞，……蓬发饮酒，不以王务婴心。（《世说新语·赏誉》刘孝标注引《中兴书》。
>
> 孙兴公曰：下官才能所经，悉不如诸贤。至于斟酌时宜，笼罩当世，

---

[1] 《世说新语·赏誉》刘孝标注引《文士传》。

亦多所不及。然以不才，时复托怀玄胜，远咏老庄，萧条高寄，不以时务经怀，自谓此心无所与让也。（《世说新语·品藻》）

王江州夫人语谢遏曰：汝何以都不复进，为是尘务经心？天分所限？（《世说新语·贤媛》）

戴安道中年画行像甚精妙，庾道季看之，谓戴云：神明太俗，由卿世情未尽。（《世说新语·巧艺》）

自晋宋以来，宰相皆文义自逸，（何）敬容独勤庶务，为世所嗤鄙。（《梁书·何敬容传》）

魏晋名士追求的"雅远"风范，实际上就是一种超越的人生境界。超越礼仪的拘狭，超越世俗尘务的束缚，进入一种理想化、艺术化、审美化的人生境界。这种超越意识的形成，是以尚通意趣为前提的。考察以上所举的例子，乐、王因"宅心事外"而"名重一时"，并成为"天下风流"之"称首"。孙兴公以"不以时务经怀"为自己的长处。王江州夫人认为谢遏"都不复进"（即没有什么长进）的原因，是因为"尘务经心"。戴安道的人物画"神明太俗"，是因为他"世情未尽"。据此可知，魏晋人追求的"雅远"，是与世情和尘务相扞格的，或者说，是通过超越世情、尘务而实现的。

魏晋人超越尘世，追求雅远，对远情、胜情特别地偏爱。其时盛行的吃药、饮酒、游赏山水等活动，皆为培养远、胜之情。如何晏说："服五石散，非唯治病，亦觉神明开朗。"[1] 饮酒与吃药有同样的效果，如王蕴说："酒正使人人自远。"饮酒可以让人超越尘世而入于远境，王荟亦说："酒正自引人著胜地。"[2] 所谓"胜地"，就是人生的"雅远"

---

[1] 《世说新语·言语》。

[2] 《世说新语·任诞》。

之境，"饮酒正是他们求得一种超越境界的实践"。[1]魏晋人游赏山水，亦是为了追求"胜情"，如许询"好游山水，而体便登涉，时人曰：许非徒有胜情，实有济胜之具"。[2]总之，吃药、饮酒、游山水皆是"济胜之具"，皆为着超越尘世而进入"雅远"的人生境界。

3. "旷达"与尚通

所谓"旷达"，即"高浮游之业"，或云"奉身散其廉操"，亦就是追求一种率性放达、任真自然的人生境界。如果说"雅远"是一种艺术的、审美的人生境界，那末，"旷达"则是一种自然的、任真的人生境界。

一般说来，汉人好修廉隅，尚异操，治威仪，尊气节，讲忠孝节义。此种士风在东汉尤其盛行，其情形如宋人程明道所说："东汉之士知名节，而不知节之以礼，逐至苦节。苦节既极，故魏晋之士变而为旷荡。"[3]由"苦节"而"旷荡"，自然符合物极必反的常理，但物极必反必有某种因缘以促进之。作者认为：促使汉晋士风由"苦节"而"旷达"之演进的因缘，是流行于汉末魏晋之尚通意趣。汉人尚名节，甚至流为苦节，这种行为方式的特点就是执障拘泥，执障就是不通，拘泥就是偏狭。在汉末以来之尚通意趣的影响下，士人在行为方式上力求破除执障拘泥，还人生以本来面目，追求放达自然，反对矫砺苦节，崇尚真率深情。用干宝的话说，说是"谈者以虚薄为辩而贱名俭，行身者以放浊为通而狭节信"。与汉代砥砺名节之风相比，这种新士风确有浮薄、迂诞的特点，故而被传统学者斥为"浮华交会之风"，其人亦被斥为"浮华交会之徒"。

---

[1] 王瑶：《文人与酒》，见《中古文学史论集》，古典文学出版社1957年版。

[2] 《世说新语·栖逸》。

[3] 《二程集》卷十八《河南程氏遗书序》。

此种旷达、浮华的新士风，较早可以追溯到东汉学者马融身上，史称马融"达生任性，不拘儒者之节"。[1] 至东汉中后期，这种风尚在部分太学诸生中得到进一步发展。至魏晋，"魏文慕通达而天下贱守节"，遂演绎成一代时尚。如：

> 魏末阮籍，嗜酒荒放，露头散发，裸袒箕踞。其后贵游子弟阮瞻、王澄、谢鲲、胡毋辅之之徒，皆祖述于籍，谓得大道之本。故去巾帻，脱衣服，露丑恶，同禽兽。甚者名之为通，次者名之为达也。（《世说新语·德行》注引王隐《晋书》）
>
> 王戎为豫州刺史，遭母忧，性至孝，不拘礼制，饮酒食肉或观棋弈，而容貌毁悴，杖而后起。时汝南和峤亦名士也，以礼法自持，处大忧，量米而食，然憔悴哀毁，不逮戎也。……世祖及时谈以此贵戎也。（《世说新语·德行》刘注引《晋阳秋》）
>
> 嵇中散既被诛，向子期举郡计入洛，文王引进，问曰：闻君有箕山之志，何以在此？对曰：巢、许狷介之士，不足多慕。王大咨嗟。（（世说新语·言语））

阮氏诸人的简易佚荡、任性而行，时人名之为"通"或"达"，足见尚通意趣与浮华士风之间的内在联系。王戎、和峤同遭母丧，时谈贵戎轻峤，亦可见时人对苦节之蔑视和对真情之重视。尤其值得注意的，是巢、许这样的"狷介之士"亦遭时人鄙弃。故其时虽有隐士，亦轻介尚通，如：

> 戴逵字安道，……性甚快畅，泰于娱生，好鼓琴，善属文。尤好游燕，多与高门风流者游，谈者许其"通隐"。（《世说新语·雅量》注引《晋

---

[1] 《后汉书·马融传》。

安纪》）

　　何点虽不入城府，然遨游人世，不簪不带，或驾柴车，蹑草履，恣心所适，致醉而归，士大夫多慕从之，时人号为"通隐"。（《梁书·何点传》）

　　总之，魏晋时代士风之总体特征是"通侻"，具体表现为"雅远"和"旷达"两个方面。如果说"雅远"是一种艺术化、审美化的人生境界，那末，"旷达"则是一种任真、自然的人生境界，二者皆是尚通意趣的产物，都体现了魏晋人的超越意识，超越尘世俗务而入于"雅远"的境界，超越礼仪拘限而入于"旷达"的境界，这种超越意识的形成正是以尚通意趣为基础 的。

二、汉末魏晋时期的"浮华交会"之风

1. "浮华交会"：汉末魏晋的重要社会问题

　　所谓"交会"，是指朋友、生徒间的交游会聚。因朋友、生徒间的交游会聚而导致学风、士风的"浮华"，故名之曰"浮华交会"。"浮华交会"是汉末魏晋时期流行的一种社会风尚，亦是当时的一个重要社会问题，受到官方和学者的普遍关注。

　　关于"浮华"的词源和词义，贺昌群和侯外庐做过深入研究。贺昌群说："浮华，盖不实之意也。""汉末所谓浮华，则指清谈之启明期从事于思想解放者而言"，至魏晋时期，"所谓浮华，实指清谈而言，而清谈家则自称所谈曰风流"。[1] 他很重视这种"浮华"风气

---

[1] 贺昌群：《汉魏间学术思想之流变》，见《魏晋清谈思想初论》第5页，辽宁教育出版社1998年版。

在当时思想界的重要影响，他认为：从汉末到魏晋，"此种风气之日渐兴起，当时认为'合党连群，互相褒叹'，或'败坏风俗，侵欲滋甚'，而不知有解放之思想，然后有解放之行为，一般社会即认此解放行为为'浮华'，此浮华之新思潮，其来也如万马奔腾，不可遏抑，传统礼法之士，虽欲防微杜渐，其可得乎？"[1] 贺昌群关于"浮华"即清谈的说法，虽然不一定可靠，[2] 其关于"浮华"就是"从事于思想解放者"的观点，亦值得商榷，[3] 但他指出"浮华"具有"解放之思想"（学风）和"解放之行为"（士风）的双重含义，以及强调"浮华"对汉晋文化思潮变迁之影响，确是非常重要的见解。

侯外庐亦专门考察了"浮华"一词，他列举《后汉书·文苑传》所载的郦炎诗句"绛灌临宰衡，谓谊崇浮华"为例，指出："这要算是浮华的最早的出处，而它一开始便与'年少''上书'分不开。"又引曹操与孔融书和刘廙与曹伟书语为例，[4] 指出："前书以'浮华'与'交会'并举，后书以'华而不实'与'鸠合'并举，可见'浮华'与'交会'是一件事的两面，为绝对皇权所深恶的。"[5] 虽然侯外庐指出的"浮华"一词最早出自郦炎诗，有欠准确。[6] 但他认为"浮华"

---

[1] 贺昌群：《魏晋之政与清谈之起》，见《魏晋清谈思想初论》第 26 页，辽宁教育出版社 1998 年版。

[2] 作者认为，就学术领域来说，浮华是清谈的特点，是一种学风。

[3] 作者认为，从社会风气上看，浮华是士人之行为特点，是一种士风。

[4] 《三国志·孔融传》载曹操与孔融书曰："孤为人臣，进不能风化海内，退不能建德和人，然抚养战士，杀身为国，破浮华交会之徒，计有余矣。"《三国志·刘廙传》裴注引《廙别传》载刘廙与曹伟书说："魏讽不修德行，以鸠合为务，华而不实。"

[5] 侯外庐：《中国思想通史》（第 2 卷）第 356～357 页，人民出版社 1957 年版。

[6] 《后汉书·章帝纪》载："建初五年诏举直言极谏，其岩穴为先，勿取浮华。"《后汉书·安帝纪》载："延光五年，诏三公以下各举所知，皆隐审尽心，勿举浮华。"章帝、安帝的诏书中已有"浮华"一词，而郦炎是汉末灵帝时人。

与"交会"是一事之两面，亦是非常值得重视的观点。

综合贺、侯二氏之观点，作者认为："浮华"不仅是汉末魏晋的士风，亦是其间的学风、文风。或者说，汉末魏晋的士风、学风和文风皆有"浮华"的特点。而此种"浮华"之风的兴起，又与其间的"交会"风气密切相关。而"交会"之风的兴起与盛行，又是在其间盛行的尚通意趣的影响下产生的（详后）。

汉末"浮华交会"之风，主要在京都太学、地方郡国学府和遍布全国各地的私人精舍的学员生徒间展开。据《后汉书·仇香传》载：

> （仇）览（又名仇香）入太学，时诸生同郡符融，有高名，与览比宇，宾客盈室。览常自守，不与融言。融观其容止，心独奇之，乃谓曰：与先生同郡壤，邻房牖，今京师英雄四集，志士交结之秋。虽务经学，守之何固？览乃正色曰：天子修设太学，岂但使人游谈其中？高揖而去，不复与言。

符融等太学诸生代表的是"浮华交会"之风，他们以京师太学为"英雄四集"之地，以当时为"志士交结之秋"，广泛开展交接会聚活动，故当时之名士，常常是宾客盈室，车马填巷，其"高名"亦往往通过交接得来。由于这种"交会"风气的影响，其间的学风亦逐渐由笃实发展为浮华、游谈。仇览代表的是传统的士风和学风，故其"常自守"，不喜交接，其学风以笃实为特点，因而对太学诸生的游谈、浮华之习深致不满。而符融等"交会"之徒对仇览之学风亦不满意，故有"虽务经学，守之何固"的诘难。可以说，仇览和符融所代表的是两种不同的士风和学风。从仇览到符融，我们已经很清楚地看到汉末士风、学风由自守到交会、从笃实到浮华的发展趋势。"浮华者，不实之谓也"。浮游无根，华而不实，是谓之"浮华"。故魏晋时期的礼法之士多以"浮薄""浮虚""游伪""浮辞""游谈""浮游"等语词，批评当时的士风、学风和文风。这与汉晋文化思潮由实而虚的发展特点正相吻合。

从汉末的实际情况看，仇览所代表的传统士风、学风，当时虽有郭泰的赏识，[1] 但就总体趋势看，却是颇受攻讦，难以为继。而符融代表的"浮华交会"之风，则是一时之时尚，在当时社会，尤其是在魏晋时期，占有极大的势力。略而言之，汉末魏晋的"浮华交会"，有如下几个特点：

其一，参加交会的人数多，规模大，范围广，场面壮观。在汉末，仅京都太学里就有三万多学生，而数量最多的还是地方郡国学和私人精舍中的生徒，特别是遍布全国各地的私人精舍，其生徒动辄数以百计，至于几千甚至上万者，亦不在少数。"浮华交会"就在这数以万计的生徒间展开，其参与的人数之多，规模和场面之大，范围之广，不难想象。当时一般的名士，往往是宾客盈室，车马填巷。而为大名士举行的送别、丧葬仪式，其规模和场面就更是惊人，如郭泰"归乡里，衣冠诸儒送至河上，车数千辆"。[2] 陈寔之卒，海内赴丧者三万余人；楼望之丧，门生会葬者数千人；黄琼归葬江夏，送葬者达六七千人；郭泰之卒，四方赴丧者万余人。这种大规模的送别和赴葬，是当时的一种社会风气，在汉末尤其盛行。[3] 一次送别或赴葬，就是生徒间的一次大规模的"交会"。

其二，汉魏之际的"浮华交会"具有部党性质。它因"结交而择正黜邪，明明分出邪与正的两个壁垒，有所择而且有所黜，由交游而

---

[1] 史称"林宗（郭泰）嗟叹，下床为拜"。（《后汉书·仇香传》）

[2] 《后汉书·郭泰传》。

[3] 参见侯外庐《中国思想通史》第二卷第 354～355 页，人民出版社 1957 年版。

发展到政治的斗争了"。[1] 比如，在汉末，既有以京都太学为中心的全国性的交会部党，如"三君""八俊""八顾""八及""八厨"，[2]亦有摹仿太学诸生而形成的地方性的交会部党，如"八俊""八顾""八及"。[3] 这个上至朝廷之三公和太学诸生，下至地方名流和郡国生徒，组成的交会网络，具有"更相驰驱，共为部党，诽讪朝政，疑乱风俗"的性质。[4] 其与皇权相对抗，最终酿成了"党锢之祸"。

在曹魏明帝时代，"浮华交会"再次成为世人关注的社会性问题。魏明帝"尊儒重学"，用人"以经学为先"，注重经明行修，对"浮华不务道本"之徒严加斥责，曾有罢斥浮华、整顿士风之举措。明帝太和四年（230年）诏曰：

> 兵乱以来，经学废绝，后生进趣不由典谟。岂训导未洽，将进用者不以德显乎？其郎吏学通一经，才任牧民，博士课试，擢其高第者，亟用。其浮华不务道本者，皆罢退之。[5]

其时诸葛诞、夏侯玄、邓飏等人皆因"浮华"而被免官。太和六年（公元232年）董昭上疏说：

> 当今年少不复以学问为本，专更以交游为业。国士不以孝悌清修为首，乃以趋势游利为先。合党连群，互相褒叹。以毁訾为罚戮，用党誉

---

[1] 侯外庐：《中国思想通史》第二卷第356页，人民出版社1957年版。

[2] 《后汉书·党锢列传》。

[3] 《后汉书·张俭传》。

[4] 《后汉书·党锢列传》。

[5] 《三国志·魏志·明帝纪》。

为爵赏。附己者则叹之盈言，不附者则为作瑕衅。[1]

董昭所谓的"国士"，就是指诸葛诞之流。诸葛诞等人虽然未必都是"以趋势游利为先"，但"浮华交会"却是事实。《三国志·诸葛诞传》称诸葛诞"与夏侯玄、邓飏等相善，收名朝廷，京都翕然。言事者以诞、飏等修浮华，合虚誉，渐不可长。明帝恶之，免诞官"。裴注《三国志·曹爽传》引《魏略》说邓飏"与李胜等为浮华友，及在中书，浮华事发，被斥出"。值得注意的是，"浮华"由东汉中后期的一种社会风尚，至此积淀成具有特定内涵的专门名称，如"修浮华""浮华友""浮华事"等等。其时士人之"浮华交会"，与东汉中后期一样，有共相题表之风习。据裴注《三国志·诸葛诞传》引《世语》说：

> 是时，当世俊士散骑常侍夏侯玄、尚书诸葛诞、邓飏之徒共相题表，以玄、畴四人为"四聪"，诞、备八人为"八达"，中书监刘放子熙、孙资子密、吏部尚书卫臻子烈三人，咸不及比，以父居势位，容之为"三豫"，凡十五人。帝以构长浮华，皆免官废职。

诸葛诞之流标举的"四聪""八达"等名号，与汉末名士标举的"三君""八俊"等名号一样，皆是"浮华交会"之风的产物。

晋宋时期，虽然没有如汉魏之际那样因"浮华交会"而发生的党锢政治事件，士人亦不再有"共为部党，诽讪朝政"的政治热情，但"浮华交会"之风并没有消失，反而更加广泛和风行，只不过是采取一种不同的方式进行。与汉魏相比，晋宋士人的"浮华交会"有以下几个特点：其一，远离政治，不再干预朝政，亦不具备部党性质，只

---

[1] 《三国志·魏志·董昭传》。

是一些松散的士大夫群体。因而亦得到统治者的宽容，不再有党锢事件发生。其二，其间士人的"浮华交会"，虽仍有"共相显表"的风习，但其"显表"内容主要是标举风流，不存在隐操朝廷用人的目的。其三，其间士人"交会"的主要内容，是诗酒唱合，谈玄论道，以文会友，如"竹林七贤""二十四友""竟陵八友"等等。其四，其间士人的"交会"，互相倾心，一是由于才情风度的彼此吸引，二是因为友谊、感情的相互牵连（详后）。这种政治目的较为淡薄，以以文会友、思想交锋和感情交流为目的的"浮华交会"之风的形成，与魏晋以来道统与政统的分裂密切相关。同时，我们亦注意到，以诗酒、玄谈为中心的"浮华交会"，对其间学风、文风的影响，远远大于以"诽讪朝政"为中心的"浮华交会"。

总之，在汉末魏晋六朝时期，"浮华交会"是一个备受关注、影响深广的重要社会问题。其参与人数之多，场面、规模之大，以及部党性质，都是前所未闻的。于是引起了当时统治者的警觉，故在汉末桓、灵之世和曹魏明帝时，一再发生党锢事件。就是本有"浮华交会"之习的曹操，在与孔融书中亦声称："孤为人臣，进不能风化海内，退不能建德和人。然抚养战士，杀身为国，破浮华交会之徒，计有余也。"[1] 这虽是恐吓之辞，但亦足以说明曹操对"浮华交会"之风的警惕。"浮华交会"之风亦引起了学者的关注，产生于汉末魏晋间的几部子书，都在不同程度上讨论过这个问题，如王符《潜夫论》之《浮侈篇》，葛洪《抱朴子》之《汉过篇》和《刺骄篇》，对"浮华"士风皆有严厉的批评。王符《潜夫论》之《交际篇》，徐干《中论》之《谴交篇》，葛洪《抱朴子》之《交际篇》，皆是讨论"交会"的专文。其他子书，如曹丕《典论》，荀悦《申鉴》，仲长统《昌言》，傅玄《傅子》等

[1]　《后汉书·孔融传》。

等，虽未著专文，但亦轻重不同地涉及到"交会"问题。此外，当时学者讨论"交会"的单篇论文亦不在少数，如朱穆著有《绝交论》《崇厚论》，蔡邕著有《正交论》，刘梁著有《破群论》《辩同和之论》，侯瑾著有《矫世论》等等。可见，"浮华交会"的确是当时官方和学者都特别关注的时代性问题。

2. 汉末魏晋"浮华交会"之特点及其兴起之原因

"浮华""交会"是一事之两面。因"交会"而导致"浮华"，"浮华"者必好"交会"。在汉末魏晋，"浮华交会"既是政治问题，又是学风和士风问题。因"交会"而导致士风的"浮华"，以致"共为部党，诽讪朝廷"，干预朝政，对抗皇权，故政治家要兴"党锢"，废"浮华友"。因"交会"而导致学风的"浮华"，致使学者不务经学，虽有务者，亦守之不固，故学问家要反对"浮华交会"。如此看来，"浮华交会"是汉末魏晋时期的正统学者和统治者普遍关注的社会问题，其态度之偏激甚至超过了先秦两汉的儒家学者。先秦两汉的儒家学者虽然对朋而成党问题有高度的警觉，对朋友交接有诸多的限制，但不至于持一概否定的态度，他们甚至还特别提倡"责善辅仁"的交友之道。汉末魏晋时期的统治者和正统学者在批评当时社会的"浮华交会"之风时，普遍将立论之依据放在古代"责善辅仁"和师徒讲习的友道上，以称颂古代友道作为反对当代交会的出发点。[1] 为了解释汉末魏晋时期正统学者和统治者为何对"浮华交会"持如此偏激之态度？交会风

---

[1] 古代学者特别是早期儒家学者对友道的界定，皆着眼于道德学问的修为方面，甚至是局限于同门生徒间互相保有、佑助的意义上，多集中在同门生徒间的责善辅仁和直谅多闻的道德学问之修养上。参见拙著《传统人伦关系的现代诠释》第一章之第一节"朋友伦理的特殊性和古人对友道的界定"。（贵州民族出版社2004年版）

气何以特别盛行于汉末魏晋时期？有必要对当时的朋友交会之特殊性作一个细致的考察。

汉末魏晋的朋友交会与传统儒家设计的友道甚为不同。其不同之处，除了作者在上文已经罗列的交会人数多、规模大和部党性质几点外，还有以下几个方面值得注意。

其一，汉末魏晋时期之交会，不再局限于同门生徒之间，亦不再拘限于狭隘的地域之内，它具有跨师门、越地域的特点。

早期儒家学者以"同门"释"朋"，以"佑助"解"友"，把朋友交接之范围限制在同门生徒之间，把交接的内容局限在学问道德的讲习切磋上。此种交接之道在汉代得到充分的实践，故在当时的知识界出现了师法、家法的森严壁垒。悖乱师法，遗弃家法，不仅在学术界站不住脚，在交游圈立不住身，甚至在官场上亦要被贬斥，更谈不上立博士了。但是，在汉末，这种风尚受到了冲击，学无常师，择善而从，成为当时新兴知识群体的一种时尚，师法家法在学术界虽仍有影响，但一般具有革新意识的学者，都不再严守师法家法，甚至古文经与今文经的森严壁垒亦被推倒。同时，学员生徒间的交往亦不再以同门为界，而是越出师门，以志同道合为交接之纽带。[1]在此期间，"责善辅仁"和学问切磋的交接内容，虽未被完全废弃，但已明显让位于对才情风韵之人格魅力的倾慕和对美好纯洁之友谊的追求。而这正是对早期儒家学者设计的友道的一个极大的冲击。

汉末魏晋时期的交会，不仅突破了同门交接之限制和责善辅仁之局限，而且还突破了交往地域之限制。在当时，若有志同道合者，不惜千里命驾与之交游，是一种时尚。此与传统儒者设计的友道甚为不

---

[1] 余英时指出：东汉时代"同志"一词的流行，标志着士大夫的群体自觉。（《中国知识阶层史论》第 215 页，联经出版事业公司 1980 年版）

同。传统儒者因警惕朋而成党，对朋友交接甚为敏感，对人口的流动迁徙亦极为注意，特别禁止跨地域跨师门的外交，甚至以曾子之"离群索居"为美德。但是，在汉末魏晋，这种限制已经被完全突破。且不说京师太学云集的几万太学生，是来自全国各地，四面八方。就是遍布全国各地精舍中的学员，亦断非本地学子，而多是不远千里，自远而至者。如：

> 任安，……少游太学，学终还家教授，诸生自远而至。（《后汉书·儒林传》）
>
> 张兴，……习《梁丘易》，以教授，弟子自远而至，著录且万人。（同上）
>
> 魏应，……教授山泽中，徒从常数百人，弟子自远方至者，著录数千人。（同上）
>
> 丁恭，……教授常数百人，诸生自远方者，著录数千人。（同上）
>
> 姜肱，……博通五经，兼明星纬，士之远来就学者三千余人。（《后汉书·姜肱传》）
>
> 檀敷，……立精舍讲学，远方至者尝数百人。（《后汉书·党锢传》）
>
> 班英，……隐于壸山之阳，受业者四方而至。（《后汉书·方术传》）
>
> 公沙穆，……隐居燕莱山，学者自远而至。（同上）
>
> 董扶，……少游太学，还家讲授，弟子自远而至。（同上）

范晔著《后汉书》，叙述当时教育发展之盛况，一再提到生徒不远千里求师问道，可见跨地域的交游问学，的确是当时一种普遍的社会风尚。各地经师，自立精舍，读书之人，负笈求师，千里而至，加剧了社会人口之流动。当时京师的几万太学生，从全国各地而来，学成之后，又回乡教授，招收"自远而至"的生徒。这样，全国各地的生徒学员通过各种纽带，被纳入一个虽然散漫但却相当庞大的交游圈子中。这与传统儒家设计的那种封闭的交接之道很不一样。

其二，汉末魏晋时期之交会，还有一个重要特点就是"游"。交会有"游"的特点，故称"交游"。其时之学风亦有"游"的特点，故称"游谈"。其时之文风亦如此，故称"游辞"。

"游"字见诸典籍，多有虚浮不实的意思。如《易·系辞下》说："诬善之人其辞游。"《疏》云："游谓浮游，诬罔之人，其辞虚漫，故言其辞游也。"故称虚浮不实之言谈为"游言"或"游辞"。称不以农桑为本、从事巧言游说活动的人为"游士"。称离乡远游之人或游手好闲之人为"游子"。称专好交游、勇于急难之人为"游侠"。称周游求学为"游学"。称离开本地到他方求官谋职为"游宦"。总之，以"游"为词根构成的词，所指之人或行动，皆有虚浮不实的特征。《论语·述而》载："子曰：志于道，据于德，依于仁，游于艺。"杨伯峻译"游于艺"为"游戏于礼、乐、射、御、书、数六艺之中"，[1]"游于艺"即是对艺持一种游戏态度。这种虚浮不实的游戏态度，与儒家一贯强调的严肃庄重的态度不一样。[2] 同时，我们还注意到，儒家不提倡"游"，法家亦特别反对"游"之态度和行为。先秦时期提倡"游"的只有道家的庄子，他把"游"看作是一种高度自由、至美至乐的精神境界。他主张"逍遥游"，要"游心于物之初"，[3]"游乎四海之外"，"游无穷"，[4] 认为"得至美而游乎至乐，谓之至人"。[5] 他在《在宥篇》说鸿蒙"雀跃而游"，并借鸿蒙之口对"游"作了详尽的阐释，其云：

---

[1] 杨伯峻：《论语译注》第72页，中华书局1958年版。

[2] 《论语·学而》云："子曰：君子不重，则不威，学则不固。"

[3] 《庄子·田子方》。

[4] 《庄子·逍遥游》。

[5] 《庄子·田子方》。

浮游，不知所求；猖狂，不知所往；游者鞅掌，以观无妄。

噫！心养。汝徒处无为，而物自化。堕尔形体，黜尔聪明，伦与物忘；大同乎涬溟，解心释神，莫然无魂。万物云云，各复其根，各复其根而不知；浑浑沌沌，终身不离；若彼知之，乃是离之。无问其名，无窥其情，物固自生。

即"游"是一种"不知所求""不知所往"的、没有功利目的的自由境地。要达到这种"游"的境界，必须要"堕形体""黜聪明""解心释神"，具备"大同乎涬溟"的精神状态。[1]庄子提倡的这种"逍遥游"，对魏晋文人的人生追求和艺术创作，都产生过极为重要的影响。

一般而言，在权力集中的大一统时代，游风就比较沉寂。在战乱年代或法网疏阔的时代，如战国时期和西汉初年，游士、游侠、游子风行一时，游学、游宦成为一时之时尚。战国至汉初，学术、文学之盛，皆与此有关。自武帝朝至东汉中期，儒学独尊，天下一统，游侠、游士、游子虽未完全退出社会，但明显沉寂多了，游学、游宦的风气亦大为衰退。至东汉中后期，游风再度兴盛，如《后汉书·王符传》说："自和、安之后，世务游宦，当途者更相荐引。"这是就游宦而言。而最值得关注者，是当时之游学问题。其时学者，虽务经学，亦守之不固，多尚游谈，故仇香批评符融等太学诸生说："天子修设太学，岂但使人游谈其中。"[2]太学诸生亦被称为"游士"，如牢修上书控告李膺，说他"养太学游士，交结诸郡生徒，更相驰逐，共为部党"。[3]一般名士亦以"优游不仕"为时尚。考察《后汉书》，像"太学游士""京

[1]　参见叶朗《中国美学史大纲》第 115 页，上海人民出版社 1987 年版。

[2]　《后汉书·仇香传》。

[3]　《后汉书·党锢列传》。

师游士"这样的称号屡见不鲜，亦可见当时游学风气之盛。范晔著《后汉书》，叙述东汉中后期学子求学问道之史实，屡次提到一个"游"字，可见由"游"而学确是当时社会的一种普遍风尚。这种通过"游"而学的风气，与传统经生在皇帝亲临裁决异同之下而埋头章句的学风，截然不同。故《后汉书·儒林传序》说：

> 顺帝感翟辅之言，乃更修黉宇，凡所造构，二百四十房，千八百五十室。……自是游学增盛至三万余生。然章句渐疏，而多以浮华相尚，儒者之风盖衰矣。

太学扩大了，生徒增多了，但章句却逐渐疏略，儒风亦渐趋衰退。原因在于生徒置身太学，不是皓首穷经，苦研章句，而是"游谈其中"，以交会为务，以浮华相尚，以"游"的态度对待学。

汉末士子以"游"的态度对待学，亦以"游"的态度对待交会。此间的交游，与传统儒家设计的"责善辅仁"的友道相比，亦有虚浮不实的特点。传统儒家所设计的朋友伦理是修身之伦理，是以道德学问之讲求和"责善辅仁"之劝竞为主要内容，是齐家治国平天下之根基。[1] 而此间的交游，虽未完全废弃"责善辅仁"的修身之用，但已明显将重心转移到飞名誉、倾才情、重友谊的内容上来。此与"责善辅仁"的友道相比，的确有些虚浮不实。

汉末魏晋人以"游"的态度对待人生，亦以"游"的态度对待文

[1] 早期儒家学者以朋友伦理为"人伦之本务，王道之大义"，甚至认为它是"纲纪人伦""维持是理"之根基。儒家修务之步骤是修身、齐家、治国、平天下。其中，修身是基础。如果说君臣、父子、夫妇、兄弟四伦的功能是齐家、治国、平天下，那末朋友伦理的功能则是修身养性。参见拙著《传统人伦关系的现代诠释》第一章之第一节"朋友伦理的特殊性和古人对友道的界定"。（贵州民族出版社 2004 年版）

学艺术。孔子提出"游于艺"的观点，虽然其"艺"不专指文学艺术，但亦应该包括文学艺术在内。汉人的文艺观过于功利，对文艺的态度过于认真，动辄就将它提升到经邦治国的高度。魏晋六朝人才充分发挥了孔子"游于艺"的观点，以"游"的态度对待文学艺术。特别是他们在讲艺术构思时，无不注重"游"的心胸和姿态的培育。如陆机《文赋》讲构思时说："收视反听，耽思傍讯，精骛八极，心游万仞。"刘勰《文心雕龙·神思》说："思理为妙，神与物游。"萧子显《南齐书·文学传序》说："蕴思含毫，游心内运，放言落纸，气韵天成。"所谓"心游""神游"或"游心"，就是在审美活动中审美主体所进入的一种完全自由的心理状态。这种完全自由的心理状态，对于艺术家来说，非常重要。[1]这种以"游"待艺的态度，渊源于孔子的"游于艺"的观点，更受庄子"逍遥游""游心于物之初""得至美游乎至乐"的观点的直接影响。

总之，汉末魏晋人做官、治学、交友、为文，皆以"游"的态度对待。这在正统儒者看来，就不免浮华轻薄。"游"的问题，亦引起了当时学者的关注，荀悦著《三游论》说：

> 世有三游，德之贼也。一曰游侠，二曰游说，三曰游行。立气势，作威福，结私交，以立强于世者，谓之游侠。饰辩辞，设诈谋，驰逐于天下，以要时势者，谓之游说。色取仁以合时，好连党类，立虚誉，以为权利者，谓之游行。此三游者，乱之所由生也。[2]

看荀悦以"德之贼""乱之所由生"等极端的语辞指责"游"风，便

---

[1]　参见本书第六章第一节之"尚通意趣与审美超越意识的形成"。

[2]　《古今图书集成·明伦汇编·交谊典》卷五《交谊总部》，《全后汉文》未收录。

知当时正统学者对"游"风是如何的反感。

其实，这种虚浮不实的交游风气的兴起和盛行，不是偶然的现象，它与整个汉晋文化思潮的变迁趋势是吻合的。因为汉晋文化思潮的总体发展趋势是由实而虚，汉晋学风的发展是由笃实而玄虚，汉晋士风的发展是由经明行修而简易通倪。汉末魏晋的时代风尚，说它"虚"亦好，说它"浮华"亦罢，说它"游"亦罢。总之，皆呈现出避实就虚、舍固求通的特点。

其三，汉末魏晋的浮华交会有重才情、尚友谊的特点。萧艾在《世说探幽》一书中说：

> 从社会发展的角度来看人际关系，从汉末到魏晋，是最重视交游的时代。也就是说，人的活动范围，已经突破了家庭的樊篱，走向广阔天地，老死不相往来的日子一去不复返了。如果依旧束缚在君臣、父子、兄弟、夫妇之间，固属狭隘；即使仅与朋友中的师生或同门相周旋，也未免局限于一隅。……魏晋时期，士与士频繁往来，开始是受到乡间品题的影响，后来发展为彼此交流思想的新阶段，再进而完全出于友谊，把友谊当作人的精神生活中不可缺少的内容。友谊是最美好、最纯洁的一种情感。寻找友谊说明人类向着理想的世界、情感的世界跨越了更高的一级阶段。[1]

萧艾把汉末魏晋时期的交游，依次分为受乡间品题影响、交流思想和完全出于友谊三个阶段。这个论断很有启发性。但是，作者认为，与其将交流思想的交游和追求友谊的交游截然分为两个阶段，不如说它们是同时并存的。因为友谊以志同道合为基础，以人格魅力为联系纽

---

[1] 萧艾：《世说探幽》第 131 页，湖南出版社 1992 年版。

带，追求友谊包括了交流思想的内容。为了叙述的方便，作者还是将它们分开来讲。

先说交流思想的交游。交流思想的交游，可称之为"以文会友"。早期儒家亦讲"以文会友"，如曾子说："君子以文会友，以友辅仁。"[1] 何谓"以文会友"？要回答这个问题，首先得搞清楚"文"这个词在孔门师徒中的具体用意。《论语·述而》说："行有余力，则以学文。"何晏《集解》引马融曰："文者，古之遗文。"朱熹《集注》说："文谓《诗》《书》六艺之文。"此为孔门所用"文"意之一。《论语·子罕》说："文王既没，文不在兹乎？天之将丧斯文也，后死者不得与于斯文也；天之未丧斯文也，匡人其如予何？"朱熹《集注》解释说："道之显者谓之文，盖指礼乐制度之谓。"此为孔门所用"文"意之二。《论语·先进》说："德行：颜渊、闵子骞、冉伯牛、仲弓；言语：宰我、子贡；政事：冉有、季路；文学：子游、子夏。"邢《疏》云："若文章博学，则有子游、子夏二人也。"此为孔门所用"文"意之三。其他作为形容词用者，因与本论题无关，故不详举。要之，孔门所用之"文"，是一个内涵相当广泛的概念，略同于今人所用的"文化"一词，泛指《诗》《书》文献、典章制度、礼乐文化和文学艺术等方面的内容。因此，孔门所谓的"以文会友"，就是以学问文章或者文化来聚会朋友。并且，孔门对"以文会友"是有界定的，即"以文会友"要达到"以友辅仁"的道德目的。

魏晋间的"以文会友"与此不同。葛洪《抱朴子·汉过》说汉末魏晋士人"结党合誉，行与口违者，谓之以文会友"，此论略显极端。作者以为：汉末魏晋士人之"以文会友"，扬弃了早期儒家的道德目的，是以玄会友，以诗会友，以酒会友，以山水会友，虽有交流学术

---

[1] 《论语·颜渊》。

思想的意义，但更主要是以展示才情风韵和人格魅力为目的。在魏晋六朝时期，我们依次看到邺下"七子"的诗酒唱合，竹林"七贤"的酣畅玄谈，金谷园"二十四友"的诗酒酬唱，竟陵"八友"的诗文往还，兰亭名士的吟诗赏景，文选楼学士的文采风流，等等。总之，在这个时期，或有因对三玄感兴趣而汇聚成的玄谈交游圈，或有因偏爱诗文创作而结成的风趣相投的文学团体，或有因偏爱山水风物而汇聚的山水交游圈。这种交游圈子的形成，以志同道合为前提，随着交游的深入，友谊亦就自然产生了。

如果说早期儒家设计的友道有明显的道德目的，那末魏晋名士理想中的友道则是以友谊为核心内容。魏晋人追求友谊，与其对超越的、无功利的人生境界的追求是相通的。友谊是无功利、无贵贱等级和尊卑秩序的情谊，它是在超越功利、贵贱、尊卑等世俗行为之基础上，形成的一种以心之冥契、情之吸引为特征的人际情谊。魏晋人交游重友谊，正体现了他们的超越情怀，如：

> 刘尹云：清风朗月，辄思玄度。（《世说新语·言语》）
>
> 庾太尉少为王眉子所知。庾过江，叹王曰：庇其宇下，使人忘寒署。（《世说新语·赏誉》）
>
> 羊公还洛，郭奕为野王令。羊至界，遣人要之，郭便自往。既见，叹曰：羊叔子何必减郭太业？复往羊许，小悉还，又叹曰：羊叔子去人远矣。羊既去，郭送之弥日，一举数百里，遂以出境免官。复叹曰：羊叔子何必减颜子。（同上）
>
> 支道林丧法虔之后，精神陨丧，风味转坠，常谓人曰：昔匠石废斤于郢人，牙生辍弦于钟子，推己外求，良不虚也。冥契既逝，发言莫赏，中心蕴结，余其亡矣。却后一年，支遂陨。（《世说新语·伤逝》）

> 嵇康与吕安善，每一相思，千里命驾。安后来，值康不在，喜出户延之，不入，题门上作"凤"字而云。喜不觉，犹以为欣故作。"凤"，凡鸟也。（《世说新语·简傲》）

从以上例子看，心灵之契合和情感之吸引是魏晋名士交游的主要依据。此外，"神交"一词亦流行于时，如孙权《报孙逊书》说："孤与子瑜，可谓神交，非外言所能间也。"[1] 袁宏《山涛别传》说："陈留阮籍、谯国嵇康并高才远识，……涛初不识，一与相遇，便为神交。"[2] 亦有称"交游"为"神游"者，如江淹《自序传》云："所与神游者，唯陈留袁叔明而已。"[3] 孟子说："圣而不可知之之谓神。"[4]《易·系辞》说："阴阳不测谓之神。"王弼说："神者无形者也。"[5] 所谓"神交"或"神游"，指不可以形迹测知的交游，或者说，是以心之冥契、情之吸引为特征的交游，是排除外在功利（即"形"）、以情谊（即"神"）为核心的交游。

总之，汉末魏晋六朝之交游，具有跨师门、跨地域、舍固求游，重友谊才情的特点，它与传统儒家界定的友道有较大的区别。比较而言，它更具有超越性质。下面，我们要讨论的，是此种交会或交游之风何以盛行于汉末魏晋六朝？

交会之风盛行于汉末魏晋六朝，有其外因和内因。其外因是汉末魏晋时期经济上的游离特点。侯外庐、杜国庠指出：汉代强固的土断人户的组织和安土重迁的乡亭旧法，被魏晋时期半生产半军事的具有

---

[1] 《三国志·诸葛瑾传》裴注引《江表传》。

[2] 《初学记》卷六引。

[3] 《江文通集》卷三。

[4] 《孟子·尽心下》。

[5] 《易·观卦注》。

游离性质的屯田制和"相土处民，计民置吏"的临时办法所取代，经济形式和土地制度的变化，使得安固状态下的缙绅礼仪渐渐破产，给博士意识下的古典章句之师法以恶劣的打击。经济上游离其业，反映于思想，便是浮华任诞。没有物质条件的浮游，就不会有意识的虚诞。[1]侯、杜二氏虽未明确指出游离经济对交会风气的影响。但是，作者认为：经济上的游离其业，影响于文化思想，是浮华任诞；作用于士人风尚，便是通侻交会。一个脱离故土而流浪迁徙的人，亦就脱离了故土上的宗法血缘群体，转而与来自他方的人居住，形成新的群体。这一方面必然使得安固形态下的缙绅礼仪渐渐破产，宗法血缘纽带逐渐解体，从而导致士风的通侻浮华。同时，游离经济产生的背景是大规模的人口流动，长期的战乱又使大批的文人背井离乡。人口的流动，特别是大批文人的背井离乡，必然导致交会风气的盛行。背井离乡之人远离亲人，疏远了亲情，亦就特别需要朋友的帮助和友情的慰藉。俗话说："在家靠父母，出门靠朋友。"说的就是这个意思。

长期的战乱，以及由此而形成的游离经济，是导致汉末魏晋交会风气盛行的外因，但这不是最根本的原因，最根本的原因是内因。作者认为：导致此间交会风行的内因，是在老庄之学的复兴和尚通意趣之影响下，兴起的"人性觉醒"思潮。汉末魏晋，是"人性觉醒"的时代，这已是学界的共识。所谓"人性觉醒"，是指人类认识到人之所以为人，认识到人的自然本性存在的合理性。简言之，就是人的自然本性的觉醒。在这个"人性觉醒"的时代，追求个体情感欲求的满足，追求个体的自由，成为当时文士的时尚。在当时，关于名教与自然的关系，虽有"越名教而任自然""名教本于自然"和"名教即自然"等种种不同，但追求自然这一点则是相同的。追求自然，体现在人生

[1] 侯外庐：《中国思想通史》（第3卷）第39～40页，人民出版社1957年版。

观上，就是追求个体的自由，追求合乎人之本性需求的自然之情。追求自然，体现在人际伦理上，就是追求一种合乎人之自然本性的伦理。阮籍的诸多反常举动，如醉卧美妇座侧、凭吊邻家夭折之少女、送嫂归娘家、母死饮酒等等，皆出于对虚伪礼教之反动。其所追求的是自然之伦理。又据《世说新语·德行》载：

> 王戎、和峤同时遭大丧，俱以孝称。王鸡骨支床，和哭泣备礼。武帝谓刘仲雄曰："卿数省王、和不？闻和哀苦过礼，使人忧之。"仲雄曰："和峤虽备礼，神气不损；王戎虽不备礼，而哀毁骨立。臣以和峤生孝，王戎死孝。陛下不应忧峤，而应忧戎。"

忧戎不忧峤，足以说明当时士人对自然之情的追求和重视。儒家人际伦理中的五伦，君臣、父子、夫妇、兄弟皆是有尊卑等级的区分，是以敬为纽带的不平等的伦理，它不完全出于自然之情，在相当程度上需要用礼这个外在的制约来维持其内心的敬意，因此，它们不是自然之伦理。或者更准确地说，经过古代思想家不断诠释的前四伦，已经逐渐丧失其自然法则的特点，变成了不具备自然特征的伦理。唯有朋友一伦，它的选择性、平等性，它的"责善辅仁"和主诚信友爱的特点，无不显示出它的自然特色，尤其是它无尊卑等级的交接特征和以爱为纽带的联接方式，非常契合于汉末魏晋人对自然之情的追求。[1] 所以，在"人性觉醒"的时代，交游盛行，人们把友谊视为人生中最重要的东西，这是由友道的特殊性决定的。同时，交游盛行，对友谊的格外珍视，亦只有在"人性觉醒"的时代，才格外地突出。

---

[1] 参见拙著《传统人伦关系的现代诠释》第一章之第一节"朋友伦理的特殊性和古人对友道的界定"。（贵州民族出版社 2004 年版）

人性的觉醒，以及由此而引起的交游盛行和对友谊的珍视，皆与其间流行的尚通意趣有关。

首先，人性觉醒之思想文化背景是尚通意趣。在尚通意趣的影响下，人们的一切活动都朝着自由通侻的方向发展。追求自由通侻，就必然要反对繁琐拘泥。体现在人生观上，就是反对拘泥的举止和繁琐的礼仪，追求一种符合人之本性的自然之情，于是亦就促成了人性之觉醒。

其次，所谓"交游"，就是结交而游赏情谊。交游风气之盛行，与"游"的风气相关。"游"之反面是"固"，"固"就是拘泥不通。而"游"风之兴起，是以尚通为前提的。由"通"入"游"，尚"通"者好"游"。所以，交游风气的盛行，亦是以尚通意趣为文化背景的。

其三，对友谊的珍视。友谊是自由的情谊，它建立在平等之基础上，超越任何功利目的，是艺术化、审美化的情感。自由和平等观念，超越意识和艺术审美化的情感，都不是拘文牵俗、动如节度的人所能具备。拘文牵俗、动如节度有碍于上述观念或情感的产生和发展。因此，上述观念或情感实际上是在尚通意趣的影响下产生和发展起来的。所以，汉末魏晋六朝人对友谊的珍视，发现友情对人生的重要意义，皆是以尚通意趣为文化背景的。

三、魏晋六朝时期的"文人无行"说

1. "文人无行"：魏晋六朝学者关注的一个重要话题

在中国古代，"文人"所指有广、狭之分，广义的"文人"指学者和辞人，狭义的"文人"则专指辞人。"文人无行"之"文人"则是指狭义的辞人（文学家）。所谓"行"，即名节操行，包括忠、孝、节、义、廉、耻、温、良、恭、俭、让等修身立世准则。所谓"文人无行",是说文学家不重操行,其行为不符合道德规范和伦理纲常。用鲁迅先生的话说,"轻薄,浮躁,酗酒,嫖妓而至于闹事,偷香而至于害人,这是古来之所谓'文人无行'"。[1]

"文人无行"的话题,起于两汉,广于魏晋六朝,是唐宋以来道德家口中的一个老生常谈的话题。在先秦,文学是学术学问之附庸,还没有自觉的文学家(即"文人"),因而不存在"文人无行"问题。至汉代,自觉的文学意识逐渐萌芽,独立于学术之外专以创作为务的文学家如司马相如等人逐渐成长,脱离讽谕教训的汉赋文体逐渐发展,于是,"文人"之操行问题就受到学者关注,"文人无行"话题亦就被提了出来,如扬雄说司马相如等人"颇似俳优淳于髡、优孟之徒,非法度所存,贤人君子诗赋之正也",[2]认为他们的行为不合贤人君子的修身立世准则。又如汉人评价屈原,虽有刘安、司马迁的"与日月争光可也"的好评,[3]但汉代的正统思想家却不以为然,如扬雄对屈原之为人就颇有微辞,他"怪屈原文过相如,至不容。……以为君子得时则大行,不得时则龙蛇,遇不遇命也,何必湛身哉"![4]班固在《离骚序》里亦说:"君子道穷,命矣。……故大雅曰:既明且哲,以保其身。斯为贵矣。"与扬雄一样,他批评屈原不懂"明哲保身"的处世原则。他说:

今若屈原,露才扬己,竞乎危国群小之间,以离谗贼。然责数怀王,怨恶椒、兰,愁神苦思,非其人忿怼不容,沉江而死,亦贬絜狂狷、景

[1] 鲁迅:《辩"文人无行"》,见《集外集拾遗》,人民文学出版社1973年版。
[2] 《汉书·扬雄传》。
[3] 《史记·屈原贾生列传》。
[4] 《汉书·扬雄传》。

行之士。多称昆仑冥婚宓妃虚无之语，皆非法度之政、经义所载。谓之
兼诗风雅，而与日月争光，过矣。[1]

如果说扬雄对屈原还有一份崇敬之意，那末，班固则是肆意责难。
他又说屈原的追随者如宋玉、唐勒、景差之徒以及汉代的枚乘、司马
相如、刘向、扬雄诸人，"虽非明智之器，可谓妙才者也"。即这些
人与屈原一样，是有才无行。因此，我们认为：扬雄、班固是"文人
无行"说的始作俑者。

魏晋六朝时期，"文人无行"成为一种普遍的社会现象，常常被
学者提出来讨论和研究。如曹丕《与吴质书》说：

> 观古今文人，类不护细行，鲜能以名节自立。[2]

鱼豢《典略》说：

> 寻省往者，鲁连、邹阳之徒，援譬引类，以解缔结，诚彼时文辩之俊也。
> 今览王、繁、阮、陈、路诸人，前后文旨，亦何昔不若哉，其所以不论者，
> 时世异耳。余又窃怪其不甚见用，以问大鸿胪卿韦仲将，仲将曰：仲宣
> 伤于肥戆，休伯都无格检，元瑜病于体弱，孔璋实自粗疏，文蔚性颇忿鸷。
> 如是彼为非，徒以脂烛自煎糜也，其不高蹈，盖有由矣。[3]

刘勰《文心雕龙·程器》说：

---

[1] 《全后汉文》卷二十五。
[2] 《文选》卷四十二。
[3] 《三国志·王粲传》注引。

> 近代辞人，务华弃实，故魏文以为"古今文人之类不护细行"，韦诞所评，又历诋群才。后人雷同，混之一贯。吁，可悲矣。略观文士之疵：相如窃妻而受金，……诸有此类，并文士之瑕累。

杨愔《文德论》说：

> 古今辞人，皆负才遗行，浇薄险忌。[1]

按：此乃当时讨论"文德"问题之专文，惜其散佚，存此三句。《颜氏家训·文章》又说：

> 自古文人，多陷轻薄：屈原露才扬己，显暴君过；……至于帝王，亦或未免。自昔天子而有才华者，唯汉武、魏太祖、文帝、明帝、宋孝武帝，皆负世议，非懿德之君也。自子游、子夏、荀况、孟轲、枚乘、贾谊、苏武、张衡、左思之俦，有盛名而免过患者，时复闻之，但其损败居多耳。

考察曹丕、韦诞、刘勰、颜之推等人的言论，有直言"近代"，有泛指"古今"，要之，皆针对当代文坛现状而发。在他们看来，"文人无行"不是个别现象，而是普遍现象。这里，需要追问的是，为什么"文人无行"是一种普遍现象？魏晋六朝文人何以多"无行"？

2. "文人无行"：文学艺术的本质要求

一般而言，文人多有放任旷达、任性不羁、大言风流、孤芳自赏、自以为是、不安分守纪、好评论是非的特点，如林语堂所说："古来文人就有一些特别坏脾气，特别颓唐，特别放浪，特别傲慢，特别矜

---

[1] 《全北齐文》卷二。

夸。"[1] 亦如鲁迅先生所说："文人墨客大概是感性太锐敏了之故吧，向来就很娇气，什么也给他说不得，见不得，听不得，想不得。"[2] 文人的这些特征，因不符合道德规范和伦理纲常，在道德家看来，便是"无行"。

那末，文人何以多有此种"无行"的特征呢？魏晋六朝学者对此作了探讨，如刘勰《文心雕龙·程器》说：

> 近代词人，务华弃实，故魏文以为"古今文人之类不护细行"。韦诞所评，又历诋群才，后人雷同，混之一贯。吁，可悲矣。……文既有之，武亦宜然。古之将相，疵咎实多：至如管仲之盗窃，吴起之贪淫，……沿兹以下，不可胜数……王戎开国上秩，而鬻官嚣俗；况马、杜之磬悬，丁路之贫薄哉？然子夏无亏于名儒，浚冲不尘乎竹林者，名崇而讥减也。……盖人禀五材，修短殊用。自非上哲，难以求备。然将相以位隆特达，文士以职卑多诮，此江河所以腾涌，涓流所以寸折者也。

刘勰反对"文人无行"这种说法，他批评后人跟着曹丕、韦诞诋诃文士。在他看来，"古之将相，痴咎实多"，若说"文人无行"，而将相则更甚。至于世人诋斥文人而不及将相，则是因为文人"职卑"，故而"多诮"；将相"位隆"，人们不便指责罢了，正所谓"江河腾涌，涓流寸折"者也。

刘勰从文人身份地位角度讨论"文人无行"，为文人辩护，是"有激之谈""发愤而著书者"。[3] 然未能从文学本身之角度揭示文人与无行间的内在逻辑关系。从文学的本质特征和创作构思特点，探讨文

---

[1] 林语堂：《人生盛宴》第298页，湖南文艺出版社1988年版。

[2] 鲁迅：《从胡须说到牙齿》，见《坟》，人民文学出版社1973年版。

[3] 纪昀：《文心雕龙辑注》。

人与无行间的深层逻辑关系的是姚察和颜之推。南朝史家姚察说：

> 魏文帝称"古之文人，鲜能以名节自立"，何哉？夫文者妙发性灵，独拔怀抱，易邀等夷，必兴矜露。大则凌慢侯王，小则傲蔑朋党，速忌离谳，启自此作。若夫屈、贾之流斥，桓、冯之摈放，岂独一世哉！盖恃才之祸也。[1]

他从文学的特征和作家的精神气质两方面探讨"文人无行"的原因，认为文学是"妙发性灵"的产物，要求坦诚真率，因而作家亦必须率真自然。同时文人有"独拔"之"怀抱"，有傲岸不凡的气质，往往"必兴矜露"，不肯屈从君王公侯的权势。在道德家看来，便是"无行"。与姚察差不多同时的北朝学者颜之推，亦有大致相似的看法，《颜氏家训·文章》说：

> 朝廷宪章，军旅誓诰，敷显仁义，发明功德，牧民建国，施用多途。至于陶冶性灵，从容讽谏，入其滋味，亦乐事也，行有余力，则可习之。然而自古文人，多陷轻薄：……至于帝王，亦或未免。……有盛名而免过患者，时复闻之，但其损败居多耳。每尝思之，原其所积，文章之体，标举兴会，发引性灵，使人矜伐，故忽于持操，果于进取。今世文士，此患弥切，一事惬当，一句清巧，神厉九霄，志凌千载，自吟自赏，不觉更有傍人。

颜之推把文章分为两类：一是"宪章""誓诰"之类"显仁义""明功德"的杂文学；二是"陶冶性灵"的纯文学。他认为：凡是创作"陶冶性

---

[1] 《梁书·文学传下》。

灵"的纯文学作者，都不免"轻薄"，文人、帝王概莫能外。何以如此？他分别从创作构思和文学内容两方面进行了探讨。首先，在创作构思方面，他认为文人的创作构思，必然进入"神厉九霄，志凌千载，自吟自赏，不觉更有傍人"的境界。虽然他是以批评的口吻指出这种现象，但却是很深刻地描述了文学创作构思应该而且必须具备的此种如痴如醉的忘我境界。如司马相如，据说他作赋时，"意思萧散，不复与外事相关，控引天地，错杂古今，忽然而睡，焕然而兴，几百日而后成"。[1]这是一种全部感觉、意念高度集中的创作状态，是真正进入艺术创作境界的重要表现。这种创作境界，与庄子哲学相通，体现在司马相如的创作活动中，在陆机、刘勰的理论著作中第一次得到详尽的阐释。如陆机《文赋》说：

> 其始也，皆收视反听，耽思傍讯，精骛八极，心游万仞，……观古今于须臾，抚四海于一瞬。

刘勰《文心雕龙·神思》亦说：

> 文之思也，其神远矣。故寂然凝虑，思接千载；悄然动容，视通万里；吟咏之间，吐纳珠玉之声；眉睫之前，卷舒风云之色，其思理之致乎！故思理为妙，神与物游。

颜之推的观点与此相近。虽说这种痴迷状态对文学创作是必需的，但它的孤芳自赏、旁若无人的特点，在道德家看来，就是"无行"。其次，在文学内容上，颜之推指出："宪章""誓诰"之类的杂文学，其功

---

[1] 《西京杂记》卷二。

用是"牧民建国",写作这种文字,不会陷入"轻薄";"陶冶性灵"的纯文学,是"乐事",是纯粹以审美为目的的创作,创作这种文字,必然陷入"轻薄"。这是由纯文学的内容决定的,因为纯文学"标举兴会,发引性灵",[1] 与仁义、功德无涉,表现的是个体内在之深情。要表现这种深情,首先要求创作者要体验此种深情,进而要求创作者要具备这种深情。因此,从事此类创作,必然"使人矜伐,忽于持操,果于进取",在道德家看来,就是"无行"。

相较而言,刘勰之论还处在为文人辩护的道德评价水平,姚察和颜之推则是从文学本质特征的角度,探讨文人与"无行"间的深层逻辑关系,其见解更深刻,甚至在某些方面已经达到了现代文艺理论的认识水平。现代文艺理论的常识是:文学的本性和自然的人性是一致的,文学是"人的本质力量的对象化",是人之本性的诗意表现。文学创作是一种个性创造,文学家必须思想敏锐新颖,感情丰富强烈、真诚坦率,充满童心。正如科林伍德所说:

> 如果艺术意味着表现情感,那末艺术家本人就得是绝对坦率的,他讲话也必须绝对自由。……这并不意味着,艺术家应当是坦率的,而是说,只有在他是坦率的,他才是一位艺术家。任何一种选择,任何要表现这种情感而不表现那种情感的决定,都是非艺术的。[2]

所以,古今中外的学者都习惯把艺术家与儿童、女人类比,因为儿童、女人的情感和直觉,正是一种艺术化的情感和艺术家必需的直

---

[1] 所谓"兴会",据《文选·宋书谢灵运传论》李善注说:是"情兴所会"。即"兴会"与"性灵"一样,是指个体内在的自然情感。

[2] (英)科林伍德:《艺术原理》第118页,王至元、陈华中译,中国社会科学出版社1985年版。

觉。如明代袁宏道、李贽赞美儿童的天真自然，认为童心、童趣符合审美、艺术的要求。袁宏道说："夫趣得之自然者深，得之学问者浅。当其为童子也，不知有趣，然而无往非趣也。"[1] 李贽更以提倡"童心"而闻名。席勒亦说："甚至最伟大的天才在趣味的领域也得放弃自己的高位，亲切地俯就儿童的理解。"[2] 朱自清在《〈子恺画集〉跋》一文中亦说："最宜于艺术的国土的，物中有杨柳和燕子，人中便有儿童和女子。"创作和创作主体的特点，决定文人常常打破社会通行的道德准则和习惯约束，表现出自然、坦率和真诚，在道德家看来，就是"无行"。但是，正如席勒所说："只有当人充分是人的时候，他才游戏；只有当人游戏的时候，他才完全是人。"[3] 这说明，文人受到"无行"的指责，是必然的，不是偶然的。"文人无行"是文学艺术的本质要求。

意味深长的是，"风""骚"词义之引申和演变，亦与此有关。"风骚"本指《诗经》之国风和以《离骚》为代表的楚辞，汉魏以后以"风人""骚人"为文人之雅称，近代以来便成了骂人的贬辞，骂那种风流浪荡、不拘礼法、生活不检点的人。[4] 这个词义的演变历程，一定程度上亦体现了传统中国人对文学和文学家的独特看法。

3. "人的自觉""文的自觉"与"文人无行"

鲁迅先生说："中国自南北朝以来，凡有文人学士、道士和尚，大抵以'无特操'为特色的。"[5] 魏晋六朝文人以"无特操"为特色，

---

[1]　《袁中郎全集》卷一《叙陈正甫〈会心集〉》。
[2]　（德）席勒：《美育书简》第96页，人民文学出版社1963年版。
[3]　（德）席勒：《美育书简》第96页，人民文学出版社1963年版。
[4]　参见拙作《说"风骚"——关于"风骚"词义之引申的考辨》，见拙著《汉唐文化与文学论集》，贵州大学出版社2008年版。
[5]　鲁迅：《吃教》，见《准风月谈》，人民文学出版社1973年版。

魏晋六朝学者亦常常谈论"文人无行"话题。何以如此？笔者以为：是因为在此间出现了独立自觉的人（"人的自觉"）和文（"文的自觉"），"人的自觉"带来了"文的自觉"，"文的自觉"导致了"文人无行"。

先说"人的自觉"。在先秦两汉，文章家、道德家和政治家三位一体，即文章家同时兼具道德家和政治家的身份。《论语·子路》云："子曰：诵《诗》三百，授之以政，不达；使于四方，不能专对。虽多，亦奚以为？"说的是文章家必须具备政治家的才能。《毛诗序》云："故正得失、动天地、感鬼神，莫近于诗。先王以是经夫妇、成孝敬、厚人伦、美教化、移风俗。"说的是文章家必须兼备道德家的职能。在那个时代，还没有独立自觉的文学家，像屈原等辞人被斥为"露才扬己"，像司马相如、东方朔等赋家被视为"俳优淳于髡、优孟之徒"。在那时，文章家必须要具备道德家的品行和政治家的才干，才能独立于世，获得社会的尊重。并且道德品行和政治才干是首要的，文学才能是次要的。魏晋以后，这种情况出现了根本性的变化，文章家可以不再依凭操行名节立世，亦不再凭借政治才干获得地位，完全能够凭借其文学才能获得社会地位，实现自己的人生价值。文章家此种独立身份之获得，主要得力于才性理论的深入探讨和"人才偏至"观念的广泛流行。

才性论是魏晋思想界的一个重要论题。当时的思想家多以操行释性，以才能释才，并且明显存在重才轻行的倾向。[1]东汉以名教治天下，经明行修是官方的取士标准，亦是士人的理想追求，故其时士人砥砺名节，好修廉隅，社会上多忠臣孝子。但忠臣孝子的名节操行未能挽救崩溃的东汉王朝，亦的确不能适应汉魏之际的社会需要。于是曹操

---

[1] 唐长孺：《魏晋才性论的政治意义》，见《魏晋南北朝史论丛》第300页，生活·读书·新知三联书店1995年版。

先后发布四道求贤令，申明"惟才是举"的用人方针，这四道求贤令的共同点就是重才轻行。这种用人标准从一个实际掌握政权的统治者以官方文告的形式发布出来，其影响之深度和广度，是不难想象的。另外，当时学者徐干在《中论·智行》中提出贵智尚艺、重才轻德的观点，与曹操"惟才是举"的用人方针相呼应，对当时社会产生了重要影响。再加上"魏文慕通达而天下贱守节"，把重才轻德的风气推向高潮。在这种环境中，文人不讲名节操行，亦就不难理解了。

曹操"惟才是举"的求贤令，为文人轻贱操行提供了政策依据，徐干重才轻德的思想为文人轻视名节提供了理论依据。由此，文章家不再依附操行名节立身，有理由不再去担负道德家的职能，而以自身的文学才能行世，这标志着文章家与道德家的正式分离，是文章家走向独立自觉的第一步。

其次，在这个时期，人才偏至观念十分流行。曹操实践的重才轻行的用人方针，徐干提出的重才轻行的人才观念，就是一种人才偏至观念，如曹操《敕有司取士毋废偏短令》说："今夫有行之士未必能进取，进取之士未必能有行，……由此言之，士有偏短，庸可废乎。"应璩《百一诗》云："人材不能备，各有偏短长。"刘劭《人物志》更把人才分为偏才、兼才、兼德三类，肯定偏才存在的合理性。前引韦诞亦说："君子不责备于人，譬之朱漆，虽无桢干，其为光泽，亦壮观也。"刘勰《文心雕龙·程器》说："盖人禀五才，修短殊用，自非上哲，难以求备。"人才偏至观念的形成，是人类对人才认识的深化。在汉代，文章家、道德家和政治家三位一体，选举标准是经明行修，才德并重，求全责备，往往因德废才。在魏晋，文章家在人才偏至观念的支持下，不再依附政治事功为立身之本，有理由不再去担负政治家的职能，而完全可以凭文学才能行世，因为文学本身亦是"经国之大业，不朽之盛事"。这标志着文章家与政治家的正式分离，是文章家走向独立自觉之第二步。

在重才轻行和人才偏至观念的影响下，文章家从他本来就不应该主要承担的道德职能和政治职能中解脱出来，走上了独立发展的道路，形成一个独立的社会群体，践行一种贱德行、轻世务的浮华士风。因为他们不再兼具道德家的身分，故以名节为贱；不再兼备政治家的职能，故以世务为轻。这种士风，在道德家看来，的确有些浮华。但是，在一定程度上，这正是人性的觉醒，文章家在这时才"完全是人"，"充分是人"，才是"游戏"的人，亦是最适合进入创作状态的人。

再说"文的自觉"。先秦两汉时期，文章家同时必须兼备道德家、政治家的职能，因此，文学必须寓教训、讲讽谏，没有独立的文章家和文学创作。从"思无邪"到"发乎情、止乎礼义"，以至"温柔敦厚"的诗教，一系列的努力都集中在将文学推向政治、道德的领域中，将文章家引向道德、政治的参与中，将文学内容引进到教训、讽谏的框架中。汉人对诗赋的评价就很可说明这一点，如汉人评价赋体文学，否定者如扬雄，肯定者如班固，其所依据的标准皆是美刺讽谏。这种态度，还体现在对诗歌的评价上，程延祚《诗论十三》说："汉儒言诗，不过美刺二端。"[1] 总之，他们注重的是文学的美刺教化功能，普遍忽略文学的审美娱乐功能。应该说，审美娱乐是文学的基本职能，美刺教化功能是通过审美娱乐功能的潜移默化之影响实现的。注意到文学的审美娱乐功能，并将它的重要性提升到美刺教化之上，这是文学进入自觉时代的一个重要标志，而这一认识的形成并付诸实践，是在魏晋六朝时期。鲁迅先生在《魏晋风度及文章与药及酒之关系》一文中，论到曹丕的《典论·论文》时说：

---

[1] 《青溪集》卷二。

他说诗赋不别寓教训，反对当时那些寓训勉于诗赋的见解，用近代的文学眼光看来，曹丕的一个时代可说是"文学的自觉时代"，或如近代所说是为艺术而艺术的一派。[1]

他把建安文风概括为"通脱"，亦就是"想说什么就说什么"的意思。在这种文学氛围中，专以审美娱乐为目的的创作大量出现，各种不关风教的文学应运而生，产生了大量的游戏之作，唱和、应制、赠答之风亦盛行一时，出现了"为赏心而作"的"远实用而近娱乐"的志怪小说，和供人娱乐的笑话集。文学创作被当作乐事，如陆机《文赋》说："伊兹事之可乐，固圣贤之所钦。"陆云《与兄平原书》说："文章既自可羡，且解愁忘忧。"提出"作文解愁"的说法。《颜氏家训·文章》亦说文学创作"入其滋味，亦乐事也"。因此，文学创作不再是"含毫腐笔"的苦差事，而是"乘兴为书，含欣而秉笔，大笑而吐辞"的欢快之事。[2]

由于"人的自觉"，个体情感欲求的满足被提到重要位置，时人重深情，尚真情，如荀爽说："人当道情，爱我者一何可爱，憎我者一何可憎。"[3] 王戎说："圣人忘情，最下者不及情。情之所钟，正在我辈。"[4] 体现在文学上，就是"摈落六艺，吟咏情性"，[5] 就是对个体喜怒哀乐之情无遮拦的倾泄，以"吟咏情性"作为文学的职责。在道德家看来，就是"忽于持操"，就是"矜伐"和"无行"。

[1] 鲁迅：《魏晋风度及文章与药及酒之关系》，见《而已集》，人民文学出版社1973年版。
[2] 《全三国文》卷一六曹植《与丁敬礼书》。
[3] 《三国志·钟繇传》注引《魏略》。
[4] 《世说新语·伤逝》。
[5] 《全梁文》卷五十三裴子野《雕虫论》。

总之，文人"无行"是文学艺术的本质要求，是文学自觉时代的必然产物。在魏晋六朝，由于"人的自觉"，导致了文章家与政治家、道德家的分裂，使文章家成为一群"充分的人""游戏的人"；文学创作亦从美刺教化功能中挣脱出来，专以赏心、娱乐为务，以"吟咏情性"为职责。这是一个文学的自觉时代，因而文人"无行"亦就成为当时社会的普遍现象。姚察、颜之推对文人"无行"问题的思考，在某种程度上已经达到了现代文艺理论的认识水平。

"仲宣伤于肥戆"解

《三国志·王粲传》裴松之注引鱼豢《典略》说：

> 寻省往者,鲁连、邹阳之徒,援譬引类,以解缔结,诚彼时文辩之俊也。今览王、繁、阮、陈、路诸人,前后文旨,亦何昔不若哉! 其所以不论者,时世异耳。余又窃怪其不甚见用,以问大鸿胪卿韦仲将,仲将曰:仲宣伤于肥戆,休伯都无格检,元瑜病于体弱,孔璋实自粗疏,文蔚性颇忿鸷。如是彼为非,徒以脂烛自煎糜也,其不高蹈,盖有由矣。

此段文字中"仲宣伤于肥戆"句的"肥戆"一词，当作何解？古人的解释分歧较大，如胡应麟《诗薮》外编卷一《周汉》说：

> 《魏志》注引韦仲将云:仲宣伤于肥戆……。人所最易辨者形貌,《传》称王粲"体质短小幼弱,一坐尽惊,蔡中郎曰:吾弗如也。此犹年少故。至往依刘表,则既长立矣,而表以寝弱通脱,不甚重之"。韦仲将乃谓仲宣肥戆,肥戆之与短弱通脱,何相反甚耶?

胡应麟以为"肥戆"是指王粲的形貌，于是发现韦诞的"肥戆"之说与《三国志·王粲传》所说的"短小""体弱"矛盾，觉得不可理解。

沈钦韩亦说：

> 魏文帝云：仲宣善于辞赋，惜其体弱，不足起其文。彼（引者按：
> 指魏文帝语）论文，此（引者按：指"表以粲寝而体弱通侻"一语）实
> 言体羸。然韦仲将云：仲宣伤于肥戆。又非体弱者也。[1]

沈钦韩亦认为"肥戆"是指王粲的形貌，故跟胡应麟发出了同样的疑问。

关于王粲的形貌，《三国志·王粲传》有两条材料皆说他形体短小羸弱。其一是王粲十四岁时拜访学者蔡邕，[2]因"年既幼弱，容状短小"而使蔡邕宾客"一坐尽惊"，可知十四岁的王粲与同龄人相比，在形貌上有"短小"的特点。其二是王粲往荆州投靠刘表，刘表以"粲貌寝而体弱通侻，不甚重也"，刘表与王粲相处甚久，还曾想以女妻之。因此，刘表说王粲"体弱"是绝对不会错的。儿时"短小"，长大后"体弱"，天生体质如此，于理亦通。韦诞于"建安中为郡上计吏，特拜郎中"，[3]是王粲稍后之人，纵使没有亲见王粲其人，亦必定有所耳闻。如果诚如胡应麟、沈钦韩所说，"肥戆"是指王粲的形貌，那末韦诞所说亦必有依据。事实上，正如胡应麟所说，"人所最易辨者形貌"。两相比较，作者宁可相信与王粲相处甚久的刘表的话，而韦诞所说之"肥戆"当另有所指。

卢弼提出新解，试图解决胡、沈二人的疑问，其云："韦语亦论文，沈说误。"[4]认为"肥戆"当是指王粲诗文的特点。此种解释没有依据，卢弼亦没有提出证据，只是臆测。王粲已死，我们无法起之于地下以

---

[1] 卢弼：《三国志·王粲传集解》引。

[2] 参见俞绍初《建安七子年谱》，见《建安七子集》，中华书局1989年版。

[3] 《三国志·刘劭传》注引《文章叙录》。

[4] 卢弼：《三国志·王粲传集解》。

证其是"体弱"还是"肥胖",但王粲诗文尚存,其诗文是否有"肥戆"之特点,是可以考察的。事实上,王粲诗文是以"文秀而质赢""体弱""超逸"为特色的,如曹丕《与吴质书》说:"仲宣善于辞赋,惜其体弱,不足起其文。"此"体弱"是论文,沈钦韩已指出。所谓"体弱",就是钟嵘《诗品》所说的"文秀而质赢",即缺乏清刚豪壮之气。故王僧儒《太常敬子任府君传》说:"孔璋伤于健,仲宣病于弱。"胡应麟《诗薮·内编》说:"仲宣才弱,肉胜骨。"陈祚明《采菽堂古诗选》卷七说:"王仲宣诗跌宕不足,而真挚有余。"刘熙载《艺概·诗概》说:"王仲宣、潘安仁悲而不壮。"许学夷《诗源辨体》卷四亦说:"公干气盛于才,仲宣才优于气。"其诗文所以如此,皆由于"体弱"、"质赢"之故。因此,"肥戆"亦不是评王粲的诗文。

"肥戆"既不是评王粲的形貌,亦不是评他的诗文。作者认为,当是评王粲的操行,理由如下:

其一,揣摩裴注所引鱼豢文,从鱼豢所问和韦诞所答之词看,皆有关人物之操行。鱼豢以为王粲诸人之文与鲁仲连、邹阳之徒不相上下,而仕途成绩却相去甚远,因而"怪其不甚见用",其所问不在诗文之优劣甚明。韦诞之答词如"都无格检""实自粗疏""性颇忿鸷",亦皆是就操行言之,故"仲宣伤于肥戆"亦当是就操行而言。唯"元瑜病于体弱"是例外,可能是指阮瑀身体方面体弱多病。

其二,刘勰《文心雕龙·程器》篇叙说"文人无行"云:

> 近代词人,务华弃实,故魏文以为"古今文人之类不护细行"。韦诞所评,又历诋群才。后人雷同,混之一贯,吁,可悲矣。

这里有三点值得注意。一、刘勰将韦诞所评与曹丕"古今文人之类不护细行"的说法并提，曹丕之说是指文人的操行，这是没有疑义的。刘勰将韦诞之评与之并提，那末韦诞之评亦当指人物的操行，至少刘勰是这样看的。二、《文心雕龙·程器》篇主要讨论作家的道德修养问题，刘勰提及韦诞是为了说明"文人无行"是当时社会的重要话题。此亦可证明刘勰认为韦诞所评不是形貌和诗文，而是操行。三、刘勰说"韦诞所评，又历诋群才"，人的形貌乃客观之物，无所谓"诋"，所可"诋"者，乃人物之操行。总之，刘勰以为韦诞所评，是评操行，而非形貌和诗文，这是可以肯定的。

其三，颜之推《颜氏家训·文章篇》说："自古文人，多陷轻薄。"他评论文人的操行，虽然没有提到韦诞之名，但其评语却多沿袭韦诞，其评建安文人的操行，于韦诞所评的五人中就评了四人，如他说"繁钦性无检格"，显然源自韦诞"休伯都无检格"一语；评"陈琳实号粗疏"，这与《文心雕龙·程器》篇"孔璋偬恫以粗疏"一样，亦是源于韦诞"孔璋实自粗疏"一语；评"路粹隘狭已甚"，是源自韦诞"文蔚性颇忿骛"一语；评"王粲率躁见嫌"，与刘勰说"仲宣轻脆以躁竞"相似，亦当源于韦诞"仲宣伤于肥戆"之评（详后）。可见，颜之推亦认为韦诞之评是评操行，而非形貌和诗文。

韦诞之评是指王粲的操行，刘勰和颜之推都这样认为。那末，"肥戆"是一种什么样的操行呢？这得从"肥戆"一词之词义来考察。先看"戆"字，《史记·汲黯列传》载："（武帝）谓左右曰：'甚矣，汲黯之戆也。'"许慎《说文》说："戆，愚也。"司马贞《史记索引》引《说文》作释。王符《潜夫论·务本篇》曰："愚夫戆士，从而奇之。"汪继培《笺》引《说文》和《淮南子》高诱注为证，说"戆"与"蠢"通。《后汉书·伏湛传》载杜诗荐伏湛说："臣诗愚戆，不足以知宰相之才。"卞兰《赞述太子赋并上赋表》说："窃怡绵绵之属，忘愚戆之言。""愚"和"戆"在这里皆是同义连用。据此可知,"戆"有"愚蠢"义。另外,"戆"还有"刚直"义,《荀子·大略篇》云:"悍戆好斗,似勇而非。"其"戆"当有"悍""勇"义。再说,汉武帝说汲黯"戆",是因为汲黯性情刚直,面折廷争而无所顾忌,"伉厉守高不能屈",虽"贲、育不能夺之"。[1]一般而言,性情刚直抗厉者,多固执,故近于愚。奸谀巧诈者,善应变,故近于智。故《辞源》释"戆"为"刚直而愚",是比较全面和符合实际的。再说"肥"字,"肥"有"丰满""充足""厚"等义,如《战国策·秦策》"而肥仁义之诚"注云:"肥,犹厚也。"《广雅·释诂》说:"肥,盛也。"《易·遁》曰:"上九,肥遁,无不利。"《疏》云:"肥,饶裕也。最在外极,无应于内,心无疑顾,是遁之最优,故曰肥遁。""遁之最优"为"肥遁",可知"肥"可作副词,有"很""非常"之义。故"戆"之最甚者,亦可称为"肥戆"。所以,"肥戆"是一个偏正词,是"非常刚直而愚蠢"的意思。

此外,范文澜《文心雕龙注》说:"王粲'轻脆躁竞',未知其事。韦诞谓其'肥戆',疑'脆''肥'皆'锐'之伪也。《体性篇》'仲宣躁锐'。"范氏之疑乃臆测,无文献依据,故不采信。杨明照《文心雕龙校注拾遗》卷十以为"肥戆"之"肥"字,乃"通侻"("侻"通"脱")之"侻"字之误。杨氏之说纯属臆测,故亦不采信。又,《汉语大词典》收有"肥张(zhang)"一词,释为"肥壮貌"。"肥戆"有无可能是"肥张"呢(即"张"假借为"戆")?据胡运飚先生说:"肥张"假借为"肥戆"的可能性极小,因为古人一般不会放弃一个笔画较少的"张"字不用,而去写一个笔画是"张"的近三倍的"戆"字,且"张"假借为"戆"似无文献依据,故不取此说。

---

[1]　《史记·汲黯列传》。

"肥戆"是"非常刚直而愚蠢"意思,这正与王粲之操行相吻合。《三国志·王粲传》说王粲"貌寝而体弱通侻",裴松之注云:"通侻者,简易也。"是说他为人简易,不守礼法,有佚荡之风。而这正是"戆"的表现,因为被汉武帝评为"戆"的汲黯亦正有"弘大体,不拘文法"的行为。[1]《三国志·钟会传》注引《博物志》说:"初,王粲与族兄凯俱避地荆州,刘表欲以女妻粲,而嫌其形陋而用率,以凯有风貌,乃以妻凯。"所谓"用率"亦是"通侻"的意思。《三国志·杜袭传》又说"粲性躁竞",《文心雕龙·体性篇》说:"仲宣躁锐,故颖出而才果。"《程器篇》亦说:"仲宣轻脆以躁竞。"前引《颜氏家训·文章篇》说:"王粲率躁见嫌。"时人喜用"通侻""率""躁""竞""锐"等词评价王粲之操行,而这几个词皆有"刚直"的意思,或者说都与性情刚直有关。"刚"则"躁","躁"则"竞""锐";"直"则"通","通"则"率""简"。所以,"通侻""躁竞""躁锐"等词与"肥戆"是近义词。

因此,作者以为:"肥戆"不是评王粲的形貌和诗文,而是评他的操行。胡应麟、沈钦韩、卢弼之误,在于没有搞清楚"肥戆"一词的含义,特别是"戆"字的意义,专从"肥"着眼,就只能解释成是评形貌或诗文了。事实上,"肥戆"是偏正词型,其中心词是"戆","肥"是修饰"戆"的副词。

---

[1] 《史记·汲黯列传》。

第五章 尚通意趣与汉晋学风之转移

汉晋学术思想之发展，由儒学到玄学，逐渐呈显出由拘泥、执障而清通、简要的发展特点，具体在学术取径、治学方法和学术目的等方面，皆体现出显著的区别。此种发展特点和显著区别，又与汉末魏晋时期知识界盛行的尚通意趣有密切的关系，或者说，是尚通意趣导致了汉晋学风由拘泥、执障向清通、简要的方向发展，是尚通意趣改变了汉晋学者的治学方法，拓展了魏晋学者的学术取径，从而使汉晋学者的治学目的呈现出不同的面貌。在汉晋学术思想发展史上，《人物志》起着承上启下的作用，特别是它在学术方法上的创新，向上结束了汉代的章句之学，向下开启了魏晋玄学。而《人物志》及其提出的"质性平淡，思心玄微，能通自然"的学术新方法，亦是汉末魏初尚通风尚的直接产物。

一、从拘泥执障到清通简要：汉晋学风发展之总体趋势

汉晋学术思想之发展，由西汉中期至东汉初期的今文经学，到东汉中期的古文经学，到东汉后期的今古文学，到魏晋玄学，由汉末魏初之佛道到晋宋之佛玄，大致呈现出由拘泥、执障而清通、简要的总

体发展趋势。

先看在西汉中期至东汉初期占统治地位的今文经学。今文经学最显著的特征,就是拘泥执障、繁琐冗杂。拘泥于师法家法,执障于儒家经典,以穿凿附会为手段,以浮辞繁多为学问,其结果就是支离破碎、烦言碎辞。第一个提倡古文经学、反对今文经学的学者刘歆,其批评今文经学,就把矛头指向这一点,其云:

> 往者缀学之士,不思废绝之阙,苟因陋就寡,分文析字,烦言碎辞,学者疲老,且不能究其一艺,信口说而背传记,是末师而非往古。至于国家将有大事,若立辟雍、封禅、巡狩之仪,则幽冥而莫知其原。犹欲抱残守缺,挟恐见破之私意,而无从善服义之公心,或怀妒嫉,不考情实,雷同相从,随声是非,……岂不哀哉? [1]

刘歆批评今文学者"分文析字,烦言碎辞","保残守缺",可谓切中要害。这种学风的结果,是使"学者疲老,且不能究其一艺"。同样的批评亦见于班固的《汉书·艺文志》,其云:

> 古之学者耕且养,三年而通一艺,存其大体,玩经文而已,是故用日少而畜德多,三十而五经立也。后世经传既已乖离,博学者又不思多闻阙疑之义,而务碎义逃难,便辞巧说,破坏体形;说五字之文,至于二三万言。后世弥以驰逐。故幼童而守一艺,白首而后能言,安其所习,毁所不见,终以自敝,此学者之大患也。

章句之学,作为一种微观研究,是一切学问之基础,本无可厚非。

---

[1] 《汉书·刘歆传》。

但微观的章句研究是手段，通古今、明大义才是目的，而今文学者以手段为目的，"一经说至百万余言"，[1] 发展到非常繁琐冗杂的境地，以致学者终身不能明一经，这未免本末倒置。所以，自西汉后期，特别是自刘歆争立古文博士以来，学术界即有一股反对章句、崇尚通博的势力发展起来。这股反对章句、崇尚通博的势力的代表人物是古文学者。学问之道本在存大体、明大道，而章句学者"碎义逃难""破坏大体"，与学问之旨不合，故颇遭批评，被斥为"小儒""俗儒"或"专儒"。所以，古文学者批评今文经学，往往以"破坏大体"为口实，如夏侯胜批评"章句小儒，破大道也"。[2] 杨终批评"章句小徒，破坏大体"。[3] 桓谭《新论》批评俗儒的因循摹仿说："及博见多闻，书至万篇，为儒教授数百千人，祇益不知大体焉。"他认为"事事效古"之人，"释近趋远，所尚非务，故以高义退致废乱，此不知大体者也"。[4] 而古文学者治学，亦往往以求大义、明大道为旨归，如桓谭"博学多通，遍习五经，皆训诂大义，不为章句。能文章，尤好古学，数从刘歆、扬雄辩析疑异"。[5] 刘歆治学重大体，反对"烦言碎辞"，其《让太常博士书》，就充分体现了他的这种学术追求，他在其父刘向《别录》

---

[1] 《汉书·儒林传》。

[2] 王先谦：《后汉书·杨终传集解》引惠栋引《汉书》。

[3] 《后汉书·杨终传》。

[4] 《新论·言体》，严可均辑，见《全后汉文》卷十五。按：桓谭《新论》，散佚已久，但从后人的辑本看，其中有"言体"之专篇，当是讨论"大体""大义"之专文。他指出："大体者，皆是当之事也。夫言是而计当，遭变而用权，居常而守正，见事不惑，内有度量，不可倾移，而诳以谲异，为知大体矣。如无大材，则虽威权如王翁，察慧如公孙龙，敏给如东方朔，言灾异如京君明，及博见多闻，书至万篇，为儒教授数百千人，祇益不知大体焉。"只有"大材"之人才能知"大体"，他认为："非有大材深智，则不能见其大体。"其所谓"大材"，就是他在《新论》中一再提到的"通人"。在他看来，只有"通人"才能知"大体"。

[5] 《后汉书·桓谭传》。

的基础上著成《七略》，亦充分展示了他通大体、明大义的学术才能。至于深受桓谭推崇，且与桓谭、刘歆过从甚密的扬雄，其治学亦是"不为章句，训诂通而已，博览无所不见"。[1] 所以，桓谭与刘歆、扬雄"辩析疑异"的内容，应当不是名物器械、章句训诂，而是学问之"大体""大义"。又如，"沉重好古"的班彪，亦同情古文学者，其学问亦有博览兼通的特点，他说：

> 夫百家之书，犹可法也。若《左氏》《国语》《世本》《战国策》《楚汉春秋》《太史公书》，今之所以知古，后之所以观前，圣人之耳目也。[2]

这与默守一经、拘泥章句的执障学风很不相同。因此，出自班彪门下的王充，其治学渊综广博、重通尚真，可谓正得乃师之遗风。而班彪之子班固，其治学"博贯载籍九流百家之言，无不穷究，所学无常师，不为章句，举大义而已"。[3] 他本刘歆之《七略》而著《汉书·艺文志》，排列儒家五经顺序为《易》《书》《诗》《礼》《春秋》，这正是古文学家的见解。而他奉命编撰的《白虎通德论》，虽是一部今文经学的综合体，但却是以古文学家的治学方法编成的，全书条理清楚，义通辞简，充分体现了古文家的治学特点。再说，今文经学的通义之作要由古文学者来做，这是很有讽刺意义的，说明今文学者习惯于繁琐拘泥，做不成这种条分缕析、简明扼要的工作，故而只能由古文家来担纲。亦说明古文家与今文家在学风上确有很大的不同，体现了古文学者识大体、通大道的学术特点，和简明扼要的学术优势。

与今文学者相比，古文学者之治学，不仅简明扼要，以识大体、

---

[1] 《汉书·扬雄传》。

[2] 《后汉书·班彪传》。

[3] 《后汉书·班固传》。

通大义为旨归，而且还有兼通博览的特点。如果说，繁琐拘泥是今文学者的主要特点，那末，简和通则是古文经学明显特征。以识大体、通大义为旨归的古文学者，如扬雄、桓谭、刘歆、班固、王充等人，都有"博学多通"无所不究"的特点。他们不像今文学者那样固守一经，而是博通五经，遍注群经，兼述诸子。如标志着古文经学正式成立的经学大师马融，他出自班固门下，深受班固通博学风之影响，就注了《孝经》《论语》《毛诗》《周易》《三礼》《尚书》《离骚》等书，还性喜老庄之书，注释过《老子》和《淮南子》。出自马融门下的郑玄，是汉代经学研究之集大成者，他不仅遍注群经，而且还可能研究过《老子》。他在《诗谱序》中阐明他的治学方法说："举一纲而众目张，解一卷而众篇明，于力则鲜，于思则寡，其诸君子亦有乐于是与？"其所著之《诗谱》《三礼图》，正是所谓"纲举目张，力鲜思寡"之作。

　　需要说明的是，古文家的尚通与重简，其实是互为表里的。因为"博学多通""无不穷究"，所以才能识大体、通大义，进行简明扼要的学术撰述，即由通入简。反之，因为"训诂大义，不为章句"，所以才能摆脱拘泥繁琐的章句局限，采取广览博观的学术取径，此所谓由简入通。古文学者尚通重简的学风，对当时学术界产生了极大的影响。

　　其影响之一，就是删节章句或不为章句，成为一时学者治学之时尚。在古文学者的批评和压力下，今文学者和某些统治者亦认识到章句之繁琐，感到有删节之必要，如王莽就曾令博士删节五经章句，每经为二十万字。光武帝亦令儒臣讨论删节五经章句，虽然没有讨论出结果来，但删节工作却是在私下里开展起来了，如桓荣删节欧阳氏《尚书》章句四十万字为二十三万字，桓郁又删节桓荣二十三万字为十二万字，伏恭删节《齐诗》章句为二十万字，张霸删节严氏《公羊春秋》章句四十万字为九万字，张奂删节牟氏《尚书》章句四十万字为九万字。在今文学内部兴起删节章句之行动时，古文学者或虽不以古文名家而又倾向于古文的学者，更是以"不为章句"为特色，如前面提到的扬雄、桓谭、班固，就是这样。另外，如卢植"能通古今学，好研精而不守章句"。[1] 荀淑"博学而不好章句"。[2] 梁鸿"博览无不通，而不为章句"。[3]

其影响之二，是各种依经起义、离经为书和五经异同、条例之类的简明扼要的经学著作大量涌现。章学诚《文史通义·释通篇》说：

> 汉氏之初，《春秋》分为五，《诗》分为四。然而治《公羊》者，不议《左》《谷》；业《韩诗》者，不杂《齐》《鲁》。专门之业，斯其盛也。自后师法渐衰，学者聪明旁溢，异论纷起，于是深识远览之士，惧《尔雅》训诂之篇，不足以尽绝代离辞，同实殊号，而缀学之徒，无由汇其指归也。于是总五经之要，辨六艺之文，石渠《杂议》之属，始离经而别自为书，则通之为义，所由做也。刘向总校五经，编录《三礼》，其于戴氏诸记，标分品目，以类相从，而义非专一。若《檀弓》《礼运》诸篇，俱题通论。则通之定名，所由著也。
>
> 班固承建初之诏，作《白虎通义》；应劭愍时流之失，作《风俗通义》。盖章句训诂，末流浸失，而经解论议家言，起而救之。二子之书，是后世标通之权舆也。自是依经起义，则有集解、集注、异同、然否诸名。离经为书，则有六艺、圣证、匡谬、兼明诸目。其书虽不标通，而体实存通之义。

"依经立义"和"离经为书"，是对今文学者章句学风的反动，

---

[1] 《后汉书·卢植传》。

[2] 《后汉书·荀淑传》。

[3] 《后汉书·梁鸿传》。

体现了当时学者对经学大义的追求。据马宗霍《中国经学史》对汉儒说经之书名的考察，在西汉有传、故（或称解故、故训传）、微、说（或称说义）、记、章句等；在东汉，除沿用西汉说经之书名外，还有注、通、笺、学、释、删、略、难、解、条例、训旨、异同、谱、图等。[1]其中题名为通、条例、异同、谱、图等书，正是所谓"纲举目张，力鲜思寡"之作，而删、略等书，当是在古文学者的批评声中兴起的删节章句行动的产物。值得注意的是，今文经学受时代风气的影响，亦在向简明扼要的方向发展，如何休，他仿效古文学者的经解方法，著《春秋公羊解诂》，大异于博士章句；他仿照左氏《春秋》五十凡例，为公羊《春秋》制定凡例，使公羊《春秋》成为有条理的经学。

古文经学无论是学术方法还是学术取径，比起今文经学，都是一个大大的进步。从西汉的今文经学发展到东汉的古文经学，显示出汉代学风由拘泥、繁琐向通博、简要的发展趋势。但是，随着时代的发展，即使是古文学者的经解亦不足以厌悦人心。因为古文学者专究五经，注重名物训诂，谨守师法，仍有拘泥不开展的弊病。所以，自东汉中期以后，许慎、郑玄诸儒走上了综合古、今的折衷道路，他们不论师法家法，以个人见解为去取，或"考论古今，取其义长者"，或"即下己意"。这种综合古、今的经学，世称"今古文学"。当然，从事具有折衷倾向的今古文学的学者多是古文经学家，事实上在这个时期，我们亦很难在古文学者和今古文学者之间划出一条明显的界线。古文学者或为学问兼通的需要，或为求得朝廷承认的目的，亦在暗中袭取今文经学之说。据说此风从刘歆已经开始，之后有郑兴、贾逵、许慎、马融等人都兼治今、古文，东汉的经学家如孙期、张驯、尹敏等人，就很难说是古文家还是今文家。

[1] 马宗霍：《中国经学史》第 54～56 页，上海书店 1984 年版。

集汉代今古文学之大成者郑玄，其治经学，以古文学为主，兼治今文学，他遍注群经，在注中兼采今文说和谶纬之说；他混乱了一切古今文学的家法师法，他师事第五元，通《京氏易》和《公羊春秋》这些今文著作，而作为今文家的第五元却又教他学习刘歆的《三统历》；他师事古文家张恭祖，学习《周官》《左氏春秋》《古文尚书》这些古文著作，而作为古文家的张恭祖却又教他学习《礼记》《韩诗》这些今文著作；他师事古文学大师马融，而马融却"集诸生考论图纬"。所以，他的师学渊源极为庞杂，可以说是彻底打破了今、古文学的师法家法。他之所以能取得集汉代经学研究之大成的成就，其原因亦正在于此。关于这一点，周予同总结说：

> 他（郑玄）的著作种类之多，在两汉首屈一指；而其内容，则都兼采今古文。如笺《诗》，用毛本为主，但又时违毛义，兼采三家；于是郑《诗笺》行而今文齐、鲁、韩三家《诗》废。注《尚书》用古文，但又和马融不同，或马从古而郑从今，或马从今而郑从古；于是郑《书注》行而今文欧阳、大、小夏侯《尚书》废。注《仪礼》，也兼用今古文，从今文则注内叠出古文，从古文则注内叠出今文；于是郑《仪注》行而今文大、小戴《礼》废。……郑学盛行，而古今文的家法淆然混乱了。[1]

以郑玄为代表的经今古文学，在汉魏之际形成独步天下之势。郑玄以后，经学内部的斗争不再是今文经学与古文经学的斗争，而是转为古文经学内部的马融学与郑玄学的斗争。代表马融学的是王肃，其背后是以司马昭的势力为支撑；代表郑玄学的是魏帝曹髦。两派斗争的激烈程度，虽然超过了汉代的今、古之争，但学术争论的成分较少，

---

[1] 周予同：《经今古文学》，见《周予同经学史论著选集》第 15～16 页，上海人民出版社 1983 年版。

主要是两派政治势力的斗争，感情用事，出于个人好恶的色彩很重。如代表马融学的王肃，他的经学和郑玄一样，亦是博通古、今文的。他之反对郑玄，或用古文说驳斥郑玄的今文说，或用今文说驳斥郑玄的古文说，还伪造《孔子家语》《孔丛子》二书，作为反对郑玄《圣证论》的依据。因此，王肃一派虽有司马氏势力的支撑而取胜一时，但到了东晋，最终的胜利者还是郑玄一派。不过，在这两派的斗争中，以王弼、何晏为代表的新兴力量成长起来，他们在郑玄不论师法家法、不讲古今分野学风的影响下，撰写的经学著作，结束了汉学，创立了玄学。对于汉晋间的这段经学历史，范文澜评价说：

> 两汉盛行的经学，到东汉末魏晋做了总结。就是东汉末年古文经学推倒两汉盛行的今文经学，不受家法束缚的魏晋古文经注又推倒汉魏有家法的经注。……魏晋注经家的成就超过汉经师，郑玄一人的成就超过任何注经家。他们取得成就的重要原因就是广采众说，自出新意，不受家法的束缚。[1]

从今文经学到古文经学，是汉代学风由执障向通博发展的第一步；从古文经学到今古文学，是学风由拘泥向通博演进的第二步。郑玄之所以能取得集汉代经学之大成的成绩，就是因为他不拘家法，广采博观。所以，以郑玄为代表的今古文学派，亦被康有为、周予同称为"通学派"。[2] 研治今古文学的学者，亦被当时人称为"通儒"或"大儒"。

但是，随着学风日益向通博简要的方向发展，即使像郑玄所著的突破师法家法、兼采今古文学的经解，亦不足以厌悦人心。史称郑玄"质

---

[1] 范文澜：《中国通史简编》（修订本）第二编第 227～228 页，人民出版社 1965 年版。

[2] 周予同：《"汉学"与"宋学"》，见《周予同经学史论著选集》第 325～326 页，上海人民出版社 1983 年版。

于辞训，通人颇讥其繁。至于经传洽熟，为纯儒"。[1] 郑玄之学虽然突破了师法家法的局限，摆脱了今、古文的执障，但仍有拘泥不开展的弊端，这主要表现在以下两个方面：其一，他专门研究经典中的名物训诂，而忽略了经典中的思想，只是知识积累型的学者，不是思想义理型的学者，还不能真正识经典之大体，得经典之大义。所以，郑玄之学仍有繁琐的毛病。其二，郑玄之通博，是在儒家经典内讲通讲博，还不能溢出经典，兼采诸子以释经典。所以，郑玄之学，仍有拘泥的弊病。像郑玄这样的学者尚且被时人訾议，看来专门从事儒家经典中名物训诂的研究，仅仅在儒家经典内部讲通讲博，已经不能适应时代的需要。于是，在东汉中后期，具有特定内涵的"通人"知识群体逐渐成长起来。[2]"通人"治学，与传统学者（包括今文、古文和今古文学者）相比，其明显的特点是博览古今、胸怀百家、兼综诸子、贯通儒道。"通人"之学是一种真正的识大体、通大义之学，它超越儒学，兼综百家，瓦解了儒家经典在士人知识体系中的独尊地位，大大地拓展了士人的知识取径，使老庄思想和佛教经典成为学术思想的重要资源。

"通人"是汉晋学风转移之关键，是他们向上结束了汉代经学，向下开启了魏晋玄学。魏晋玄学家贯通儒道，以道释儒，以儒释道，兼采释家的学术取径，正是来自于"通人"超越儒学、兼综百家的学术精神的启示。甚至可以说，"通人"之学就是玄学。由"通儒"之学（今古文学）到"通人"之学（玄学），是汉晋学风由执障、拘泥向清通、简要演进的第三步。玄学家贯通儒道、兼采释家，比起今文家专注于儒家之一经，比起古文家兼通五经，是通是博；比起今古文

[1] 《后汉书·郑玄传》。
[2] 参见本书第三章第四节"魏晋人物品鉴中的两种重要人物类型"。

家，贯通五经，兼采今、古，亦还是通还是博。"通人恶烦，羞为章句"，[1]玄学家不为繁琐之章句，甚至亦不搞古文家那套名物训诂研究，他们讲言意之辨，讲寄言出意，得意忘言，以执一统万、以简驭繁的学术方法构建玄学本体之论。所以，玄学家注经，并不拘于名物训诂，或者干脆不搞语汇的解释，而是直接从经典中挖掘思想，阐发大意，借以建立玄学的理论体系。如郭象《庄子注》说：

> 鹏鲲之实，吾所未详也。夫庄子之大意在乎逍遥游放，无为而自得，故极小大之致，以明性分之适。达观之士，宜要其会归而遗其所寄，不足事事曲与生说，自不害其弘旨，皆可略之。

玄学家的经注，如王弼《周易注》《老子注》，何晏《论语集解》，郭象《庄子注》，张湛《列子注》，皆有这样的特点。在这种学风的影响下，李轨《法言注》、刘昞《人物志注》，亦不搞名物训诂，而是专门阐发原书之义理。而裴松之《三国志注》、刘孝标《世说新语注》，则是从史料上补充原书，亦基本不搞语汇名物的训诂。这比起汉代的经学研究，不仅有简要的特点，而且亦真正地实现了识大体、通大义的学术追求。

总之，汉晋学风之发展，从今文经学至古文经学，是学风由执障向通博发展的第一步；从古文经学到兼采古、今的今古文学，是学风由拘泥向通博演进的第二步；由今古文学到玄学，是学风由执障、拘泥向清通、简要发展的第三步。汉晋学风之演变，显示出由执障、拘泥向清通、简要的发展特点。具体地说，就是在对传统繁琐的章句之学的反叛基础上，逐渐形成的一种抉破樊篱、超越师法家法、由具体

---

[1] 刘勰：《文心雕龙·论说》。

到抽象、由名物训诂（微观）到贯通义理（宏观）的发展趋势。汉晋学风的这种发展趋势，与汉末魏晋时期流行的尚通意趣，是互为因果的关系。一方面，汉晋学风由拘泥向清通的发展，是在尚通意趣的影响下发生的；另一方面，尚通意趣的发生发展，又是在学风演进的大背景中逐渐完成的。

二、尚通意趣与汉晋学术取径、方法和目的之变迁

在尚通意趣的影响下，汉晋学术之发展，呈现出由拘泥、执障向清通、简要的演进趋势。具体而言，汉晋间学者之治学，其学术取径、治学方法和学术目的，皆因尚通意趣之影响而呈现出截然不同的特点。

1. 由实入虚：汉晋学术取径的发展趋势

在尚通意趣的影响下，汉晋学术呈现出由实而虚的发展趋势，逐步形成一种由具体到抽象、由名物训诂到贯通义理的治学取径。

一般而言，汉代训诂文字、考证名物的章句之学，固为实学，其治学方法是尚实，其治学目的是尚用，学者或以通经为进身之阶，或以经学断政事，其要皆在重实重用，"学者率多不便属辞，守其章句，迟于通变，质于心用"。[1] 执障、拘泥、繁琐、迷信是他们的主要特点。自东汉以来，在古文经学和今古文经学的冲击下，特别是在汉末魏初尚通意趣的影响下，"章句渐疏，而多以浮华相尚，儒者之风盖衰也"。[2] 魏晋玄学，祖尚玄虚，探讨大义，乃可视为虚学。其间学者之谈论，由清议转为清谈，"以虚薄为辩而贱名俭"，[3] 所谈论的内容，由具

---

[1] 萧绎：《金楼子·立言》。

[2] 《后汉书·儒林传》。

[3] 干宝：《晋纪总论》，《文选》卷四十。

体的政治问题和人事理则，演绎为抽象的才性之辨和三玄义理。其时
学者之治学，超越儒学，博综诸子，兼采释家，"埤经实之贤"，[1] "以
老庄为宗而黜六经"，[2] "以博依为急务，谓章句为专鲁"。[3] 总之，
汉晋学术风气，由朴实的章句之学演进为浮虚的玄妙之学，有明显的
由实入虚的特点。

　　汉晋学术取径由实入虚的发展趋势，与作者在本书第三章第二节
讨论汉晋人物品鉴之总体发展趋势时，所指出的汉晋间的一切文化活
动皆呈现出由实入虚之发展特点，是吻合的。追本溯源，此种学风在
东汉中后期太学诸生的治学中，已略见端倪。据《后汉书·仇香传》载：

　　　　（仇）览入太学，时诸生同郡符融有高名，与览比宇，宾客盈室。
　　览常自守，不与融言。融观其容止，心独奇之，乃谓曰：与先生同郡壤，
　　邻房牖，今京师英雄四集，志士交结之秋。虽务经学，守之何固？览乃
　　正色曰：天子修设太学，岂但使人游谈其中？高揖而去，不复与言。

仇览乃传统章句学者，重实学，反游谈，故读书极认真，其学问之特
点就是"固"，换言之，就是拘泥执障。符融等太学诸生正是在尚通
意趣之影响下成长起来的浮华玄虚学者，重大义，尚游谈，最轻章句
之"固"，故对章句学者有"虽务经学，守之何固"之讥。此风扇及
魏晋，士人读书、著书皆不像汉人那样执著专一，甚至以不读书或虽
读书而不甚研精为时尚。如阮瞻"读书不甚研求而识其要"，[4] 王恭"能

---

[2]　干宝：《晋纪总论》，《文选》卷四十。
[3]　裴子野：《雕虫论》，《全梁文》卷五十三。
[4]　《世说新语·赏誉》注引《名士传》。

叙说而读书少",[1]陶渊明"好读书,不求甚解,每有会意,便欣然忘食"。[2]

由汉代拘泥于具体名物考证和文字训诂的章句之学,发展到讲才性之辨和三玄义理的玄学,这在学术取径上是一个由实入虚的发展过程。其所以有如此之变迁,据汤用彤说,其外部原因是道家思想促成了学者对天道观的关注,内部原因是"谈论既久,由具体人事以至抽象玄理,乃学问演进之必然趋势"。[3]作者认为:导致此间学术取径发生变化的根本原因,是当时知识界盛行的尚通意趣。就汤氏所谓的外部原因而言,是在尚通意趣的影响下,扩展了士人的知识取径,道家思想才成为学术思想的重要资源,"性与天道"问题才引起知识界的关注。就汤氏所谓的内部原因而言,亦是以尚通意趣为前提的,因为"由具体人事以至抽象玄理",必须要破除拘泥于具体事物的执障、专固,才能发展成抽象玄理。破除执障而通向玄理,又必以"通"为前提。"通则渐藻玄思",[4]通则简,简则玄。只有通,才能破除执障拘泥,通向抽象玄理;才能寄言出意,遗形存神。

2. 由繁入简:汉晋学术方法的发展趋势

汉人治学,由今文经学而古文经学而今古文学,虽然逐渐呈现出由繁入简的发展趋势。但是,"通人恶烦,羞为章句",今文学者的章句之学,固然繁琐,故"通人"鄙之。即使古文家和今古文家虽在尽力避免今文家的繁琐之弊,但仍未能完全免于繁琐的缺点。因此,像郑玄这样的一代通儒,亦遭"通人"的繁琐之讥。如前所说,尚通是汉晋文化思潮变迁之关键,"通人"是承载这个变迁关键的知识群体,

---

[1] 《世说新语·赏誉》。

[2] 陶渊明:《五柳先生传》,见《陶渊明集》,逯钦立校注,中华书局1979年版。

[3] 汤用彤:《读人物志》,见《魏晋玄学论稿》第16页,中华书局1962年版。

[4] 刘师培:《中古文学论著三种》第5页,辽宁教育出版社1997年版。

是他们向上结束了汉代的士风、学风和文风，开启了魏晋文化新风尚。汉晋文化思潮由繁入简的发展，亦是通过他们的努力而完成的。"通人"最明显的特征，就是贵简尚达。他们在人生行为方式上，以"简易佚荡""通倪简易"为特色；在清谈活动中，以"言约旨丰""简而有会""约而能通"为特点；在人物品鉴上，推崇"简至"之美；在文学创作上，崇尚简易自然。总之，在魏晋六朝，与尚通一样，重简亦是当时的时代精神。

"通人"之学就是玄学。玄学家治学，崇尚"清通简要"，如玄学大师王弼说：

> 故自统而寻之，物虽众，则可以执一以御也；由本以观之，义虽博，则知可以一名举也。[1]

他解释《论语·里仁》"吾道一以贯之"语说：

> 贯，犹统也。夫事有归，理有会。故得其归，事虽殷大，可以一名举；总其会，理虽博，可以至约穷也。譬犹以君御民，执一统众之道也。[2]

王弼在这里讲的执一统众、以少总多的本末、体用问题，实际上就是玄学家构建玄学本体论的学术方法。而这种学术方法的发现，又是以尚通重简风尚为基础的。因为"通人"或玄学家所重之简，并非苟简，而是"简而有会"，简而得其要，是简要；是"约而能通"，是通简。简而能通，简而得其要，即就是以简驭繁、以简提要。这与玄学家主

---

[1] 《周易略例·明彖》，见楼宇烈《王弼集校释》（下）第591页，中华书局1999年版。

[2] 《论语释疑》，见楼宇烈《王弼集校释》（下）第622页，中华书局1999年版。

张的执一统众、以少总多的学术方法，和"清通简要"的学术追求，完全吻合。

执一统众、以少总多的学术方法，与魏晋学者的言意之辨，互为表里。作者认为，魏晋玄学家以"寄言出意""得意忘言"为核心内容的言意之辨的提出，亦是以尚通重简为文化背景的。

言意之辨，即讨论言、象、意三者间的关系。在魏晋文化思想史上，言意之辨具有一般方法论的意义，它不仅是哲学认识论的方法，亦是玄学家解读经典的方法，还是文学创作的方法。[1] 对于这种新方法的重要意义和深刻影响，汤用彤进行过充分的肯定和准确的评价。他认为汉代之学重"迹象"，魏晋之学重"本体"。他说：

> 迹象、本体之分，由于言意之辨，依言意之辨，普遍推之，而使之为一切论理之准量，则实为玄学家所发现之新眼光新方法。王弼首唱得意忘言，虽以解《易》，然实则无论天道人事之任何方面，悉以之为权衡，故能建树有系统之玄学。夫汉代固尝有人祖尚老庄，鄙薄事功，而其所以终未能舍弃天人灾异通经致用之说者，盖尚未发现此新眼光新方法而普遍用之也。
>
> 玄学统系之建立，有赖于言意之辨。

他还列举了言意之辨在魏晋学者解读经典、立身行事方面的影响，以及在会通儒道、构建玄学等方面的重要意义。[2] 总之，言意之辨作为一种学术新方法，影响及于当时的学风、文风和士风，在汉晋文化思潮变迁史上，具有特别重要的意义。

魏晋玄学家的言意之辨，是在批判继承老庄的"言不尽意""得

---

[1]　参见韩强《王弼与中国文化》第106页，贵州人民出版社2001年版。

[2]　汤用彤：《言意之辨》，见《魏晋玄学论稿》第27～47页，中华书局1962年版。

意忘言"和《易传》的"言不尽意""立象尽意"的基础上建立起来的。老子讲"道可道,非常道。名可名,非常名",就已经透露出"言不尽意"的观点。《庄子·秋水篇》说:

> 可以言语者,物之粗也;可以意致者,物之精也;言之所不能论,意之所不能察致者,不期精粗焉。

亦即"言不尽意"之意。因为"言不尽意",所以他主张"得意忘言",正如"得鱼而忘筌""得兔而忘蹄"一样。[1]《易传·系辞上》亦认为"言不尽意",其云:

> 子曰:书不尽言,言不尽意。然则圣人之意,其不可见乎?子曰:圣人立象以尽意,设卦以尽情伪,系辞焉以尽其言,变而通之以尽利,鼓之舞之以尽神。

虽然《易传》与《庄子》一样,都认为"言不尽意"。但与《庄子》主张"得意忘言""得意忘象"不同,《易传》则主张"立象以尽意"。正是在《易传》"立象尽意"说的影响下,汉代易学家才建立起繁琐冗杂的象数之学。汉末魏初,汉儒的象数之学遭到破坏和质疑,而破坏者就是以反对《易传》的"立象尽意"说为出发点,重新诠释言意关系。如荀粲提出"象不尽意""微言尽意",管辂提出"微言妙象尽意",都着力于对《易传》"立象尽意"说的修正。其后,王弼在荀粲、管辂的基础上,通过对《庄子》和《易传》言意说的整合,提出了新的言意说。他说:

---

[1] 《庄子·外物》。

　　夫象者，出意者也。言者，明象者也。尽意莫若象，尽象莫若言。言生于象，故可寻言以观象；象生于意，故可寻象以观意。意以象尽，象以言著。故言者所以明象，得象而忘言；象者，所以存意，得意而忘象。犹蹄者所以在兔，得兔而忘蹄；筌者所以在鱼，得鱼而忘筌也。然则，言者，象之蹄也；象者，意之筌也。是故，存言者，非得象者也；存象者，非得意者也。象生于意而存象焉，则所存者乃非其象也；言生于象而存言焉，则所存者乃非其言也。然则，忘象者，乃得意者也；忘言者，乃得象者也。得意在忘象，得象在忘言。故立象以尽意，而意可忘也；重画以尽情，而画可忘也。[1]

　　王弼之说，是对《庄子》和《易传》两家言意说的批判继承。《庄子》主张"得意忘言"，而在《庄子》的言意说中，"言"几乎处于无用之地，而王弼则用《易传》"立象尽意"说以修正之，认为言、象是尽意之手段，重申"尽意莫若象""尽象莫若言"的观点，此王弼说与《庄子》说之不同。《易传》主张"立象以尽意"，而在《易传》的言意说中，"象"是表示万物变化最有效的方法，而王弼则用《庄子》"得鱼忘筌"说以修正之，认为"意"是本，"言""象"是末。反对拘泥于"言""象"之末，而忽略"意"之本。主张崇本抑末。为了崇本，必须抑末。所以他提出"得意在忘象""得象在忘言"，此王弼说与《易传》说之不同。

　　相较而言，王弼之言意新说，的确比《庄子》和《易传》要通达得多。这里，需要追问的是，王弼之言意新说是在什么文化思想背景上提出来的？对于这个问题，汤用彤认为："言意之辨实亦起于汉魏间之名学。

---

[1]　《周易略例·明象》，见楼宇烈《王弼集校释》（下）第609页，中华书局1999年版。

名理之学源于评论人物。""言意之辨起于识鉴。"他解释这个起源过程说：

> 言意之别，名家者流因识鉴人伦而加以援用，玄学中人则因精研本末体用而更有所悟。王弼为玄学之始，深于体用之辨，故上采言不尽意之义，加以变通，而主得意忘言。于是名家之原则遂变而为玄学家首要之方法。[1]

汉魏之际的品鉴家识鉴人物，主张由形观神，得神遗形，与玄学家的"得意忘言"说，的确有相通之处。作者亦深信言意之辨起于识鉴。但是，人物识鉴中瞻形得神、得神遗形的品鉴方法，又是在什么文化思想背景上产生的呢？关于这个问题，作者在第三章第二节讨论汉晋间人物品鉴之发展趋势时，已经指出：汉人鉴人重经明行修，尚骨相，是为"形鉴"；魏晋鉴人重风神情韵，尚神明，是为"神鉴"。汉晋间之人物品鉴存在着由"形鉴"而"神鉴"的发展趋势，导致此种发展趋势的原因是当时知识界盛行的尚通意趣和重简风尚。简言之，魏晋间瞻形得神、得神忘形的品鉴方法，是在当时尚通重简的时代风尚中形成的。进一步说，魏晋间起于识鉴的言意新说，亦是在尚通重简的文化背景中发展起来的。正像汉人拘于骨相以论人，其所得者乃外在之功业德行，忽略了人内在的风神情韵。汉代学者拘于"言"以讲经，拘于"象"以说易，其所得者乃名物训诂之章句学和繁琐冗杂的象数学，失去了经中之理，其特点就是繁琐迷信，其原因就是拘泥执障，不通不简。尚通与重简互为表里，通则简，只有通才能简，故"通人"尚简；简则通，只有简才能通，故"通人"恶繁。汉儒治学拘泥执障，

---

[1] 汤用彤：《言意之辨》，见《魏晋玄学论稿》第27、28页，中华书局1962年版。

故不通；拘于"言""象"，执于五经，必然陷入繁琐冗杂，得言忘意，得象忘意，所以不简。魏晋学者尚通重简，故能避免拘执，贯通儒道，兼采释家；摆脱繁杂，超越"言""象"，直探"本体"（即"意"），发现"得意忘言"的学术新方法。所以，作者认为：王弼之言意新说，与"得神遗形"的识鉴之法有关，是在汉末魏初尚通重简的时代风气中形成的。

在尚通重简风尚的影响下，中国本土学术之方法呈现出由繁入简的发展趋势。而在此间传入中国的异域学术如佛教，亦同样受着这种时代风尚的影响。即汉末魏晋的佛学研究，在方法上亦有由繁入简的发展特点。佛教初盛的汉魏之际，佛徒讲经授经，所用之方法是比附格义。所谓的"格义"，据汤用彤说：

> 它不是简单地、宽泛的、一般的中国和印度思想的比较，而是一种很琐碎的处理，用不同地区的每一个观念或名词作分别的对比或等同。……"格义"则是比配观念（或项目）的一种方法或方案，或者是（不同）观念（之间）的对等。[1]

比如，用中国的"五行"说比附印度的"四大"概念，就是一个典型的例子。这种方法在汉末三国时期很流行，当时的许多佛教观念都是用这种方法来解释的。这种解经方法，据汤用彤说："其性质颇与汉人象数之学相同，而'五阴''四大'尤与汉代之理论相通。故格义者疑精神上大体仍依汉学。"[2] 即"格义"与汉代的章句、象数一样，有繁杂、琐碎的特点。晋宋以后，"格义"之法渐为佛徒所鄙弃，说

---

[1] 汤用彤：《论"格义"——最早一种融合印度佛教和中国思想的方法》，见《理学·佛学·玄学》第284页，北京大学出版社1992年版。

[2] 汤用彤：《言意之辨》，见《魏晋玄学论稿》第43页，中华书局1962年版。

它"迂而乖本""于理多违",于是进而会通三教,以探求佛经大义为学术旨归。至此,"佛徒释经与名士解经态度相同。均尚清通简要,融会内外,通其大义,殊不愿执著文句,以自害其意"。[1] 亦就是说,佛教学者与玄学家一样,皆采用"得意忘言"的新方法治学。至于佛学研究方法由"格义"而会通发展之原因,据汤用彤说,是魏晋间流行的言意新说。作者则进一步认为:佛学研究方法由"格义"而会通之发展,与中国本土学术方法由繁入简之演进一样,是由当时知识界盛行的尚通重简风尚所决定的。

与汉晋间文学创作由繁入简之发展趋势一样,[2] 汉晋间学术研究亦呈现出由繁入简的特点;与魏晋六朝文学同时存在尚简与重繁二派的情况一样,[3] 魏晋六朝的学术研究亦有繁、简二派,亦是以尚简一派占上峰。据《世说新语·文学篇》载:

> 褚季野语孙安国云:北人学问渊综广博。孙答曰:南人学问清通简要。支道林闻之,曰:圣贤固所忘言,自中人以还,北人看书如显处视月,南人学问如牖中窥日。

《隋书·儒林传》亦说:"南人约简,得其英华;北学深芜,穷其枝叶。"北方学者,保留着东汉古文学风,以章句训诂为学问,虽然"渊综广博",但不能做到"博而反约",其所得者乃"枝叶",故有"深芜"之弊,是为重繁的一派。《颜氏家训·勉学篇》说北方学者"相与专固,无所堪能,问一辄酬数百,责其指归,或无要会。邺下谚云:博士买驴,书券三纸,未有驴字。"指的就是这种繁杂的学风。据汤用彤考察,

---

[1] 汤用彤:《言意之辨》,见《魏晋玄学论稿》第45页,中华书局1962年版。

[2] 参见本书第七章第一节之"尚意意趣与六朝文学中的繁简问题"。

[3] 参见本书第七章第二节之"错彩镂金与清水芙蓉:六朝文学的两种基本风格"。

佛教"格义"方法流行的时间和地区，是在两晋转折之际的黄河以北，竺法雅、康法朗、道安、法汰等人都在这个地区用"格义"方法讲授佛经，[1] 这正与当时黄河以北地区比较保守的学风是一致的。[2] 南方学者，承继东汉后期的"通人"学风，以"清通简要"为方法，以义理为学问，故其所得者乃学问之"英华"，因有"约简"之誉，是为重简一派。如支遁治学，"每标举会宗，而不留心象喻，解释章句或有所漏，文字之徒多以为疑。谢安石闻而善之曰：此九方皋相马也，略其玄黄而取其隽逸"。[3] "略其玄黄而取其隽逸"，即所谓"寄言出意"、"得意忘言"，这正是魏晋新学风代表者读书治学的基本方法。据《颜氏家训·音辞篇》说："易服而与之谈，南方士庶，数言可辩。隔垣而听其语，北方朝野，终日难分。"可知南北学者之清谈，与其学风一样，亦有繁、简之分。

3. 由学入识：汉晋学术目的的发展趋势

大体而言，汉人重"学"，晋人尚"识"。汉晋学术之发展，呈现出由"学"而"识"的发展趋势。

汉人重"学"。所谓"学"，据萧绎《金楼子·立言》说："博通子史，但能识其事，不能通其理者，谓之学。"即偏重于知识之积累者，谓之"学"。故萧绎说："学者率多不便属辞，守其章句，迟于通变，质于心用。学者不能定礼乐之是非，辨经教之宗旨，徒能扬

---

[1] 汤用彤：《论"格义"——最早一种融合印度佛教和中国思想的方法》，见《理学·佛学·玄学》第285～286页，北京大学出版社1992年版。

[2] 魏晋时期学术风气上的南北之分，是指黄河南北，而非大江南北。据唐长孺《读抱朴子论南北学风之的异同》说："三国时期的新学风兴起于河南，大河以北及长江以南此时一般仍守汉人传统，所谓南北之分乃是河南北，而非江南北。"（见《魏晋南北朝史论丛》第371页，生活·读书·新知三联书店1978年版）

[3] 《世说新语·轻诋》注引《支遁传》。

榷前言，抵掌多识。"汉人治学，重文字训诂和名物考证，即孔子所谓"多识于鸟兽草木之名"者。汉人拘于言以说经，拘于象以讲易，其所得者乃象数和名物知识，多半不能识大体、通大义。故其所得，可名之曰"学"，其人亦可称为知识积累型学者。

晋人尚"识"，其治学、为人皆以识度相尚，"识"是当时人物品鉴中使用频率最高的品目之一。所谓"识"，据李善注《文选》之《五君咏》"识密鉴亦洞"句说："识，心之别名。湛然不动谓之心，分别是非谓之识。"即偏重于大义之探求者，谓之"识"。据《世说新语·言语篇》载：

> 嵇中散语赵景真：卿瞳子白黑分明，有白起之风，恨量小狭。赵云：尺表能审玑衡之度，寸管能测往复之气，何必在大，但问识如何耳！

可知"识"不在"大"，不在博，在于"博而反约"，以简驭繁，以少总多，即赵景真所谓"尺表能审玑衡之度，寸管能测往复之气"。又据《世说新语·贤媛篇》载：

> 山公与嵇、阮一面，契若金兰，……妻曰：君才致殊不如，正当以识度相友耳。公曰：伊辈亦常以我度为胜。

又孙登谓嵇康曰："今子才多识寡，难乎免于今之世矣，子无多求。"[1] 可知"识"与"才"不同，如果说"才"是在"学"之基础上形成的一种感性的直觉能力，那末，"识"则是在"学"之基础上形成的一种理性的判断能力，即李善所谓"分别是非谓之识"。总之，"识"

---

[1] 《世说新语·栖逸》注引《文士传》。

不在"大"，亦不同于"才"。魏晋学者治学，以识大体、通大义为旨归，他们离于象以言易，离于言以说经，其所得者是"意"，换言之，是"识"。故其人可名之为思想义理型学者。

汉晋学术由"学"而"识"之发展，最明显地表现在由汉代宇宙论向魏晋本体论的演进上。关于汉晋学术由宇宙论而本体论的演进，汤用彤言之甚详。他说：

> 夫玄学者，谓玄远之学。学贵玄远，则略于具体事物而究心抽象原理。论天道则不拘于构成质料（cosmology），而进探本体存在（ontology）。论人事则轻忽有形之粗迹，而专期神理之妙用。夫具体之迹象，可道者也，有言有名者也。抽象之本体，无名绝言而以意会者也。[1]

他认为贵老谈玄之风，始于东汉，但魏晋之谈玄，与东汉又有本质的不同。东汉学者谈玄，"仍不免本天人感应之义，由物象之盛衰，明人事之隆污。稽察自然之理，符之于政事法度。其所游心，未超于象数。其所研求，常在乎吉凶"。魏晋学者，"已不复拘拘于宇宙运行之外用，进而论天地万物之本体。汉代寓天道于物理。魏晋黜天道而究本体，以寡御众，而归于玄极（王弼《易略例·明象章》）；忘象得意，而游于物外（《易略例·明象章》）。于是脱离汉代宇宙之论（cosmology orcosmogony）而留连于存存本本之真(ontology or theoryof being)"。所以，东汉、魏晋之谈玄，"虽均尝托始于老子，然前者常不免依物象数理之消息盈虚，言天道，合人事；后者建言大道之玄远无朕，而不执著于实物，凡阴阳五行以及象数之谈，遂均废置不用。因乃进于纯玄学之讨论。汉代思想与魏晋清言之别，要在斯

---

[1] 汤用彤：《言意之辨》，见《魏晋玄学论稿》第 26 ～ 27 页，中华书局 1962 年版。

矣"。[1] 汉代宇宙论，拘泥于迹象，执著于实物，故可谓之"学"；魏晋本体论，超越迹象而求本体，超越实物而究神理，故可名之曰"识"。汉晋学术由宇宙论而本体论的发展，实际上就是学术目的由"学"而"识"的演进。[2]

关于汉晋学术由"学"（即宇宙论）而"识"（即本体论）发展之动因，汤用彤归之于"言意之辨"。认为"言意之辨"是"迹象"和"本体"之分的关键，东汉谈玄者之所以"终未舍弃天人灾异通经致用之说者"，就在于他们未能发现"言意之辨"这种新方法而普遍运用。作者同意这个观点，相信"言意之辨"在由"学"而"识"的学术演进中发挥过极为重要的作用。但从追本溯源的角度看，与其说由"学"而"识"的学术演进缘于"言意之辨"，不如说是缘于汉末魏晋时期知识界盛行的尚通重简风尚。因为，如上节所论，"言意之辨"这种学术新方法的建立，是以尚通重简的时代风尚为背景的；如本书第三章第三节所言，晋人尚"识"，亦是以尚通重简为文化背景的；

[1] 汤用彤：《魏晋玄学流别论》，见《魏晋玄学论稿》第48～49页，中华书局1962年版。

[2] 日本学者吉川忠夫通过对范宁《谷梁传集解序》的研究，亦发现汉晋学术由"学"而"识"的发展特点。他认为：范宁《序》中体现出来的学术方法是"基于'理'疏通经，不应墨守传"，"正如《集解》中混杂有庄子倾向的解释所显示的，只要是'理'，并不妨援用儒家以外之说。对他而言，体会真理的首先是儒家的经，但在说'并舍以求宗，据理以通经'时，其中已包含离开经本身，而趋向终极的真理——宗的倾向。"范宁注书所求之"宗"，所据之"理"，就相当于作者所谓之"识"。通过以上分析，吉川忠夫指出：像范宁"这样的思考或许只限于以通人自许的士大夫。经学的职业专家是留心'究览异议，择其从善'，而'宁道孔圣误，讳闻郑服非'，始终从事所谓'章句之学'的"。（吉川忠夫《六朝士大夫的精神生活》，见《日本学者研究中国史论著选译》第七卷第93～94页，中华书局1993年版）吉川忠夫以范宁为例，说明六朝儒学与汉代儒学的差异。他所指出的这种差异，与作者所谓汉人重"学"、晋人尚"识"的观点，完全吻合。同时，他认为像范宁这样的"求宗""求理"的学者，"只限于以通人自许的士大夫"，亦与作者所谓通人尚"识"的观点，完全一致。

亦如吉川忠夫所说，能够"离开经本身，而趋向终极的真理——宗的倾向"者，"只限于以通人自许的士大夫"。

三、从《人物志》论汉晋学风之变迁

刘劭《人物志》是中国历史上第一部研究人才质性的理论专著，它产生于人物品鉴的时代风气之中，而又超越一般品鉴家月旦人物的琐碎言论，上升到系统理论的高度。尤其值得注意的是，它产生于汉末魏初这个文化思潮发生根本变革的关键时期，不仅在汉晋人物品鉴中具有承上启下的意义，而且对汉晋学风之变迁，亦发生过特别重要的影响。现当代学者讨论汉晋文化思潮之变迁，皆注目于人物品鉴，认为魏晋玄学、美学、文学、文论，或起于人物品鉴，或与人物品鉴有着至为密切的关系。[1] 因此，研究汉晋文化思潮之变迁，人物品鉴是一个重要的切入点。魏晋间有关人物品鉴的著作，在当时虽不在少数，但流传至今且保存完整者，唯有刘劭《人物志》。而且，《人物志》又是当时众多的品鉴著作中，最有理性色彩和理论深度的、总论人物品鉴原理的专著。所以，研究汉晋学风之变迁，人物品鉴是最佳的切入点，《人物志》则是最好的文本依据之一。

1. 《人物志》是汉末魏初知识界盛行的尚通意趣的产物

在尚通意趣的影响下，汉末魏初的中国学术发生了剧烈变化，产生于这个学术剧变环境中的《人物志》，集中体现了当时学风的时代性特点。统观《人物志》，其重通尚博的学术旨趣，约有二端：

其一，《人物志》在思想上杂取儒、名、法、道，与诸子学复兴

---

[1] 参见本书第一章第三节之"魏晋之学起于人物品鉴"。

的时代学风相吻合[1]，是尚通意趣的产物。《人物志》品鉴人物，覆核名实，固属名家，后世之"经籍志"亦正是将之归入名家。其分别人才之品目，仿孔门四科之序，"泛论众材以辨三等"（《人物志序》），自谓出于儒家。其重考课，与法家之精神相通。其论人君之德与立身之道，又与道家学说吻合。更为重要的是，刘劭能取儒、名、法、道四家之正面价值，将其有机地统合在一起，构建自己的人才学理论，而不露任何粘接拼凑之痕迹，这正体现了刘劭融会贯通的学术能力。

其二，作为人才学专著，《人物志》将人才进行分类研究，明显有重通才、尚圣人的倾向，这正是东汉以来尚通意趣的产物。如《九征》论人之质性，以为"观人察质，必先察其平淡，而后求其聪明"，常人或有聪明之质，而乏平淡之性，故虽能"达动之机"，却又"暗于玄虑"；或有平淡之性，而乏聪明之质，故虽能"识静之原"，却又"困于速捷"。故皆偏至之才。唯有圣人，"能兼二美"，故能"知微知章"。又说人禀"五质"，神有"五精"，常人皆偏得其一，或"劲而不精"，或"胜质不精"，或"畅而不平"，或"气而不清"，故皆偏至之才。唯有圣人"五质内充，五精外章"，故能"穷理尽性"。所以，他进一步认为："九征有违，则偏杂之材也。""九征皆至，则纯粹之德也。"他将人才依次分为偏至、兼材、兼德、中庸四等，以为"偏至之材，以材自名；兼材之人，以德为目；兼德之人，更为美号。是故兼德而至，谓之中庸。中庸也者，圣人之目也"。圣人是人才的最高品目，他"五质内备，五精外章"，既有平淡之性，又兼聪明之质；既可"经事"，又能"理物"，达到了中庸质性之至境。所以，他说："中庸之德，……变化无方，以达为节。"（《体别》）"达者称圣"，"圣之为称，明智之极明也"（《八观》），与汉末学者以通释圣的观点吻合，是

[1] 参见许抗生《论魏晋时期的诸子百家学》，《中国哲学史研究》1982 年第 3 期。

刘劭在尚通意趣的影响下，对圣人人格的重新诠释。

圣人有兼通博达的品格，故能避免偏才的种种缺失。如偏才之人或拘或抗，"抗者过之，而拘者不逮"，而圣人"变化无方，以达为节"（《体别》），故能避免拘抗之弊。偏才之人，"各抗其材，不能兼备"（《流业》刘昞注），故皆"人臣之任"（《流业》），是"一味之美"（《材能》），而圣人"聪明平淡，总达众材"（《流业》），能"以无味和五味"，故能"君众材"（《材能》）。在清谈论辩技巧上，偏才之人，各执一端，未能兼通理之"八能"，故"流有七似""说有三失""难有八构"。唯圣人兼此"八能"，故可免于"七似""三失""八构"之弊（《材理》），而得道之真谛。

总之，刘劭深受汉末尚通意趣之影响，他的《人物志》超越了汉末品鉴之琐碎言论而上升到系统理论之高度，对人物之抽象理则进行了宏观探讨。这说明他在尚通意趣之影响下，形成了统观全局、博通众说的学术心胸和"博而能一""通而能简"的学术方法。其杂取儒、名、法、道之思想取径，和以具有兼通博达品格之圣人为人物品鉴之最高品目，皆与东汉以来尚通重博的学术风气一脉相承。

2. 《人物志》在学术方法上的创新

徐斌《魏晋玄学新论》指出：刘劭《人物志》中"思心玄微，能通自然"八个字反映了建安的学术倾向，是建安思想在思想方法上的创新，是汉末新思潮通向玄学的一座思想桥梁。[1] 在徐著的启示下，作者认为：《人物志》提出的"质性平淡，思心玄微，能通自然"的学术方法，是汉末魏初知识界盛行的尚通意趣的产物，是导致汉晋学风转移之关键。

---

[1] 徐斌：《魏晋玄学新论》第51、57、67页，上海古籍出版社2000年版。

《人物志·材理》说：

> 若夫天地气化，盈虚损益，道之理也；法制正事，事之理也；礼教
> 宜适，义之理也；人情枢机，情之理也。

徐斌解释说："道之理为思想关怀，意在求'真'；事之理为社会关怀，
意在求'善'；义之理与情之理，可归为人格关怀，意在求'美'。"[1]
这是符合刘劭原意的。思想关怀是社会关怀和人格关怀的理论基础，
一时代社会关怀和人格关怀的新特点，都孕育于思想关怀中，都由思
想关怀决定。因此，研究一代社会风气之变迁，思想关怀，特别是思
想关怀中的方法论创新，是一个特别值得注意的问题。

《人物志·材理》说：

> 质性平淡，思心玄微，能通自然，道理之家也。

所谓"道理"，即"天地气化，盈虚损益"之理，研究"道理"者，
即为"道理之家"。那末，道理之家研究"道理"的方法是什么呢？
用刘劭的话说，就是"质性平淡，思心玄微，能通自然"，这是刘劭
在学术方法上的创新。[2] 此三者密切相关，"质性平淡"是道理家的
质性特点，"思心玄微"是其学术方法途径，"能通自然"是其学术
目的方向。只有"平淡"之人，其"思心"才有"玄微"的特点。亦

---

[1] 徐斌：《魏晋玄学新论》第 51 页，上海古籍出版社 2000 年版。
[2] 徐斌在《魏晋玄学新论》中已经指出："思心玄微，能通自然"反映了建安的学术倾向，
   是刘劭在学术思想方法上的创新。然其缺失有三：一是尚未对这种学术方法进行
   系统的阐释；二是尚未论证这种新方法产生的学术文化背景，即汉晋间的尚通意趣；
   三是未曾注意到道理之家"质性平淡"的质性特点。

只有"思心玄微"者，才能通于"自然"之道。

其一，"质性平淡"。刘劭论人才质性，最推崇中庸平淡。他与先秦诸子一样，认为最能明道者是圣人。圣人之所以最能明道，是因为圣人有中庸之质和平淡之性。他在《人物志序》里说："又叹中庸，以殊圣人之德，尚德以劝庶几之论。"《九征》说："中庸也者，圣人之目也。"以中庸这种调和折中、不偏不倚的处世态度为圣人之德，为道德之最高境界，这是本于先秦儒家的观点。值得注意的是，刘劭对儒家的中庸之德进行了两个方面的改造：

一是以道家平淡思想解释儒家的中庸(或"中和")之德，《礼记·中庸》说：

> 喜怒哀乐之未发，谓之中；发而皆中节，谓之和。中也者，天下之大本也；和也者，天下之达道也。致中和，天地位焉，不物育焉。

刘劭的看法与此略有不同，他说：

> 凡人之质量，中和最贵矣。中和之质必平淡无味，故能调成众材，变化应节。(《人物志·九征》)
>
> 是故中庸之质，异于此类。五常既备，包以淡味，五质内充，五精外章。(《人物志·九征》)
>
> 夫中庸之德，其质无名，故咸而不碱，淡而不𬪩，质而不缦，文而不缋，能威能怀，能辩能讷，变化无方，以达为节。(人物志·《体别》)

在这里，皆以平淡无味之观点解释儒家中庸质性，体现了儒道杂合的倾向。这正与《老子》所说的"道出言，淡无味。视不足见，听不足闻，用不可既"相通。[1] 所以汤用彤《读〈人物志〉》指出："中庸本出于孔家之说，而刘劭乃以老氏学解释之。"[2]

二是以"聪明"诠释中庸。刘劭认为，具有中庸至德之圣人，除了具有平淡之性外，还必须具有聪明之质，二者不可或缺。他说："夫圣贤之所美，莫美乎聪明。"（《人物志序》）认为"观人察质，必先察其平淡，而后求其聪明。聪明者，阴阳之精。阴阳清和，则中睿外明"。具有中庸至德之圣人，之所以能够"调成五材，变化应节"（《九征》），"变化无方，以达为节"（《体别》），就是因为他具有聪明之质性。聪明，即智，指个体的智慧才能。刘劭重智，以为"智出于明"，"德者，智之帅也"，智或聪明是圣人必具之品质。《八观》说：

> 是以钧材而好学，明者为师；比力而争，智者为雄；等德而齐，达者称圣。圣之为称，明智之极明也。"

这与道家之"绝圣弃智"不同，亦与儒家虽然重智但始终把智置于仁、义、礼之后的次要地位迥异。刘劭重智，与曹魏"惟才是举"的时代风气有关，更与徐干"重艺贵智"的思想有直接的渊源关系。[3]

具有中庸至德之圣人，必须兼备平淡与聪明之二美。《材理》说圣人"心平志谕，无适无莫，期于得道而已矣，是可与论经事而理物也"。"心平志谕，无适无莫"，即平淡之性，只有具备平淡之性者，才能"经世"（行政）和"理物"（通道）。《材能》说：

> 凡偏材之人，皆一味之美，故长于办一官，而短于为一国。何者？

---

[1] 朱谦之：《老子校释》第三十五章，中华书局 1984 年版。
[2] 汤用彤：《魏晋玄学论稿》第 23 页，中华书局 1962 年版。
[3] 张岱年：《中国哲学大纲》第 324 页，中国社会科学出版社 1982 年版。

　　　　夫一官之任，以一味协五味；一国之政，以无味和五味。

　　"无味"即"平淡"，是君王（哲学王）应具之品德。"若道不平淡，与一材同用好，则一材处权，而众材失任矣"（《材理》）。但是平淡之美还必须助以聪明之质。因此，刘劭主张察人不仅要"察其平淡"，而且要"求其聪明"。他认为聪明是圣人必备的品质，"圣之为称，明智之极明也"，"以明将仁，则无不怀；以明将义，则无不胜；以明将理，则无不备。然苟无聪明，无以能遂"（《八观》）。《九征》说：

　　　　故明白之士，达动之机，而暗于玄虑。玄虑之人，识静之原，而困于速捷。犹火日外照，不能内见。金水内暎，不能外光。

　　所谓"明白之士"，即有聪明之性而乏平淡之质者，因有"暗于玄虑"的缺点，只能"经事"，不能"理物"；只能"知章"，不能"知微"。"玄虑之人"，即有平淡之质而乏聪明之性者，因有"困于速捷"的缺点，只能"理物"，不能"经事"；只能"知微"，不能"知章"。在刘劭看来，这两种人都是偏才，唯有"圣人淳耀，能兼二美，知微知章。自非圣人，莫能两遂"（《九征》）。所以，他说："主德者，聪明平淡，总达众材，而不以事自任者也。"（《流业》）

　　平淡和聪明是圣人不可或缺的两种品质。平淡而乏聪明，或聪明而乏平淡，皆是偏才。值得注意的是，刘劭讲道理之家，为何只言平淡而不言聪明呢？其实，在《人物志》里，刘劭虽以平淡、聪明并提，但两者又有主次之分。一般而言，平淡者多有聪明之质，唯其耳聪目明，博涉兼通，方能避免拘抗偏执，而有平淡之性。可以说，聪明是平淡之基础。虽然他在《人物志序》之开篇即说："圣贤之所美，莫美乎聪明。"但他又认为人之质性最可宝贵者是"平淡无味",因此,他认为"观人察质,必先察其平淡,而后求其聪明"(《九征》),明显体现出先后主次之分。平淡可该聪明,说"质性平淡",已隐含了聪明之美。

总之,《人物志》是汉末以来知识界盛行的尚通意趣的产物,其以通释圣、以通释道的观点,以及它所标示的圣人应具平淡和聪明的观点,皆体现了当时知识界重通尚博的学术风尚。特别是重聪明、尚通达、崇变化、贵神明的取径,以及由此提出的平淡无味的圣人人格,皆是在尚通意趣之影响下兴起的儒道兼综、杂取诸子之通博学风的直接产物。尚通意趣是刘劭学术创新的思想文化背景。

其二,"思心玄微"。所谓"思心玄微",即以"玄微"之心体道。道即无,是玄之又玄的宇宙本体,看不见,摸不着,而又无处不在。故不能以理性之客观去把握,只能以"玄微"之直觉去体验。换言之,道本身具有"玄微"的特点,[1]要观照或把握"玄微"之道,就要求观照者必须具备"玄微"之思心,用老子的话讲,这种观照叫"玄鉴"或"玄览"。而要具备此种"玄微"之思心,又确非易事。唯有平淡聪明之圣人,方能具备此种思心。因而亦只有圣人才能体道。

---

[1] "道"有"玄微"的特点,故魏晋玄学家常常以"微言"称道,如《世说新语·赏誉篇》载:"卫伯玉为尚书令,见乐广与中朝名士议论,奇之曰:自昔诸人没已来,常恐微言将绝,今乃复闻斯言于君矣。"刘孝标注引《晋阳秋》说:"尚书令卫瓘见(乐)广曰:昔何平叔诸人没,常谓清言尽矣,今复闻之于君。""清言"即"微言"又引《卫玠别传》说:"(王)敦顾谓僚属曰:昔王辅嗣吐金声于中朝,此子今复玉振于江表,微言之绪,绝而复续。"把对"道"的观照、体验,称为"寻微""造微""通微",如《世说新语·赏誉篇》载:"王长史叹林公:寻微之功,不减辅嗣。"刘孝标注引《支遁别传》说:"遁神心警悟,清识玄远,尝至京师,王仲祖称其造微之功,不异王弼。"《人物志·九征》说:"色平而畅者,谓之通微。"把对"道"的辩论,称为"微辩",如管辂说何晏"若欲差次老、庄而参爻、象,爱微辩而兴浮藻"(《三国志·管辂传》裴松之注引《辂别传》)。

《人物志》对"思心玄微"进行了具体的阐释。他认为："色平而畅者，谓之通微。"（《九征》）即有平淡之质（即"色平"）与聪明之性（即"畅"）者，乃有"玄微"之思心。"畅而不平，则荡"（《九征》）。有聪明之性（"畅"）而无平淡之质（"不平"），便流入放荡，不能拥有"玄微"之思心。他用中庸平淡对"通"作了新的诠释，他说："通而能节者，通也；通而时过者，偏也。""通者亦宕，宕者亦宕，其宕则同，其所以为宕则异。""纯宕似流，不能通道；依宕似通，行傲过节。"（《八观》）"通"即"聪明"，是达到"思心玄微"的重要条件。故云："其明益盛者，所见及远。"（《八观》）但"通"又必须以中和平淡为节制，"通而时过者"，即"纯宕""依宕"之流，皆有"荡""过节"之弊，故不能形成"玄微"之思心。具体而言，刘劭认为刚略、抗厉、坚韧、浮沉、浅解之人都不具备"玄微"之思心，皆"不能理微"，因为他们不具备平淡之性。他们"历纤理，则宕往而疏越"，"说变通，则否戾而不入"，"涉大道，则径露而单持"，"即大义，则恢愕而不周"，"审精理，则掉转而无根"（《材理》）。他认为，"强毅之人""难与入微"（《体别》），"明白之士""暗于玄虑"（《九征》），"朴露径直"之人"失在不微"（《体别》），他们可以成为某方面的专门人才，却不能入微体道，原因同样在于他们缺乏平淡之性。

聪明是"通微"的重要条件，而平淡却是"通微"的必要条件。所以刘劭特别强调平淡之性。他认为玄虑、沉寂之人，因其有平淡之性，故而可以"入微"。他说："玄虑之人，识静之原。"（《九征》）"沉寂机密"之人"精在玄微"，"沉静之人，道思回复"，"可与深虑，难以速捷"（《体别》），"温柔之人""味道理，则顺适而和畅"（《材理》）。在谈论方面，他重理性而轻辞胜，因为理胜者，"释微妙而通之"（《材理》），即能以"玄微"之思心通于道。

总之，兼备平淡与聪明之二美者，方有"玄微"之思心。只有聪明之性，往往"暗于玄虑"，而"难与入微"。仅有平淡之质，虽有"困于速捷"之弊，但却"识静之原"，能以"玄微"之思心体悟道。所以，刘劭强调，"精欲深微，……深微，所以入神妙也"。（《七缪》）"深微"之思心是入于"神妙"之道的唯一途径。又说："智能经事，未必即道。道思玄远，然后乃周。……智不及道。道也者，回复变通。"（《八观》）"智能经事，未必即道"，因为智者虽有聪明之质，而乏平淡之性，少"玄微"之思，故不能体味"回复变通"之道，故云"智不及道"。

刘劭提倡的"思心玄微"的学术方法，已基本体现出由实而虚的学术取径。一般而言，汉人的章句训诂之学，守实重据，是笃实之学，甚至汉末综核名实的刑名之学亦有守实的特点。魏晋义理之学，清妙玄微，是玄虚之学。作者以为，汉晋学风由实而虚转移之中介是《人物志》，关键又是刘劭在《人物志》中提出的"思心玄微"的学术新方法。而这种新方法的提出，又与东汉以来的尚通意趣密切相关，"通则渐漉玄思"，[1] 贯通义理、体悟道本所需要的"玄微"之思心，是以尚通重博的学术取径为基础的。

其三，"能通自然"。"自然"是魏晋哲学、人生、文学的最高境界。在哲学领域，玄学家以道为宇宙之本体，道本自然。所谓"通自然"，即通道。王弼《老子》二十九章注云："万物以自然为本性，故可因而不可为也，可通而不可执也。"《列子·仲尼篇》张湛注引何晏《无名论》说："夏侯玄说：'天地以自然运，圣人以自然用。'自然者，道也。"阮籍《达庄论》说："天地生于自然，万物生于天

[1] 刘师培：《中古文学史论著三种》第5页，辽宁教育出版社1997年版。

地。""道者法自然而为化。"[1]崇尚自然，以为宇宙万物皆生于自然，宇宙万物皆法自然而运化，以自然为哲学、人生之最高境界。这种思想，起于老庄，盛于魏晋。玄学家的一切哲学深思都是为了体悟自然之道。

将此种思想渗透到其他文化活动中，就是把"通自然"作为艺术、人生的最终归宿。"通自然"即通道。如晋宋人痴迷山水，就是因为山水是自然的真实载体，山水"以形媚道"，与道相通，体现了自然之趣。晋宋人游赏山水，正是为了"澄怀观道"。[2]宗炳《画山水序》说：

> 圣人含道应物，贤人澄怀味象，至于山水质有而趣灵，是以轩辕、尧、孔、广成、大隗、许由、孤竹之流，必有崆峒、具茨、藐姑、箕首、大蒙之游焉。[3]

所谓山水"质有而趣灵"，其"趣灵"，即自然之趣，即道。阮籍《达庄论》说："夫山静而谷深者，自然之道也。"[4]孙绰《太尉庾亮碑》云："方寸湛然，固以玄对山水。"[5]王济《平吴后三月三日华林园诗》云："清池流爵，秘乐通玄。"[6]即从山水中体味玄道。总之，山水的自然之质与道的自然之性相通，山水是谈玄悟道的工具。晋宋人痴迷山水，热情创作山水诗和山水画，皆由于此。

山水之所以美，在于它通于道。魏晋人认为人格之所以美，亦在于它符合自然之道。人格美与山水美相通，它们的最高境界皆是"自然"，是道。晋宋人乐于以山水比附人格，但不是先秦儒家"仁者乐山，

---

[1] 《全晋文》卷四十五。

[2] 《宋书·宗炳传》。

[3] 《全宋文》卷二十。

[4] 《全三国文》卷四十五。

[5] 《全晋文》卷六十二。

[6] 《全晋诗》卷二。

智者乐水"式的简单的道德比附，而是在发现了人格美与山水美在本质上有体玄明道之共同点后，在哲学层次上的深层比附。因此，晋宋人往往以自然为人生之最高境界，如王粲《神女赋》描述他心中的人格美是"禀自然以绝俗，超希世而无群"。曹丕《善哉行》亦说："冲静得自然，荣华何足为。"袁宏《三国名臣传》说夏侯玄"器范自然，标准无瑕"。[1]

在文学创作中，亦以自然为最高境界，如钟嵘推崇"自然英旨"之诗人，简文帝《与湘东王书》评谢灵运诗"吐言天拔，出于自然"。刘勰《文心雕龙·原道》亦特别标示为文以自然为宗，他说："心生而言立，言立而文明，自然之道也。""夫岂外饰，盖自然耳。"山水以形媚道，圣人以玄思悟道，而文章亦当以文采载道，如刘勰提出"文以明道"，其所明者，亦正是自然之道。文学和山水既与道通，又是体道悟道之工具。故徐干《中论·艺纪》说："通乎群艺之情实者，可以论道。"

总之，"思心玄微"是学术方法，"能通自然"是学术目的。"自然"是魏晋哲学、人生、艺术之最高境界。"通自然"即通道。在"思心玄微"这个新方法的启迪下，魏晋人不仅通哲学之道，亦通人生之道、山水之道、艺术之道。因此，李泽厚断言："所谓'质性平淡，思心玄微，能通自然'的'道理之家'，显然就是后来的玄学家。"[2]

3.“思心玄微”的学术方法在《人物志》中的实践及其影响

作为人才学专家的刘劭，在其人才学专著中提出"思心玄微"的学术方法。实际上，这本身就是他的人才学研究方法，并首次实践于《人

---

[1] 《晋书·袁宏传》引。
[2] 李泽厚、刘纲纪：《中国美学史》（魏晋南北朝编）第72页，安徽文艺出版社1999年版。

物志》中。

刘劭在《人物志》中一再强调知人善任的重要性，《人物志序》说：

> 夫圣贤之所美，莫美乎聪明；聪明之所贵，莫贵乎知人。知人诚智，
> 则众材得其序，而庶绩之业兴矣。

在他看来，圣人有两大关怀：一是体道悟道，这是形而上的价值关怀；二是知人善任，这是形而下的社会关怀。知人是圣人的主要职责之一。但是，知人善任又确非易事，他一再慨叹知人之难，他说："人物之理，妙不可得而穷已。""人物之理，妙而难明。"（《七缪》）"人物精微，能神而明，其道甚难，固难知之难。"（《效难》）"盖人物之本，出于情性，情性之理，甚微而玄。"（《九征》）人物之情性玄妙深微、能神而明，与道同体，故而识人与体道一样，皆非易事。

如何鉴别人物呢？刘劭指出："物生有形，形有神精。能知精神，则穷理尽性。"（《九征》）在这里，他提出以形观神，以神见性的识鉴方法，即从外形所显，观其内在所蕴，从人物之精神观人物之情性。这其中的"神"与"精"是中介，特别重要。何谓"精神"？刘劭解释说："平陂之质在于神，明暗之实在于精。"（《九征》）即"神"之极境是平淡，"精"之极境是聪明。观人察质，从精神入手，即可知情性，所以他说："是故观人察质，必先其平淡，而后求其聪明。"（《九征》）但是，体察人物之平淡与聪明，又极为困难，因为"人物精微，能神而明"（《效难》），人物之"神"（即平淡）与"明"（即"精"，聪明）又有"精微"的特点。要识鉴"精微""神明"之人，识鉴者必须具备玄妙深微之思心，"精微，所以入神妙也"（《七缪》），要有"精微"之思心，才能体悟"神妙"之至境，即所谓"以

精微测其玄机"者也（《八观》）。

总之，刘劭以为，人物之理与道之理是相通的，通道之理即可通于人之理，通道之理的方法亦正可通于人之理。拥有"玄微"之"思心"，才能"通于自然"。同理，具备"精微"之"思心"，才能鉴识"甚微而玄"的人物。所以，《材理》说：

> 必也聪能听序，思能造端，明能见机，……然后乃能通于天下之理。
> 通于天下之理，则能通人矣。

通"天下之理"者，乃圣人；最能"通人"者，亦圣人。因此，他在慨叹知人之难时说："非圣人之察，其孰能究之哉。"（《材理》）

"质性平淡，思心玄微，能通自然"，作为一种学术方法，并非刘劭所独创，先秦诸子已开其端。如老子提出"涤除玄鉴"说，[1] 所谓"涤除"，就是洗垢除尘，去尽一切功利欲念，使心进入"平淡"的境地；所谓"玄鉴"，就是深观远照，即以"玄微"之思心体道。"涤除"是"玄鉴"的前提，正像刘劭把"质性平淡"作为"思心玄微"的前提一样。庄子的"心斋""坐忘"说，是对《老子》"涤除玄鉴"命题的进一步发挥，认为只有虚静平淡的心境，才能实现对道的观照，他在《天道篇》专门讨论了"静"与"明"（即刘劭所谓"平淡"与"聪明"）的关系，其云：

> 圣人之静也，非曰静也善，故静也。万物无足以铙其心者，故静也。水静则明烛须眉，平中准，大匠取法焉。水静犹明，而况精神。圣人之心静乎，天地之鉴也，万物之镜也。

---

[1] 《老子》第十章。

另外，《管子》《荀子》书中阐释的"虚一而静"说，亦与老庄之说相近。[1] 但将这种学术方法发扬光大，使之对魏晋学术文化产生直接而重要影响者，却是刘劭。

刘劭之后，这种学术方法为学者所熟知。如曹丕《善哉行》云："冲静得自然。"通于自然之道，需具"冲静"之质性。唯其"冲静"，故能平淡；唯其平淡，故能玄微；唯其玄微，故可"通自然""得自然"。又如陆机《文赋》、刘勰《文心雕龙》论创作之心胸和想象，有所谓"沈思""玄鉴""神思"之说。[2] 宗炳提出的"澄怀味象""澄怀味道"说，亦与刘劭提出的"质性平淡，思心玄微，能通自然"的学术方法密切相关。

其实，玄学家治学的一些基本方法，亦包孕在刘劭提出的"思心玄微"说中，如早期玄学代表荀粲说：

> 盖理之微者，非物象之所举也。今称立象以尽意，此非通于意外者也，系辞焉以尽言，此非言乎系表者也。斯则象外之意，系表之言，固蕴而不出矣。[3]

"象外之意，系表之言"，深微玄远，"蕴而不出"，非物象等具体之理性手段可以表明，唯一的办法，就是用玄微之心思去体悟它。又如王弼，他认为：

---

[1] 参见叶朗《中国美学史大纲》第 101～104 页、137～138 页，上海人民出版社 1987 年版。

[2] 参见本书第六章第三节之"尚通意趣对构思主体之能力和修养的影响"。

[3] 《三国志·荀彧传》注引《荀粲传》。

圣人茂于人者神明也，同于人者五情也。神明茂，故能体冲和以通无；五情同，故不能无哀乐以应物。然而圣人之情，应物而无累于物者也。[1]

所谓"神明"，即刘劭所谓"人物精微，能神而明"（《效难》）。"神明"，在刘劭书中又称"神精"。何谓"神精"？刘劭解释说："平陂之质在于神，明暗之实在于精。"（《九征》）"神"即平淡，"精"或"明"即聪明。刘劭以为："自非圣人，莫能两遂。"即只有圣人兼备平淡之质与聪明之性。这与王弼所谓"圣人茂于人者神明也"的说法，正是同样的意思。王弼认为圣人"神明茂，故能体冲和以通无"，"体冲和"即"质性平淡，思心玄微"；"通无"即"通自然"、"通道"。这与刘劭所谓圣人"质性平淡，思心玄微，能通自然"的说法完全相同。另外，王弼说圣人"应物而无累于物"，"应物"而不为物所累，"有情"而不为情所困，这就是"平淡无味"，亦就是刘劭所推崇的圣人的"中庸之德"。《晋书·王导传》评价玄学风气之领袖王导说："惟公迈达冲虚，玄鉴劭邈；夷淡以约其心，体仁以流其惠。"唯其"迈达冲虚"，故能"夷淡"（平淡）；唯其"夷淡"，故能有"玄鉴"之"思心"；唯其有"玄鉴"之"思心"，故能通于道。

总之，"思心玄微"作为一种学术方法，首先实践于《人物志》中，而后于魏晋学术产生了十分深远的影响，玄学基本方法"言意之辨"亦包孕其中。汤用彤所谓"言意之辨起于识鉴"，[2] 正是对这种影响关系的正确总结。

[1]　《全三国文》卷四十四王弼《难何晏圣人无喜怒哀乐论》。

[2]　汤用彤：《言意之辨》，见《魏晋玄学论稿》，中华书局 1962 年版。

第六章　尚通意趣与汉晋文风之嬗变（上）

　　尚通意趣是汉末魏晋时期的时代精神，"通人"是这种时代精神的人格典范。在前几章，作者在概述尚通意趣之发生发展的基础上，探讨了尚通意趣对汉晋间人物品鉴、士风和学风的影响。接下来要探究的是尚通意趣对汉晋文风嬗变的影响。在这里，有三个问题需要首先说明：其一，文风是一个内涵广泛的概念，它包括文学、绘画、书法、舞蹈、音乐等方面的内容。本章讨论汉晋文风之嬗变，以文学为主，兼顾绘画，其他则略而不论。其二，尚通意趣对汉晋文风嬗变之影响，有直接和间接之分，而间接影响的成分更重一些。即一代文风之嬗变，与当时之人物品鉴、士风和学风均有密切的关系。尚通意趣对汉晋文风嬗变之影响，往往是通过对人物品鉴、士风、学风之影响而间接发挥出来。换言之，尚通意趣影响文风嬗变之中介是人物品鉴、士风和学风。因此，为避免重复累赘，凡前几章已经论及者，属于品鉴、士风、学风之间接影响者，将不再追述；虽属间接影响但前几章尚未论及者，和尚通意趣对汉晋文风嬗变有直接影响者，将详论。其三，汉晋文风之嬗变，涉及面很广。尚通意趣对其影响亦有深浅之分。在以下两章，作者将对几个影响较深的突出问题，如尚通意趣与文学自觉，尚通意趣与创作内容、创作构思、创作方法、文学风格、文学鉴赏等问题，作深入的探讨和分析。

一、尚通意趣与文学自觉观念之形成

鲁迅先生在《魏晋风度与文章及药与酒之关系》一文中说："用近代的文学眼光看来，曹丕的一个时代可说是'文学的自觉时代'，或如近代所说是为艺术而艺术的一派。"[1] 这个观点提出来后，得到学术界的普遍认可，各种文学批评史和文学史著作对此皆有或详或略的论述，或是对鲁迅先生的观点进行论证，或是作局部的修正。[2] 作

---

[1] 鲁迅：《而已集》第 84 页，人民文学出版社 1973 年版。

[2] 游国恩主编《中国文学史》说：建安时代"表现了文学的自觉精神"。（第 1 册第 198 页，人民文学出版社 1964 年版）。王运熙、杨明主编《魏晋南北朝文学批评史》说："鲁迅将这一时期概括为'文学的自觉时代'，确是十分精当的。"（第 7 页，上海古籍出版社 1996 年版）这是对鲁迅观点的继承和发挥。李泽厚《美的历程》认为"文学的自觉"是"魏晋的产物"。（第 97 页，文物出版社 1981 年版）章培恒、骆玉明主编《中国文学史》说："就文学的自觉这个角度看，最终完成这一历程的，是萧纲、萧绎。"（上册第 55～56 页，复旦大学出版社 1996 年版）这是对鲁迅观点的局部修正。张少康《论文学的独立和自觉非自魏晋始》认为鲁迅这个说法"是没有经过严格论证的"，"实际上是不准确的，也是不符合文学发展实际的"，认为"文学的独立和自觉有一个较长的发展过程，它从战国后期开始初露端倪，到西汉中期已经相当明确，这个过程的完成可以刘向对图书的分类作为基本标志"（《北京大学学报》1996 年第 2 期）。汪春泓《在"为艺术而艺术"的背后——关于〈典论·论文〉的重新诠释》说："人们往往被曹丕《典论·论文》'诗赋欲丽'的通脱所迷惑，将其理解为'为艺术而艺术'的代表。其实这是曹丕对士人的诱导，在似乎提倡纯文学的背后，潜台词十分丰富。""建安时期血雨腥风，很难想象，曹丕会作一篇与现实政治完全无关而纯论文学的文章。退而论文，即使要论文，其潜意识流露的也还是政治的谋略，这似乎更符合实情，对《典论·论文》也应作如是观，这才是对曹丕其人之'知人论世'。"（《文史知识》1999 年第 2 期）这是对鲁迅观点的修正。对于这三种意见，在此不拟作是非之论。作者认为：将曹丕时代视为文学的自觉时代，未免拘泥。因为文学的独立自觉是一个长期的过程，不会因某位天才作家的出现或某部作品或观点的发表，而在短时间内形成。折衷地说，汉末魏晋是纯文学观念逐步形成、文学走向独立自觉的时代，应当是比较符合实际的。

者不想在此分析辩证这个已基本成为学界共识的观点，只就尚通意趣与文学自觉观念和审美超越意识之形成的关系，作一番考察。

1. 通人娴于文辞

作者在第五章已经指出：从今文经学到古文经学，是汉代学风由执障向通博发展的第一步；从古文经学到融合古今的今古文学，是学风由拘泥向通博演进的第二步；由今古文学到魏晋玄学，则是学风向通博发展的第三步。从汉至晋，从今文经学到玄学，就是学风由执障拘泥向清通简要的发展过程，亦是尚通意趣从萌芽、发展到盛行的过程，同时亦是文学之自觉观念和审美超越意识发生、发展的过程。换言之，尚通意趣的发生和发展，与学风的变迁和文学自觉观念、审美超越意识的形成，是同步进行的。

一般而言，今文学者繁琐迷信，拘泥执障，多半不娴于文辞。古文学者反对今文之繁琐迷信，为学重大义，有简明扼要的特点，多半娴于文辞。古文学者之所以比今文学者娴于文辞，主要由于他们懂通变，尚简要，有特别的艺术敏感和审美能力。萧绎《金楼子·立言》说：

> 今之儒，博穷子史，但能识其事，不能通其理者也，谓之学。……而学者率多不便属辞，守其章句，迟于通变，质于心用。

此言虽是针对齐梁知识界而发，但完全可以借来评价汉代的今文学者。今文学者说经，动辄百万余言，可谓渊博，然而却是萧绎所说的"但能识其事，不能通其理"者，是知识积累型的学者。[1] 知识积累型的今文学者"不便属辞"（即不便文学创作），是由于他们"守其章句，

---

[1]　参见本书第三章第三节之"魏晋六朝人物品鉴新品目诠释"。

迟于通变，质于心用"。反过来说，懂得通变是属辞之前提。尚通意趣与文学创作才能之关系，于此可见一斑。现代学者陈柱亦曾注意到这个问题，他说：

> 西汉经学家之于经也，大抵通大义，不事章句，如贾、董、刘向、扬雄之徒皆是也。至东汉儒者，遂为之一变，事章句，工训诂，如郑兴、郑众、贾逵、马融、郑玄之徒是也。西汉儒者求通大义，故多工文；东汉儒者局促于训诂，故尠能文者。[1]

陈柱关于西汉学者治学通大义、工于文，东汉学者事章句、局促于训诂、尠能文的说法，因过于笼统，确有不准确的地方。但他指出治学不事章句、通大义者多工文，局促于训诂、事章句者不娴于文的现象，则是有识之见。作者认为：古文学者之所以比今文学者娴于文辞，其原因就可以用萧绎、陈柱的观点来解释。事实上，我们注意到，当尚通意趣逐渐流行，古文经学受到普遍关注的东汉后期，贵尚文章之风尚亦逐渐形成。据《后汉书》，汉末许多儒者的著述中，文学作品占有愈来愈大的比重，包括诗、赋、箴、碑、诔、连珠、九愤等各类体裁，当时的著名学者如胡广、服虔、延笃、刘陶等人，均是如此。

古文学者不仅娴于文辞，而且贵尚文章。何休《春秋公羊经传解诂序》说：

> 说者疑惑，至有倍经任意，反传违戾者，其势惟问不得不广，是以讲诵师言，至于百万，犹有不解，时加酿嘲辞，援引他经，失其句读，以无为有，甚可闵笑者，不可胜记也。是以治古学贵文章者，谓之"俗儒"[2]

---

[1]　陈柱：《中国散文史》第135页，上海书店1984年版。

[2]　《全后汉文》卷六十八。

这里所说的"俗儒"，显然是指今文学者；"治古学"者，是指古文学者。值得注意的是，何休说古文家是"治古学贵文章者"，可见古文家确有"贵文章"的风尚。曹道衡注意到何休的这个说法，并解释说：

> 从这里可以看出，今文经学实际上是束缚文学发展的；而古文经学却使文学得到发展，古文经学的兴起，使人们的思想变得活跃，扬雄、张衡、马融都是文学上卓有贡献的人，也正是古文家如桓谭等不守礼法，喜爱俗乐，从而推动了文学的发展。……一般说来，今文经学中迷信和荒谬之说较多，对人们思想的活跃与文学的发展是不利的。[1]

摆脱繁琐拘泥，崇尚自由博通，便于文学的发展，利于文学自觉观念和审美超越意识的形成。与今文学者相比，古文学者已在这方面显示出他的优势。同时，我们亦看到，与今文学者相比，古文学者虽然有博通自由的特点，但他们仍局促于训诂，受师法家法之拘限，仍有拘泥不开展的弊病。他们虽然在一定程度上推动了文学的发展，促成了文学自觉观念和审美超越意识的萌芽，但同时又因其拘泥不开展的缺点，又在一定程度上阻碍了文学自觉观念和审美超越意识的发展。[2] 真正为这种观念和超越意识之发展提供重要知识背景的，是汉末的今古文学，特别是魏晋玄学。因为魏晋玄学不仅比古文学和今文学要通达自由，亦比今古文学要清通简要。玄学之兴盛与文学自觉观念之产生和审美超越意识的成熟，同步开展，大概就可以说明这一点。

---

[1]　曹道衡：《南朝文学与北朝文学研究》第 74 ～ 75 页，江苏古籍出版社 1998 年版。

[2]　齐天举在《思潮风尚变迁与东汉后期文学》（《中国古典文学论丛》第四辑）一文中说：儒者向文士转化有渊源可寻。经学中的古文学派对文学多少是有些留意的，所谓"治古学贵文章"。……汉代的儒学思想对所有学术、文化的发展都是桎梏，对文学艺术的发展同样是桎梏。因此，儒学章句衰落乃至失去思想控制力，就使文学艺术得到正常的发展。

总之，随着尚通意趣之发生发展，以及学风由繁琐拘泥向清通简要方向的演进，文学自觉观念和审美超越意识亦逐步地发生发展。这其中起关键作用的是尚通意趣。考察当时文献，凡是能文者，无不有通达简易的特点，如扬雄、桓谭、马融、张衡、曹植、曹操等等，皆是尚通脱、贵简易的。据《后汉书·桓荣传附桓彬》载：蔡邕等人为死于光和元年的桓荣"论序其志"，说他"有过人者四"，其一便是"学优文丽，至通也"。即因"至通"而"文丽"。据刘孝标注《世说新语·品藻》引《续汉书》说："蔡伯喈，陈留圉人。通达有俊才，博学善属文。"又引荀绰《兖州记》说："（闾丘冲）清平有鉴识，博学有文义，……性尤通达，不矜不假。"可知"善属文"者皆有通达博学的特点。仲长统在《昌言》中，根据人的气质个性，把人分为八类，其中之一是"辩通有辞"者，这与萧绎所说的"守其章句，迟于通变，质于心用"者"率多不便属辞"，完全一致，皆认为"通变""辩通"是"属辞"的先决条件。

　　值得注意的，还有阮瑀《文质论》以"通士"称"文士"，以及萧绎《金楼子·立言》提出的"通人为文人"的观点。阮瑀《文质论》说：

> 　　故言多方者，中难处也；术饶津者，要难求也；意弘博者，情难足也；性明察者，下难事也：通士以四奇高人，必有四难之忌。且少言辞者，政不烦也；寡知见者，物不扰也；专一道者，思不散也；混濛蔑者，民不备也：质士以四短违人，必有四安之报。[1]

文质问题可能在当时的邺下文人圈中展开过激烈的争论，从今传应场《文质论》完全针对阮瑀一文，便可知当时争论的一些情况。阮瑀的观点保守，甚至与曹操"尚通脱"和魏文"慕通达"完全对立。不过，

[1]　俞绍初辑校《建安七子集》卷五，中华书局 1989 年版。

特别引起作者兴趣的，是他以"通士"称"文士"，从他的标题及其对"通士"的界定看，"通士"就是与"质士"相对的"文士"。"文士"何以被称为"通士"？作者以为："文士"尚通，"通士"贵文，故可互通互释。这是一个很重要的暗示，表明了尚通与为文之间的因果关系。萧绎《金楼子·立言》说得更清楚，其云：

> 王仲任言：夫说一经者为儒生，博古今者为通人，上书奏事者为文人，能精思著文连篇章为鸿儒，若刘向、扬雄之列是也。盖儒生转通人，通人为文人，文人转鸿儒也。

虽然萧绎引用的是王充《论衡》将人才从低到高依次分为儒生、通人、文人、鸿儒的观点，但是，实际上他亦由于受到时代风气之影响，而将王充的观点进行了改造。王充以为文人高于通人，而萧绎则说"通人为文人"，即"通人"与"文人"没有高低之分，实为一体。在这里，我们隐约看到萧绎之观点与阮瑀《文质论》之间的渊源关系，即皆明确显示了尚通与为文之间的因果关系。[1]

2. 尚通意趣与审美超越意识之形成

尚通意趣为文学自觉观念和审美超越意识之发生发展，提供了重要的文化思想背景，当时的文献中，亦显示了尚通与为文之间的相互依存关系。问题是，尚通意趣为何便于文学的发展？为何能够促进文学自觉观念和审美超越意识的发生？古代学者多语焉不详，现当代学者亦未有深入的分析。下面，作者尝试对比做些探讨。

如前所述，汉晋间人物品鉴存在着由道德功利而艺术审美的发展

---

[1] 如果说阮瑀所谓的"通士"(即"文士")还是一个宽泛的概念，不一定专指文学作者。那末，萧绎所谓的"文人"，则主要是指文学作者。

特点，汉人无论是对待人生还是艺术、学问，皆持着功利实用、美刺教化的态度，汉代是一个艺术审美意识尚未全面自觉的时代。而魏晋时期，则是一个艺术审美意识全面发扬的时代。在这个时代，艺术的审美娱乐功能得到前所未有的重视；山水自然不再是因其比德的意义而是由于其娱人的价值而得到人们的青睐；纯粹智力游戏性质的清谈玄学亦有了艺术化、审美化的发展趋势；人本身的美不再取决于经明行修，而是由人的气韵、风度、神情，甚至是姿色容貌来决定，人本身亦被艺术化、审美化，人生的最高境界不是道德功利境界，而是艺术审美境界。总之，人格艺术化，生活审美化，是魏晋时代的一个显著特点。宗白华说：

> 汉末魏晋六朝是中国政治上最混乱、社会上最苦痛的时代，然而却是精神史上极自由、极解放，最富于智慧、最浓于热情的一个时代。因此也就是最富有艺术精神的一个时代。

并且，他还认为"这是中国历史上最有生气，活泼爱美，美的成就极高的一个时代"。[1]

魏晋六朝是中国历史上最富有艺术精神和审美情趣的时代，因而亦是文学的自觉时代。需要追问的是，是什么动力刺激了魏晋六朝人对艺术精神和审美情趣的狂热追求？或者说，艺术精神和审美情趣产生的文化思想背景是什么？上引宗白华的一段话颇堪玩味。根据他的逻辑，因为魏晋六朝"是精神史上极自由、极解放，最富于智慧、最浓于热情的一个时代"，所以才是"最富有艺术精神的一个时代"。即精神的自由、解放、智慧和热情，是产生艺术精神和审美情趣的先决条件。这是很有启发性的见解。的确，精神上的解放，思想上的自由，

[1] 宗白华：《美学散步》第186页，上海人民出版社1981年版。

人格上的独立，人生行为上的超越意识，是产生艺术精神和审美情趣的重要条件。西方美学家关于艺术精神之产生和审美经验之形成的观点，可以作为我们的参考，以下略作引述并申论之。[1]

首先，鉴赏美的能力是人类的一种特殊能力，创造美的艺术活动是人类的一种特殊的精神活动，这种能力和活动的特殊性，要求鉴赏者或创造者必须具备一种特别的质性，即思想上的自由、人格上的独立和精神上的解放。反过来说，只有思想上自由、人格上独立和精神上解放的人，才具备艺术精神和审美趣味，才能鉴赏美和创造美。在西方美学史上，自康德、席勒、歌德以来，到黑格尔、马克思，即有这种一脉相承的观点。如康德说：

> 正当地说，人们只是通过自由、也就是通过以理性作为基础的意志活动，所产生的成品，才是艺术。[2]

亦就是说，艺术是一种自由的创造，在自由状态下产生的作品，才是艺术。他在区分艺术与手工艺时，又强调指出：

> 艺术还不同于手工艺，前者是自由的，后者则可以谓之为雇佣的艺术。前者好像是种游戏，它本身就是愉快的，达到了这一点，它就合于目的。后者则是一种劳动，这本身就是不愉快的，单调乏味的一种苦工，其所以还有吸引力，是因为劳动的结果可以得到报酬，因而它完全是强

---

[1] 以下关于西方美学家论艺术精神和审美经验的叙述，主要参考了蒋孔阳《德国古典美学》（商务印书馆 1980 年版）、朱狄《当代西方美学》（人民出版社 1984 年版）、朱光潜《西方美学史》（人民文学出版社 1964 年版）、薛华《黑格尔与艺术难题》（中国社会科学出版社 1986 年版）四部著作。

[2] （德）康德：《判断力批判》上卷第 43 节，人民出版社 2002 年版。

制性的。[1]

他对愉快的、美的和善的三类不同事物所产生的情感做了严格的区分，认为"愉快的东西使人满足，美的东西单纯地使人喜爱，善的东西受人尊敬（赞许）"，在这三种情感中，"第一种涉及欲念，第二种涉及恩爱，第三种涉及尊敬"，"只有恩爱才是自由的喜爱"，"审美的快感是唯一的独特的一种不计较利益的自由快感"。[2] 按照康德的观点，自由状态就是游戏状态，只有自由状态、游戏状态或者说非强制状态下的人，才能创造艺术和欣赏美。

这种观点，在席勒的《审美教育书简》中得到进一步发挥。席勒对于美的分析，以人性的完美和谐为前提。他认为：在古希腊，人性是完整的，是和谐统一的，因而是自由的。在近代社会，近代文明不仅使社会与个人发生了分裂，而且亦使人性发生了分裂，人失去了内心的和谐与完整，因而是不自由的。他说：

> （在近代）欣赏和劳动脱节，手段与目的脱节，努力与报酬脱节。永远束缚在整体中一个孤零零的断片上，人也就把自己变成一个断片了；耳朵里所听到的永远是由他推动的机器轮盘的那种单调无味的声音，人就无法发展他的生存的和谐；他不是把人性印刻到他的自然上去，而是变成他的职业和专门知识的一种标志。就连把个体联系到整体上去的那个微末的断片所依靠的形式也不是自发自决的，……而是由一个公式无情地严格地规定出来的。这种公式就把人的自由智力捆得死死的。死的字母代替了活的知解力，熟练的记忆还比天才和感受能起更好的指导作用。[3]

---

[1]　（德）康德：《判断力批判》上卷第 43 节，人民出版社 2002 年版。

[2]　（德）康德：《判断力批判》上卷第 5 节，人民出版社 2002 年版。

[3]　（德）康德：《审美教育书简》第 6 封信，上海人民出版社 2003 年版。

　　因此，从审美教育角度出发，他特别强调和重视审美主体以完整、和谐和统一为中心的人性自由状态。他说："正是因为通过美，人们才可以走到自由。"[1] 这句话可以反过来说：正是因为自由，人们才能够创造美、欣赏美。在他的理论中，主体的自由状态，亦就是一种游戏状态。他接受康德把人性分为感性和理性两部分的观点，并在此基础上指出人类有两种冲动，即"感性冲动"和"理性冲动"（又称"形式冲动"），"感性冲动"使人感到自然要求的强迫，就象"当我们怀着情欲去拥抱一个理应鄙视的人时，我们就痛苦地感到自然的压力"。"理性冲动"又使人感到理性要求的压迫，就像"当我们仇视一个值得尊敬的人时，我们也就痛苦地感到理性的压力"。以上两种冲动都未能达到理想人性的境界，即人性的自由状态。席勒认为：只有"游戏冲动"才是人性理想的、自由的状态，因为游戏冲动"消除一切强迫，使人在物质方面和精神方面都恢复自由"。他说：

> 　　如果一个人既能吸引我们的欲念，又能博得我们的尊敬，情感的压力和理性的压力就同时消失了，我们就开始爱他，这就是同时让欲念和尊敬在一起游戏。[2]

亦就是说，只有游戏中的人，其人性才是统一和谐的、自由的，这时候，人才是充分意义上的人。他说：

> 　　只有当人是充分意义的人的时候，他才游戏；并且只有当他游戏的时候，他才是完全的人。[3]

---

[1]　（德）康德：《审美教育书简》第 2 封信，上海人民出版社 2003 年版。

[2]　（德）康德：《审美教育书简》第 14 封信，上海人民出版社 2003 年版。

[3]　（德）席勒：《审美教育书简》第 15 封信，上海人民出版社 2003 年版。

这种"游戏冲动",用朱光潜的话说,就相当于孔子所谓的"从心所欲不逾矩"的自由状态。[1] 处于自由状态或游戏状态中的人,才是"审美的人",才具备创造美和鉴赏美的能力。

黑格尔在关于艺术发展史的研究上,提出了"艺术终结"的观点,他在论证这个观点时,对上述康德、席勒的理论作了回应和发展。他认为艺术美的发展和繁荣,需要一个适合艺术美的"一般世界情况"。这个适宜于艺术美发展和繁荣的"一般世界情况"是:个性和普遍性达到高度的统一;社会的普遍性得到尊重,个人要为整个社会负责;人人通过自己创造性的劳动满足自己的需要;个人是完全独立自由的,他的一举一动都出于自由意志,而不是外来的强迫。黑格尔认为:古希腊的"英雄时代"具备此种"一般的世界情况",因而最适宜艺术的发展和繁荣。近代市民社会是个"散文气味"的时代,"依其一般状况来说,是对艺术不利的",[2] 其中最主要的原因,就是个体的独立自由的人性受到钳制,不能从事"既自由又欢快的游戏活动"。他分析近代社会主体之特征说:

> 这样一般地来说在我们现在的世界状况中,主体在这一方面或那一方面来看虽然终究可以出于其自身来行动,但是每个个人不管他自己如何行动,终归隶属于社会的一种固定秩序,显得不是这一社会本身独立的、总体性的而又同时是个体性有生命的形象,而只是这一社会的一个受局限的环节。[3]

> 每个个体都离开其独立性而限制于对他人依赖的无限系列,他自己本身所使用的东西不是全然不属于他自己的劳动,就是仅有很少一部分

[1] 朱光潜:《西方美学史》下卷第 450 页,人民文学出版社 1964 年版。

[2] (德)黑格尔:《美学》第 1 卷第 14 页,商务印书馆 1979 年版。

[3] (德)黑格尔:《美学》第 1 卷第 247 页,商务印书馆 1979 年版。

属于他自己的劳动；不仅如此，所以这些活动还不是以个人活生生的方式进行，而是越来越机械地按一般规则而进行。[1]

　　总之，近代社会由于劳动与需要的分裂，产生了人与人之间的分裂，使人成为社会中"一个受局限的环节"，丧失了独立性，从而亦就失去了和谐统一的自由人性，所以对艺术的发展和繁荣是不利的。

　　马克思在《经济学——哲学手稿》中对上述观点作了进一步发展和修正。他说："资本主义生产对于某些精神生产部门是敌对的，例如，对于艺术和诗歌就是如此。"[2] 这和上引黑格尔的观点大体一致。近代资本主义社会为何对艺术的发展和繁荣是不利的？马克思在继承康德、席勒、黑格尔学说之基础上，提出了"异化的劳动"这个重要观点。他不仅从人性论的角度，而且更主要是从私有制和阶级斗争的角度分析资本主义的生产是一种"异化的劳动"，认为近代资本主义的"异化的劳动"对艺术繁荣是敌对的。因为"异化"就是对人的肉体和精神的摧残，使人丧失其独立自由的本质，而退化到一般动物的地位。在"异化的劳动"理论中，他认为：

　　　　他不是肯定而是否定他自己，不是感到快慰而是感到不幸，不是自由地发挥他的身体和精神两方面的力量，而是摧残他的身体，毁坏他的心灵。……所以他的劳动不是自愿的而是强迫的，是强迫的劳动，因此不是一种需要的满足，而只是满足外在于它的那些需要的一种手段。……所以结果是：人（劳动者）除掉吃、喝、生殖乃至住和穿之类的动物性功能之外，感觉不到自己在自由活动，而在人性的功能方面，他也感觉不到自己和动物有任何差别。动物性的东西变成了人性的东西，人性的

[1]　（德）黑格尔：《美学》第 1 卷第 272 页，商务印书馆 1979 年版。
[2]　《马克思恩格斯论艺术》第 1 卷第 273 页，人民文学出版社 1959 年版。

东西变成了动物性的东西。[1]

　　简言之，就是"异化的劳动"使人丧失了自由，导致"人的异化"，使人不再是"一种有自意识的物种存在"，不能从事"全面的生产"和"真正的生产"，亦就不能"按照美的规律来制造"。所以，这种"异化"的生产或劳动，对艺术和诗歌这种应该"按照美的规律来制造"的精神生产部门是敌对的，是不利的。

　　总之，从康德、席勒，到黑格尔、马克思，虽然在具体问题上的见解略有不同，如游戏说与劳动说的不同，人性的堕落导致"异化"与私有制导致"异化"的不同。但根本上皆认为人性的自由、解放、和谐、统一，是产生审美情趣和导致艺术繁荣的先决条件。自由状态中的人才能创造美、欣赏美。自由的人就是"审美的人"。

　　其次，审美活动是一种超越实际功用的、无利害关系的人类特有的精神活动。反过来说，只有具备超越意识的个体，或者说，个体在进入超越实用、利害之境界时，才能进入艺术审美的境界。这就是"审美无利害关系"的命题，它在西方美学史上有极其重要的影响，甚至被许多美学家认为是区分审美感觉与非审美感觉的重要标志之一，或被认为是区分西方古代美学与近代美学的显著特征之一。"审美无利害关系"理论，在西方美学史上，源远流长。据朱狄说，柏拉图把艺术看作是一种幻相，亚里斯多德明确规定感觉的功用是求知而非实用，恰恰是在"无利害关系"的问题上揭示了艺术之所以为艺术的某些本质的东西。[2] 第一次全面论证这个命题，是从康德开始的。他说："美

[1]　转引自朱光潜《马克思的〈经济学——哲学手稿〉中的美学问题》，见《朱光潜美学文集》第 3 卷第 466 页，上海文艺出版社 1983 年版。
[2]　朱狄：《当代西方美学》第 289 ~ 290 页，人民出版社 1984 年版。

是无一切利害关系的愉快的对象。"[1] 根据康德的定义，只有当人自觉到能以一种无利害关系的态度去看待一个对象时，他得到的愉快才是审美的愉快，他才是自由的人，审美的人，亦是能够创造美、欣赏美的人。他说："那规定鉴赏判断的快感是没有任何利害关系的。""一个关于美的判断，只要夹杂着极少的利害感在里面，就会有偏爱而不是纯粹的欣赏判断了。"[2] 只有排除利害感，以"静观"的态度去对待它，才会产生美感。为了说明美感是一种无利害关系的特殊判断力，康德对美感和快感作了严格的区分，认为无论是由感官之快适而引起的快感，还是由道德之赞许或尊重而引起的快感，都有明显利害关系。而美感不仅是无利害关系的，而且亦是自由的。这种对美感和快感的区分，是康德在美学史上的重要贡献。

康德之后，"审美无利害关系"命题入居西方近代美学的中心地位，成为许多美学理论的核心概念。无论是近代德国美学中的静观论、移情论、孤立说，还是英国美学中的距离说，都是"审美无利害关系"这一命题的继续和变种。同时，不仅像康德这样的唯心主义哲学家强调审美的无利害性，像费尔巴哈这样的唯物主义哲学家亦有这样的看法。甚至马克思亦从私有制所引起的人的感觉的异化角度，考察了人的审美知觉的异化，从反面论证了非审美的感觉是有利害的命题，反证了"审美无利害关系"这一命题的合理性。[3]

总之，自康德、席勒，到黑格尔、马克思，西方美学家在艺术审美问题上，大致有如上两点共识，即皆认为审美的快感是不计较利害关系的自由的快感。审美是自由的，同时亦是无利害关系的。这两方面又是相互关联的，因为追求自由，所以才不计较利害；因为不计较

[1] （德）康德：《判断力批判》上册第98页，人民出版社2002年版。

[2] （德）康德：《纯粹理性批判》第2节，人民出版社2002年版。

[3] 参见朱狄《当代西方美学》第271～293页，人民出版社1984年版。

利害，所以才自由。另外，审美快感的此种自由的、不计较利害关系的特点，决定了只有那种自由的、能够超越利害关系的人，才具备审美情趣，才能体验审美的快感。或者说，自由的、有超越意识的人才是"审美的人"。

上述观点，可以为我们研究魏晋文学自觉观念之形成，提供重要的借鉴和启示。虽然魏晋人的生活状态还不能完全等同于康德、席勒所理想的自由状态或游戏状态；魏晋时期人的个性与普遍性未能达到高度统一，相反，倒是个体与社会的分裂，个体对社会的负责精神亦非常淡薄，亦不是个体通过自己的双手创造自己需要的物品；魏晋人的劳动当然亦是"异化的劳动"。所以，魏晋时代还不具备黑格尔所说的适合于艺术繁荣的"一般的世界情况"，亦存在着如马克思所说的不利于艺术发展的"异化"问题。但是，作者认为：魏晋人虽然未能完全进入自由、游戏的生活状态，但他们却是矢志不渝地追求这种人生境界。他们的行动虽不是自由的，但他们的内心却是自由的，他们亦在相当程度上是以游戏的态度对待生活与艺术。以反对"人的异化"为特色的老庄之学成为当时名士的思想源泉和行动准则，[1] 就说明了当时人们对"异化"问题的敏感和反感；"越名教而任自然"的生活方式，亦说明他们对自由生活的不懈追求；对友情的尊崇和各种非君非父的言论，亦与席勒对美与善的区分相吻合，"只有恩爱才是

---

[1]　参见李泽厚、刘纲纪《中国美学史》第 1 卷第 1 编第 7 章，中国社会科学出版社 1984 年版。

自由的喜爱"，对友情的尊崇正是一种审美的欣赏。[1] 总之，这是一个"人的自觉"时代，是人的自由精神和"游戏冲动"全面开展的时代。因此，与先秦两汉相比，这亦是一个易于萌芽艺术精神、成长审美情趣和适合于艺术生长繁荣的时代。顾炎武说："东汉之末，节义衰而文章盛。"[2] 正说明了儒家节义观念与文学自觉观念的矛盾对立。儒家所讲的那套"节义"若不衰退，自由精神开展不起来，文学自觉

---

[1] 在中国古代文学史上，甚至在世界文学史上，大致都有这样一个共同的现象，即歌颂爱情、赞美友谊的作品特别地多，抒写爱情和友情成为文学创作中特别重要的两项内容。其中写母子情感者亦较为普遍，而写父子、兄弟、夫妻之情者则较少。写君臣者较多，但大多发生了变异，即以情人关系写君臣，这在中国古代文学中尤其常见。为何会出现这种耐人寻味的情况呢？作者认为：这与情人、朋友、母子、父子、兄弟、夫妻、君臣等人伦关系的各自特征有关，亦是由文学本身以美为质性的特性决定的。席勒说："正是因为通过美，人们才可以走到自由。"（《审美教育书简》第 2 封信）反过来说，正是因为有了自由，人类才可能创造美、欣赏美。美和自由密不可分，甚至可以这样说，具有平等自由特点的情感，才最适合艺术表现。"只有恩爱才是自由的喜爱"，比较而言，爱情、友情最适合艺术表现，是最佳文学题材，因为这两种情感是自由的、平等的，富有深情的，不含任何功利目的的。或者说，爱情、友情是诗意化、审美化的情感。能真正沉醉于爱情、友情的人，必是超越的人，审美的人。母子之情较之君臣、父子、兄弟、夫妻之情，又是自由的，甚至是平等的，是真情，以恩爱为特色，因而是"自由的喜爱"，（扬雄《法言》即有此论，参见拙著《传统人伦关系的现代诠释》之第一章，贵州民族出版社 2004 年版）是一种诗意化、审美化的情感，所以亦适合于艺术表现。但终究在平等性上不如友情和爱情。所以，在文学史上，特别是在中国古代文学中，写母子之情的作品就不如写友情和爱情的多。父子、兄弟、夫妻之情以敬为主，是不自由、不平等的情感，需要礼这个外在的规范来维持，因而不是诗意化、审美化的情感，所以不适合于艺术表现。夫妻关系与情人关系，虽同是关涉男女之情，但夫妻关系是有责任和义务的，因而亦是功利的、实用的，维系夫妻关系虽然有情的因素，但责任和义务却是更重要的。所以，夫妻间的恩爱，不是"自由的喜爱"。情人间的恩爱具有超越性，因而是"自由的喜爱"。君臣关系是不平等的，亦是不自由的。中国古代作家写君臣关系，多将之变异成情人关系，这多半是文人的一厢情愿，把君臣关系虚拟化了。综上所述，作者认为：友情和爱情，是高情；其他人伦情感，是世情。高情适合于文学，世情不适合于文学。

[2] 《日知录》卷十三《两汉风俗》。

观念就无法形成，文章亦就盛不起来。因此，在文学自觉观念深入人心的南朝时代，作家创作就"罔不摈落六艺，吟咏性情"。[1] 其次，审美活动是人类特有的一种超越功利、实用的精神活动。魏晋人虽然未能完全超越具体的功利实用，但与先秦两汉人相比，魏晋名士却有相当强烈的超越意识，他们对待学术、艺术，甚至在欣赏山水上，皆大致能够超越利害关系的局限，以"静观"之态度对待。在人物品鉴上，重神鉴，推崇艺术人格，亦体现了超越意识。冯友兰分析魏晋风度，指出超越意识是它的重要特点，亦说明了这一点。所以，与先秦两汉相比，这是一个超越意识相当发达的时代，因而亦是一个适合艺术生长繁荣的时代。

总之，在中国历史上，魏晋六朝时代是一个自由精神和超越意识得以产生和发展，并且还是相当盛行的时代。因此，生活于此间的具有超越意识和自由精神的人，大致可以称为"审美的人",[2]正是这些"审美的人"的理论标示和创作实践，促成了此间文学自觉观念的发生和发展。

综观以上论述，自由精神和超越意识是促成文学自觉观念之发生和发展的重要条件。这里，需要追问的是，为何自由精神和超越意识不能产生、发展和盛行于其他时代？而只能是在魏晋六朝时代。作者认为：这是由盛行于汉末魏晋六朝的尚通意趣决定的，是尚通意趣直接刺激了自由精神和超越意识的发生、发展和盛行。作者在第三章讨论尚通意趣对汉晋间人物品鉴之影响时，已经详细地分析了尚通意趣与超越意识之间的关系；在第四章讨论尚通意趣对汉晋士风变迁之影响时，已经探讨了尚通意趣与自由精神之间的关系，故此不再赘述。

[1]　《全梁文》卷五十三裴子野《雕虫论》。
[2]　这与本书第三章第二节之"由道德功利而艺术审美：汉晋间人物品鉴的发展趋势之三"，提出的魏晋人以艺术审美的人格境界为人生之最高境界的观点，是一致的。

通过以上分析，可以得到如下结论：尚通意趣为文学自觉观念之发生、发展提供了重要的文化思想背景；在尚通意趣的直接刺激下产生的自由精神和超越意识，是促成文学自觉观念之发生、发展的重要条件；在尚通的时代精神之影响下成长起来的"通人"他们娴于文辞，是"审美的人"，是促成文学自觉观念之发生、发展的主体。

二、尚通意趣与创作题材

文学创作题材有地域性特征和时代性特征，不同地域的作家，因其所生活的环境及其风俗习惯和审美观念之不同，对文学题材的选择就有明显的区别。同样，不同时代的作家，对文学题材的选择，亦常常会受到时代精神和在其影响下形成的审美观念的影响。宗白华说：

> 晋人向外发现了自然，向内发现了自己的深情。山水虚灵化了，也情致化了。陶渊明、谢灵运这般人的山水诗那样的好，是由于他们对于自然有那一股新鲜发现时身入化境浓酣忘我的趣味。[1]

的确，自然与深情，是晋宋精神文化史上两道最亮丽的风景。体现在艺术创作中，就是言情与山水成为艺术家关注的两项重要题材，它一方面使"缘情"代替了"言志"，另一方面又使山水画和山水田园诗成为艺术创作的中心。自然与深情又是相互关联的，深于情者必好山水，好山水者必有深情，两者以尚"真"为联系纽带，都是尚通意趣的产物。或者说，是在尚通崇真意趣的影响下，魏晋人向外发现了自然，向内发现了自己的深情。

---

[1] 宗白华：《美学散步》第 183 页，上海人民出版社 1981 年版。

1. 尚通意趣与"缘情"文学的复兴

《尚书·尧典》云：

> 帝曰：夔，命女典礼，教胄子。直而温，宽而栗，刚而无虐，简而无傲。
> 诗言志，歌咏言，声依永，律和声，八音克谐，无相夺伦，神人以和。

"诗言志"是中国历代诗论的"开山的纲领"，[1] 是春秋、战国时期的一种普遍的诗学观念。

首先，作者关注的问题，是"诗言志"之"志"的含义。闻一多在《歌与诗》里，从文字学角度考察了"志"字，认为"汉朝人每训诗为志"，"志与诗原来是一个字"，"志"的本义是"停止在心上。停在心上亦可说是藏在心里"，还说："志有三个意义：一、记忆；二、记录；三、怀抱。"[2] 据此，所谓"诗言志"，就是用诗（包括献诗、赋诗、教诗、作诗）表述怀抱。这当是"诗言志"这个命题的本义。据朱自清考察，古人使用"言志"这个词语，自始便与政治教化、美刺讽谏有密切的关系。[3] 这当是对"诗言志"之本义的引申和扩展。

将"诗言志"从抒写怀抱之本义，引申为政治教化、美刺讽谏，在儒家学者手里，是不断加深、逐渐巩固起来的。从孔子的"思无邪"，到荀子的"以道制欲"，和荀子、扬雄的明道、宗经，以及《毛诗序》的"发乎情，止乎礼义"，都充分显示了儒家学者在这方面的努力。虽然儒家学者并不排斥个体情感，甚至还十分尊重个体情感，但他

---

[1] 朱自清：《诗言志辨·序》，华东师范大学出版社 1996 年版。

[2] 闻一多：《歌与诗》，见《闻一多全集》第 1 册第 184～185 页，生活·读书·新知三联书店 1982 年版。

[3] 朱自清：《诗言志辨》第 3 页，华东师范大学出版社 1996 年版。

们却又特别强调"以道制欲",以理节情,"发乎情,止乎礼义",要求个体情感必须符合礼法规范。尤其是诗中的情感,必须符合理性规范,必须有关政教美刺。因为儒家学者讲"诗教",向来重视诗歌的社会作用,赋予诗"经夫妇,成孝敬,厚人伦,美教化,移风俗"的职能。只有有关政教美刺的诗,才有如此之作用;只有抒发符合理性规范之情感的诗,才能承担如此重要的教化职能。所以,将"诗言志"由抒写怀抱之本义引申到美刺教化上来,是由儒家讲功利实用的诗歌价值观决定的。

客观地说,"诗言志"之本义即抒写怀抱,当有两层含义:一是指有关政教美刺、合乎理性的情感,可名之曰群体性或社会性情感;二是指个人因穷通出处而产生的喜怒哀乐之情,可名之曰个体性情感。当政治家为了政治统治之需要,儒家学者为着"帮忙"或"帮闲"之目的,着力宣扬和提升诗之社会性情感时,诗之个体性情感虽未被完全废弃,但总是处于被忽略的地位。直到以屈原为代表的楚辞作家的出现,才为个体性情感在诗歌题材领域中争得一片天地。《九章·惜诵》说:"惜诵以致愍兮,发愤以抒情。"屈原的这个观点,被学者称为"'诗缘情'派的开山纲领"。[1] 这种"发愤以抒情"的文学观念,启发了司马迁"发愤著书"说的提出,刺激了东汉抒情小赋和汉末魏晋文人五言抒情诗的创作。其影响于儒家文论,致使《毛诗序》之作者在阐释诗歌之本质特征时,亦不得不缩小自己的阵地,为"缘情"说留下一片空间。朱自清指出:

> 屈原的《离骚》《九章》,以及传为他所作的《卜居》《渔父》,
> 虽也歌咏一己之志,却以一己的穷通出处为主,因而"抒中情"的地方

---

[1]　詹福瑞:《中古文学理论范畴》第25页,河北大学出版社1997年版。

占了重要的地位——宋玉的《九辩》更其如此。这是一个大转变，"诗言志"的意义不得不再加引申了；《诗大序》所以必须换言"吟咏情性"，大概就是因为看到了这种情形。[1]

他考察了汉魏抒情小赋、乐府诗和文人五言诗之抒情特征后，进一步指出：

> 可是"缘情"的五言诗发达了，"言志"以外迫切的需要一个新标目。于是陆机《文赋》第一次铸成"诗缘情而绮靡"这个新语。"缘情"这词组将"吟咏情性"一词简单化、普遍化，……扼要的指明了当时五言诗的趋向。[2]

[1] 朱自清：《诗言志辨》第 31 ~ 32 页，华东师范大学出版社 1996 年版。
[2] 朱自清：《诗言志辨》第 35 ~ 36 页，华东师范大学出版社 1996 年版。

至此，中国诗歌完成了由"诗言志"到"诗缘情"的转变历程。[1]

　　总之，从"诗言志"到"诗缘情"，体现在创作题材上，就是那种关乎政教美刺、符合理性规范的群体性情感，让位于因一己之穷通

[1]　需要说明的是，"诗言志"与"诗缘情"在本义上并无明显的区别，"志"即"情"，皆是怀抱之意，皆包括社会情感和个体情感两方面的内容。确切地说，从"诗言志"到"诗缘情，""诗缘情"的提出，只是纠正了儒家对"诗言志"的狭隘理解，回复到"诗言志"之本义上来了。朱自清说："可见'言志'跟'缘情'到底两样，是不能混为一谈的。"（《诗言志辨》第 29 页，华东师范大学出版社 1996 年版）詹福瑞据此指出：朱自清把"言志"理解为"多关涉政教内容，或人生义理"，把"缘情"理解为"吟咏个人的感情"，把"言志"与"抒情"对立起来了（《中古文学理论范畴》第 60 页，河北大学出版社 1997 年版）。作者认为：这个判断不符合实际，至少是对朱自清的误解。朱自清说不能将"言志"与"缘情"混为一谈，这里讲的"言志"，是指儒家化了的以政教美刺为内涵的"言志"。儒家化了的"言志"当然是与"缘情"对立的，但未经儒家扩展、引申的"言志"，却与"缘情"是一致的。朱自清很明确地指出"诗言志"的传统经过两次引申、扩展：一次引申为政教美刺，一次引申为"吟咏情性"。其实，第二次不能叫引申，只能叫回复。朱自清理解的"诗缘情"，亦不是吟咏个人的情感，而是将"吟咏情性"一语简单化、普遍化，即"诗缘情"等同于"吟咏情性"，"诗缘情"之"情"包含情和性两方面的内容。再说，朱自清讲《诗大序》"吟咏情性"命题的提出，是因为《诗大序》的作者看到了屈原、宋玉以来的文人的创作在"'抒中情'的地方占了重要的地位"，才在"性"之上加了一个"情"字，以适应文学创作之实际情况。所以，作者认为：朱自清并没有将二者对立起来。对于这个问题的阐释，王运熙、杨明的看法颇为中肯，他们说："'诗缘情'的说法，实际上与传统的'诗言志'（《尚书·尧典》）、'吟咏情性'（《毛诗大序》）有着继承关系，都将诗视为作者内心世界的表现。先秦时所谓'言志'之'志'，本来不是不包含感情的，……但当时人对于诗抒发情感、以情动人的特点缺乏自觉。……因此，诗中摇荡性情的感情因素被忽略，而被看成了政治教化之工具。……《文赋》所用'缘情'，可视为'吟咏情性'一语的简化。汉魏以来，'情''志'二字常是混用的，……可见'志'或'情'，当时都是指内心的思想感情而言，无论是关于穷通出处，还是羁旅愁怨，都既可称为'志'，也可称为'情'。因此，'诗缘情'一语，不过是说情志动于中而发为诗之意，并不具有与'诗言志'相对立的意义，……'诗缘情而绮靡'一语的重要意义，并不在于用'缘情'代替了'言志'，而在于它没有提出'止乎礼义'，而强调了诗歌的美感特征。"（《魏晋南北朝文学批评史》第 101～102 页，上海古籍出版社 1996 年版）这大致是对朱自清观点的引申和发挥。

出处而产生的个体性的喜怒哀乐之情。陆机提出"诗缘情"这个命题的意义在于，它顺应魏晋五言诗抒发个体性情感的发展趋势，从理论上对这种发展趋势进行归纳总结，摒弃了"止乎礼义"的拘限，强化了诗歌的抒情和审美功能。[1] 作者认为："诗缘情"命题的提出，是以汉末魏晋抒情文学的发展兴盛为前提的，而抒情文学的发展兴盛又与其间的纵情任性风气密切相关，纵情任性的时代风气又是在尚通意趣的影响下发展起来的。下面，作者将对此作具体的论述。

首先，汉末魏晋文学的一个最明显的特征，就是有关政教美刺的体物写志之作逐渐减少，抒写个人穷通出处的摇荡性情之作明显增多，文学的抒情性被不断地强化，并逐渐成为当时文学的主要特征。

就赋体文学而言，西汉中期至东汉前期盛行的大赋，涉及的京都、郊祀、畋猎等题材，皆是有关政教的体物写志之作，可谓"酷不入情"，准确地说，是缺乏个体性情感。这种作品能使读者震惊，震惊其恢弘；不能让读者感动，感动其真情。震惊是外力作用，不是美感作用；感动才是美感作用，因为感动不是外力作用，而是出自内心的情感共鸣。东汉中后期至魏晋，大赋创作渐趋冷落，抒情小赋日益成为赋体文学创作之主流，无论是纪行、游览之赋，如班彪《北征赋》、曹大家《东

---

[1]　"诗缘情"在诗歌史上的意义，是这个命题本身所蕴含的意义，而陆机在提出这个命题时，却不一定有这样的理论自觉。王运熙、杨明说："事实上陆机并无主张违背礼教之意，'缘情绮靡'与下文'体物浏亮''缠绵悽怆''博约温润'等等一样，都是泛论诸种文体的艺术风貌，并非全面论述各种文章的思想内容、社会功用等等。但后人将他的提法当作一种纲领性的理论来看，则觉得无异是撤除了礼义之大防。"（《魏晋南北朝文学批评史》第105页，上海古籍出版社1996年版）詹福瑞亦说："从《文赋》行文来看，陆机并非有意在'言志'之外另立一个'缘情'的理论，也无意用这一理论取代'言志'的理论。他的本意似乎只在区别诗与其他体裁的不同特点，尤其是诗与赋的特点。……但是，'诗缘情'的意义却超出了文体论的范畴，它客观上揭示了诗的本质，并且超越了'诗言志'旧说，形成了与'诗言志'有着重要区别的文学观念。"（《中古文学理论范畴》第63页，河北大学出版社1997年版）

征赋》、王粲《登楼赋》、潘岳《西征赋》等等；还是显志之赋，如冯衍《显志赋》、班固《幽通赋》、张衡《归田赋》等等；还是叹逝思归之赋，如曹丕《柳赋》《感物赋》、向秀《思旧赋》、陆机《大暮赋》《感丘赋》《叹逝赋》、潘岳《怀旧赋》等等；还是表现情爱的赋，如王粲、曹丕、丁廙的《寡妇赋》，王粲、曹丕、曹植的《出妇赋》，阮瑀的《止欲赋》、繁钦的《弭愁赋》、应场《正情赋》、张衡《定情赋》，蔡邕《静情赋》、曹丕的《离居赋》、潘岳《悼亡赋》等等。这些作品，或述迁逝流离，或悲秋悼春，或感伤故旧，或叹坎坷人生。总之，抒发一己穷通出处之喜怒哀乐，成为此间赋体文学的显著特色。这类抒情小赋，能引起读者的情感共鸣，而不仅仅是震惊。

就诗歌而言，朱自清考察了汉魏五言诗由"言志"向"缘情"的发展过程，他认为：班固《咏史》"还是感讽之作"；郦炎五言二首"自述怀抱，而归于政教"；仲长统四言二篇"也还反映着政教"。总之，皆是"言志"之作。他说：

> 当时只有秦嘉《留郡赠妇诗》五言三篇，自述伉俪情好，与政教无甚关涉处。这该是"缘情"的五言诗之始。五言诗出于乐府诗，……乐府诗"言志"的少，"缘情"的多。辞赋跟乐府诗促进了"缘情"的诗的进展。……"缘情"的五言诗发达了。"言志"以外迫切的需要一个新标目。于是陆机《文赋》第一次铸成"诗缘情而绮靡"这个新语。[1]

在五言诗由"言志"向"缘情"的发展过程中，建安时期是一个承上启下的转折点。前人评价建安文学，多指出其重情的特点，如沈约《宋书·谢灵运传论》说："至于建安，曹氏基命，二祖、陈王，咸蓄盛藻，

---

[1]　朱自清：《诗言志辨》第33～35页，华东师范大学出版社1996年版。

甫乃以情纬文，以文被质。""以文披质"是就文学的审美特征言，"以情纬文"是就文学的抒情特征言，加上"甫乃"二字，可知高度自觉地重视文学之抒情和审美特征，是从建安时代才开始的。谢灵运《拟魏太子邺中集诗八首序》说："王粲家本秦川，贵公子孙，遭遇流寓，自伤情多。"其实，因"遭遇流寓"而"自伤情多"，不仅是王粲一人，而是整个建安文人，甚至是整个魏晋文人的特点。[1] 故刘熙载《艺概》说："建安名家之赋，气格遒上，意绪绵邈，骚人情深，此种尚延一线。"又说："建安乃欲由西汉而复于楚辞者。"此虽就赋言，但亦适用于诗。

总之，汉末魏晋时期两种最重要的文体——诗、赋——皆沿着"抒中情"的方向发展，抒情性是此间文学最重要的特征之一。这就是陆机《文赋》提出"诗缘情"命题的背景。

其次，抒情性是汉末魏晋文学最重要的特征之一，那末，这种文学抒情特征产生的社会背景是什么呢？作者认为：是汉末魏晋时期流行的尚情任性风尚。

一般而言，从西汉武帝时代到东汉中期，由于儒家功业意识的影响，士人普遍注重的是建功立业，个体情感欲求的满足，虽未尝完全忘怀，但总是处于次要的地位。同时，由于道德礼法规范的约束和限制，个体情感的渲泄又总是显得十分地委婉曲折。自东汉中后期以来，由于儒学独尊地位的动摇，诸子学特别是老庄之学的复兴，政治的腐败和社会的动乱又截断了文人建功立业的路径。于是，文人的注意力由外在的功业转向内在的情感，达生任性、尚情重欲成为一部分"异端"

---

[1] 王钟陵《中国中古诗歌史》说："动情与气骨是汉末魏晋之际文学的一个最为突出的特征。""在时人忧患百端的种种思想感情中，迁逝感最为惊人心目。"（第73、79页，江苏教育出版社1998年版）因"迁逝"而"动情"，这正是对"遭遇流寓、自伤情多"的具体阐释。

文人的人生追求。至魏晋，尚情任性便成为一种时代风尚。[1]如荀爽宣称："人当道情，爱我者一何可爱，憎我者一何可憎。"[2]王戎亦说："情之所钟，正在我辈。"[3]王长史自称："琅琊王伯舆，终当为情死。"[4]桓伊更是因为"一往有深情"而著名于时。[5]名士圈中这种尚情之风亦引起了理论界的注意，圣人有情无情之辨，首先在玄学大师王弼、何晏之间展开讨论，[6]尔后成为玄学中一个重要论题。

综观魏晋名士所尚之情，尤其突出而又值得注意者，是迁逝之情和物感之情。

先看迁逝之情。比如：

王戎丧儿万子，山简往省之。王悲不自胜，简曰：孩抱中物，何至于此？王曰：圣人忘情，最下不及情。情之所钟，正在我辈。简服其言，更为之恸。（《世说新语·伤逝》）

王子猷、子敬俱病笃，而子敬先亡。子猷问左右：何以都不闻消息？此已丧矣。语时了不悲。便索舆来奔丧，都不哭。子敬素好琴，便径入坐灵床上，取子敬琴弹，弦既不调，掷地云：子敬！子敬！人琴俱亡。因恸绝良久，月余亦卒。（同上）

荀奉倩（粲）与妇至笃，冬月妇病笃，乃出中庭自取冷，还以身熨之。妇亡，奉倩后少时亦卒，以是获讥于世。（《世说新语·惑溺》）

---

[1] 冯友兰在《论风流》一文中总结魏晋风流的四个特点，其中之一便是"有深情"。（《三松堂学术文集》，北京大学出版社1984年版）宗白华亦说："晋人虽超，未能忘情。""晋人向外发现了自然，向内发现了自己的深情。"（《美学散步》第182～183页，上海人民出版社1981年版）

[2] 《三国志·钟繇传》注引《魏略》。

[3] 《世说新语·伤逝》。

[4] 《世说新语·任诞》。

[5] 《世说新语·任诞》。

[6] 《三国志·钟会传》注引何劭《王弼传》。

此事又见于《三国志·荀彧传》注引何劭《荀粲传》，说荀粲于二十九岁殉情而死。在《世说新语·伤逝篇》，记载了不少魏晋人为情而恸、殉情而死的重情佳话。如果说上引三例还是因为亲人（一为父子，一为兄弟，一为夫妇）去逝而悲绝，那末，在《伤逝篇》中，更值得注意的是，此间的迁逝之情，不仅仅是对死者本人的感情，而是一种超越个人的对生命的情感。或者说，它超越了一己之得失，不是因个人亲情而悲痛，而是因美的事物（如美色、美才、美德、美情）的毁灭而伤神，是"对宇宙人生体会到至深的无名的悲感"。[1] 刘义庆于《世说新语》中专列"伤逝"一篇，记录魏晋人的此种迁逝之情，亦可见在当时的影响情况。如：

> 庾文康亡，何扬州临葬云：埋玉树箸土中，使人情何能已矣。（《世说新语·伤逝》）

> 支道林丧法虔之后，精神陨丧，风味转坠。常谓人曰：昔匠石废斤于郢人，牙生辍弦于锺子，推己外求，良不虚也。冥契既逝，发言莫赏，中心蕴结，余其亡矣。却后一年，支遂殒。（同上）

> 顾彦先（荣）平生好琴，及丧，家人常以琴置灵床上。张季鹰往哭之，不胜其恸，遂径上床，鼓琴，作数曲竟，抚琴曰：顾彦先颇复赏此不？因又大恸，遂不执孝子手而出。（同上）

> 王东亭（珣）与谢公（安）交恶，王在东闻谢丧，便出都诣子敬道：欲哭谢公。子敬始卧，闻其言，便惊起曰：所望于法护。王于是往哭。督帅刁约不听前，曰：官平生在时，不见此客。王亦不与语，直前，哭甚恸，不执末婢手而退。（同上）

> 王长史（濛）病笃，寝卧灯下，转麈尾视之，叹曰：如此人，曾不

[1] 宗白华：《美学散步》第 182 页，上海人民出版社 1981 年版。

得四十！及亡，刘尹（惔）临殡，以犀柄麈尾箸柩中，因恸绝。（同上）

何扬州因"玉树"沦丧而悲恸不已；王珣哭吊仇人谢安，是感动于谢安之人格精神；张季鹰、刘惔和支道林，因知音丧亡而恸绝。总之，魏晋人的伤逝，具有超越性，超越一己之恩怨得失，"伤逝中犹具悼惜美之幻灭的意思"，[1] 是对生命特别是美的生命的敏感和留恋，体现了魏晋人强烈的生命意识。

魏晋人重情，除了上述因美之幻灭而产生的迁逝之情外，还有伤春悼秋的物感之情。伤春悼秋的物感之情，早在先秦时代就已经发生，如《论语·子罕》载："子在川上曰：逝者如斯夫，不舍昼夜。"孔子目睹奔流不息的江水，因物起情，产生了人生迁逝如江水的悲慨。宋玉《九辩》有言："悲哉！秋之为气也，萧瑟兮草木摇落而变衰。"因秋风萧瑟、草木摇落而产生悲情，这是典型的物感之情。《礼记·乐记》还提出"感物"说，其云：

> 凡音之起，由人心生也。人心之动，物使之然也。感于物而动，故形于声；声相应，故生变；变成文，谓之音；比音而乐之，及于干戚羽旄，谓之乐。乐者，音之所由生也，其本在人心之感于物也。

这里所说的"物"，不专指自然之物，而是侧重于社会人事。感物伤情成为一种普遍的心理状态，伤春悼秋成为一代人的普遍心理现象，将"感物"说上升到理论的高度，却要等到"人的自觉"时代，等到人的生命意识普遍觉醒的汉末魏晋时期。

东汉中后期以后，"感物"说开始流行，物感之情开始受到重视，

---

[1] 宗白华：《美学散步》第 182 页，上海人民出版社 1981 年版。

并逐渐成为文学创作的重要题材。如马融《长笛赋》说："可以通灵感物，写神喻意，致诚效志，率作兴事。"曹植《赠白马王彪》说："感物伤我怀，抚心常太息。"其所感之物，是自然景物，如云：

> 秋风发微凉，寒蝉鸣我侧。原野何萧条，白日忽西匿。归鸟赴乔林，翩翩厉羽翼。孤兽走索群，衔草不遑食。

王粲《登楼赋》说："心凄怆以感发兮，意忉怛而憯侧。"其"感发"之物是"风萧瑟而并兴兮，天惨惨而无色。兽狂顾以求群兮，鸟相鸣而举翼。"即自然景物。又如曹操《苦寒行》《步出夏门行》（"东临碣石"），王粲《七哀诗》（"荆蛮非我乡"），刘桢《赠徐干》，曹丕《燕歌行》《杂诗》（"漫漫秋夜长"），阮籍《咏怀诗》（"夜中不能寐""嘉树下成蹊""湛湛长江水""独坐高堂上"）等诗篇，皆是感物生情，缘境而悲，抒发的就是这种伤春悼秋的物感之情。

至西晋陆机，他不仅从理论上阐释了"物感"说，而且他的诗歌亦集中抒写了物感之情。他在《文赋》里将文思之源归结于"积学"与"物感"二端，其论"物感"云：

> 遵四时以叹逝，瞻万物而思纷；悲落叶于劲秋，喜柔条于芳春。心懔懔而怀霜，志眇眇而临云。

把自然景物之繁华凋零、盛衰变化所引起的情感变动，作为文思二端之一，这正是对东汉中后期以来文学创作新气象的一个重要总结。这种"物感"说，在钟嵘、刘勰那里得到更充分的阐释和发挥。如钟嵘《诗品序》说：

> 气之动物，物之感人，故摇荡性情，形诸舞咏。……若乃春风春鸟，秋月秋蝉，夏云暑雨，冬月祁寒，斯四候之感诸诗者也。

刘勰《文心雕龙·明诗》说："人禀七情，应物斯感，感物吟志，莫非自然。"《物色》专论"物感"说，其云：

> 春秋代序，阴阳惨舒，物色之动，心亦摇焉。盖阳气萌而玄驹步，阴律凝而丹鸟羞，微虫犹或入感，四时之动物深矣。若夫珪璋挺其惠心，英华秀其清气，物色相召，人谁获安？是以献岁发春，悦豫之情畅；滔滔孟夏，郁陶之心凝；天高气清，阴沉之志远；霰雪无垠，矜肃之虑深；岁有其物，物有其容；情以物迁，辞以情发。一叶且或迎意，虫声有足引心。况清风与明月同夜，白日与春林共朝哉！是以诗人感物，联类不穷，流连万象之际，沉吟视听之区；写气图貌，既随物以宛转；属采附声，亦与心而徘徊。

这是六朝时期对"物感"说最为全面、深入的阐释。

陆机不仅是第一个在理论上阐释"物感"说的学者，而且亦是大力提倡抒写物感之情的诗人，如《赠尚书郎顾彦先》诗云："感物百忧生，缠绵自相寻。"《赵洛二首》（其一）云："感物恋高堂，高思一何深。"《吴王郎中时从梁陈作》诗云："感物多远念，慷慨怀古人。"《赴洛道中作》云："悲情触物感，沈思郁缠绵。"《春咏》云："节运同可悲，莫若春气甚。"《赴洛二首》（其二）云："载离多悲心，感物情凄恻。"《思归赋》云："伊我思之沉郁，怆感物而增深。"《述思赋》云："观尺景以伤悲，抚寸心而凄恻。"《感时赋》云："悲夫冬之为气，亦何懔懔以萧索。……矧余情之含瘁，恒睹物而增酸。"

《怀土赋》云："余去家渐久，怀土弥笃。方思之殷，何物不感？曲街委巷，罔不兴咏。水泉草木，咸足悲焉。"[1] 陆机之后，在东晋南朝，随着理论阐释的日趋显明，抒写物感之情便逐渐成为文学题创作材中的一个特别重要的部分。

抒发物感之情，不仅是魏晋六朝文学中的一个重要题材，而且亦是魏晋名士的一个重要素养。或者说，具备物感之情是成为名士的一个重要条件。如：

卫洗马（玠）初欲渡江，形神惨悴，语左右云：见此芒芒，不觉百端交集。苟未免有情，亦复谁能遣此？（《世说新语·言语》）

荀中郎（羡）在京口，登北固望海云：虽未睹三山，便自使人有凌云意。若秦汉之君，必当褰裳濡足。（同上）

过江诸人，每至美日，辄相邀新亭，藉卉饮宴。周侯（凯）中坐而叹曰：风景不殊，正自有山河之异。皆相视流泪。（同上）

桓公北征，经金城，见前为琅琊时种柳，皆已十围。慨然曰：木犹如此，人何以堪。攀枝执条，泫然流泪。（同上）

王长史登茅山，大恸哭曰："琅琊王伯舆，终当为情死。"（《世说新语·任诞》）

陈林道在西岸，都下诸人共要至牛渚会。陈理既佳，人欲共言折，陈以如意拄颊，望鸡笼山叹曰：孙伯符志业不遂！于是竟坐不得谈。（《世说新语·豪爽》）

要之，魏晋六朝的确是一个重情的时代。其所重之情，虽涉及到人生的各个方面，但又以迁逝之情和物感之情为中心。

这种重情风尚，影响及于人物品鉴，使"一往情深"成为品鉴中

---

[1]　金涛声点校《陆机集》，中华书局 1982 年版。

的佳评。人物品鉴所重之"深情"，是"高情"，而非"世情"。所谓"世情"，即拘泥于功利得失的世俗之情。所谓"高情"，或称"才情"，或曰"情致"，[1] 指的是超越实际功利得失的玄远之情。如前所述，魏晋人的迁逝之情具有超越性，超越一己之得失，是"对宇宙人生体会到至深的无名的悲感"，是因为生命和美的幻灭而产生的悲情。同样，魏晋人的物感之情亦具有超越性，是人类进入自觉时代后，随着人的生命意识普遍觉醒而产生的一种生命化的情感。所以，魏晋间盛行的迁逝、物感之情，皆具有超越性。这种情感的特征，如李泽厚所说：

> 它超出了一般的情绪发泄的简单内容，而以对人生苍凉的感喟，来表达出某种本体的探询。即是说，魏晋时代的"情"的抒发，由于总与对人生——生死——存在的意向、探询、疑惑相交织，从而达到哲理的高层。[2]

魏晋人崇尚的具有超越性的"高情"，主要就是指迁逝之情和物感之情。当然亦包括赤子之情和仁爱之情。

魏晋人崇尚"高情"，鄙薄"世情"，虽如李泽厚所说，"是由于以'无'为寂然本体的老庄哲学以及它所高扬的思辨智慧，已活生生地渗透和转化为热烈的情绪、锐敏的感受和对生活的顽强执着的原故"。[3] 但更与他们追求艺术化、审美化的人生态度有关。因为追求"高情"的态度，本身就是一种艺术化、审美化的人生态度。同时，亦与

---

[1] 《世说新语·品藻》说："孙兴公、许玄度皆一时名流。或重许高情则鄙孙秽行，或爱孙才藻而无取于许。"《赏誉》说："许掾尝诣简文。……既而曰：玄度才情，故未易多有许。"《文学》说："王东亭作《经王公酒垆下赋》，甚有才情。"

[2] 李泽厚：《华夏美学》第 141 页，中国文化出版公司 1989 年版。

[3] 李泽厚：《华夏美学》第 141 页，中国文化出版公司 1989 年版。

流行于这个时代的艺术自觉意识有关。一般而言，"高情"因其超越性，故而其本身便有艺术审美的特点，所以适宜于艺术表现；"世情"因其世俗性，故而其本身便牵扯着功利得失，所以不适合于艺术表现。如《世说新语·巧艺》载：

> 戴安道（逵）中年画行像甚精妙。庾道季看之，语戴云：神明太俗，由卿世情未尽。戴云：唯务光当免卿此语耳。

庾道季的话很有启发性，它很清楚地表明了"世情"不适宜于艺术表现，"世情未尽"有害于艺术创作。戴安道就是因为"世情未尽"，所以他的画才有"神明太俗"的缺点。这从反面说明，魏晋人对"高情"的追求，正是魏晋时代艺术自觉精神的一个具体表现。宗白华对此有精辟的见解，其云：

> 晋人艺术境界造诣的高，不仅是基于他们的意趣超越，深入玄境，尊重个性，生机活泼，更主要的还是他们的"一往情深"！无论对于自然，对探求哲理，对于友谊，都有可述：……深于情者，不仅对宇宙人生体会到至深的无名的哀感，扩而充之，可以成为耶稣、释迦的悲天悯人；就是快乐的体验也是深入肺腑，惊心动魄；浅俗薄情的人，不仅不能深哀，且不知所谓真乐：……晋人富于这种宇宙的深情，所以在艺术文学上有那样不可企及的成就。[1]

宗白华虽未明确指出魏晋人所尚之情，是"高情"还是"世情"，但从他所举之例子看，不外对自然的爱慕之情，对人格美的倾慕之情和"爱智的热情"，总之，皆有超越性，当属"高情"无疑。宗白华

---

[1] 宗白华：《美学散步》第 181～182 页，上海人民出版社 1981 年版。

把魏晋人在艺术上取得的成就，归结于魏晋人的"一往情深"。作者则进一步认为：魏晋时代之所以能够进入文学艺术的自觉时代，不仅在于魏晋人"一往情深"，更在于他们能够超越"世情"，追求"高情"。

最后需要说明的是，魏晋时代的纵情任性之风是如何形成的？魏晋人崇尚"高情"的文化心理背景是什么？作者认为：这与汉末魏晋时期流行的尚通意趣有关，与在尚通意趣之影响下，魏晋人崇尚自然人生、追求超越意识和耽于浮华交会的时代风气有关。作者在本书之第四章讨论尚通意趣对汉晋士风变迁之影响时，已经指出：在尚通意趣的影响下，"浮华交会"是汉末魏晋的时代风尚；在"浮华交会"的大背景下，"越名教而任自然"，追求自然人生境界成为一种时尚；在崇尚通达和追求自然的时代氛围中，超越意识受到社会知识阶层的普遍关注，并被作为人生的自觉追求。向秀《难养生论》云："有生则有情，称情则自然。"纵情任性是魏晋人追求自然人生的必然结果。同样，崇尚"高情"，贬抑"世情"，是魏晋人追求人生超越境界的必然产物。概括地说，魏晋人纵情任性，追求"高情"，贬抑"世情"，是以尚通意趣为文化心理背景的。进一步说，中国古代文学由"言志"向"缘情"的嬗变，或者说，"诗缘情"命题，是在汉末魏初之尚通意趣的直接影响下提出的。

2. 尚通意趣与山水文学的勃兴

在晋宋艺术领域，有一个非常突出的现象，就是自然山水题材受到艺术家的普遍关注，自然山水成为艺术表现之中心。当时，不仅涌现出大量的山水田园诗和写景散文，而且亦产生了与人物画双峰并峙的山水画。同时，自然山水亦被引入玄学和人物品鉴中，清谈家在谈玄论道和品鉴人物时，亦往往以自然山水相比附。可以说，自然山水是魏晋六朝时期备受知识界关注、而且渗透到当时文化之各个领域的一个重要物象。

关注自然，欣赏山水，在中国历史上有悠久的传统。在先秦时期，儒、道两家都发表了对自然山水美的看法。儒家以道德的眼光看待自然山水，如孔子曰："智者乐水，仁者乐山。"[1] 又云："岁寒然后知松柏之后凋也。"[2] 力图从自然山水中发现某种和人的道德精神相比拟的东西。在儒家看来，自然山水之所以美，在于它体现了圣人之德，或者它能使人想到圣人之德；在于它的形象表现出与圣人之德相类似的特征，能够引起人们对圣人的仰慕之情。这种山水观，可称之为"比德的山水观"。与儒家不同，道家不仅更重视对自然山水的欣赏，而且能够以超越的、审美的态度对待自然山水，如《庄子·知北游》说："山林与！皋壤与！使我欣欣然而乐与！"自然山水之所以能够"使我欣欣然而乐"，不在于它体现了圣人之德，亦不在于它能够引起我们对圣人的仰慕之情，而是因为它能够使人产生超越人世烦恼痛苦的自由感，使人获得精神上的解脱和慰藉。[3] 因此，与儒家的"比德的山水观"不同，道家的山水观可命名为"审美的山水观"。

在汉代，儒家"比德的山水观"获得进一步发展，道家"审美的山水观"却被大大地忽略了。在魏晋，特别是在晋宋时期，欣赏山水、纵情自然成为一代名士之时尚，亦是名士的一种基本素养。在这个时期，自然山水成为整个文化界之各个领域关注的中心，哲学家以山水媚道，名士纵情山水，以山水"畅神"，艺术家以山水畅叙幽怀。晋宋人的山水观，与儒家"比德的山水观"不同，它不是道德精神和圣

---

[1] 《论语·雍也》。

[2] 《论语·子罕》。

[3] 参见李泽厚、刘纲纪《中国美学史》（魏晋南北朝编）第 477～478 页，安徽文艺出版社 1999 年版。

人人格的比附，而是人的才情风貌和风神情韵的象征，观赏山水不是为了引起对圣人人格的仰慕之情，而是把它视为实现人生自由、超越现实拘限的重要途径。晋宋人的自然山水观，虽然直接渊源于道家"审美的山水观"，但晋宋人对待自然山水的态度却与先秦道家不同，即不存在对自然力的崇拜和敬畏心理，[1] 而是以一种自由的、审美的、平等的心胸观照自然山水。自然是心化的自然，心灵因自然而自由。

晋宋时期盛行的山水田园诗和山水画，是晋宋人纵情山水的产物。虽然在诗文中描绘山水，在绘画中以自然山水为背景，在汉魏已是司空见惯。但是，独立意义上的山水田园诗和山水画创作，却是晋宋时代才兴起的。[2] 对于这种新兴的创作风尚，过去和当下的文学史、美学史都提出了自己的解释。如朱光潜认为山水诗兴起的原因有二：一是社会基础的剧烈转变，多数人抱着很浓厚的出世思想，于是清谈佛老、纵情山水成为时尚，隐逸成为风雅之事，山水诗人大半都是以隐逸相标榜的。二是当时文艺领域轻内容而重形式技巧，讲声律词藻，山水诗的盛行与声律词藻的追求有密切的联带关系，一则由于技巧的发达，诗歌可以克服德国莱辛所说的用语言描写事物静态的困难，二

---

[1]　章启群《论魏晋自然观——中国艺术自觉的哲学考察》说："《老子》的'道'（法'自然'之'道'）具有一种超现实的、甚至是超出想象力的力量，人力是无法与之抗争的。因此，在《老子》中，对于'道'存在着一种敬畏甚于惶恐的心理。这里明显表露出一种自然崇拜的原始宗教的色彩。于是，'顺自然'是人们最聪明的对待世界的态度和方法，即所谓'圣人之道，为而不争'。由此可见，自然无为的态度和方法，在这个意义上当然是消极的。这里的根本原因还是在于'道'（'自然'）的力量太强大了，远远超过了人类的能力和力量，人类无法与之抗拒、抗争。所以，顺应自然之中含有敬畏和无可奈何之意。"（第45页，北京大学出版社2000年版）

[2]　朱光潜说："自然作为文艺母题，在西方只有在近代浪漫运动起来以后才逐渐突出，而在中国却从魏晋时代起就一直是诗和画的主要描绘对象。"（《中国古代美学简介》，见《朱光潜美学文集》第三卷，上海文艺出版社1983年版）

则由于诗人所崇尚的艳丽色泽可以从自然景物中大量吸取。[1] 刘大杰认为山水文学兴起的原因有四：一是政治黑暗与社会混乱，导致避世隐逸之风的盛行，导致文人对山水风物的依恋和描摹。二是对长期以来盛极一时的游仙哲理的玄言文学，感觉过于空虚乏味，于是由仙界而入于自然界。三是当时文士佛徒交游的风气极盛，深山绝谷成为佛徒出没之地。四是江南一带的美丽山水，给诗人们提供了创作山水文学的良好环境。[2] 游国恩主编的《中国文学史》亦注意到晋宋时期"士族文人们在优裕的物质条件下和佳丽的江南山水环境中过着清谈玄理和登临山水的悠闲生活"，对玄言诗和山水文学兴起的影响，特别提出山水文学源于玄言诗的观点。[3] 韦凤娟《试论魏晋玄学与山水文学的兴起》，[4] 曹道衡、沈玉成《南北朝文学史》，[5] 曹道衡《南朝文学与北朝文学研究》，[6] 袁行霈主编《中国文学史》，[7] 皆着重讨论了玄学对山水文学兴起的影响，以及玄言诗与山水文学的关系。另外，学者亦甚注意晋宋隐逸风气与山水文学的关系，如王瑶《论希企隐逸之风》讨论了魏晋文人希企隐逸之风对山水文学的影响。[8] 日本学者小尾郊一则认为：山水诗是由"招隐"诗蜕变而成的，山水诗的源头滥觞于"招隐"诗。[9]

---

[1]　朱光潜：《山水诗与自然美》，见《朱光潜美学文集》第三卷，上海文艺出版社1983年版。

[2]　刘大杰：《中国文学发展史》上册第296～298页，上海古籍出版社1982年版。

[3]　游国恩主编《中国文学史》第一册第310～311页，人民文学出版社1963年版。

[4]　中国社会科学院文学研究所古代文学研究室编《中国文学史研究集》，上海古籍出版社1985年版。

[5]　曹道衡、沈玉成：《南北朝文学史》第32～33页，人民文学出版社1991年版。

[6]　曹道衡：《南朝文学与北朝文学研究》第173～174页，江苏古籍出版社1998年版。

[7]　袁行霈主编《中国文学史》第二卷第104页，高等教育出版社1999年版。

[8]　王瑶：《中古文学史论集》，上海古籍出版社1982年版。

[9]　（日）小尾郊一：《中国文学中所表现的自然与自然观》，邵毅平译，上海古籍出版社1989年版。

归纳起来，关于晋宋山水文学兴起原因之探讨，不外以下几种意见：一是经济的发展为文人提供了优裕的生活条件。二是江南秀美的自然山水刺激了文人游赏山水的兴趣。三是避世隐逸之风的影响。四是文艺领域追求词藻声律的结果。五是佛教思想的刺激。六是晋宋文人纵情山水的产物。七是魏晋玄学的影响。作者认为：前四个条件可以刺激山水文学的兴起和发展，但不会必然导致山水文学的勃兴。或者说，它们只是充分条件，不是必要条件。因为这几个条件在其他时代亦曾有过，但并没有发生像晋宋时期这样山水文学勃然兴起的现象。佛教思想对于山水文学的发展固然有特别重要的刺激作用，以后的山水田园诗人多半都或深或浅地受到佛教思想的影响，便是最好的证明。但是，作者认为：佛教思想于山水文学兴起的影响，是在玄学思想的启发下产生的（详后），山水文学兴起的必要条件是晋宋人纵情山水的时尚。问题是，这种纵情山水的时尚是如何兴起的？虽然经济的发展、江南秀美山水的浸润和避世隐逸之风的刺激，皆可为纵情山水提供条件，激发文人对自然山水的依恋。但它们只是这种风尚产生的充分条件，不是必要条件。与纵情山水时尚关系最密切、最直接的是魏晋玄学。故晚近的研究者，讨论山水文学的兴起，皆特别注重魏晋玄学对纵情山水时尚和山水文学兴起的直接影响。[1]

　　纵情山水的时尚和山水文学之兴起，是在魏晋玄学的直接刺激下产生的，这已是学界的共识，毋须赘言。至于魏晋玄学是通过什么方式对山水文学的兴起发生影响？通行的美学史、文学史皆停留在"山水以形媚道"这个命题的简单阐释上，或者亦注意到玄学对于山水文学的影响，不在艺术形式而在"思想内容"或"精神实质"这一点。但总的来说，这些论述视野欠广阔，论证欠深入。作者认为：应该将这个问题置于魏晋六朝的文化大背景中考察，联系玄学自然观、"越名教而任自然"的人格理想和纵情任性的时代风气进行分析，才能获得比较确切的解释。

　　概括地讲，"自然"和"山水"这两个词，其词义无明显区别，皆指客观存在的自然之物。深入地讲，特别是从魏晋玄学家的眼光看，则有明显区别。具体地说，"山水"是有形的实体，是具体的，其内涵亦是单一的。"自然"则不同，它除了指称客观存在的无为之物——自然界——这层意义外，更主要还是指一种规则、存在方式或理想境

[1]　自南朝以来，论山水诗者，大多强调它与玄言诗的区别，认为玄学思想不利于山水文学的发展，如檀道鸾《续晋阳秋》（《世说新语·文学》注引）、沈约《宋书·谢灵运传论》、刘勰《文心雕龙》、钟嵘《诗品》都有这样的观点。林庚亦认为："在老庄思想的支配下，是不利于山水诗发展的"，谢灵运"正是摆脱了玄言诗的束缚"，才写起山水诗来的（林庚《山水诗是怎样产生的》，《文学评论》1961年第3期）。20世纪80年代以来，讨论山水诗者，则多强调山水诗是玄言诗的发展和演化，认为老庄之学特别是魏晋玄学，直接刺激了山水文学的兴起。对于这种分歧，曹道衡的解释很有说服力，他说："这两种说法看来似乎不同，其实只是强调的角度不一样。古人的说法比较强调在艺术手法上，玄言诗背离了《诗经》《楚辞》的传统，走向淡乎寡味；而山水诗则恢复了这个传统，使诗歌又走向兴盛。现代的研究者则多从思想内容方面看到玄言诗和山水诗的内在联系和相通之处。两说其实并不见得很矛盾。""山水诗在精神实质上虽然和玄言诗有着继承和演化的关系，而在艺术手法上却变出了新意。"（《南朝文学与北朝文学研究》第173、177页，江苏古籍出版社1998年版）

界。对于探求宇宙本体的玄学家来说，"自然"是道的运行规则，是道的存在形式。对于追求超越人生境界的名士来说，"自然"则是一种人生准则，是人生的理想境界。所以，相对于具体的、有形的"山水"来说，"自然"则是抽象的、无形的，是一种规则、形式或境界。同时，两者又密切相关，抽象的"自然"规则、境界，必须通过有形的、具体的"山水"来展示。"山水"因其本身的自然特色，故而是展示"自然"规则、境界的最佳载体。魏晋玄学家崇尚自然，以道、自然为宇宙本体；魏晋名士追求人格自由，崇尚自然，以自然为人生的最高境界。魏晋时期因兴起了这种崇尚自然的思想，才产生了纵情山水的时尚。崇尚自然是纵情山水的直接原因。

先说玄学家对"自然"的崇尚。玄学家崇尚"自然"，源于老庄，而又超越老庄。老子之学，以"自然"为归宿，其书亦多次提到"自然"一词，如"人法地，地法天，天法道，道法自然"。[1] "道之尊，德之贵，夫莫之命而常自然"。[2] 明确提出"道"与"自然"的关系，即"道即自然""自然即道"，"自然"是"道"的存在法则或方式。[3] 另外，《老子》中的"自然"，不仅仅是自然而然的意思，它还带有对自然的原始崇拜的意味；"道法自然"亦不仅仅是顺其自然，还带有对自然力量无可奈何的认可。[4]《庄子》中的"自然"，亦"仍然属于中

---

[1]　《老子》第二十五章。

[2]　《老子》第五十一章。

[3]　河上公注曰："'道'性自然，无所法也。"吴澄说："'道'之所以大，以其自然，故曰：'法自然'。非'道'之外别有自然也。"童书业说："所谓'道法自然'，就是说道的本质是自然的。"（转引自陈鼓应《老子注释及评价》第168页，中华书局1992年版）

[4]　参见章启群《论魏晋自然观——中国艺术自觉的哲学考察》第46页，北京大学出版社2000年版。

国哲学的初始阶段，带有浓厚的原始文化色彩"。[1] 魏晋玄学家崇尚"自然"，源于老庄，并将之发扬光大，形成独特的自然观。玄学家在"道"与"自然"的关系上，承袭老子之说，如王弼说："万物以自然为性。"[2] 夏侯玄说："天地以自然运，圣人以自然用。自然者，道也。"[3] 据章启群的统计，王弼《老子注》言及"自然"者凡三十条，[4] 在王弼的"自然"观念中，"不存在对于自然力的崇拜和敬畏心理，属于真正意义上的'自然而然'"。[5] 关于王弼对老子自然观的发展，钱穆说：

> 其说以道为自然，以天地为自然，以至理为自然，以物性为自然，此皆老子本书所未有也。然则虽谓道家思想之盛言自然，其事确立于王弼，亦不过甚矣。[6]

魏晋玄学家的自然观，源于老庄而又超越老庄，它超越了老庄思想中的原始文化色彩，达到了真正的"自然而然"的境界。在魏晋玄学家的自然观中，虽有王弼、何晏"名教出于自然"，嵇康、阮籍"越名教而任自然"，向秀、郭象"名教即自然"的区别，但他们在肯定"自然"、高扬"自然"这一点，则是完全相同的。魏晋玄学家继承老子"道即自然"的观点，把"道""自然"和"无"视为宇宙之本体，

[1] 参见章启群《论魏晋自然观——中国艺术自觉的哲学考察》第 103 页，北京大学出版社 2000 年版。

[2] 《老子》第二十九章注。

[3] 张湛：《列子·仲尼》注引何晏《无名论》引夏侯玄语。

[4] 章启群：《论魏晋自然观——中国艺术自觉的哲学考察》第 38～40 页，北京大学出版社 2000 年版。

[5] 章启群：《论魏晋自然观——中国艺术自觉的哲学考察》第 50 页，北京大学出版社 2000 年版。

[6] 钱穆：《庄老通论》第 392 页，香港新亚研究所 1957 年版。

故"自然"亦如"道"一样，"其端兆不可得而见也，其意趣不可得而睹也"，[1] 是"无称之言，穷极之辞"。[2] 那末，如何才能够体验到"自然"之道呢？玄学家认为：山水是载道之具，山水因其自然之质性，故最能体现"自然"之道。如阮籍《达庄论》说："夫山静而谷深者，自然之道也。"孙绰《太尉庾亮碑》说："方寸湛然，固以玄对山水。"[3] 王济《平吴后三月三日华林园诗》云："清池流爵，秘乐通玄。"山水与"自然"之道相通，山水中蕴含着"不可得而见"的玄理，故魏晋名士往往"以玄对山水"，从山水中体验玄理，把山水作为言玄、体道之工具。故宗炳《画山水序》云：

> 圣人含道应物，贤者澄怀味象。至于山水，质有而趣灵。是以轩辕、尧、孔、广成、大隗、许由、孤竹之流，必有崆峒、具茨、藐姑、箕首、大蒙之游焉。又称仁智之乐焉。夫圣人以神发道，而贤者通；山水以形媚道，而仁者乐，不亦几乎？[4]

玄学家"以玄对山水"，从自然山水中领悟玄理，体察"自然"之道。同时，晋宋佛学家受到玄学家"山水以形媚道"观念的启发，像玄学家"以玄对山水"一样，亦"以佛对山水"，认为山水中蕴含着佛理，通过观赏自然山水，从中领悟佛理。东晋孙绰《游天台山赋》《太尉庾亮碑》，宗炳《画山水序》，已经表现出以玄为主、融佛于玄的观念。慧远《佛影铭》和《庐山记》，把自然山水视为佛理的载体，直接用佛教的观点去观照、解释自然山水之美。无名氏《庐山诸道人游石门

---

[1] 王弼：《老子》第十七章注。

[2] 王弼：《老子》第二十五章注。

[3] 《全晋文》卷六十二。

[4] 《全宋文》卷二十。

山诗序》具体记载了佛教徒们对自然山水美的感受。[1]

魏晋六朝名士或"以玄对山水",或"以佛对山水",把自然山水视为展现玄道和佛理的载体,通过观赏山水,领悟玄道和佛理。这样,自然山水进入了他们的精神生活领域。随着玄学和佛学思想的传播和影响,纵情山水之风尚亦就逐渐开展起来。

其次,魏晋玄学家在哲学本体之建构上,崇尚"自然",以"自然"(或称"道",或称"无")为宇宙之本体。将此种思想渗透到人物品鉴活动和人格理想的追求上,就是以"自然"为人生之最高境界,以"自然"为人格本体。其间虽有"名教出于自然""越名教而任自然"与"名教即自然"的争议,但在肯定"自然"、高扬"自然"、以"自然"为人生之理想境界这一点,则是完全相同的。如曹丕《善哉行》说:"冲静得自然,荣华何足为。"王弼说:

> 与天地合德,乃能包之如天之道。如人之量,则各有其身,不得相均。如惟无身无私乎?自然,然后乃能与天地合德。[2]

具备"自然"之性,才能"与天地合德"。圣人正有此"自然"之性,故王弼说:"圣人达自然之性,畅万物之情,故因而不为,顺而不施。"[3]魏晋品鉴家论人,亦常以"自然"作评,如袁宏《三国名臣传》说夏侯玄"器范自然,标准无瑕"。[4]《世说新语·赏誉》说:"刘尹每称王长史云:性至通而自然有节。"《忿狷》云:"子敬(王献之)实自清立,但人为尔多矜咳,殊足损其自然。"

---

[1] 参见李泽厚、刘纲纪《中国美学史》(魏晋南北朝编)第 480 ～ 485 页,安徽文艺出版社 1999 年版。

[2] 王弼:《老子》第七十七章注。

[3] 王弼:《老子》第二十九章注。

[4] 《晋书·袁宏传》引。

　　人格境界之"自然"，与玄理一样，有"不可得而见"的特点。故魏晋品鉴家多感叹知人之难，如刘劭说："人物之理，妙不可得而穷已。"[1] "人物精微，能神而明，其道甚难，固难知之难。"[2] "通于天下之理，则能通人矣。"[3] 人物与"天下之理"（即"道"）一样，皆以"自然"为本性，通于道者，方能通人。正像玄学家通过观赏山水以领悟玄道一样，魏晋品鉴家亦习惯以山水比附人的"自然"之性。但这与先秦两汉的儒家以山水比附德行的"比德的山水观"不同，"在过去人们认为圣人之德合于天，山水只不过体现了（或引人联想起）圣人之德，所以才美。到魏晋时正好反了过来。人们认为自然山水之美合于'道'，体现了人们所渴慕的理想的人格美。因此，人格之所以美，是在于其与山水之美相类。直言之，以前是以人喻山水，即用社会美去解释自然美；此时才是以山水喻人，即以自然美来说明社会美"。[4] 品鉴家以山水喻人，是魏晋六朝的时尚，兹举数例如下：

　　　　（郭）林宗（泰）曰：叔度（黄宪）汪汪如万顷之陂，澄之不清，扰之不浊，其器深广，难测量也。（《世说新语·德行》）

　　　　（陈寔）季方（谌）曰：吾家君（陈寔）譬如桂树生泰山之阿，上有万仞之高，下有不测之深，上为甘露所沾，下为渊泉所润。当斯之时，桂树焉知泰山之高，渊泉之深，不知有功德与无也。（同上）

　　　　时人目夏侯太初（玄）：朗朗如日月之入怀；李安国（丰）：颓唐如玉山之将崩。（《世说新语·容止》）

　　　　嵇康身长七尺八寸，风姿特秀，见者叹曰：萧萧肃肃，爽朗清举。

[1]　《人物志·七缪》。

[2]　《人物志·效难》。

[3]　《人物志·材理》。

[4]　韦凤娟：《试论魏晋玄学与山水诗的兴起》，见《中国文学史研究集》，上海古籍出版社 1985 年版。

或曰：肃肃如松下风，高而徐引。山公（涛）曰：嵇叔夜之为人也，岩岩若孤松之独立，傀俄若玉山之将崩。（同上）

裴令公目王安丰（戎）：眼烂烂如岩下电。（同上）

有人叹王恭形茂者，云：濯濯如春风柳。（同上）

另外，晋宋人物画家为了展示人物的"自然"之性，亦常常将人物置于山水背景中，如戴逵为了表现嵇康的"自然"之性，将他画在"雍容调畅"的林木中，得"天趣"之妙。[1] 又顾恺之为了展示谢鲲的"自然"之性，"画谢幼舆（鲲）在岩石里，人问其所以，顾曰：'谢云：一丘一壑，自谓过之。此子宜置丘壑中。'"[2]

品鉴家以山水比附人的"自然"之性，人物画家以山水作为展示人物"自然"之性的背景。魏晋名士为了追求"自然"之性，达到人格理想之"神"境，亦优游山水，纵情山水，通过与山水的亲和，来陶冶自己的心灵，如孙绰《三月三日兰亭诗序》说："屡借山水，以化其郁结。"无名氏《庐山诸道人游石门诗序》说山水欣赏使人"神以之畅"，观赏山水，"乃悟幽人之玄览，达恒物之大情，其为神趣，岂山水而已哉。"宗炳《画山水序》说：

峰岫峣嶷，云林森眇，圣贤暎于绝代，万趣融其神思。余复何为哉？畅神而已。神之所畅，孰有先焉？

谢灵运《游名山志序》说：

---

[1] 顾恺之：《魏晋胜流画赞》，见俞剑华、罗尗子、温肇桐编著《顾恺之研究资料》，人民美术出版社 1962 年版。

[2] 《世说新语·巧艺》。

　　　　夫衣食，生之所资；山水，性之所适。……岂以名利之场，贤于清
　　　旷之域耶？

魏晋人或以山水养性，或以山水通神，其目的皆在通过山水陶冶"自然"
之性。

　　总之，魏晋玄学以"自然"为宇宙本体，将此种观念渗透到人物
品鉴领域，即以"自然"为人格本体，为人生理想境界。品鉴家为了
展示人物的"自然"之性，习惯以山水比附人格；人物画家为了传达
人物的"自然"之性，亦乐于以山水为人物画之背景；魏晋名士为了
追求"自然"之性，亦把优游山水作为养性通神的重要途径。所以，
随着人物品鉴的深入开展和理想人格追求之渐成时尚，纵情山水的风
尚亦就逐渐流行起来。

　　魏晋玄学以"自然"为宇宙本体，魏晋品鉴以"自然"为人格本体。
进一步说，魏晋六朝文论家亦以"自然"为文学本体。六朝文论家论
文学，多推崇自然之文，如钟嵘《诗品》以"自然英旨"为文学之最
高境界。谢灵运之诗备受推崇，亦在于他的诗"吐言天拔，出于自然"。[1]

---

[1]　萧纲：《与湘东王书》，见《梁书·庾肩吾传》。

就是刘勰《文心雕龙·原道篇》所讲的"道",亦是"自然"之道。[1]
所以,魏晋六朝之玄学、文学和人物品鉴,虽属精神生活的不同领域,
但在以"自然"为本体这点上,却是完全相同的。或者说,魏晋六
朝人谈玄、属文、鉴人皆有一个共同的目的,即"原道""明道",
悟对"自然"。如前所说,"自然"是一种抽象的规则、形式或境界,
山水因其本身的"自然"质性,故而是展示"自然"规则或境界的
最佳载体。所以,魏晋思想家或"以玄对山水",或"以佛对山水";
品鉴家和人物画家以山水比附、传达人物的"自然"之性;魏晋名
士以山水养性畅神。如此,便使自然山水入居魏晋名士精神生活之
中心,游赏山水与谈玄、属文一样,成为名士生活中不可或缺的重
要内容,并且皆具有娱情通神的重要意义。[2] 这直接刺激了纵情山
水风尚之产生,而纵情山水之成为时尚,又是导致晋宋时代山水文
学兴旺发达的重要原因。

通过以上的讨论,我们再回过来看看本节开篇引录的宗白华那
两句话(即"晋人向外发现了自然,向内发现了自己的深情"),

[1] 关于刘勰《文心雕龙·原道篇》所讲之"道",或说是儒家之道,或说是老庄之道,
或说是佛教之道,或说是玄学之道。众说纷纭,莫衷一是。作者认同郭绍虞的说法,
是指"自然"之道。郭绍虞在《中国文学批评理论中"道"的问题》一文中说:"《原
道篇》所说的道,是指自然之道,所以说:'文之为德与天地并生'。《宗经篇》
所说的道,是指儒家之道,所以说:'经也者,恒久之至道,不刊之鸿教也'。……《文
心雕龙》之所谓道,不妨有此二种意义;因为这二种意义,在刘勰讲来是并不冲突的。
他因论文而推到为文之本,认识到文学是从观察客观现实得来的,所以《原道篇》说:
'观天文以极变,察人文以成化。'……照这样讲,刘勰之所谓道,确是指自然之道,
确是指万物之情。然而他推到为文之源,又不能不承认圣人在中间所起的作用。'道
沿圣以垂文,圣因文而明道',……因此不能说他所说的道绝对不是儒家之道。……
道是根据人生行为来的,所以是自然之道。可是,反过来,道又可以指示人生行为,
起教育作用的,所以在封建社会里也就不妨说是儒家一家之道。"(《照隅室古
典文学论文集》下编第 35~36 页,上海古籍出版社 1983 年版)
[2] 东晋名士谢安"出则鱼弋山水,入则谈说属文"(《世说新语·雅量》注引《中兴书》),
"优游山水,以敷文析理自娱"。(《世说新语·识鉴》注引《续晋阳秋》)

深感宗白华先生的睿智与深刻，亦许作者不无繁琐的两万余言，只能算是对宗先生这两句话的诠释而已。不过，作者还得接着宗先生的结论往下讲。作者认为：晋人的这两大发现（即"深情"与"自然"）相互关联。晋人因为"一往情深"，所以才能纵情山水；晋人因为纵情山水，所以才能"一往情深"。有深情之人，才能欣赏山水；[1] 有山水情怀的人，才可能有深情。[2] 纵情山水和"一往情深"之所以有如此密切之关联，是因为两者皆以"真"为核心。山水之美，在于"真"；"一往情深"亦在于"真"。这与汉人"法天奉古"的守旧意识不同，体现了魏晋人"法天贵真"的新观念。可以说，正是在"法天贵真"观念的启示下，魏晋人向外发现了自然，向内发现了自己的深情。

魏晋六朝人在玄学、美学、文学和人物品鉴等精神活动中，皆"贵真"。而"贵真"意识又与"尚通"观念密切相关，或者说是在尚通意趣之影响下产生的。拘执则繁伪虚妄，只有通脱自由，才能进入真实自然之境。尚通是破伪立真的重要途径。只要看看东汉王充，他既是一位"疾虚妄，崇真美"的思想家，亦是一位提倡尚通意趣的重要先躯人物。尚通与贵真集于王充之一身，就很能说明尚通与贵真之间的内在逻辑关系。

---

[1] 从这个意义上讲，自然山水美的发现，表面上是一个物的世界的发现，实质上乃是人的世界的发现。纵情山水成为时尚，只有在人性自觉的时代才可能发生。

[2] 孙绰说："此子神情都不关山水，而能作文？"（《世说新语·赏誉》）亦就是说，没有山水情怀的人，必然缺乏深情；没有深情的人，亦就不能作文。据此可知，优游山水之时尚，不仅导致了山水文学的兴旺发达，而且，优游山水还是一个艺术家的基本素养。

三、尚通意趣与艺术构思

1. 艺术构思：六朝文论的核心问题之一

魏晋六朝是中国古代文学理论的繁荣时期，在当时，不仅出现了《典论·论文》《文赋》《诗品》《文心雕龙》等影响古代文论发展特点和走向的经典著作，而且对文学艺术中的文体论、创作论、风格论、本体论、批评论等重要问题，都进行过深入细致的探讨。其中，艺术构思又是当时文论家讨论的核心问题之一。

先秦两汉的思想家，特别是道家学者，在艺术构思方面进行过一些有益的探索，对六朝文论家产生过积极影响，成为六朝文论家讨论艺术构思的重要思想文化资源。但是，他们的着眼点或泛指一般的技艺，或针对养生保性，不完全或者说不主要是针对文学艺术而发。全面系统、深入细致地研讨艺术构思问题，是六朝文论家，其中又以陆机《文赋》和刘勰《文心雕龙·神思》篇为代表。章学诚说："古人论文，惟论文辞而已矣。刘勰氏出，本陆机氏说而昌论文心。"[1] 这是很重要的见解，指出了陆机、刘勰二人文论之中心是"文心"。所谓"文心"，用刘勰的话说，就是"言为文之用心"，即文学创作中的艺术构思问题。

先说陆机《文赋》。陆机是中国文学史上第一个从理论的高度阐释艺术构思的文论家，他在《文赋》之开篇便说："余每观才士之所作，窃有以得其用心。"所谓"得其用心"，郭绍虞、王文生注云："指窥见作品中用心之所在，与心之如何用，全文主旨重在讨论构思。"[2]

---

[1] 章学诚：《文史通义·文德》，江苏广陵古籍刻印社 1991 年版。
[2] 郭绍虞、王文生主编《中国历代文论选》（一卷本）第 71 页，上海古籍出版社 1979 年版。

陆机《文赋》的主要贡献，就在于它提出了以艺术构思为中心的文学创作论。他说：

> 其始也，皆收视反听，耽思傍讯，精骛八极，心游万仞。其致也，情瞳昽而弥鲜，物昭晰而互进，倾群言之沥液，漱六艺之芳润，浮天渊以安流，濯下泉而潜浸。于是沉辞怫悦，若游鱼衔钩，而出重渊之深，浮藻联翩，若翰鸟缨缴，而坠层云之峻。收百世之阙文，采千载之遗韵。谢朝华于已披，启夕秀于未振。观古今于须臾，抚四海于一瞬。

这是直接讲艺术构思活动，涉及到艺术构思中意与物、意与辞的关系。全篇讨论艺术创作的各个环节，多是从艺术构思的角度着眼，如讲"选义按部，考辞就班"，是关于意与辞的部署问题，亦讲到"馨澄心以凝思，眇众虑而为言"，即要求对"或因枝以振叶，或沿波而讨流"的不同情形，进行缜密的思考。如讲"伊兹事之可乐，固圣贤之所钦"，是说关于行文之乐，亦讲到"课虚无以责有，叩寂寞而求音，函绵邈于尺素，吐滂沛乎寸心"，实际上亦是在讲构思之乐。如论文体的运用、论作文利害、论为文之弊等等，皆涉及到艺术构思。最后讲"应感之会，通塞之纪"，亦涉及到艺术构思中思路的通塞问题。所以，陆机《文赋》虽然论及许多具体的创作方法和技巧，但大都从艺术构思着眼，或者与构思密切相关。[1]

再说刘勰《文心雕龙》。《文心雕龙》一书，凡五十篇，主要包括四个部分，即总论、文体论、创作论和批评论。其中从《神思》到《总术》

---

[1] 参见牟世金《〈文赋〉的主要贡献何在》，见《雕龙集》第 134 ~ 135 页，中国社会科学出版社 1983 年版。

共十九篇,属于创作论,[1]当代学者皆认为《神思篇》是创作论的总纲。[2]其实,这不只是当代学者的发挥,刘勰本人在构建他的文论体系时,就有相当的自觉。从他把"神思"视为"驭文之首术,谋篇之大端"这点看,他就是把《神思》篇作为整个《文心雕龙》创作论之总纲看待的。所谓"神思",或云艺术构思,或云形象思维。名目虽异,其义则同。想象是艺术构思之运思手段,形象思维是艺术构思的思维方式。"神思"包括想象,想象在"神思"中占有很重要的位置,所以,所谓"神思",就是以想象为手段的艺术构思。《文心雕龙》以《神思》为创作论之总纲,以"神思"为"驭文之首术,谋篇之大端",说明刘勰与陆机一样,是以艺术构思为中心来建构他们的文学创作论。

从陆机提出艺术构思问题,以艺术构思为中心讨论文学创作,后经刘勰的进一步发挥创造,并以"神思"概称艺术构思,遂引起当时文学艺术界的普遍重视,"神思"亦成为学者讨论艺术构思的专用名词。如萧子显《南齐书·文学传论》说:"属文之道,事出神思。"把艺术构思视为文学创作的基本方法。萧统编《文选》,以"事出于沈思,

---

[1] 《文心雕龙》凡五十篇,前二十五篇之次第,未有异议。后二十五篇的次第,则问题较多,争议较大,范文澜、杨明照、刘永济、郭晋稀等学者都提出了自己的篇次意见,这里依据的是通行本的篇次。另外,关于后二十五篇,哪些篇章属于创作论? 哪些篇章属于批评论? 学术界亦有不同的意见。罗根泽、刘大杰、詹锳、牟世金等学者亦提出了自己的意见,这里采用的是牟世金的观点,即以《神思》以下至《总术》共十九篇属创作论。(参见牟世金《〈文心雕龙〉理论体系初探》,见《雕龙集》,中国社会科学出版社 1983 年版)

[2] 范文澜《文心雕龙注》列表阐释了《文心雕龙》以《神思》为创作论总纲的体系。王元化亦说:"《神思》篇是《文心雕龙》创作论的总纲,几乎统摄了创作论以下诸篇的各重要论点。"(《文心雕龙创作论》第 191 页,上海古籍出版社 1979 年版)牟世金说:"刘勰的创作论,全部内容都是按照《神思》中提出的纲领来论述的,他在具体论述中,虽然有所侧重,但《神思》以下二十一篇的主旨,并没有超出其总纲的范围。"(《〈文以雕龙译注〉引论》,见《雕龙集》第 249 页,中国社会科学出版社 1983 年版)

义归于翰藻"为选文标准，[1] 把是否经过艺术构思作为区分文学与非文学的重要标志。以上事实说明，艺术构思是六朝文学创作论的中心问题。

虽然六朝以前的文学创作并非不经过构思，但是，自觉地进行艺术构思，并从理论上探讨艺术构思，却是从六朝时代的陆机、刘勰开始的。艺术构思问题为何能够引起六朝文人的普遍重视？为什么能够成为当时创作论之中心问题？笼统地说，这是文学自觉观念形成后必然出现的现象。因为艺术构思是真正的艺术创作必须经历的阶段，文学艺术通过艺术形象或艺术意境抒情言志，而形象或意境的创造，必须要通过构思来完成。是否经过艺术构思，是区分艺术与非艺术的重要标志。所以，艺术构思之被重视，一方面是文学艺术进入自觉时代的产物，另一方面亦推动了文学艺术自觉观念形成之进程。进一步分析，作者发现："通则渐藻玄思"，艺术构思之成为可能和被引起重视，是以汉末魏晋六朝时期知识界盛行的尚通意趣为文化思想背景的。比如，进行艺术构思时主体的"虚静"修养和"博练"能力，就是以尚通意趣为前提的。下面，作者就着重探讨尚通意趣对构思主体之能力和修养的影响。

2. 尚通意趣对构思主体之能力和修养的影响

艺术构思作为一项特殊的精神活动，要求构思主体必须具备一种特别的能力和修养，才能有效地从事这项精神活动。魏晋六朝学者认

---

[1] 《文选序》。"沈思"不同于"神思"，朱自清释"沈思"为"深思"（《〈文选序〉"事出于沈思，义归于翰藻"说》，见《朱自清古典文学论文集》，上海古籍出版社 1981 年版），大致不错。关于二者的区别，卢佑诚《也谈"神思"与"沈思"兼及其他》一文（《文学遗产》1994 年第 3 期），有详细的辩证，可参阅。作者认为："沈思"虽不同于"神思"，但应包含"神思"。

为："博练"是构思主体必具之能力，"虚静"是构思主体必备的修养。构思主体必须同时具备"博练"能力和"虚静"修养，以想象为手段的艺术构思才会成为可能。而这种能力和修养的培育，又是在尚通重简的思想文化背景上完成的。

先说构思主体的"博练"能力。魏晋六朝学者讲的艺术构思，是以想象为手段的艺术构思。在艺术构思中，艺术家必须有驰骋于上下古今的想象力，即陆机《文赋》所谓"观古今于须臾，抚四海于一瞬"，做到"思接千载""视通万里"，[1] 使自己的心胸阔大到能够容纳整个宇宙万物和人类历史。因此，这就要求艺术家首先必须拥有渊博的知识，具备博通的能力。如陆机在《文赋》之开篇即说：

> 佇中区以玄览，颐情志于典坟。遵四时以叹逝，瞻万物而思纷，……咏世德之骏烈，诵先人之清芬，……慨投篇而援笔，聊宣之乎斯文。

陆机认为：引起创作动机之因缘有二：一是感于物，二是本于学。从观察万物中引起文思，从钻研古人文籍中加强文学修养。后者尤其重要，因为"颐情志于典坟"，养成渊博的学识，不仅可以提高文学修养，而且还可以解决"文不逮意"的问题。[2] 所以，陆机讲创作构思，一再强调要"倾群言之沥液，漱六艺之芳润"，"收百世之阙文，采千载之遗韵"。

如果说陆机对构思主体的通博能力的要求，还停留在经验层面的阐述上，那末，刘勰则是从理论上分析了"博练"能力于艺术构思的

[1] 刘勰：《文心雕龙·神思》。
[2] 唐大圆《文赋注》云："所构之意，不能与物相称，则患在心粗；或意虽善构，苦无词藻以达之，则又患有学俭（学问贫乏）。欲救此二患，由一在养心，使由粗而细；一在勤学，使由俭而博。"（转引自郭绍虞、王文生主编《中国历代文论选》一卷本第 71 页，上海古籍出版社 1979 年版）

重要性。《文心雕龙·神思》说：

> 是以陶钧文思，贵在虚静。疏瀹五藏，澡雪精神。积学以储宝，酌理以富才，研阅以穷照，驯致以怿辞。然后使玄解之宰，寻声律而定墨；独照之匠，窥意象而运斤。此盖驭文之首术，谋篇之大端。

从行文上看，刘勰以"虚静"和"积学""酌理""研阅""驯致"为"驭文之首术"；以"寻声律"和"窥意象"为"谋篇之大端"。所谓"驭文之首术"，就是艺术家在着手艺术构思时首先应该具备的条件。就"积学以储宝"四句言，是要求构思主体多读书以积累学识，多体验以丰富才力，多观察以穷彻照鉴，这样才能够顺着文思引出美妙的文辞。[1] 强调博学多识是刘勰论文的一个重要特点，他在许多篇章中都讲到博学对于文学创作的重要作用，如《奏启篇》说："博见足以穷理。"《事类》篇说："是以属意立文，心与笔谋，才为盟主，学为辅佐，主佐合德，文采必霸；才学褊狭，虽美少功。"又云："夫经典沉深，载籍浩瀚，实群言之奥区，而才思之神皋也。……是以将赡才力，务在博见。"《通变》篇说："先博览以精阅，总纲纪以摄契。"值得注意的是，刘勰讲博学，不是知识积累型的博，而是"博览以精阅"，务在达到"总纲纪以摄契"的目的，是博而能通，博而返约。用刘勰的话说，是"博练"。他在《神思》篇中讲到为文之缓、速时说：

> 若夫骏发之士，心总要术，敏在虑前，应机立断。覃思之人，情饶歧路，鉴在虑后，研虑方定。……难易虽殊，并资博练。若学浅而空迟，才疏而徒速，以斯成器，未之前闻。

---

[1] "驯致以怿（或作绎）辞"一句，诸家解释多有分歧，这里采用的是周振甫《文心雕龙选译》（第131页，中华书局1980年版）的意见。

无论是"骏发之士",还是"覃思之人",为文皆以"博练为资"。所谓"博练",就是博学而又精练,或者"博而能一"。刘勰特别强调"博练"能力在艺术构思中的重要作用,他说:

> 是以临篇缀虑,必有二患:理郁者苦贫,辞溺者伤乱。然则博见为馈贫之粮,贯一为拯乱之药。博而能一,亦有助乎心力矣。

勤学博见,可以"馈贫",然而"学问无穷,虽博犹陋"。但是,像汉代章句学者那样的博见,容易流于繁乱,所以刘勰强调要在"博见"之基础上"贯一",做到"博而能一",才"有助乎心力",即有助于艺术构思(即"临篇缀虑")。汉末韦昭《鼓吹曲》所谓"聪睿协神思",说的亦是此意。于此,叶长青《文心雕龙杂记》有很好的解释,其云:

> 盖学问无穷,虽博犹陋,所恃者百虑一致之一理耳。然则博学聊以馈贫,舍博学别无他路。贯一为神思之要,纲举而众目张矣。[1]

从陆机到刘勰,六朝学者讲艺术构思,皆特别重视"博练"在构思活动中的重要作用,要求构思主体必须具备"博而能一"的能力。只有这样,才能够产生"思接千载""视通万里"的想象力;亦只有这样,才能够进入"笼天地于形内,挫万物于笔端"的创作境界。作者认为:构思主体的这种"博而能一"的能力,是在尚通意趣影响下的产物,或者说,是在尚通意趣的思想文化背景上培育出来的。艺术构思之是否成为可能,在于构思主体是否具备"博练"能力,而"博练"

---

[1] 转引自詹锳《文心雕龙义证》中册第 1001 页,上海古籍出版社 1989 年版。

能力之培养又是在尚通崇简的文化背景上进行的。尚通意趣于艺术构思之影响，于此可见一斑。

再说构思主体的"虚静"修养。艺术构思是一种精神高度专注、集中的思维活动，从事这样的思维活动，不仅要求构思主体具备"博练"的能力，还必须具备"虚静"的修养。司马相如作《子虚》《上林赋》，进入"意思萧散，不复与外事相关，控引天地，错杂古今，忽然而睡，焕然而兴"的境界，亦就是一种"虚静"的境界。三国时期吴国华覈《乞赦楼玄疏》所谓"宜得闲静，以展神思"，说的亦是"闲静"（即"虚静"）于"神思"的重要作用。魏晋六朝文论家谈到艺术构思时，多主"虚静"说，如陆机《文赋》说："佇中区以玄览。"所谓"玄览"，源于《老子》"涤除玄览"一语，河上公注云："心居玄冥之处，览知万物，故谓之玄览。"其义与"虚静"相通。陆机认为，只有"收视反听，耽思傍讯"，才能做到"精骛八极，心游万仞"；只有"罄澄心以凝思"，才能"眇众虑而为言"。"收视反听"和"澄心凝思"，就是一种"虚静"的境界。所以，陆机论构思主体之修养，虽未拈出"虚静"一词，但他确是处处注意到"虚静"心胸于"神思"的重要作用。

拈出"虚静"一词以论艺术构思者，是刘勰。他在《文心雕龙·神思》篇说：

> 是以陶钧文思，贵在虚静。疏瀹五藏，澡雪精神。……是以秉心养术，无务苦虑；含章司契，不必劳情也。

据此可知，所谓"虚静"，就是洗濯五脏，清洁精神，进入一个"无务苦虑""不必劳情"的平淡境界。《养气》篇对此作了进一步的发挥，其云：

率志委和，则理融而情畅；钻砺过分，则神疲而气衰，此性情之数
　　也。……夫学业在勤，（功庸弗怠）故有锥股自厉；志于文也，则有申
　　写郁滞，故宜从容率情，优柔适会。……是以吐纳文艺，务在节宣，清
　　和其心，调畅其气，烦而即舍，勿使壅滞。意得则舒怀以命笔，理伏则
　　投笔以卷怀，逍遥以针劳，谈笑以药倦，常弄闲于才锋，贾余于文勇，
　　使刃发如新，腠理无滞，虽非胎息之万术，斯亦卫气之一方也。

　　从《养气》全文看，所谓"养气"，即养育精气，使构思主体进入"虚
静"的境界。[1]这种"虚静"境界的特点，是"率志委和""从容率情，
优柔适会"。简言之，就是从容不迫、平淡自然。

　　在艺术构思活动中，构思主体为何必须具备这种"虚静"的修养？
或者说，"虚静"于艺术构思有何重要作用呢？陆机、刘勰对此未作
深入的分析，不过《文心雕龙·养气》篇之《赞》中的"水停以鉴，
火静而朗"这句话，透露出一点消息，可以发现它接受了庄子"虚静"
说的一些影响。《庄子·天道篇》说：

　　万物无足以挠心者，故静也。……水静犹明，而况精神。……虚则静，
　　静则动，动则得矣。

《庄子·庚桑楚》亦说："静则明，明则虚，虚则无为无不为也。"
综合这两段文字，可以得出两点结论：其一，虚则静，静则明，明则
虚，由此进入"无为而无不为"的境界，亦就是一种无拘无束、高度
自由的心理状态（即刘勰所谓的"率志委和"的境界）。其二，明则虚，

---

[1]　黄侃《文心雕龙札记》说："此篇（即《养气》）之作，所以补《神思》之未备，
　　而求文思常利之术也。"

虚则静，静则动，由此进入"思接千载""视通万里"的境界，创作主体亦就具备了包容万物、接纳大千的心胸。所以，"虚静"于艺术构思之重要意义有二：一是使构思主体具备"率志委和"的自由抒写状态；二是使构思主体具备包容万物、接纳大千的博大心胸。总之，就是为了使文思畅通。[1] 陆机、刘勰意识到这一点，但未作充分的阐释。后代学者对此作了具体的发挥，如苏轼说：

> 欲令诗语妙，无厌空且静。静故了群动，空故纳万境。阅世走人间，观身走云岭。咸酸杂众好，中有至味永。诗法不相妨，此语当更清。[2]

"静故了群动，空故纳万境"，这是对"虚静"说最为生动而又深刻的阐释。"静"是为了"了群动"，"静"不仅可以"载动"，而且可以"制动""驭动"。"空"（即"虚"）是为了"纳万境"，"空"使构思主体心境开阔，不仅可以"观物"，而且亦有利于"载物"。只有"虚静"，构思主体才能在"率志委和"和闲静平淡状态中"骛八极""游万仞""接千载""通万里"。[3] 朱熹亦说：

> 今人所以事事作得不好者，缘不识之故。只如个诗，举世之人尽命去奔做，只是无一个人做得成诗。他是不识，好底将做不好底，不好的将做好的，这外只是心里闹不虚静之故。不虚不静，故不明，不明故不识。若虚静而明，便识好物事。虽百工技艺，做得精者，也是他心虚理明，

---

[1] 骆鸿凯《文心雕龙・物色篇札记》中有大致相同的意见，其云："盖谓不虚不静，则如有物障塞于中，而理之在外者，无自而入，意之在内者，无自而出。关键不通，斯机情无畅遂也。"（转引自黄侃《文心雕龙札记》之《附录》）

[2] 《集注分类东坡先生诗》卷二十一《送参寥师》。

[3] 参见祁志祥《中国古代文学原理》第 78 ~ 79 页，学林出版社 1993 年版。

所以做得来精。心里闹，如何见得。[1]

朱熹这段话，体现出由"虚静"而"明"，由"明"而"识"的因果逻辑。亦就是说，只有保持"虚静"的心胸，才能"明"（即"通"或"聪睿"）。能"明"方才有"识"。以"识"论文不见于六朝，是宋元以后才盛行起来的。[2]但六朝人在学术上重"识"，在品鉴上尚"识"，并且以闲静清通为入"识"之前提，[3]这与朱熹等宋元文人以"识"论文的观点是相通的。

　　接下来，我们要讨论是的"虚静"说的理论渊源问题。以《文心雕龙·神思》篇为例，历来的注家常常把《神思》篇的"虚静"说跟道家思想联系起来，认为《老子》书中提出的"致虚极、守静笃"和"清静为天下之正"等观点，《庄子》书中提出的"唯道集虚"和"夫虚静恬淡，寂寞无为者，天地之平而道德之至"等说法，以及庄子反复强调的"心斋"和"坐忘"，是刘勰"虚静"说的理论源头。或把刘勰"虚静"说与荀子提出的"虚壹而静"的观点联系起来，[4]认为荀子的"虚壹而静"说，是刘勰"虚静"说的源头。关于这个问题，作者比较认同王元化的观点。他认为：从实质方面看，老庄把"虚静"理解为一种绝圣弃智、无知无欲的混沌境界，完全是以虚无出世的消极思想为内容。刘勰的"虚静"说，是把"虚静"作为一种陶钧文思

[1]　《朱子文集大全类编·清邃阁论诗》。
[2]　参见祁志祥《中国古代文学原理》第44～46页，学林出版社1993年版。
[3]　参见本书第三章第三节"魏晋六朝人物品鉴新品目诠释"。
[4]　《荀子·解蔽》说："人何以知道？曰：心。心何以知？曰：虚壹而静。心未尝不臧也，然而有所谓虚。心未尝不满（或作'两'）也，然而有所谓一。心未尝不动也，然而有所谓静。人生而有知，知而有志。志也者，臧也。然而有所谓虚，不以所已臧害所将受谓之虚。心生而有知，知而有异，异也者，同时兼知之。同时兼知之，两也。然而有所谓一，不以夫一害此一，谓之壹。心卧则梦，偷则自行，使之则谋。故心未尝不动也。然而有所谓静，不以梦剧乱知，谓之静。"

的积极手段，是构思之前的必要准备，以便借此使思想感情更加充沛起来。所以，老庄把"虚静"视为一个终点，刘勰则是把它作为一个起点。一个消极，一个积极，两者的区别显而易见。他认为刘勰的"虚静"说源于荀子"虚壹而静"，荀子的"虚壹而静"说是作为一种思想活动前的准备手段提出来的，这与刘勰把"虚静"作为一种构思前的准备手段，并无二致。[1]

作者认为：刘勰的"虚静"说，虽然不能说与老庄思想完全不相干，但就其影响的程度看，荀子"虚壹而静"说的影响，的确要明显一些。然而，从靠近刘勰时代的思想家的思想资源看，从同一文化背景中思想家的相互影响看，亦许刘劭《人物志》提出的"质性平淡，思心玄微，能通自然"的学术理念，对刘勰"虚静"说的影响要直接一些，或者说，两者都是在同一文化背景上产生的理论结晶。通过对比，可以发现，刘勰与刘劭之间有特别的相似之处。

首先，刘劭以"质性平淡"作为"思心玄微，能通自然"的前提，即只有"平淡"之人，其"思心"才有"玄微"的特点，只有"思心玄微"者，才能通于"自然"这个道之本体。刘勰以"虚静"为构思主体的必备修养，"虚静"是进入艺术构思的前提，"静故了群动，空故纳万境"，只有"虚静"，才能"率志委和"，才能"思接千载，视通万里"，进入自由的审美境界。"虚静"即"平淡"。从这点看，两者是完全相通的。

其次，刘劭论人，推崇"平淡"，但亦不忽略"聪明"，他说：

> 观人察质，必先察其平淡，而后求其聪明。聪明者，阴阳之精。阴阳清和，则中睿外明。圣人淳耀，能兼二美。知微知章，自非圣人，莫

---

[1] 王元化：《文心雕龙创作论》第113～116页，上海古籍出版社1979年版。

能两遂。[1]

刘劭认为：圣人既有"聪明"之质，又有"平淡"之性，故能"知微知章"，因而亦最能明道。刘勰论艺术构思，认为"陶钧文思，贵在虚静"，但亦不忽略"博练"，认为"博而能一，亦有助乎心力也"，"博练"约同于"聪明"。从这点看，两者亦是完全相通的。

其三，刘劭论人重平淡、聪明，但他对此二者又有主次之分，"先察其平淡，而后求其聪明"的先后顺序，就体现了主次轻重之别。因为在刘劭看来，甚至可以说是在魏晋学者看来，平淡是聪明的前提，平淡可以该聪明。刘勰论艺术构思，重"虚静"修养和"博练"能力，但两者亦有主次之分，从《神思》篇的行文看，先言"虚静"，后言"博练"，并且说"陶钧文思，贵有虚静"，不言"博练"，还再次在《养气篇》中补述《神思》言"虚静"之未备者，就体现了这种轻重主次之别。同样，在刘勰看来，"虚静"是"博练"的前提，"虚静"可以该"博练"。从这点看，两者又是完全相近的。

所以，虽然我们现在不能发现刘劭"平淡"说对刘勰"虚静"说产生直接影响的证据，但作者提出两者是同一文化背景的产物，应当不成问题。因此，作者的结论是：刘劭的"平淡"说，是尚通重简的时代思潮的产物；[2]刘勰的"虚静"说，亦是尚通重简的六朝风尚在艺术领域的结晶。

总之，以陆机、刘勰为代表的六朝文论家讲艺术构思，都要求构思主体要努力使自己的文思畅通，若"六情底滞，志往神留"，就会陷入"兀若枯木，豁若涸流"的境地，[3]不利于艺术构思的开展。亦

[1]　《人物志·九征》。

[2]　参见本书第五章第三节"从《人物志》论汉晋学风之变迁"。

[3]　陆机：《文赋》。

如刘勰所说："神居胸臆，而志气统其关键；物沿耳目，而辞令管其枢机。枢机方通，则物无隐貌；关键将塞，则神有遁心。[1]那末，如何才能使构思主体的文思畅通呢？他们皆认为应加强构思主体的"博练"能力和"虚静"心胸的培养。"博练"和"虚静"是保持文思畅通的重要条件。而"博练"亦好，"虚静"亦罢，皆是尚通重简的六朝时代风气的产物。像汉代章句学者，"博"而不能入"练"，过分拘泥执障的性格，亦难以产生"虚静"的心胸，因而真正自觉的艺术构思就不可能发生。只有在尚通重简的时代氛围中，艺术家才能由博返约、博而能一，具备"博练"的能力，才能破除执障，进入超越的"虚静"境界，真正自觉的艺术构思才有可能开展。

---

[1]　刘勰：《文心雕龙·神思》。

第七章 尚通意趣与汉晋文风之嬗变（下）

一、尚通意趣与创作方法

在尚通意趣的影响下，魏晋六朝文人大多具有比较强烈的自由精神和超越意识。正是这种自由精神和超越意识，刺激了文学自觉观念的产生和发展，导致"缘情"文学和山水文学的兴盛，亦使真正的、自觉的艺术构思得以实现。尚通意趣于文风之影响，还体现在创作方法上。在本节，作者将从尚通意趣的角度，对六朝文学创作的新变问题、繁简问题、以及佳句的创作与欣赏问题，作深入的分析和探讨。

1. 尚通意趣与六朝文学创作中的新变意识

由汉魏至六朝的近八百年的文学史，从是否具有创造性的视角看，大致可以分为两个阶段，整个汉朝四百年为第一阶段，其文学之特点是重摹拟，缺乏创造性；魏晋南北朝四百年为第二阶段，其文学特征与汉朝相反，反对因循守旧，重视独创新变。汉魏晋六朝文学呈现出如此明显的阶段性特征，与其间的学风、士风密切相关，归根结蒂，是由其间盛行的尚通意趣决定的。

汉代文学因循守旧的特征，集中体现在汉赋的创作上。大体而言知，汉赋的演变分为四个时期，自汉初至武帝初年为创始期，自武帝至元、成间为成熟期，自西汉末年至东汉中叶为摹拟期，汉末魏初为转变期。如果说在创始期和成熟期，汉赋创作还有独创新变的特点，那末，在摹拟期则完全是因袭守旧。就这四个时期来说，摹拟期的时间最长，作家和作品最多，汉代四大赋家中的三大家——扬雄、班固、张衡——都处于这个阶段。所以，摹拟期的创作特色最能代表汉代的文学风气。汉赋作家的因袭摹拟，涉及面广，有题材方面的，如京都、游猎、郊祀等等；有文体方面的，如七体、九体等等；还有具体的谋篇布局方面的，如在场面描写中采用的东南西北上下左右等面面俱到的写法；甚至在遣词造句上，亦不无雷同蹈袭的痕迹。汉代文学的这种因循守旧之风，与汉代经学注重师法家法的学风互为表里，在本质上是相通的。如前所述，汉代传统学风，因循守旧，以古为训，以经为准，以"法天奉古"为圭臬。这种习气，表现在政治上，就是"以经术饰吏事"，[1] 不懂得"遭时定制""与世推移"的道理。表现在学术上，就是重承袭，贵师法家法，强调传授先师之言，若不依先师之言而断以己意，就会受到学界的谴责。[2] 这种学风的特点，就是执障拘泥，就是不通。在这种学风的影响下，汉人亦就失去了独立思考的能力和追求真理的热情，普遍存在因循守旧、抱残守缺、贵古贱今的特点。汉赋创作层层相因，汉代文风经四百年历程而无显著的变化，

---

[1]　皮锡瑞《经学历史》说："元、成以后，刑名渐废。上无异教，下无异学。皇帝诏书，群臣奏议，莫不援引经义以为依据。国有大疑，辄引《春秋》为断。一时循吏多能推明经意，移易风化，号为以经术饰吏事。"

[2]　皮锡瑞《经学历史》说："汉人最重师法，师之所传，弟之所受，一字毋敢出入，背师说即不用。"

其原因就在于此。[1]

　　"好古守经者，患在不变"，[2] 两汉文风重摹拟，在于汉人"好古守经"，在于汉人的不通不变。自东汉中后期以来，知识界盛行着尚通意趣。在尚通意趣的影响下，文人的独创新变意识异常地活跃，文风的发展变迁很快，文学的阶段性特征亦就特别明显，从"慷慨任气"的建安文学，到"清峻遥深"的正始之音，到"采缛力柔"的太康文学，到"平典似道德论"的玄言诗，到"穷力追新"的元嘉文学，到永明体和宫体诗。文风几十年一大变，比起汉代文风历四百年而无显著变化，的确有很大的不同。在魏晋南朝文学经历的由建安文学到宫体诗的七次阶段性变迁中，其变迁的动因亦略有不同。从建安文学到太康文学的时代性变化，主要是社会外部条件和文化背景所促成，如动荡纷争的建安社会背景促成了"慷慨任气"的建安文学，"天下多故"的社会现实使正始之音呈现出"清峻遥深"的特点，大乱之后短暂的太平局面造成了"采缛力柔"的太康文学。东晋南朝时期，虽然改朝换代很快，但每一次改朝换代都主要是通过宫廷政变的形式解决，对社会秩序的影响不大。因此，相对于曹魏、西晋和北朝言，东晋南朝的社会环境比较安定，社会外部条件和文化思想的变迁都不是很明显。所以，促成此间文学由玄言诗向宫体诗的四次变迁的动力，主要来自于文学的内部，特别是作家的独创新变意识。

　　魏晋南朝文人，特别是东晋南朝文人，在文学创作上有一种特别强烈的新变意识。如葛洪《抱朴子·辞义》说："辞以不常为美。""不常"者，新奇之谓也。追新求奇是东晋南朝文人的一种时尚，如《文

---

[1]　参见周勋初《王充与两汉文风》，该文讨论了汉代文学摹拟之风与经学的关系，并附列《两汉摹拟作品一览表》。（《古代文艺理论研究》第二辑，上海古籍出版社1980年版）

[2]　仲长统：《昌言·意林》。

心雕龙·明诗》篇说："宋初文咏，体有因革，……情必极貌写物，辞必穷力而追新，此近世之所竞也。"《通变》篇说："魏晋浅而绮，宋初讹而新。"何谓"讹而新"？《定势》篇解释说：

> 自近代辞人，率好诡巧，原其为体，讹势所变，厌黩旧式，故穿凿取新，察其讹意，似难而实无他术也，反正而已。

这虽是对刘宋文学的批评指责，但倒亦符合刘宋文人追新求奇的特点。作者认为，刘宋文学之"新"，主要表现在以谢灵运为代表的山水诗人的"穷力追新"。齐梁文人，"多略汉篇，师范宋集"，[1] 追新求奇的风气更加盛行，[2] 如萧子显《南齐书·文学传论》说：

> 习玩为理，事久则渎。在乎文章，弥患凡旧。若无新变，不能代雄。建安一体，《典论》短长互出；潘、陆齐名，机、岳之文永异。江左风味，盛道家之言，郭璞举其灵变，许询极其名理，仲文玄气，犹不尽除，谢混情新，得名未盛。颜、谢并起，乃各擅奇；休、鲍后出，咸亦摽世。朱蓝共妍，不相祖述。

萧子显提出"若无新变，不能代雄"，"新变"是文学的生命，没有"新

---

[1] 刘勰：《文心雕龙·通变》。

[2] 齐梁文坛上有守旧派、趋新派和折衷派之争，据周勋初《梁代文论三派述要》说：梁代文论守旧派以裴子野、萧衍、刘之遴为代表；趋新派以萧纲、萧绎、萧子显、徐摛父子、庾肩吾父子为代表；折衷派以萧统、刘勰为代表。折衷派以"通变"为理论。趋新派以"新变"为理论，在当时气焰最盛，影响最大（周勋初《魏晋南北朝文学论丛》第 230 ~ 253 页，江苏古籍出版社 1999 年版）。刘文忠《用比较方法看齐梁文学思潮和古今文体之争》，亦认为齐梁文坛有古文体派和今文体派之争（《文学遗产》1994 年第 4 期）。

变"，文学就没有了出路。《梁书·庾肩吾传》说：

> 齐永明中，文士王融、谢朓、沈约文章始用四声，以为新变，至是转拘声韵，弥尚丽靡，复踰于往时。

在齐梁文人看来，以声律为诗，就是"新变"，"永明体"就是追求"新变"的产物。《南史·徐摛传》说：

> 摛幼好学，及长，遍览经史，属文好为新变，不拘旧体。……摛文体既别，春坊尽学之，宫体之号，自斯而起。

《陈书·徐陵传》说：

> 其（徐陵）文颇变旧体，缉裁巧密，多有新意。

萧纲《与湘东王书》说：

> 未闻吟咏情性，反拟《内则》之篇；操笔写志，更摹《酒诰》之作；迟迟春日，翻学《归藏》；湛湛江水，遂同《大传》。……但以当世之作，历方古之才人，远则扬、马、曹、王，近则潘、陆、颜、谢，而观其遣词用心，了不相似。若以今文为是，则古文为非；若昔贤可称，则今体宜弃；俱为盍各，则未之敢许。[1]

宫体诗人多尚"新变"，宫体诗亦是"新变"风尚的产物。南朝文人中"新变"意识最强烈而又常被读者忽略的，亦许要数齐永明年间的张融，

---

[1] 《梁书》卷四十九。

他在《门律自序》中说：

> 吾文章之体，多为世人所惊。当可师耳以心，不可使耳为心师也。
> 夫文岂有常体，但以有体为常，政当使常有其体。丈夫当删《诗》《书》，
> 制礼、乐，何至因循，寄人篱下。……吾之文章，体亦何异？何尝颠温
> 凉而错寒暑，综哀乐而横歌哭哉！政以属辞多出，比事不羁，不阡不陌，
> 非途非路耳。然其传音振逸，鸣节竦韵，或当未极，亦已极其所矣。……
> 吾义亦如文，造次乘我，颠沛非物。吾无师无友，不文不句，颇得孤神
> 独逸耳。[1]

他在《临卒诫子》里很自负地说："吾文体英绝，变而屡奇。"[2]
这种追求"新变"的意识，亦体现在他的书法创作中，据《南史·张
融传》载：

> 融善草书，常自美其能。帝曰：卿书殊有骨力，但恨无二王法。答曰：
> 非恨臣无二王法，亦恨二王无臣法。

　　针对风行当时的"新变"意识，刘勰《文心雕龙》著《通变》一篇，
提出有折衷倾向的"通变"说。所谓"通变"，就是通古今而变之，
即有因有革的变。它虽有补"新变"之偏，救时俗之弊的动机，但其
最根本的一点还是变，"通变"中含有"新变"的成分。[3]
　　魏晋六朝文人的这种"新变"意识，是对汉人因循摹拟文风的反

---

[1]　《全齐文》卷十五。

[2]　《南齐书·张融传》。

[3]　参见刘文忠《用比较方法看齐梁文学思潮和古今文体之争》，《文学遗产》1994
　　　年第 4 期。

动。其实，当汉代因循摹拟文风喧嚣尘上的时候，汉代知识界内部已经出现了反对的声音，桓谭是其中的先驱人物，王充是其中的典型代表。如王充，他在学术思想上"疾虚妄"，贵"实诚"，尚"真美"，反对贵古贱今、贵远贱近，强调艺术创作的独创精神。他在《论衡》书中一再指出汉人的保守复古观念，其云：

> 世儒学者，好信师而是古，以为贤圣所言皆无非，专精讲习，不知难问。（《论衡·问孔》）
> 世俗之性，好褒古而毁今，少所见而多所闻。（《论衡·齐世》）
> 俗好褒远称古，讲瑞则上世为美，论治则古王为贤，睹奇于今，终不信然。（《论衡·宣汉》）
> 俗儒好长古而短今。……信久远之伪，忽近今之实，斯盖三增九虚所以成也。（《论衡·须颂》）
> 夫俗好珍古不贵今，谓今之文不如古书。（《论衡·案书》）

贵古贱今，必然导致因循守旧、保守复古，必然导致文风上的因袭摹拟。王充对此作了尖锐的批判，他说：

> 饰貌以强类者失形，调辞以务似者失情。百夫之子，不同父母，殊类而生，不必相似；各以所禀，自为佳好。文必有与合，然后称善，是则代匠斫不伤手，然后称工巧也。文士之务，各有所从，或调辞以巧文，或辩伪以实事。必谋虑有合，文辞相袭，是则五帝不异事，三王不殊业也。美色不同面，皆佳于目；悲音不共声，皆快于耳。酒醴异气，饮之皆醉；百谷殊味，食之皆饱。谓文当与前合，是谓舜眉当复八采，禹目当复重瞳。

在这里，王充从文学发展、创作个性和审美心理等角度，批评了文学创作中的因袭摹拟风气。继王充之后，葛洪进一步对贵古贱今的风气加以抨击，他说：

> 然守株之徒，喽喽所玩，有耳无目，何谓谓尔！其于古人所作为神，今世所著为浅，贵远贱近，有自来矣。故新剑以诈刻加价，弊方以伪题见宝也。是以古书虽质朴，而俗儒谓之堕于天也。今文虽金玉，而常人同之于瓦砾也。（《抱朴子·钧世》）

> 世俗率神贵古昔而黩贱同时。……虽有超群之人，犹谓之不及竹帛之所载也。虽有益世之书，犹谓之不及前代之遗文也。是以仲尼不见重于当时，《太玄》见嗤薄于比肩也。俗士多云：今山不及古山之高，今海不及古海之广，今日不及古日之热，今月不及古月之朗，何肯许今之才士，不减古之枯骨？重所闻，轻所见，非一世之所患矣。（《抱朴子·尚博》）

尤其值得注意的是，葛洪不仅停留在对贵古贱今的尖锐批评上，而且还在此基础上提出了今胜于古的观点。他在《抱朴子·诘鲍》篇中，从人类物质生活进步的角度，驳斥了今不如古的论调，提出了今胜于古的社会发展观点。在《钧世》篇，他提出了文章今胜于古的观点，其云：

> 且夫《尚书》者，政事之集也。然未若近代之优文、诏、策、军书、奏、议之清富赡丽也。《毛诗》者，华彩之辞也，然不及《上林》《羽猎》《二京》《三都》之汪博富也。……今诗与古诗俱有义理，而盈于差美。方之于士，并有德行涉而一人偏长艺文，不可谓一例也。比之于女，俱体国色，而一人独闲百伎，不可混为无异也。若夫俱论宫室，而奚斯"路寝"之颂，何如王生之赋《灵光》乎？同说游猎，而《叔畋》《卢铃》之诗，

何如相如之言《上林》乎？并美祭祀，而《清庙》《云汉》之辞，何如郭氏《南郊》之艳乎？等称征伐，而《出车》《六月》之作，何如陈琳《武军》之壮乎？则举条可以觉焉。近代夏侯湛、潘安仁并作《补亡诗》——《白华》《由庚》《南陔》《华黍》之属，诸硕儒高才之赏文者，咸以古诗三百，未有足以偶二贤之所作也。

葛洪认为两汉魏晋的诗文辞赋胜于古代儒家的经典之作，特别是在内容的广博、结撰之精工和辞藻之富丽等方面，超过了经典文章。这种今胜于古的发展观，产生于当时知识界的创新风气中，从而又对这种创新风气的发展起着促进作用。所以，由王充开端，经葛洪进一步发挥的今胜于古的思想，是汉晋文化思潮变迁的一个关键，是魏晋六朝文人"新变"意识的理论基础。[1]因为只有在"今胜于古"观念的影响下，只有在"今胜于古"观念获得知识界普遍认可的前提下，"新变"意识才可能产生，具有"新变"特色的东西才能获得人们的认同。

考察魏晋六朝知识界，在弥漫风行的创新潮流中，有两个现象值得注意：一是重子书，二是重"作者"。关于重子书的问题，学界已有定说，此不赘述。兹就重"作者"一事言之。《论语·述而》载孔子说："述而不作，信而好古，窃比于我老彭。"所谓"述"，即因袭、阐述；"作"即创造、创新。故《礼记·学记》说："作者之谓圣，述者之谓明。明圣者，述作之谓也。""作者"即创作、创造之人；"述者"即因袭、阐述之人。相较而言，汉代是尚述轻作的时代，是"述而不作"；魏晋六朝则是重作轻述的时代，是"不述而作"。在魏晋六朝，"作

[1] 罗根泽说："由两汉的重道轻艺、重情轻文、重述轻作、重经轻子，转到魏晋六朝的重艺轻道、重文轻质、重作轻述，重子轻经，自然要胎育出一些大胆的反传统观念的人物。这种人物的代表，在汉末为王充，在魏晋为葛洪。"又说："王充是汉代文学观的结束者，葛洪则是魏晋六朝文学观的开国功君。"（《中国文学批评史》上册第131、132页，上海古籍出版社1984年版）

者"一词为常用语，它与"作者之谓圣"的传统意义相近，专指通古今、明大义，能著书立说、发明创新的人。如曹丕《典论》佚文说：

余观贾谊《过秦论》，发周秦之得失，通古今之滞义，洽以三代之风，润以圣人之化，斯可谓作者也。[1]

曹丕《答卞兰教》说：

赋者，言事类之所附也；颂者，美盛德之形容也。故作者不虚其辞，受者必当其实。[2]

曹丕《典论·论文》说：

是以古之作者，寄身于翰墨，见意于篇籍，不假良史之辞，不托飞驰之势，而声名自传于后。

桓范《世要论·序作》篇说：

夫著作书论者，乃欲阐弘大道，述明圣教，推演事义，尽极情类，记是贬非，以为法式，当时可行，后世可修。……夫奋名于百代之前，而流誉于千载之后，以其览之者（有）益，闻之者有觉故也。岂徒转相仿效，名作书论，浮辞谈说，而无损益哉？而世俗之人，不解作体，而务泛溢之言，不存有益之义，非也。故作者不尚其辞丽，而贵其存道也；

[1] 《太平御览》卷五九五。
[2] 《三国志·魏书·后妃传》裴松之注引。

不好其巧慧，而恶其伤义也。[1]

据此可知，魏晋六朝学者所用"作者"一词，是特指而非泛指，如曹植《与杨德祖书》说：

> 然今世作者，可略而言也。昔仲宣独步于汉南，孔璋鹰扬于河朔，伟长擅名于青土，公干振藻于海隅，德琏发迹于大魏，足下高视于上京。……盖有南威之容，乃可以论于淑媛；有龙渊之利，乃可以议于割断。刘季绪才不逮于作者，而好诋诃文章，掎摭利病。[2]

在曹植看来，建安文人只有王粲、陈琳、徐干、刘桢、应玚、杨修可称"作者"。"刘季绪才不逮于作者"，是说凭刘季绪的文才，还不够"作者"的资格。又陆云《九愍序》说：

> 昔屈原放逐，而《离骚》之辞兴。自今及古，文雅之士，莫不以其情而玩其辞，而表意焉。遂厕作者之末，而述《九愍》。[3]

陶渊明《闲情赋序》说：

> 余园间多暇，复染翰为之。虽文妙不足，庶不谬作者之意乎。[4]

萧统《文选序》在纵论古今文体之后说：

---

[1] 《群书治要》卷四七。

[2] 《三国志·陈思王植传》裴注引。

[3] 《陆云集》卷七，黄葵点校，中华书局1988年版。

[4] 《陶渊明集》卷五，逯钦立校注，中华书局1979年版。

譬陶匏异器，并为入耳之娱，黼黻不同，俱为悦目之玩。作者之致，
盖云备矣。[1]

以上所举材料中的"作者"一词，皆是特指著文立说、自创新章的文人。

汉魏六朝文人重"作者"，与其间重子书的风气互为表里，与当时知识界反对贵古贱今、主张今胜于古的观点相吻合，皆体现了独创新变的学术精神。这种独创新变的学术精神，体现在文学创作上，或者说影响于文学创作者，就是文学家的那种特别强烈的"新变"意识。

最后，需要追问的是，汉末魏晋六朝知识界反对贵古贱今、主张今胜于古的观点，以及重子书、贵"作者"的风气和强烈的"新变"意识，是在一种什么样的文化思想背景中产生的？作者认为：这与尚通意趣有关，确切地说，是尚通意趣直接促成了"今胜于古"观点的提出和"新变"意识的产生。汉代学者"守其章句，迟于通变，质于心用"，学风保守，默守师法家法，拘泥执障，繁琐冗杂，其原因就在于他们"迟于通变"；汉代文风重摹拟，因循守旧，缺乏创新精神，原因亦在于汉代文人"迟于通变"。所谓"通变"，即通古今而变之，"通"是"变"的前提。汉人不"通"，所以不能"变"，故而只能走向"好古守经"的复古道路。唯有在尚通的前提下，才能认识到贵古贱今的弊端，才能破除"好古守经"的执障，才能提出"今胜于古"的观点，才能产生求新求变的意识。只有在尚通的文化思想背景中，"今胜于古"的观念才能获得知识界的认可，具有"新变"特色的东西才能获得知识界的认同。东汉王充，既是一位积极提倡尚通重博的思想家，又是一位激烈反对贵古贱今的思想家，尚通重博和反对贵古贱今两种观念集于王充之一身，正可说明这两种观念不是矛盾的，而是相辅相成的，

[1] 李善：《文选注》卷首，中华书局影印宋尤袤刻本。

或者说，尚通重博是王充反对贵古贱今的理论基础。东晋学者葛洪，他虽然对汉末魏晋的通脱放达之风进行过尖锐的批评，[1] 但他本人却是崇尚通博的。亦正是在尚通重博的基础上，他继王充之后，进一步批判贵古贱今，提出了"今胜于古"的观点。

综上所述，在尚通意趣的影响下，知识界兴起了批判贵古贱今、贵远贱近的思潮；在批判贵古贱今、复古守旧的思想活动中，产生了重子书、重"作者"的风尚，并提出了"今胜于古"的观点；在"今胜于古"观点的影响下，知识界形成了反因袭、重创新的时尚，促成了"新变"意识的产生和发展。魏晋六朝文人强烈的求新求变意识，魏晋六朝文学明显的阶段性特征，就是在这样的文化思想背景上产生的。

2. 尚通意趣与六朝文学中的繁简问题

从宏观上看，汉魏六朝文学呈现出由繁入简、由深而浅的发展趋势。汉代文学繁芜渊深，魏晋六朝文学虽不乏繁芜的一面，但其主流却是简约清浅。导致这种发展特点的原因是多方面的，但其中最重要的原因还是盛行于汉末魏晋知识界的尚通意趣。在本节，作者以陆机、潘岳为例，联系当时和稍后一些文人的评论材料，从尚通意趣的角度，探讨汉魏六朝文学在创作方法上由繁入简、由深入浅的发展问题。

陆机、潘岳，同属太康时期两位执文坛之牛耳的风云人物。正如萧子显《南齐书·文学传论》所说："潘、陆齐名，机、岳之文永异。"两人虽然同时且齐名，但他们在诗学渊源、文学风格和创作方法上，皆有显著的区别。就创作方法而言，陆机以渊深为文，追求繁芜；潘岳以清浅为文，崇尚简约。

先看陆机。陆机文章繁芜，是古今学者的共识。考诸史籍，最先指出陆机诗文繁芜特点的是张华，据刘孝标《世说新语·文学》篇注

---

[1] 参见本书第二章第二节"古今学者对汉晋间之尚通意趣的关注"。

引《文章传》说：

> （陆）机善属文，司空张华见其文章，篇篇称善，犹讥其作文大冶。
> 谓曰：人之作文，患于不才，至子为文，乃患太多也。

激赏陆机而且还多次为陆机延誉的张华，指出陆机诗文"太多"（即繁芜）的缺点，可谓切中肯綮，应该是不怀任何恶意的。张华之后，其弟陆云在《与兄平原书》中又多次指出他的这个缺点，其云：

> 兄文方当日多，但文实无贵于为多。
> 兄文章之高远绝异，不可复称言，然犹皆欲微多，但清新相接，不以此为病耳。若复令小省，恐其妙欲不见，可复称极，不审兄由以为尔不。
> 兄《丞相箴》小多，不如《女史》（引者按：即张华作品）清约耳。[1]

陆氏兄弟情深，陆云对陆机的这个批评，亦应是不怀个人偏见的。陆云之后，刘勰在《文心雕龙》中又多次指出陆机诗文的繁芜之弊，如《才略》篇说陆机"才欲窥深，辞务索广，故思能入巧，而不能制繁"，《体性》篇说："士衡矜重，故情繁而辞隐。"《镕裁》篇说："士衡才优，而缀辞尤繁。"《哀吊》篇说："陆机之《吊魏武》，序巧而文繁。"《议对》篇说："及陆机《断议》，亦有锋颖，而腴辞弗剪，颇累文骨。"此外，孙绰亦说："潘文烂若披锦，无处不善；陆文若排沙简金，往往见宝。"其"排沙简金"之喻，即含有讥其文辞繁多以至有芜杂之弊的意思。所以，孙绰又说："潘文浅而净，陆文深而芜。"[2] 陆机诗文之繁芜，已是六朝学者之定论。六朝以后，诗论家亦多指出这一点，如元好问《论

---

[1] 《陆云集》卷八，黄葵点校，中华书局 1988 年版。
[2] 《世说新语·文学》。

诗诗》云："陆文犹恨冗于潘。"何焯《义门读书记》亦说："陆芜潘净，故是定论。"陈绎曾《诗谱》说："士衡才思有余，但胸中书太多，所拟能痛割舍，乃佳耳。"李重华《贞一斋诗话》说："陆士衡《拟古诗》，名重当世，余每病其呆板。""呆板"之原因在于繁芜。

陆机不仅在创作上有繁芜之弊，就是在理论上，他亦坚持"多文"胜于"短韵"。他喜欢"多文"，认为"短韵"不足以展其情，他在《文赋》中说："或托言于短韵，对穷迹而孤兴，俯寂寞而无友，仰寥廓而莫承。譬偏弦之独张，含清唱而靡应。"认为繁富是必要的，他说："石韫玉而山辉，水怀珠而川媚。彼榛楛之勿剪，亦蒙荣于集翠。缀《下里》于《白雪》，吾亦济乎所伟。"即便是"短韵"，亦宜改成"多文"，他说："故踸踔于短韵，放庸音以足曲。"因此，在创作时，他主张："虽离方而遁圆，期穷形而尽相。故夫夸目者尚奢，惬心者贵当；言穷者无隘，论达者惟旷。"陆机这种推崇繁芜的观点，首先遭到刘勰的批评，其云：

> 夫美锦制衣，修短有度，虽玩其采，不倍领袖。巧犹难繁，况在乎拙。而《文赋》以为"榛楛勿剪""庸音足曲"，其识非不鉴，乃情苦芟繁也。[1]

钱锺书亦批评说：

> "穷形尽相"，词易铺张繁缛，即"奢"也。然"奢"其词乃所以求"当"于事，否则徒炫目而不能厌心。……机才多意广，自作词藻丰赡，故"不隘""惟旷"均着眼于文之繁；文之简而能"当"，寡词约言而"穷形尽相"者，非思所存。此又"善于自见"即"暗于自见"，如魏文帝《典论·论文》所叹矣。

---

[1] 《文心雕龙·镕裁》。

虽然陆机在《文赋》中亦说过"要辞达而理举,故无取乎冗长"这样的话,但亦如钱锺书所说:

> 机虽戒"无取乎冗长",言"丰约之裁",而自犯所戒,不克践言,乃至《文赋》本篇亦即遭乃弟"多"而"不清"之目,又"知非难而能难"之例矣。[1]

与陆机诗文的繁芜不同,潘岳是以"省净"著称。"省净"者,简明要约之谓也。如前引孙绰云:"潘文浅而净。"元好问说:"陆文犹恨冗于潘。"即是说潘文简约、陆文繁芜。刘孝标注《世说新语·文学》引《续文章志》说:"岳为文选言简章,清绮绝伦。"所谓"简章",即简约章明之意。南朝文人每以"清绮""和畅"评潘岳诗文,如萧绎《金楼子·立言》说:"潘安仁清绮若是,而评者止称其情切,故知为文之难也。"刘勰《文心雕龙·体性篇》说:"安仁轻敏,辞自和畅。""清绮""和畅",皆是由简约造成的。

陆繁潘简,已如上述。进一步考察,我们发现,批评陆机诗文繁芜者,皆有好清省、崇简约的特点;在诗学上渊源于陆机者,又多有繁芜之弊。先就前者言之,最先批评陆机诗文繁芜的张华,其创作就有浅净、清秀的特点,如钟嵘《诗品》中出于张华的谢瞻等人的创作,"务其(指张华)清浅"。[2]陆云《与兄平原书》说:"张公(华)文无他异,正自清省无烦长。"又说:"张公《女史》清约。"《文心雕龙·明诗篇》说:"茂先(张华字)凝其清。"《时序篇》说:"张华短章,奕奕清畅。"皆指出张华诗文清省、简畅的特点。继张

---

[1]　舒展编《钱锺书论学文选》第3册第76页,花城出版社1990年版。

[2]　《诗品》卷下。

华之后批评陆机繁芜的陆云，其为文亦是"雅好清省"，[1]"布采鲜净，敏于短篇"。[2]他在《与兄平原书》中自称："云今意视文，乃好清省，欲无以尚，意之至此，乃出自然。"认为"文实无贵于为多"，"文章实自不当多"，"文章诚不用多，苟卷必佳，便谓此为足"，"有作文惟尚多，而家多猪羊之徒"。文章为何不宜"多"呢？他解释说："文适多，体便欲不清。"[3]看来他是为了追求"清"才反对"多"的。刘勰虽然对文学中的繁简问题，有一套辩证的看法，[4]但他本人还是倾向于尚简的，把简约视为文学创作的重要原则，他称道《诗经》说："'皎日嘒星'，一言穷理；'参差沃若'，两字连形。并以少总多，情貌无遗矣。"[5]认为文能宗经，便可做到"风清而不杂，体约而不芜，文丽而不淫"。[6]在他看来，繁芜对文学有害，所谓"繁华损枝，膏腴害骨"，[7]说的就是这个意思。因此，他明确提出文学创作应"乘一治万，举要治繁"，[8]"由博返约，由繁入简"。[9]认为"文以辨洁

---

[1] 《文心雕龙·镕裁》。

[2] 《文心雕龙·才略》。

[3] 黄葵点校此句作"文适多体，便欲不清"（见《陆云集》卷八），语意不通。钱锺书释"适"为"倘若"，改点为"文适多，体便欲不清"（见舒展编《钱锺书论学文选》第3卷第60页，花城出版社1990年版），语意通畅，故采之。

[4] 《文心雕龙·镕裁》篇说："精论要语，极略之体；游心窜句，极繁之体。谓繁与略，随分所好。引而申之，则两句敷为一章；约以贯之，则一章删成两句。思赡者善敷，才覈者善删。善删者字去而意留，善敷者辞殊而意显。字删而意阙，则短乏而非核。辞敷而言重，则芜秽而非赡。昔谢艾、王济，西河文士。张俊以为艾繁而不可删，济略而不可益。若二子者，可谓练镕裁而晓繁略矣。"刘勰把文章的繁简归之于才分和爱尚，认为繁简是相对的，不是绝对的，"繁而不可删""略而不可益"，才是作家应该追求的境界。这是很有辩证意味的看法。

[5] 《文心雕龙·物色》。

[6] 《文心雕龙·宗经》。

[7] 《文心雕龙·诠赋》。

[8] 《文心雕龙·总术》。

[9] 《文心雕龙·物色》。

为能，不以繁缛为巧"，"物色虽繁，析辞尚简"，[1]"随事立体，贵乎精要"。[2]

再就后者言之。据钟嵘《诗品》，南朝诗人出自陆机的，有颜延之和"檀、谢七君"，他们的诗文皆有繁芜的特点。如颜延之，《诗品序》说："颜延、谢庄，尤为繁密。"《诗品》卷中说他的诗文"体裁绮密，情喻渊深，动无虚散，一句一字，皆致意焉。又喜用古事，弥见拘束，虽乖秀逸，是经纶文雅才"。颜诗"乖秀逸"，是因为"绮密""渊深""拘束"，简言之，就是繁芜。据《诗品》卷中载："汤惠休曰：谢诗如芙蓉出水，颜如错彩镂金。颜终身病之。"[3]所谓"错彩镂金"，亦有繁芜的意思。颜延之诗文的繁芜，亦是后代学者的共识，如何焯《义门读书记》说："陆士衡铺陈整赡，实开颜光禄之先，钟嵘品第颜诗，以为其源出于陆机，是也。"沈德潜《说诗晬语》说："颜延年声价虽高，雕镂太过，不无沉闷，要其厚重处，古意犹存。"至于"檀、谢七君"，《诗品》卷下说："檀、谢七君，并祖袭颜延，欣欣不倦，得士大夫之雅致乎！余从祖正员常云：大明、泰始中，鲍、休美文，殊已动俗，惟此诸人，傅颜陆体。""檀、谢七君"的诗文多已散佚，不过，从钟嵘及其从祖说他们"祖袭颜延""傅颜陆体"来看，可知他们的作品亦当如陆机、颜延之一样，有繁芜的特点。

综上所述，自西晋至南朝的文学，大致可以分为繁、简两个系列。尚繁的一系以陆机、颜延之为代表；重简的一系以潘岳、陆云、刘勰为代表。就这两系的发展势力来看，大致是重简的一系占着优势，尚繁的一系逐渐衰微。所以，东晋南朝文人，从孙绰、谢混到谢灵运，

[1] 《文心雕龙·议对》。

[2] 《文心雕龙·书记》。

[3] 据《南史·颜延之传》载，鲍照亦有类似的评价，其云："延之尝问鲍照，己与灵运优劣。照曰：谢五言如初发芙蓉，自然可爱；君诗若铺锦列绣，亦雕缋满眼。"

都有扬潘抑陆的倾向，如孙绰说："潘文烂若披锦，无处不善；陆文若排沙简金，往往见宝。""排沙简金"之喻，就含有讥其文辞繁多的意思。据《诗品》卷上说："益寿（谢混）轻华，故以潘为胜。"谢混之"轻华"，与潘岳"轻敏"、"敏给"的性格相近，故而扬潘抑陆。东晋南朝文人扬潘抑陆，实际上就是主张清省反对繁芜。再说，从《文选》收录潘、陆作品看，收潘岳赋八篇，为赋类中篇数之首，而陆机仅两篇。据此可知，南朝文人于潘、陆之赋，亦有所轩轾，明显有重潘轻陆的倾向。[1]另外，前引钟嵘《诗品》所录其从祖之言说："大明、泰始中，鲍、休美文，殊已动俗，惟此诸人（即'檀、谢七君'），傅颜陆体。"可知"颜陆体"在大明（南朝宋孝帝年号）、泰始（南朝宋明帝年号）年间就已经是后继乏人，难以为继了，能传此体者是名不甚高的"檀、谢七君"，尚繁一系的衰微之势，亦由此可见。再说，颜延之听到汤惠休用"错彩镂金"一语评价他，其反应是"终身病之"。创作上本以"雕绩满眼""错彩镂金"为特色的颜延之，亦忌讳别人用这些词语来评价他的诗歌，这亦说明"错彩镂金"的繁富文学，在当时的确是难以厌悦人心了。

另外，晋宋文学中的繁简问题，还牵涉到深浅的问题。一般来说，繁者必深，深者亦繁；简者必浅，浅者自简。葛洪《抱朴子·辞义》篇说：

> 属笔之家，亦各有病。其深者则患乎譬烦言冗，申诫广喻，欲弃而惜，不觉成烦也。其浅者则患乎妍而无据，证援不给，皮肤鲜泽而骨髓迥弱也。

葛洪这段文字揭示了深与浅、繁与简的对立关系。又孙绰说："潘文浅而净，陆文深而芜。"[2]讲的亦是这个道理。刘勰《文心雕龙·体性》

---

[1] 参见徐公持《魏晋文学史》第 355 页，人民文学出版社 1999 年版。
[2] 《世说新语·文学》。

篇说："士衡矜重，故情繁而辞隐。"《才略》篇说陆机"才欲窥深，辞务索广，故思能入巧，而不能制繁"，指出了陆机创作由深而入繁的特点。陆繁潘简，亦可以说是陆深潘浅。《诗品》评论潘岳，说李充《翰林》谓潘岳"犹浅于陆机"，又"叹陆为深"，实际上就是说潘浅陆深。再如，《诗品》评左思，说他"虽野于陆机，而深于潘岳"，亦说明了潘岳诗文浅的特点。另外，在诗学上渊源于陆机的诗人，如颜延之，据《诗品》说，亦有"情喻渊深"的特点。第一个指出陆机诗文繁芜的张华，如上所说，其文有清浅的特点，故《诗品》中"源出于张华"的谢瞻等人的创作，即"务其（张华）清浅，殊得风流媚趣"。总之，在晋宋时期，与重简轻繁一样，尚浅轻深亦不是个别现象，而是当时有代表性的创作倾向。

其实，繁简、深浅问题在两汉的知识界已有了争论。不过，与晋宋时期重简轻繁、尚浅轻深相反，两汉文人是以繁、深为时尚，至于简、浅，只是少数处于弱势的"异端"知识群体的追求。可以这样说，汉晋文化思潮之发展，呈现出由繁入简、由深入浅的特点。刘勰《文心雕龙·练字》篇就揭示了这种发展特点，其云：

> 前汉小学，率多玮字，非独制异，乃共晓难也。暨乎后汉，小学转疏，复文隐训，臧否大半。及魏代缀藻，则字有常检。追观汉作，翻成阻奥。故陈思称："扬马之作，趣幽旨深，读者非师传不能析其辞，非博学不能综其理。"岂直才悬，抑亦字隐。自晋来用字，率从简易，时并习易，人谁取难？今一字诡异，则群句震惊，三人弗识，则将成字妖矣。后世所同晓者，虽难斯易，时所共废，虽易斯难。趣舍之间，不可不察。

汉赋"趣幽旨深"，繁富侈丽，这已是学者的共识，毋须赘言。重要的是，汉人不仅在赋体文学的创作上求深求繁，而且还在理论上论证了求繁求深的必要性。扬雄就是其中的代表。据桓谭《新论》说：

> 扬子云大才而不晓音，余颇离雅乐而更为新弄。子云曰：事浅易善，深者难识，卿不好雅颂而悦郑声，宜也。[1]

扬雄尚深，故好雅颂而鄙郑声；桓谭尚浅，故"悦郑声""好俗乐"。扬雄尚深，在其著作中刻意追求艰深之美，他"好为艰深之言，以文浅显之说"，[2]以为"赋莫深于《离骚》"，故"反而广之"，作《反离骚》等文。[3]他仿效《论语》作《法言》，摹仿《周易》作《太玄》，但其所著之《法言》《太玄》，比《论语》要《周易》还艰深难懂。所以，桓谭说："扬子之书，文义至深。"[4]刘勰《文心雕龙·才略》篇说："子云属意，辞人最深。"特别是《太玄》，"观之者难知，学之者难成"，在当时即有"太深"的批评。为此，扬雄还专门著《解

---

[1] 《全后汉文》卷十五。
[2] 苏轼：《答谢民师书》。
[3] 《汉书·扬雄传》。
[4] 《汉书·扬雄传》。

难》一文，阐述他以深为美的主张。[1] 至东汉王充，还保留着这种尚深重繁的传统，他在《论衡·超奇》篇里说：

> 夫陆贾、董仲舒论说世事，由意而出，不假取于外，然而浅露易见，观读之者，犹曰传记。阳成子长作《乐经》，扬子云作《太玄经》，造于助思，极窅冥之深，非庶几之才，不能成也。孔子作《春秋》，二子作两经，所谓卓尔蹈孔子之迹，鸿茂参贰圣之才者也。

陆贾、董仲舒的文章"浅露易见"，阳成衡（字子长）、扬雄之文"极窅冥之深"，王充扬后者而抑前者，明显体现出重深轻浅的观念。王

---

[1] 扬雄《解难》说："客难扬子曰：凡著书者，为众人之所好也。美味期乎合口，工声调于比耳。今吾子乃抗辞幽说，闳意眇指，独驰骋于有亡之际，而陶冶大炉旁薄群生，历览者兹年矣，而殊不寤，宣费精神于此，而烦学者于彼。譬画者画于无形，弦者放于无声，殆不可乎？"对于这样的批评，扬雄解释说："昔人有观象于天，视度于地，察法于人者。天丽且弥，地普而深。昔人之辞，乃玉乃金，彼岂好为艰难哉？势不得已也。"即文尚艰深，是天地万物本身的丽、弥、普、深的特点所决定。因此，他指出："独不见翠虬绛螭之将登乎天，必耸身于苍梧之渊，不阶浮云，翼疾风，虚举而上升，则不能撼膠葛，腾九闳。……《典》《谟》之篇，《雅》《颂》之声，不温纯深润，则不足以扬鸿烈而章缉熙。"（《汉书·杨雄传》）另外，扬雄在《法言·问神》亦有与此相近的看法，其云："或问：圣人之经，不可使易知与？曰：不可，天俄而可度，则其覆物也浅矣；地俄而可测，则其载物也薄矣。大哉！天地之为万物郭，五经之为众说郛。"这与《解难》的观点大体相近。值得注意的是，扬雄还同时认为圣人之道是简易的，他说："孔子之道，其较且易也。"（《法言·吾子》）"或问：天地简易，而圣人法之，何五经之支离？曰：支离盖其所以为简易也，已简已易，焉支焉离？"（《法言·五百》）对于这种看似矛盾的观点，作者赞同李泽厚的解释，其云："扬雄是在从不同的角度来看问题。从便于学者遵守实行的角度来说，扬雄提倡简易；从探讨包罗整个宇宙万物的理论来说，扬雄则认为并不简易，而是复杂难测的。……这深刻地指出了理论上全面深入的探讨同一般行动指导原则的提出是有区别的，表明了扬雄是一个很有见地的思想家。"（《中国美学史》第1卷第524页，中国社会科学出版社1984年版）

充由重深进而尚繁，公开提倡繁文，他说："繁文之人，人之杰也。"[1]
他为自己的《论衡》"繁不省"的做法辩护说："盖文多胜寡，财富
愈贫。""事众文饶，水大鱼多，王市肩磨。"[2]亦用同样的观点解
释汉代文学的繁富特征，其云：

> 庐宅始成，桑麻才有，居之历岁，子孙相续，桃李梅杏，庵丘蔽野。
> 根茎众多，则华叶繁茂。汉氏治定久矣，土广民众，义兴事起，华叶之言，
> 安得不繁。[3]

"事众文饶"，王充从社会生活的丰富复杂，解释汉代文学的繁富特征，
有一定的道理。

要之，在两汉，理论家尚深重繁，文学上的繁富渊深和学术上的
繁琐拘泥，就是这种理论的具体展现。随着时代的发展，大约从东汉
中后期开始，尚深重繁的主导地位开始动摇，尚浅重简的追求逐渐萌
芽。至晋宋，尚深重繁的一系虽仍有陆机、颜延之这样的代表人物，
但从东晋南朝文人扬潘抑陆的倾向上看，尚深重繁一系已呈衰微之势，
尚浅重简则渐成时尚，并取代尚深重繁而入居文坛之主导地位。作者
认为：在汉魏六朝，尚深重繁一系以儒学为思想背景，其繁、深之特
点与儒学"博而寡要"的学风直接相关，尚深重繁的渐趋衰微，亦与
儒学的衰落互为表里。尚简重浅一系以玄学为思想背景，其简、浅之
特点与玄学"以简驭繁""执一统万"的学术取径直接相关，尚简重
浅一派的兴盛亦与玄学的深入影响互为表里。汉晋文学由繁入简、由
深入浅的发展特点，从思想根源上看，是由儒学、玄学的前消后长的

---

[1] 《论衡·超奇》。
[2] 《论衡·自纪》。
[3] 《论衡·超奇》。

发展趋势决定的。汉代文学渊深繁富，在于汉人执障拘泥，不变不通。通人恶繁尚简。[1] 随着尚通意趣的发生、发展，繁深一系便渐趋衰微，简浅一系则逐渐兴盛。关于尚通与重简的关系，作者在第三章第三节之"魏晋六朝人物品鉴新品目诠释"中，已有详尽的分析，兹不赘述。

3. 尚通意趣与六朝文学中的佳句创作和欣赏

佳句的创作和欣赏，是中国古代诗歌创作和理论中的一个十分重要的事项。佳句之名，古代异称颇多，或曰秀句，或曰警句，或曰出语，或曰胜语。[2] 所谓佳句，是指诗歌中具有制高点意义的，能够照亮全篇的，使诗歌境界更高拔、诗意更深邃的核心句子，是一篇诗歌中最动人、最闪光的地方。

在中国文学史上，诗之创作和欣赏源远流长，而诗中佳句之创作和欣赏则比较晚，最早只能追溯到魏晋时期。亦就是说，自魏晋以来，佳句之创作和欣赏才成为诗人和诗论家普遍关注和潜心研索的问题，才成为诗歌领域中引人注目的现象。佳句创作和欣赏始于魏晋，佳句创作之理论探讨亦始于魏晋。佳句创作和欣赏之风的盛行，是中国古代诗歌艺术发生重要转折的一个表现，即诗歌形式由古体转向近体，诗歌风格由气象混沌、质朴自然、雄浑古拙转向雕章琢句、精致细密、刻画工整，这当然是诗歌艺术的进步，但同时亦是混沌之美的丧失。

---

[1] 刘勰《文心雕龙·论说》说："通人恶烦，羞为章句。"《后汉书·郑玄传》说郑玄"质于辞训，通人颇讥其繁。至于经传洽熟，为纯儒。"可见尚通与恶繁是互为表里的。至于王充，当是一个特例，他是汉晋间较早提倡尚通的学者，同时亦是提倡繁文的学者。王充思想上的这个矛盾，是由他所处的转折时期的文化思想背景决定的。提倡繁文，表明他未完全摆脱汉人的旧传统；提倡尚通，是他的创新，显示出他作为一个"异端"学者的特色。尚通重繁集于王充一身，说明处在新旧交替时期的王充在思想上的驳杂特点。

[2] 陆机《文赋》称"警策"，刘勰《文心雕龙》称"秀句"，陆云《与兄平原书》称"出语"，钟嵘《诗品》称"胜语"，刘义庆《世说新语》称"佳句"。

作者以为：魏晋时期，诗歌佳句之创作和欣赏，与绘画领域的目精传神论一样，是当时艺术领域追求刻画工整和精致清省的产物，是魏晋玄学以少总多、以简驭繁的学术方法之影响所致，与当时知识界盛行的尚通重简风尚密切相关。

佳句欣赏，亦称摘句批评。追本溯源，佳句欣赏当源于先秦赋《诗》之"断章取义"，但又不同于"断章取义"。先秦典籍如《孟子》《荀子》《左传》《国语》中，记载有各国使节摘引《诗经》"断章取义"以作外交辞令的情况，后世文学批评中的佳句欣赏或摘句批评当滥觞于此。但是，佳句欣赏又与"断章取义"有别。因为"断章取义"仅着重于"义"，即内容，不是真正的文学鉴赏。佳句欣赏作为文学鉴赏，不仅在于"义"（内容），更主要是从文学艺术的角度进行鉴赏。真正意义上的文学鉴赏（包括佳句鉴赏）始于文学自觉时代的晋宋时期。

据现存文献考察，佳句欣赏始于晋。刘义庆《世说新语》保存了我们今天能够见到的最早的佳句欣赏史料，如：

> 谢公因子弟集聚，问：《毛诗》何句最佳？遏称曰："昔我往矣，杨柳依依。今我来思，雨雪霏霏。公曰：讦谟定命，远猷辰告。"谓此句偏有雅人深致。（《文学》）
>
> 王孝伯在京行散，至其弟王睹户前，问古诗中何句为最，睹思未答。孝伯咏"所遇无故物，焉得不速老"。此句最佳。（同上）
>
> 郭景纯诗云：林无静树，川无停流。阮孚云：泓峥萧瑟，实不可言。每读此文，辄觉形神超越。（同上）
>
> 王处仲每酒后辄咏"老骥伏枥，志在千里。烈士暮年，壮心不已"。以如意打唾壶，壶边尽缺。（《豪爽》）

刘义庆是南朝宋人，但《世说新语》所记，多是晋代的事情，上引诸人皆是晋人，他们或赏其情景交融，或叹其含不尽之意，使人"形神超越"；或赏其哲理幽深，启人心智，有"雅人深致"；或赏其豪情壮志，与己共鸣。这说明佳句欣赏在晋代已经是比较普遍的事情。

晋代以后，佳句欣赏渐成风尚。《南齐书·丘灵鞠传》载："宋孝武殷贵妃亡，灵鞠献挽歌三首，云：'云横广阶闇，霜深高殿寒。'帝摘句嗟赏。"至刘勰、钟嵘的理论著作中，皆有树名篇、摘佳句的做法。如钟嵘评人，甚重佳句，其评谢灵运"名章迥句，处处间起"，评谢朓"奇章秀句，往往警遒"，评虞羲"秀句清拔"，说"庾、白（当作康、帛）二胡，亦有清句"。在《诗品序》中，他把"思君如流水""高台多悲风""清晨登陇首""明月照积雪"等诗句称为"古今胜语"，实际上就是我们所说的佳句。另外，《诗品》中引《谢氏家录》云：

> 康乐每对惠连，辄得佳语。后在永嘉西堂思诗，竟日不成，寤寐间忽见惠连，即成"池塘生春草"，故常云：此语有神助，非吾语也。

前引《世说新语》《诗品》之材料，是对他人佳句的欣赏，这里则是谢灵运对自己佳句的欣赏，有自我宣传和自我夸耀的性质。

佳句欣赏是文学进入自觉时代后，随着鉴赏之深入和创作之普及而必然出现的文学现象。郭绍虞说：

> 从汉一直到南朝，作品太多，不易遍读，于是必须经过批评家的选择和鉴定，挚虞以后的种种选集，就是适应这种需要而产生的。选择也不能没有标准，于是要品评，李充以后的种种选集或摘句，一直到钟嵘的《诗品》，都是适应这种需要而产生的。[1]

---

[1] 郭绍虞：《中国文学批评史》第57页，上海古籍出版社1979年版。

文学创作之普及和鉴赏之深入，对于选家和批评家（鉴赏家）亦就有了迫切的需要，但批评家的鉴赏亦有一个渐进的过程，从曹丕的《典论·论文》到陆机的《文赋》，是对文学基本问题如创作、构思、文体、文学本质、作家才性的论述，主要是为了指导创作和认识文学。当这个目的基本达到，文学作品日益增多的时候，于是便有了挚虞的《文章流别集》和李充的《翰林》这样的文学选本，[1] 选择代表性的作品供读者欣赏。从作品欣赏到作品中个别佳句的品评，是文学鉴赏逐渐深入之后的必然结果。故《文心雕龙》《诗品》皆有摘句欣赏的做法。萧子显《南齐书·文学传论》称"张际摘句褒贬"，说明张际有专门的摘句批评著作，惜今不传。新、旧《唐书》著录的刘宋颜峻《诗例录》二卷，从书名看，亦当是选录诗作或摘句欣赏的著作。至唐初，则有专门录集佳句的集子，如贞观中褚亮奉敕编撰的《古文章巧言语》一卷，龙朔年间元兢为补正褚著而"时历十代"编撰的《古今诗人秀句》。[2]唐宋以后，好事者编撰的《摘句图》和诗话著作中的佳句欣赏，就更是不胜枚举了。

佳句欣赏始于晋，佳句创作当更早一些。因为要先有佳句的创作，然后才有佳句的赏析。刻意在诗句上下功夫，开雕章琢句之风气者，是曹魏文人。严羽《沧浪诗话·诗辨》说：

> 汉魏古诗，气象混沌，难以句摘。晋以还方有佳句。
> 建安之作，全在气象，不可寻枝摘叶。灵运之诗，已是彻头彻尾成

---

[1] 《隋书·经籍志·总集类》说："《翰林》三卷，李充撰，梁五十四卷。"刘大杰主编《中国文学批评史》说："五十四卷本疑本名为《翰林》，其书唐初已佚；《翰林论》三卷，则是专录评论之文。二书之区别，犹如挚虞《文章流别集》和《文章流别志》。"（上册第112页，上海古籍出版社1979年版）

[2] 《古今诗人秀句》已佚，今存《古今诗人秀句序》，见《文镜秘府论》。

对句矣，是以不及建安也。

一般而言，汉代古诗以整体的浑成气象取胜，诗人不屑于雕章琢句。因为"芜音累气"，[1]过分的雕琢，有损于气象之混沌，故胡应麟《诗薮·内编》云："汉人诗不可句摘者，章法浑成，句意联属，通篇高妙，无一芜蔓，不著浮靡故耳。"他对严羽"汉魏并称"表示不满，他说："世谓晋人以还，方有佳句。"这显然是针对严羽"晋以还方有佳句"一语而发的，他批评"严氏往往汉魏并称，非笃论也"，以为汉魏相承而又略有不同，他说：

> 汉人诗，无句可摘，无瑕可指。魏人诗，间有瑕，然尚无句也。六朝诗，较无瑕，然而有句也。

他所谓的魏诗之"瑕"，是说魏诗仅得汉诗之"气象音节"，而缺乏汉诗之"精言妙解"。作者以为：汉魏诗之区别，不仅在此，亦在于有句与无句之别，或者说有无刻意雕琢之别。魏诗虽然基本上还是"无句可摘"的，但"无句可摘"并不能掩盖魏人在"句颇尚工，语多致饰"方面的努力。事实上，雕章琢句之风和佳句创作之习就始于魏代曹植。陈琳《答东阿王笺》称曹植诗"音义既远，清辞妙句，焱绝焕炳"。[2]所谓"妙句"，即诗中的精妙之句，就是佳句。曹植在诗歌语句的雕琢方面，一直是比较自觉的，如谢榛《四溟诗话》卷二云：

> 子建诗有虚字用工处，唐人诗眼本于此。若"朱华冒绿池""时雨

---

[1] 《宋书·谢灵运传论》。

[2] 《文选》卷四十。

净飞尘""松子久吾欺""列坐竟长筵""严霜依玉除""远望周千里"。

此种"虚字用工",肇后世佳句创作和律句炼字之端。又说曹植"造语太工,六朝之渐也"。[1]说明了曹植与六朝雕琢之风的关系。非仅曹植个人如此,谢榛还指出整个魏人之诗亦有这种特点,他说:

> 《古诗十九首》,平平道出,且无用工字处,若秀才对朋友说家常话,略不作意,……及登甲科,学说官话,便作腔子,昂然非复在家之时。……魏晋诗家常话与官话相半,迫齐梁开口,俱是官话。[2]

魏诗"句颇尚工"的追求与汉诗的气象混沌之美不同,它必然会导致佳句创作的出现。虽然"句颇尚工"与佳句创作不一定是等同关系,因为佳句亦有"直寻"者,亦有"自然会妙"之作,但是,最初的佳句则是以工整雕琢的方式创造出来的。所以,就连不承认魏有佳句的胡应麟亦说:

> 子建《名都》《白马》《美女》诸篇,辞极赡丽,然句颇尚工,语多致饰,视东西京乐府天然古质,殊自不同。[3]

西晋诗人中,尤重佳句创作者是陆机。《诗品》说陆机"源出于陈思,才高词赡,举体华美"。陆机与曹植在雕章琢句、注重佳句这点上是一脉相承的。佳句是刻画工整和语言精丽的产物,从曹植的"句颇尚工",到陆机提倡的"会意也尚巧,遣词也贵妍",确有一种自

---

[1] 谢榛:《四溟诗话》卷四。
[2] 谢榛:《四溟诗话》卷三。
[3] 胡应麟:《诗薮·内编》卷三。

觉追求佳句与骈偶的倾向。陆机甚重佳句，其诗亦颇多佳句，在这一点他比曹植更为努力。曹植诗有佳句，是"词采华茂"与"骨气奇高"相结合，"视东西京乐府天然古质，殊自不同"，是对汉诗的突破，但仍有汉诗的气象混沌、句法浑成和境界高华之美。陆机则比曹植更加注重语言的刻画雕琢，感情与气骨下降了，完全失去了汉诗的气象混沌之美，甚至有的佳句往往不能与全篇浑然一体。故沈德潜《古诗源》说：诗到陆机，"西京以来空灵矫健之气不复存矣"。其实，文学发展到陆机，不仅诗讲佳句，文亦讲佳句，刘师培在《汉魏六朝专家文研究》一文中说：

> 大抵陆文之特色，一在炼句，一在提空。今人评骘士衡之得失，每推崇其炼句布采，不知陆文最精彩处，实在长篇大文中能有提空之语。盖平实之文易于板滞，陆文最平实而能生动者，即由有警策语为之提空也。……陆士衡文则每篇皆有数句警策，将精神提起，使一篇之板者皆活。如布围棋然，方其布子，全局若滞，而一着得气，通盘皆活。[1]

从曹植的"句颇尚工"，到陆机的"会意也尚巧，遣词也贵妍"，诗文佳句的提炼已经成为文学创作中的一个十分重要的事项。至东晋南朝，佳句创作之风更盛。据《世说新语·文学》载：

> 孙兴公作《天台赋》成，以示范荣期云：卿试掷地，要作金石声。范曰：恐子之金石非宫商中声。然每至佳句，辄曰：应是我辈语。

范荣期以为佳句"应是我辈语"，可见佳句创作在时人心目中的地位。此间文人，善造佳句者莫过二谢。关于谢灵运，许学夷《诗源辨体》

---

[1] 刘师培：《中古文学论著三种》第 106、119 页，辽宁教育出版社 1997 年版。

卷七说：

> 五言自士衡至灵运，体尽俳偶，语尽雕刻，不能尽举。然士衡语虽
> 雕刻，而佳句尚少，至灵运始多佳句矣。

谢灵运诗中如"池塘生春草，园柳变鸣禽"（《登池上楼》）、"白
云抱幽石，绿筱媚清涟"（《过始宁墅》）、"密林含余清，远峰隐
半规"（《游南亭》）等诗句，确是脍炙人口的佳句，然求一篇完整
浑融的佳作，则不可多得。此种"有句无篇"的毛病，上承陆机，下
开谢朓。关于谢朓诗，钟嵘《诗品》评价说：

> 一章之中，自有玉石。然奇章秀句，往往警遒，足使叔源失步，明
> 远变色。善自发诗端，而末篇多踬，此意锐而才弱也。

他的诗"善自发诗端"，源于曹植，往往以气魄雄大足以笼罩全篇的
诗句开头，如"大江流日夜，客心悲未央"（《暂使下都夜发新林至
京邑赠西府同僚》）、"朔风吹飞雨，萧条江上来"（《观朝雨》）
等等。其诗亦有"有句无篇"的毛病，何焯《义门读书记》说："玄
晖俊句为多，然求一篇尽美，盖不易得。"所以，刘勰《文心雕龙·明诗》
批评南朝文风是"俪采百字之偶，争价一句之奇"，李谔《上高祖革
文华书》指斥南朝文风是"竞一韵之奇，争一字之巧"，虽说是批评，
但亦颇切实情。

有了佳句的创作和欣赏，自然便有理论家出来对佳句的创作和欣
赏进行理论的探求和总结。最早对佳句进行理论探讨的是陆机，他在
《文赋》中说：

> 或文繁理富，而意不指适。极无两致，尽不可益。立片言以居要，
> 乃一篇之警策。虽众辞之有条，必待兹而效绩。亮功多而累寡，故取足
> 而不易。

这段文字着重讨论了文章为何需要佳句，以及佳句在文章中起什么作用的问题。在陆机看来，文章因为"文繁理富"，犹如一串散钱，必然会出现"意不指适"的情况，亦就是主题不突出，缺乏贯穿全文之线索的情况。正如一串散钱需要一根绳索贯穿一样，"文繁理富"之文亦需"立片言以居要"，此"片言"是"一篇之警策"，即佳句，起着贯穿全文、笼罩全篇的作用。这样，"文繁理富"之文就有了贯穿全篇、起"提空"作用的主旨。这样的创作，亦就有了"功多而累寡"的优点。有的论者过分强调《文赋》中"苕发颖竖，离众绝致"一句，认为据此可知陆机所谓的佳句，是脱离篇章而孤立存在的精工雕琢的佳句。这实际上是对陆机的误解，因为陆机认为：这种"苕发颖竖，离众绝致"的佳句，虽然在形式上是"孤立而特峙"的，但是，它对于全篇来说，就正如山中有玉，水中的珠，"石韫玉而山晖，水怀珠而川媚"，即佳句有笼罩全篇的意义，他甚至主张庸音与佳句并存，庸音因佳句而高华，其所谓"彼榛楛之勿剪，亦蒙荣于集翠。缀《下里》于《白雪》，吾亦济夫所伟"，[1] 说的就是这个意思。这种观点体现在他的创作中，就正如孙绰所说，是"排沙简金，往往见宝"。[2]

　　继陆机之后，从理论上探讨佳句创作者，是刘勰《文心雕龙·隐

---

[1]　《文选》李善注云："榛楛喻庸音，以珠玉之句既存，故榛楛之辞亦美。"钱锺书亦说："前谓'庸音'端赖'嘉句'而得以保存，后则谓'嘉句'亦不得无'庸音'为之烘托。盖'庸音'匪徒'蒙'嘉句之'荣'，抑亦'济'嘉句之'伟'。"（舒展编《钱锺书论学文选》第3册第82页，花城出版社1990年版）

[2]　《世说新语·文学》。

秀》。《隐秀》一篇多有疑问，自清人纪昀指出其自"澜表方圆"以下至"朔风动秋草"以上一段是明人伪造以来，经黄侃、刘永济、杨明照等人的辩证，其属伪造，已无疑义，故今取以说明者，乃不伪之残篇。刘勰所谓之"秀"，即陆机所云之"警策"。[1] 刘勰论"秀"，本于陆机而又有所发展。其所本者有二：其一，他们都认为优秀的文章必须要有笼罩全篇的佳句，刘勰说："文之英蕤，有秀有隐。"文章有佳句，才能产生"动心惊耳，逸响笙匏"的艺术效果，这正如陆机所谓"必待兹（警策）而效绩"。其二，佳句既是卓绝的，又是笼罩全篇的。陆机说：佳句是"苕发颖竖，离众绝致"的。刘勰亦说："秀也者，篇中之独拔者也，……秀以卓绝为巧。"刘氏之"独拔""卓绝"，正是陆机"离众绝致"的最好注脚。佳句之于全篇，正如陆机所说是"石韫玉而山晖，水怀珠而川媚"，如刘勰所谓"譬卉木之耀英华""譬缯帛之染朱绿，朱绿染缯，深而繁鲜；英华曜树，浅而炜烨"，皆认为佳句是笼罩全篇，而不是独立于篇章之外。刘勰在此重申陆机的观点是有现实意义的，因为自从创作、欣赏佳句成为风气以来，出现了像刘勰所批评的那种"俪采百字之偶，争价一韵之奇"的独立于篇章之外的佳句，导致了"有句无篇"的毛病。此外，刘勰还针对当时文坛的弊病，对陆机的观点进一步发展，提出如何创作佳句的问题。他一方面指出佳句难得，"篇章秀句，裁可百二"，另一方面又说佳句难创，"言之秀也，万虑一交"。更重要的是，他指出："雕琢取巧，虽美非秀矣。"这正是对尚雕琢、崇巧似文风的切中要害的批评，指出真正的佳句是"自然会妙"而得。故刘熙载《艺概·曲概》说："其（刘

[1] 纪昀《文心雕龙》点评说："陆平原云：'一篇之警策'，其'秀'之谓乎？"刘师培《汉魏六朝专家文研究·论文章有生死之别》说："有警策而文采杰出，即《隐秀》篇之所谓'秀'。"《文心雕龙·隐秀》说："秀也者，篇中之独拔者也。"范文澜注说："'独拔'者，即士衡所谓'一篇幅之警策'也。"

勰）云：晦塞非隐，雕削非秀。更为善防流弊。"刘勰之后，钟嵘在《诗品序》中，针对当时文坛用典使事和"日竞雕琢"之风，对刘勰"自然会妙"的佳句创作方法作了进一步的发挥，他说："观古今胜语，多非补假，皆由直寻。""胜语"即佳句，"直寻"即刘勰所谓的"自然会妙"。

要之，陆机、刘勰和钟嵘等理论家，结合创作，针对文弊，对佳句于文学之重要性、佳句与全篇之关系、佳句创作方法等问题，进行了深入的探讨，提出了较为完整系统的理论。

以上，作者阐述了佳句欣赏、创作和理论探讨之风盛行于魏晋这一文学现象。以下，我们要追问的是，这个时期为什么会出现这样的文学现象？

从文学发展史的角度看，佳句创作与欣赏，是文学自觉的产物，是文学由混沌向精致发展的结果。许多诗论家都曾注意到汉魏之际是中国诗歌发展的重要转折时期，即在风格上由混沌转向精致，在创作上由自然天成转向雕琢刻画，如胡应麟《诗薮》说：

> 沧浪谓古诗气象浑沦，难以句摘，此但可言汉，……子桓、子建如"丹霞夹明月，华星出云间""秋兰被长阪，朱华冒绿池"，句法字法，稍稍透露。[1]

许学夷《诗源辩体》卷三说：

> 汉魏五言，本乎情兴，故其体委婉而语悠圆，有天成之妙。五言古，惟是为正。详而论之，魏人渐见作用，而渐入于变矣。

---

[1] 转引自许学夷《诗源辩体》卷三。

所以，从曹植的"句颇尚工"，到陆机提倡的"立意也尚巧，遣词也贵妍"，再到谢灵运的"竞一韵之奇，争一句之巧"，这是渐尚雕琢、渐趋精致的诗学发展历程，亦是一个从偶有佳句到"有句无篇"的深化过程。但是，作者认为：尚雕琢、精致和贵巧似、骈偶，是产生佳句创作和欣赏风气的充分条件，不是必要条件。这里有两个问题需要引起我们的注意：其一，佳句不仅是工整、精致和内涵丰富的诗句，而且还必须笼罩全篇，是"一篇之警策"。"尚工""贵妍"，可以产生工整、精致和内涵丰富的诗句，但这样的诗句不一定就是佳句，因为它不一定能成为"一篇之警策"。其二，"尚工""贵妍"固然可以产生佳句，但佳句还可以通过"自然会妙"（刘勰）或"直寻"（钟嵘）的方式获得，并且这是主要的，为众多诗论家所提倡的方式。这说明，"尚工""贵妍"只是导致佳句创作和欣赏风气的一个重要条件，而不是决定因素。作者认为：佳句创作和欣赏风气之出现，与魏晋时期的学术风气、艺术氛围密切相关，是由当时尚通重简的时代风尚决定的。

在尚通意趣的影响下，魏晋六朝的知识界流行着尚识崇简的风尚，逐步形成了执一统万、以简驭繁和博而返约、清通简要的学风。这种风尚对当时的士风、学风、文风和人物品鉴皆产生过重要影响。比如在绘画领域，有三则富有传奇色彩和象征意义的故事，就很能说明重通崇简尚识对文风的影响。如：

顾长康画人，或数年不点目精，人问其故。顾曰：四体妍蚩，本无关于妙处，传神写照，正在阿堵中。（《世说新语·巧艺》）

顾长康画裴叔则，颊上益三毛。人问其故，顾曰：裴楷隽朗有识具，

正此是其识具。看画者寻之，定觉益三毛如有神明，殊胜未安时。（同上）

（梁）武帝崇饰佛寺，多命僧繇画之，……金陵安乐寺四白龙，不点目睛，每云：点睛即飞去。人以为妄诞，固请点之，须臾雷电破壁，两龙乘云腾去上天，二龙未点眼者见在。（《历代名画记》卷七）

这三则富有传奇色彩的佚事有一个共同特点，即画家皆注重画面中的关键性点缀，将此关键性的点缀布于画面上，足使整个画面光彩生辉，神气活现。画家刻意追求"三毛""目精"这些关键性的点缀，就正如玄学家所追求的"宗""元""识"。画家以"三毛""目精"著"神明"的手法，正与玄学家以识检乱、以简驭繁的学术方法有异曲同工之妙。其间的影响关系，亦就不言自明。

画家以目精传神、以"三毛"著"神明"的技法，与文学家以佳句笼罩全篇、点明主旨的手法，亦有异曲同工之妙。佳句作为一篇诗文中具有制高意义的、能够笼罩全篇的、点明题旨的核心句子，正具有执一统万、总万治繁的特点，亦正是"举一总万、举要治繁"和"以少总多"创作原则的具体实践。所以，它和绘画上的"目精""三毛"之法一样，是受魏晋玄学方法的直接影响而产生的文艺现象。

总之，如前所说，汉晋文学的发展呈现出由繁入简的趋势，这种发展趋势，与汉晋时代的思想背景有关，与汉末魏晋知识界盛行的尚通意趣有关。一般而言，汉代学者专宗儒学，汉代文学之优点和缺点皆可从儒学思想中找到根源。儒学的特点，据司马谈《论六家要旨》说，是"博而寡要，劳而少功"。汉赋铺张扬厉的特点，固在逞博，与"博而寡要"的儒学有关。以气势、力量取胜而无精雕细琢的汉代石刻，和"气象混沌，难以句摘"的汉诗，亦与"博而寡要"的儒学有关。"博"，故有气势，有力量，如汉赋之铺排、汉诗的概括和石刻的体积。"寡要"，故无雕琢之功，"无句可摘"，因而便有混沌之美，如石刻，如汉诗。魏晋玄学，儒道兼综，兼及佛理，而又以道家为主。道家的特点，据司马谈《论六家要旨》说，是"指约而易操，事少而功多"，与"博而寡要"的儒家截然不同。在这种学术思想的影响下，学术方法呈现出由繁而简的发展趋势，艺术风格亦由混沌发展为精致，诗歌创作亦就由"无句可摘"发展成"有句可摘"，乃至"有句无篇"。甚至中国古代诗歌由古体演绎成近体，亦与此种学术风气的影响大有关系。

二、尚通意趣与文学风格

一般而言，文学的发展不是直线进行的，经常是新旧纠葛，旧的拖住新的，新的摆脱旧的，在相当长一段时期内，往往是新旧并存。文学风格的演进亦是如此。在魏晋六朝，存在着"错彩镂金"和"清水芙蓉"两种文学风格，前者是旧的，后者是新的，且逐渐呈显出"清水芙蓉"高于"错彩镂金"、取代"错彩镂金"的发展趋势，导致这种发展趋势的原因是复杂的，但其中最主要的原因则是汉末魏晋时期流行的尚通意趣。在本节，作者将从尚通意趣的角度，联系在尚通意趣的影响下产生的新学风、新士风，分析魏晋六朝文学风格发展变迁之历程和原因。另外，作者还将对《诗品》评王粲"文秀而质羸"一语和评陆机"有伤直致之奇"的"直致"一词，作详细的疏证。通过疏证，对上述两种文学风格之成因及演变，作进一步的阐释。

1. 错彩镂金与清水芙蓉：六朝文学的两种基本风格

当代文学史家在追叙魏晋六朝文学发展史时，往往按朝代顺序，自魏至陈，如数家珍般地依次罗列出建安文学、正始之音、太康文学、玄言诗、元嘉体、永明体和宫体诗。这种依朝代顺序而进行的文学史追叙方式,是古今中国文人惯常的路径,这大概是受到孟子"知人论世"说的影响。这种追叙方式固然不错,因为它有"一代有一代之文学"这个著名论断作理论后盾。我们并不否认以朝代兴替论文学的正确性,亦承认魏晋六朝文学确有明显的朝代特征。但是,作者发现,仅仅以朝代兴替论魏晋六朝文学,对此间的许多文学现象总难获得圆满通脱的解释,例如,以"慷慨任气"评建安文学,固然反映了建安文学的时代特征,但不能展现同处建安时期的曹植与王粲之间的区别,亦无法解释钟嵘《诗品》关于王粲"在曹、刘间别构一体"这个提法的真正意义。以"采缛力繁"总结太康文学,亦能显示一代时尚,但不能反映同处太康时期的张华、张协、潘岳与陆机之间的差别,亦无法解释孙绰所谓"潘文浅而净,陆文深而芜",[1] 和钟嵘所谓"陆才如海,潘才如江"的思想根源。[2] 以"极貌写物,穷力追新"品鉴元嘉文学,当然是很准确地指出了元嘉文学的发展方向,但同样没有划清当时执文坛之牛耳的颜延之和谢灵运之间的区别,亦不能说明产生如汤惠休所谓"谢诗如芙蓉出水,颜如错彩镂金"之差别的原因。[3] 面对这些难题,我们变换一个视角,把整个魏晋六朝视为一个独立自足的整体而不是几个朝代,从历时纵向的角度探讨魏晋六朝文学,就会发现:此间文学之发展明显可以分成两派,即以曹植、陆机、颜延之为轴心的一派和以王粲、潘岳、谢灵运为轴心的一派,前者以"错彩镂金"为特色,后者以"清水芙蓉"为特点,他们分别是受传统儒学影响较深的趋于

保守的一派和受新兴玄学浸润颇重的趋于创新的一派。[1]

把魏晋六朝文学视为一个独立自足的整体，从历时纵向的角度探讨魏晋六朝文学之统派者，首推钟嵘。他在《诗品》中追溯诗家渊源，把此间诗人分为"国风""小雅"和"楚辞"三系，实质上就是诗、骚二派，按时代先后，上挂下联，以此揭示此间诗歌的嗣承关系。其渊源统派如下图：

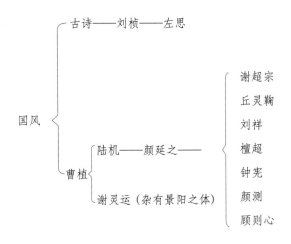

---

[1]　在文学史上，所谓的文学流派，是指有共同的、鲜明的文学主张，创作风格大体相近，人际上有比较密切之关系的创作者缔结而成的文学团体。在中国文学史上，真正有文学派别之性质者，当始于中唐之韩孟诗派。此前尚无此种有明显派别意识的文学团体。此处称曹植一派或王粲一派，仅为叙述之方便，并非真正意义上的文学流派。

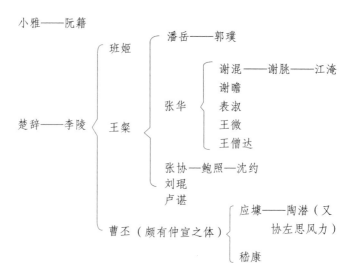

　　虽然这种动辄称某出于某的溯源方法，颇遭后人批评，但大体上还是反映了当时诗歌源流的实际情况。钟嵘之后，试图从历时纵向的角度划分此间散文派别的是近人刘师培，他在《中古文学史讲义》中说：

　　　　魏代自太和以迄正始，文士辈出。其文约分两派：一为王弼、何晏之文，清峻简约，文质兼备。……一为嵇康、阮籍之文，文章壮丽，总采骋辞。

　　　　嵇、阮学术文章，其影响及于当时及后世者，实与王、何诸人异派。

他在《汉魏六朝专家文研究》中又说："七子之中，曹子建可代表儒家。""王仲宣介乎儒法之间，……渐开校练名理之风，已与两汉之儒家异贯。"[1] 刘师培的观点散见于《讲义》《研究》等篇，但通过对这些意见的综合分析，作者发现：刘师培实际上亦是把魏晋六朝散文分为三派，一是以王粲、王弼和何晏为首的一派，代表道法家，受校练名理之影响，为文"清峻简约"；二是以曹植为首的一派，代表儒家，为文"多'衍'而少'推'"；三是陈琳、阮瑀和阮籍一派，代表纵横家，为文"总采骋辞"。刘师培的散文三派之划分与钟嵘的诗学三派大致相同。值得注意的是，刘师培说过，文学发展"迄于西晋，一时文士，盖均承王、何之风，以辨析名理为主。"，"西晋之士，其以嗣宗为法者，非法其文，惟法其行"。[2] 在他看来，阮籍之文，西晋以后，便少有传人了。同样，在钟嵘的诗学统派中，源于"国风"和"楚辞"的诗人，代代薪火相传，成为此间蔚为大观的两大诗派，而源于"小雅"的阮籍一派，亦是空谷足音，难以为继了。由此可见，二人在关于魏晋六朝文学统派的划分上有明显的师承关系。所以，钟、刘二人，一论诗，一论文，所论不同，然他们把此间文学分为三源二派，则是相同的。

　　钟、刘二人从渊源关系上把此间文学分为两大派。当代学者宗白华、吴功正更从美学上对这两派的文学特征进行了概括。宗白华在《中国美学史中重要问题的初步探索》一文中指出：魏晋六朝时期存在着"清水芙蓉"和"错彩镂金"两种审美形态，且逐渐呈显出"清水芙蓉"高于"错彩镂金"的趋势。吴功正在《论六朝美学之总体特征和历史地位》中说："'清水芙蓉'和'错彩镂金'是六朝并存着的两

---

[1] 刘师培：《中古文学论著三种》第 27、41、124 页，辽宁教育出版社 1997 年版。

[2] 刘师培：《中古文学论著三种》第 41、45 页，辽宁教育出版社 1997 年版。

种审美形态。在趋向上，'清水芙蓉'逐步取代'错彩镂金'。"[1]
作者将在下文分析指出，"清水芙蓉"和"错彩镂金"两种审美形态，
实际上就是王粲一派和曹植一派的文学风格的形象概括。受玄学浸润
颇重的一派代表的是"清水芙蓉"的美学形态，受儒学影响较深的一
派代表的是"错彩镂金"的审美风格。所以，钟、刘、宗等人，探讨
魏晋六朝艺术，或从诗歌角度探源，或从散文角度溯流，或从美学角
度立论，立足点不同，但都是从历时纵向的视角，将魏晋六朝文学分
为大致相同的二派。

　　钟嵘《诗品》揭示魏晋六朝诗歌的嗣承关系，其动辄便称某出于
某的作法，颇遭后人的批评。[2] 因为钟嵘所论诗学渊源，亦确有今人
难以苟同之处，其原因或是今人的诗歌美学思想与钟嵘不同，或是今
人所见之诗作远远少于钟嵘所见，以至难以窥见诗家全貌的缘故。他
把所品诗人总归于《诗经》《楚辞》两大系统，分隶于《国风》《小雅》《楚
辞》三个源头，这显然是受汉晋时期"同祖《风》《骚》"的文学史
观的影响[3]。这种观点正确与否，暂且不论。但他将此间诗歌分为以
曹植和王粲为首的两派，则是基本符合当时诗歌流变情况的。作者将
魏晋六朝文学厘分为以"错彩镂金"为特色的保守派和以"清水芙蓉"
为特色的创新派，亦基本上是沿用钟嵘划分的诗学统派而略加修正。

　　一般而言，代表魏晋六朝时期诗歌成就的，在建安时期是曹植和
王粲，在太康时期是陆机和潘岳，在元嘉时期是颜延之和谢灵运。通

---

[1]　吴功正：《论六朝美学之总体特征和历史地位》，《中国文化研究》1997年第3期。

[2]　谢榛《四溟诗话》说："钟嵘《诗品》，专论源流，若陶潜出于应璩，应璩出于魏文，
　　魏文出于李陵，李陵出于屈原，何其一脉不同邪？"王世贞《艺苑卮言》卷三说："《诗
　　品》第所推源出于何者，恐未尽然。"许学夷《诗源辩体》说："至论源流所自，
　　率多谬误，元美、元瑞亦尝诋之。"

[3]　参见曹旭《诗品研究》第155页，上海古籍出版社1998年版。

观《诗品》，钟嵘是将之分为以"曹植—陆机—颜延之、谢灵运"为代表的一派和以"王粲—潘岳"为代表的一派。根据当时诗学发展的实际情况和颜延之、谢灵运诗歌的显著区别，特别是钟嵘《诗品》在评价颜、谢及其相关诗人时留下的疑点，作者将其诗学统派修正为以"曹植—陆机—颜延之"为代表的一派和以"王粲—潘岳—谢灵运"为代表的一派，以曹植为首的是以"错彩镂金"为特色的保守派，以王粲为首的是以"清水芙蓉"为特色的创新派。下面，作者将引述有关史料，从历时纵向的渊源角度和共时横向的比较角度，探讨这六位代表诗人在纵向上的渊源关系和横向上的显著区别，以明此间文学两派在思想背景和文学风格上的本质区别。

先说曹、王。评论曹植、王粲，需涉及刘桢、曹丕。在《诗品》的渊源统系中，曹植和刘桢同属《国风》一系，王粲与曹丕同属《楚辞》一系，其区别已相当明显。再就具体评价言，《诗品》说曹植"骨气奇高，词采华茂，情兼雅怨，体被文质"。评刘桢"仗气爱奇，动多振绝，真骨凌霜，高风跨俗，但气过其文，雕润恨少"。曹、刘之诗，皆有骨有气，颇为相似，故钟嵘说："曹、刘殆文章之圣。"《沧浪诗话·诗体》云："以人而论，则有曹刘体。"不同之处在于刘桢"雕润恨少"，故略逊于曹植，所以《诗品》说："自陈思以下，桢称独步。"关于王粲、曹丕，《诗品》说王粲"文秀而质羸，在曹、刘间别构一体"，已经非常明确地指出王粲和曹、刘不是一个体派的诗人。又说曹丕"颇杂仲宣之体"，即曹丕属于王粲一派。曹丕、王粲和曹植、刘桢是不同体派的诗人，钟嵘在这里说得非常清楚。

但是，两派之间的区别表现在什么地方？钟嵘似未明说。作者认为，这两派在思想背景、文学特征和行为方式方面，皆有明显的区别。考察史籍中关于曹、刘二人的言行举止和文学特征的记载，可知曹植、刘桢近于儒。如萧绎《金楼子·立言》说：

> 曹子建、陆士衡，皆文士也，观其辞致侧密，事语坚明，意匠有序，遣言无失，虽不以儒者命家，此亦悉通其义也。

刘师培《汉魏六朝专家文研究》亦说："七子之中，曹子建可代表儒家。""学子建应本于儒。"缪钺说："就大体论，则曹植思想仍本儒家，故其诗中内容多言君臣、父子、兄弟、夫妇、朋友等人伦情感。""曹植思想，仍本儒家，不信方士之说，亦无玄释之思，其诗多咏人伦，喜言神仙，大抵不出《诗》《骚》之域。"[1] 所以，其诗歌"情兼雅怨，体被文质"的特点和深婉含蓄的抒情风格，亦正符合儒家"发乎情，止乎礼义"的要求。故王通《中说·事君》说："君子哉思王也，其文深而典。"曹植关于文学的社会地位和作用的认识，亦仍保持着儒家传统的观点。其文学观与曹丕之不同，亦应该主要从思想背景上找原因，不可以兄弟矛盾掩盖这种思想背景上差别。

与曹、刘受儒家思想影响而较多地保持汉诗传统不同，王粲、曹丕则是在当时新思潮的影响下，更多地突破传统、力求创新，在保守汉诗传统的曹、刘诗派外"别构一体"，其为人为文皆与曹、刘迥异。如果说以曹植为代表的"曹刘体"是以儒家思想为背景，其行为方式体现了儒家的君子风范，其文学创作以雅为美，以"错彩镂金"为特色，更多地保留着汉代文学的传统。那末，以王粲为代表的"仲宣之体"，则是以早期玄学新思想为背景，其行为方式与在尚通意趣影响下形成的浮华士风相吻合，其文学创作以秀为美，以"清水芙蓉"为特色，体现了突破传统、力求创新的特点。关于王粲、曹丕在思想背景、文

---

[1] 缪钺：《曹植与五言诗》，见《冰茧庵丛稿》，上海古籍出版社 1985 年版。

学风格和行为方式上的特点，及其与曹、刘的区别，作者将在下文讨论，兹不赘述。

次说潘、陆。《诗品》说陆机"源出于陈思"，潘岳"源出于仲宣"，其渊源之不同，钟嵘说得很明白。正如上文所论，曹植、王粲在思想背景、行为方式和文学风格方面有明显区别，曹植源于儒家，行为雅正，以古拙、气骨为美，较多地保守汉人传统，属于保守一派。下文即指出，王粲"介于儒法之间"，行为通脱躁锐，以娟秀、清绮为美，较多地体现出新变特色，属于创新一派。潘、陆与王、曹相应，在思想、行为和文学创作方面，潘同王，陆似曹。

就思想行为言，陆机与曹植相近，属于儒家。陆机生于传统儒学风气盛行的吴国，受儒家思想影响深。[1]《晋书》本传说他"志在匡世"，"伏膺儒术，非礼不动"。《世说新语·赏誉》亦说："士龙为人，文弱可爱。士衡长七尺余，声作钟声，言多慷慨。"刘孝标注引《文士传》云："机清厉有风格，为乡党所惮。"《文心雕龙·体性》说："士衡矜重。"前引《金楼子·立言》亦是曹、陆并论，说他们"虽不以儒者名家，此亦悉通其义也"。据此可知，与陆云的"可爱"风度不一样，陆机是可敬的儒家君子风范，因而在政治生活中，他与曹植一样，行为雅正，有相当强烈的功名意识。[2] 至于潘岳，其思想和行为皆与王粲相似，有通脱、躁锐的特点，是在尚通意趣的影响下兴起的浮华士风的追随者，《晋书》本传称他热衷仕进，媚事权贵，"乾没不已"，

[1] 唐长孺《读抱朴子论南北学风的异同》说："三国时期的新学风兴起于河南，大河以北及长江以南此时仍守汉人传统，所谓南北之分乃是河南北，而非江南北。""江南学风较为保守。""江南学风近于汉代"。（《魏晋南北朝史论丛》，生活·读书·新知三联书店1995年版）

[2] 徐公持《魏晋文学史》说："在玄风大炽的西晋时期，他（陆机）基本上是宗奉传统儒术之一派。""作为文学家的陆机，是一位坚持儒学传统、执着于政治功名的文学家，此点在整个西晋文士中都是很突出的。陆机文学个性的重要方面亦在于此。"（第363页，人民文学出版社1999年版）

人品颇遭非议。故《文心雕龙·体性》说："安仁轻敏，故锋发而韵流；士衡矜重，故情繁而词隐。"《晋书·潘岳传》说："岳性轻躁，趋世利。"他又活动在玄风独盛的洛阳中区，和清谈名士颇有交往，《世说新语·文学》载：

> 乐令善于清言，而不长于手笔。将让河南尹，请潘岳为表，潘云：可作耳，要当得君意。乐为述己所以让，标位二百许语，潘直取错综，便成名笔，时人咸云：若乐不假潘之文，潘不取乐之旨，则无以成斯矣。

所以，他虽然不以玄学名家，但应当是玄学风气中人，与王粲的思想背景相近。

文如其人，潘、陆二人思想、行为之不同，造成其文学创作上的显著区别。一般而言，陆机之诗文繁芜、渊深、古雅，潘岳则是省净、轻浅、清秀。如《诗品》说陆机诗"才高词赡，举体华美"，又说他"尚规矩，不贵绮错，有伤直致之奇"。陆机创作"尚规矩"，实与他的儒家思想背景有关。何谓"尚规矩"？据吾师王发国先生考证，"尚规矩"说本于葛洪《抱朴子》对陆机的评价，见《北堂书钞》卷一百和《太平御览》卷六〇二、五五九，其云：

> 嵇君道问二陆优劣。抱朴子曰：吾见二陆之文百许卷，似未尽也。朱淮南尝曰：二陆重规沓矩，无多少也。

钟嵘之评即本此。又云："抱朴子曰：……陆君深疾文士放荡流遁，遂往不为虚诞之言，非不能也。"这里进一步指出了"尚规矩"的实质。王发国先生指出：

陆机之"尚规矩",当包含二义:一是内容方面,不为放荡流遁虚诞之说,即便谈老庄,也如宋长白《柳亭诗话》所云"陆平原拟古诸作以方袍幅巾而谈老庄,矜贵有余,疏通绝少";二是指陆机写诗注重模拟古诗的体式,其又如陈祚明《采菽堂古诗评选》云:"士衡诗,束身奉古,亦步亦趋,在法必安,选言亦雅,思无越畔,语无溢幅"。陆机之"尚规矩",使他成为与阮籍、张协、潘岳、鲍照、汤惠休等相对立的诗派的著名诗人之一。[1]

所以,"尚规矩",实际上就是尚儒学规矩,追随汉魏诗学传统。由此之故,他的诗文就明显具有汉魏文学繁芜、渊深、古雅的特点。相较而言,潘岳生活在洛阳中区的玄学风气之中,受尚通意趣的影响,其诗文明显有省净、清浅、清秀的特点。[2]

陆机诗文之"深",与汉赋之"巨丽"和曹植诗之"词采华茂"是一脉相承的;潘岳诗文之"浅",与王粲之"秀"和曹丕之"率皆鄙直如偶语"是一脉相承的。[3]关于潘、陆诗文之浅与深、简与繁的区别,作者在上节已有讨论,在此,仅就陆机渊雅、潘岳清秀一点言之。《诗品》没有用"雅"字来评价陆机,但他说左思"野于陆机",言下之

[1] 王发国:《诗品考索》第264页,成都科技大学出版社1993年版。

[2] 徐公持《魏晋文学史》在谈到玄学对文学的影响时说:"在诗的方面,作者们明显表现了对于清虚高旷自然悠远诗歌风致的追求。这种风格追求,当然是同玄学精神相表里的,是与玄理相配合的玄风。……此种诗风,与三国前期诗歌'真、高、刚、直'指向,无疑有很大距离;这距离实质上即是玄学与儒学距离在文学上的反映。"(第22页)认为西晋文化有"长期以来居于正统地位的儒学"和"以道家思想为核心的玄学"两大派,"事实上在西晋文士中形成了两大派别,一派为儒者,一派为玄学家"(第246页,人民文学出版社1999年版)。曹道衡《南朝文学与北朝文学研究》说:"从人们对潘、陆的评价中,也可以看出两人文风的不同,和当时的中原及江南学风不同有关。""潘陆文风的差异,倒多少和诸衰与孙盛论南北学风之别有类似之处。"(第105~106页,江苏古籍出版社1998年版)

[3] 《诗品》卷中。

意就是说陆雅左野。说陆机出于"情兼雅怨"的曹植，言外之意亦是说陆机有"雅"的特点。就现存陆机诗文看，亦是颇有渊雅之风格的。同样，钟嵘亦没有用"秀"字评价潘岳，但他说潘岳出于"文秀而质羸"之王粲，言外之意是说潘岳诗亦"秀"。另外，《诗品》中与陆机同派的诗人，亦多有渊雅的特点，如出于陆机的颜延之"虽乖秀逸，是经纶文雅才"，"檀、谢七君，并祖袭颜延，欣欣不倦，得士大夫之雅致乎"。与潘岳同派者则多半不闲经纶，有乖渊雅，如张华"兴寄不奇"，嵇康"伤渊雅之致"，鲍照"颇伤渊雅之调"，沈约"不闲于经纶，长于清怨"。

曹植、陆机诗文以雅为特色，"情兼雅怨"，是一种古雅中和之美。王粲、潘岳诗文出于《楚辞》，"发愀怆之词"，是怨多于雅，如谢灵运《拟魏太子邺中诗序》说："王粲家本秦川，贵公子孙，遭乱流寓，自伤情多。""自伤情多"即溺于怨而伤于雅，故刘熙载《艺概·诗概》认为"仲宣情胜"，陈祚明《采菽堂古诗选》卷七说："王仲宣诗跌宕不足而真挚有余。"陈绎曾《诗谱》说："王粲真实有余，澄虑不足。""真实有余"，是因为"自伤情多"；"澄虑不足"，故有伤渊雅。潘岳继承了王粲这一点，亦有情深、情切的特点，如萧绎《金楼子·立言》说："潘安仁清绮若是，而评者止称其情切，故知为文之难也。"沈德潜《古诗选》卷七说："安仁诗品，又在士衡之下，兹特取悼亡二诗，格虽不高，其情自深也。"黄子云《野鸿诗的》说："安仁情深而语冗繁。"陈祚明《采菽堂古诗选》卷十一说得更明白：

> 安仁情深之子，每一涉笔，淋漓倾注，宛转侧折，旁写曲诉，刺刺不能自休。夫诗以道情，未有情深而语不佳者。……安仁过情，士衡不及情；安仁任天真，士衡准古法。夫诗以道情，天真既优，而以古法绳之，

日未尽善，可也。盖古人之能用法者，中亦以天真为本也。情则不及，而日吾能用古法，无实而袭其形，何益乎？故安仁有诗而士衡无诗。

潘岳诗与王粲一样，情深情切，不具备中和之美，故有伤渊雅。

总之，潘岳上承王粲，师承玄学，代表当时文学发展的新方向，表现出一种清趣、浅趣，诗文有浅、净、秀的特点，体现了"清水芙蓉"的风格，属于创新的一派。陆机上承曹植，师法儒学，是汉魏文风的继承者，表现出一种深意、雅意，诗文有深、繁、雅的特点，体现了"错彩镂金"的风格，属于保守的一派。在具体的诗歌创作中，正如王钟陵所说："陆机诗赋从较为普遍的角度落笔，所以他的诗歌概括性强，眼界胸怀比较开阔，无法细腻描写，这正是汉魏古诗的传统。""潘岳诗针对具体的人或事来写，写的是具体场景和情怀。""陆机诗中浑厚的气息就显得多于潘岳，而这正是安仁诗比之士衡诗离开魏代诗歌传统更远一步的表现。"[1]

再说颜、谢。《诗品》说颜延之"源出于陆机"，陆机"源出于陈思"，谢灵运亦"源出于陈思"，即把颜、谢同视为曹、陆一派。就颜、谢二人的诗文特点、钟嵘自己的诗学体系以及后人的若干评论看，说颜延之出于曹、陆一派，符合客观实际；说谢灵运亦属曹、陆一派，则颇有疑问，值得推敲。

先看颜延之。《诗品》说他"体裁绮密，情喻渊深。动无虚散，一句一字，皆致意焉。又喜用古事，弥见拘束，虽乖秀逸，是经纶文雅才。"《诗品序》说："颜延、谢庄，尤为繁密。"颜延之诗"乖秀逸"，是因为他的诗缺少王、潘的清秀、飘逸之美。由于他的诗有曹、陆诗之繁、深、雅的特色，所以钟嵘说他源出陆机。《诗品》又说："大

---

[1] 王钟陵：《中国中古诗歌史》第 409 ～ 410 页，江苏教育出版社 1988 版。

明、泰始中，鲍、休美文，殊已动俗，惟此诸人（即檀谢七君），傅颜陆体。""颜陆体"成为当时一个专门的诗体名称，亦证明他们的诗风确实相近。颜延之诗的古雅、厚重特色，后人亦多有评论，如沈约《宋书·谢灵运传论》说："延之体裁明密。"王通《中说》云："颜延之文约以则，有君子之心焉。"何焯《义门读书记》说："陆士衡铺陈整赡，实开颜光禄之先，钟嵘品第颜诗，以为其源出于陆机，是也。"刘熙载《艺概》说："延年诗体近方幅，然不失正轨，以其字字称量而出，不苟下也。""延年长于廊庙之体。"沈德潜《说诗晬语》云："颜延年声价虽高，雕镂太过，不无沉闷，要其厚重处，古意犹存。"据此，颜延之属于曹、陆保守一派，已无疑义。

再看谢灵运。作者认为：他与曹、陆异趣，应属于王、潘一派，理由如下：

其一，钟嵘把谢灵运列为曹、陆一派，是比较勉强的，钟嵘自己亦意识到谢灵运有不同于曹植、陆机、颜延之的地方，此可从《诗品》里举出两条证据证明。钟嵘评价颜延之时引汤惠休"谢诗如芙蓉出水，颜如错彩镂金"一语，钟嵘对此未作评论，只说"颜终身病之"，这说明钟嵘是赞同汤惠休这个观点，承认颜、谢之诗是有这个区别。需要说明的是，"错彩镂金"就是繁、深、雅，属于曹、陆一派的美学观点；"芙蓉出水"就是浅、净、秀，是王、潘一派的文学风格。谢灵运诗"芙蓉出水"之美正和王、潘一派的浅净、清秀之风一脉相承，钟嵘已经明确认识到这点。但是，他一方面肯定谢诗"芙蓉出水"与曹、陆一派颜延之的"错彩镂金"有区别，另一方面又说谢灵运源于曹、陆一派，这显然是自相矛盾的。这个矛盾还体现在他对鲍照、汤惠休的评价中，据《南史·颜延之传》记载，鲍照亦曾对颜、谢之诗作过类似汤惠休的评价，[1] 有人说是鲍照先有此论，惠休袭之，不管是谁先发明这个评价，可以肯定的是他们都说过这样的话，都有所抑扬，明显皆是抑颜扬谢，体现了鲍、休对谢灵运诗风的认同。那末鲍、休的诗风如何？他们属于哪一个诗派呢？关于这个问题，《诗品》有明确的说明，它说鲍照"源出于二张（张华、张协），……贵尚巧似，不避危仄，颇伤渊雅之调。故言险俗者，多以附照"，显然是把鲍照划为王、潘一派。关于惠休，《诗品》虽未指出其渊源，但说"惠休淫靡，情过其才，世遂匹之照，恐商周矣。羊曜璠云：是颜公忌鲍之文，故立休、鲍之论"。[2] 休、鲍高下，暂且勿论。值得注意的是，世人以惠休"匹之鲍照"，颜延之"立休、鲍之论"，说明二者之诗风相近。鲍照属王、潘一派，惠休亦应是此派中人。又据《南史·颜延之传》载："延之每薄汤惠休诗，谓人曰：惠休制作，委巷中歌谣耳，方当误后生。"惠休之诗如此，而鲍照之诗更有浅净自然的特点，故"言险俗者，多以附照"，这与早期王粲派诗人曹丕"率皆鄙直如偶语"之诗风一脉相承。而谢灵运诗亦有"险"的特点，如陈绎曾《诗谱》说："谢灵运以险为主，以自然为工。"事实上，钟嵘亦认识到鲍、休与颜诗的区别，《诗品》云："檀、谢七君，并祖袭颜延，欣欣不倦，得士大夫之雅致乎！余从祖正员常云：大明、泰始中，鲍、休美文，殊已动俗，惟此诸人，傅颜陆体。"因此，鲍、休抑颜扬谢，认同谢灵运的"芙蓉出水"诗风，其中正有一种夫子自道的意味，亦说明鲍、休和谢灵运应是同一风格、同一流派的诗人。鲍、休属于王、潘一派，谢灵运理所当然亦应属此派。钟嵘论说诗人渊源时，对于

---

[1] 《南史·颜延之传》载："延之尝问鲍照，己与灵运优劣。照曰：谢五言如初发芙蓉，自然可爱；君诗若铺锦列绣，亦雕缋满眼。"

[2] 此段引文据陈延杰《诗品注》。其中，"是颜公忌鲍之文"之"鲍"字，许文雨《诗品讲疏》、向长清《诗品注释》、徐达《诗品全译》作"照"。

那些难以肯定其渊源、或某单一源头不足以包含该诗人的全部特征时，往往以"杂有""颇有""颇似"和"又协"等语来说明。这种情况在《诗品》中凡四见，其中又分两类：一是难以果断肯定其渊源的情况，如说曹丕"颇有仲宣之体"，说嵇康"颇似魏文"，这类情况与本文无关，略而不论。二是某单一源头不足以包含该诗人全部特征的情况，这有两例：其一是陶渊明，《诗品》说他出于王、潘一派，又说他"又协左思风力"，而左思却出于曹、陆一派。其二是谢灵运，《诗品》说他源于曹植，又说他"杂有景阳之体"。关于陶渊明源出二系的问题，历代论述颇多，此处不论。谢灵运"杂有景阳之体"，而景阳（张协）是"出于王粲，文体华净，少病累"的诗人。[1] 钟嵘在这里以"杂有"之例说明谢灵运有王、潘一派的特点，与他赞同汤惠休的"芙蓉出水"之评一样，说明他已经意识到谢灵运与曹、陆一派的区别。

第二，从历代诗论家的评论看，谢灵运与嗣承汉魏古风的曹、陆一派亦是截然不同的。如《南史·谢灵运传》说谢灵运"纵横俊发，过于延之，深密则不如也。"萧统《与湘东王书》亦云："谢客吐语天拔，出于自然。""深密"即"错彩镂金"，固是颜诗本色，亦是曹、陆诗风。"俊发"即"芙蓉出水"，则是谢诗长处，与王、潘浅净清秀同趣。黄子云《野鸿诗的》云："康乐于汉魏外别开蹊径。"肯定他与汉魏传统之不同。就创作题材来看，颜延之长于"廊庙之体"，是传统题材；谢灵运长于山水诗，是玄风大扇之后的新创造。一个守传统，一个重创新。

第三，就思想、行为言，颜延之近于儒家，颇具君子风范，与曹、陆相近。而谢灵运在思想上儒道杂合，玄佛双修，"性豪奢，车服鲜丽，衣服器物，多改旧制"。"为性偏激，多愆礼度，朝廷惟以文义处之，

---

[1] 《诗品》卷中。

不以应实相许"。[1] 是一位狂狷、躁竞之士，与王、潘相近。故以道统自命的王通对曹植、陆机赞美备极，亦称道颜延之"有君子之心"，却批评谢灵运说："谢灵运小人哉，其文傲，君子则谨。"[2]

总之，无论从思想背景、言行个性，还是从文学创作之题材、风格，以及钟嵘《诗品》的自相矛盾之处看，谢灵运都应属于以王粲、潘岳为首的创新派，颜延之属于以曹植、陆机为首的保守派。至于钟嵘为何将谢灵运勉强归入曹植一派，则是需要另外探讨的问题。

以上，作者分析了魏晋六朝文学的统系派别。约而言之，此间文学可以分为以"曹植—陆机—颜延之"为轴心的以"错彩镂金"为特色的保守派，和以"王粲—潘岳—谢灵运"为轴心的以"清水芙蓉"为特色的创新派。两派在思想背景、行为个性以及文学风格方面存在着显著区别。大体上讲，曹植、陆机和颜延之一派受儒家思想影响较深，伏膺儒术，志在匡世，为人颇有君子之风。故在文学创作上，情兼雅怨，体被文质，以气骨取胜，以古朴浑厚为美，有繁芜、渊深、雅致的特点，较多地保存了汉代文学的传统，体现出一种"错彩镂金"之美，属于守旧的一派。王粲、潘岳和谢灵运一派，虽未以玄学名家，但皆是玄学风气中人，受玄学影响较深。如果说曹、陆一派是汉代以来在儒家思想影响下兴起的砥砺名节之风的代表者，那末，王、潘一派则是魏晋以来在与玄学思想相伴而生的浮华士风的代表者。他们在行为方式上轻名节，贱俗功，简易佚荡，通脱躁竞；在文学创作上，崇尚自然清越、便娟婉约，以浅净、清秀为美，基本上摆脱了汉代文学的传统，体现出一种"清水芙蓉"的文学风格，属于创新的一派。

两派文学风格之不同，实在与他们接受的学术思想密切相关。如

[1] 《宋书·谢灵运传》。
[2] 《中说·事君》。关于谢灵运与陆机思想行为之差别，曹道衡《从两首〈折杨柳行〉看两晋间文人心态的变化》（《文学遗产》1995 年第 3 期）言之甚详，可参阅。

前所述，曹、陆一派大抵属于儒家。儒家的学风，据司马谈《论六家要旨》说，是"博而寡要，劳而少功"；或如诸季野所说，是"渊综广博"，其观察事物往往从大处着眼；如支道林所说，是"显处视月"。其缺点就是博而不通、博而不能返约。故在儒学直接影响下产生的汉赋，明显具有巨丽、繁富、沉博之特点；汉诗亦着重从普遍性角度落笔，概括性强，比较开阔，缺少细腻描写。曹植、陆机、颜延之属于儒家，其文学之渊雅、繁芜，亦是情理中事。王粲、潘岳、谢灵运受玄学影响较深。玄学是一种杂合儒道、以道释儒、以儒释道而又以道家为主的哲学，关于道家的学风，据司马谈《论六家要旨》说，是"指约而易操，事少而功多"，与儒家崇尚渊博不同，道家是崇尚简约的，具有博而能通、博而返约的特点。故孙安国说玄学学风是"清通简要"，其观察事物、辨章学术往往是从小处着眼，以小见大，以简驭繁，执一统万。或如支道林所说，是"牖中窥日"。在尚通意趣的影响下，魏晋时期普遍形成一种以识、简、清、神、秀为尚的审美意趣，在此种审美意趣的影响下，以王粲、潘岳、谢灵运为轴心的受玄学影响颇深的一派文学，呈现出浅净、清秀之特色，亦是理所当然。

曹、陆一派属儒家，王、潘一派是玄学风气中人。当时评论家，受儒学思想影响较深者多倾向于曹植一派，受玄学思想影响较大者又多赞同王粲一派，如《诗品》卷上云："益寿（谢混）轻华，故以潘为胜；《翰林》笃论，故叹陆为深。"据《诗品》卷中，谢混出于张华，学张华之"清浅"，"殊得风流媚趣"，故云"轻华"，明显属于王、潘一派，故"以潘为胜"。李充《翰林》亡佚已久，今仅存八条，未敢轻断他属于某家，但钟嵘以"笃论"评《翰林》，以与谢混之"轻华"相对。因此，说李充近于儒，亦不为过。正因为他近于儒，故"叹陆为深"。另外，受儒学影响较深的葛洪，在《抱朴子·名实》《刺骄》《行品》等篇里，对魏晋时期浮华虚诞的士风提出过尖锐批评，对汉代公开提倡繁文的王充大加礼赞，说"王生学博才大，又安省乎"？认为"言少则至理不备，辞寡即庶事不畅。是以必须篇累卷积，而纲领举也"。[1] 对于以繁芜著称的陆机，葛洪亦屡加赞赏，据《晋书·陆机传》载："后葛洪著书，称'机文犹玄圃之积玉，无非夜光焉，五河之吐流，泉源如一焉。其弘丽妍赡，英锐飘逸，亦一代之绝乎！'"又说："吾见二陆之文百许卷，似未尽也。……及其精处，妙绝汉魏之人也。"[2] 说陆机诗文"弘丽妍赡""妙绝汉魏之人"，正是肯定他的诗文有汉魏文学的繁富特点。

又如钟嵘，他将汉魏六朝诗分为两派，于此二派中，他亦有明显的褒贬轩轾，其褒贬轩轾又与他的思想背景有关。大体上讲，钟嵘的思想与时代相违背而倾向于传统儒学，故朱东润说："论文之士，不为时代所左右，不顾事势之利钝，与潮流相违，卓然自信者，求之六代，钟嵘一人而已。"[3] 又说："仲伟持论，归于雅正，故对于诸家，虽各有定评，恒以能雅与否，为之乘除。"[4] 因此，他在《诗品》里强调诗人的古典修养，[5] 明显偏袒受儒学影响很深且能实践儒家文艺思想的曹植一派，这从他对上品十二位诗人的排列顺序可以看出。《诗品序》说同品诗人排列顺序是"略以世代为先后，不以优劣为铨次"，但在上品十二位诗人的排列上，却没有认真履行这条撰例，他把古诗（东汉）排在李陵、班婕妤（西汉）之前，曹植（192～232）排在王粲（177～217）之前，陆机（261～303）排在潘岳（247~300）

---

[1] 《抱朴子·喻蔽》。

[2] 《北堂书钞》卷一百引《抱朴子》佚文。

[3] 朱东润：《中国文学批评史大纲》第 54 页，古典文学出版社 1957 年版。

[4] 朱东润：《中国文学批评史大纲》第 59 页，古典文学出版社 1957 年版。

[5] 如评应璩"善为古语"，说颜延之"喜用古事"，任昉"善铨事理"，张永"颇有古意"，张欣泰、范缜"并希古胜文"。

之前。很明显，这样的安排是有深意的，就是要扬曹、陆等以渊雅为特色的保守派，抑王、潘等以清秀为特色的创新派。

受儒学影响较深的葛洪、钟嵘倾向曹、陆一派，而受玄学影响较深的张华、陆云、刘勰则偏袒王、潘一派，这从他们对陆机诗文繁芜之弊的批评可知。张华虽不以玄学名家，但《晋书》本传说他"学业优博，辞藻温丽，朗赡多通"，"为人多姿制，又爱帛绳缠须"。[1] 已具备玄学家的气质和素养。他活动在玄学中心洛阳，与清谈名士颇有交往，《世说新语·言语》说："诸名士共至洛水戏。还。乐令问王夷甫曰：今日戏，乐乎？王曰：……张茂先讲《史》《汉》，靡靡可听。"说明他是一位善于清谈的人物。另外，他还组织过荀隐和陆云之间的辩难，[2] 可见他又是一位善于欣赏清谈的人物。受玄学、清谈的影响，他的文学创作亦颇有浅净、清秀的特点。其为人为文皆近王、潘一派，固然对陆机之繁芜表示不满。

继张华之后，苦口婆心再三批评陆机繁芜之弊的是其弟陆云，他虽不以玄学名家，但亦曾染指玄学，据《晋书》本传说他"尝行，逗宿故人家，夜暗迷路，莫知所从，忽望草中有火光，于是趣之，至一家，便寄宿，见一年少，美风姿，共谈《老子》，辞致深远，向晓辞去，行十里许，至故人家，云：此数十里中无人居。云意始悟，却寻昨宿处，乃王弼冢。云本无玄学，自是谈老殊进"。[3] 这个故事本身不值得相信，但说陆云学习过玄学并有所长进，应该是有所本的。另外，他还善于清谈，据《晋书》本传载：

云与荀隐素未相识，尝会（张）华坐，华曰：今日相遇，可勿为常谈。

[1] 《晋书·陆云传》。
[2] 《世说新语·排调》。
[3] 《太平御览》卷 318、617、884 作陆机。

云因抗手曰：云间陆士龙。隐曰：日下荀鸣鹤。鸣鹤，隐字也。云又曰：
既开青云睹白雉，何不开尔弓，挟尔矢？隐曰：本谓是云龙骙骙，乃是
山鹿野麋，兽微弩强，是以发迟。华抚手大笑。

据此推断陆云是玄学风气中人，应当符合实际。就是在为人上，陆云
之"文弱可爱"，亦与乃兄之"清厉有风格""非礼不动"迥异。[1]
陆云之后，刘勰亦对陆机之繁芜提出过尖锐批评。[2] 刘勰的思想背景，
或儒或佛，学界讨论甚多，分歧亦较大，暂且不论。但是，刘勰《文
心雕龙》受过玄学的较大影响，则是学界的共识。[3] 玄学之影响刘勰，
从他在《文心雕龙》中把"简"作为文学创作的重要原则可以看出。
陆云、刘勰尚简与陆机尚繁之对立，正在于他们的思想背景的不同。

　　在魏晋六朝，不仅在创作上存在着保守和创新二派，就是在理论
上亦存在着以葛洪、钟嵘为首的保守派和以张华、陆云、刘勰为首的
创新派，创作、理论上的两派对立，实质上就是思想背景上的儒学与
玄学的对立，亦是"清水芙蓉"和"错彩镂金"两种文学风格的对立。
值得注意的是，这两派的对立，还存在一个此消彼长的发展趋势。一

[1]　《陆云集》载车永《答陆士龙书》，说车永一家读陆云书，"举家大小豁然忘愁也"，
　　　"恐有其言，能无其事耳"（《陆云集》卷十，黄葵点校，中华书局 1988 年版）。
　　　据郁沆的考察，这里所说的陆云书，可能是陆云所著的《新书》（今已散佚），
　　　是一部与《山海经》《异物志》相类似的著作（《魏晋南北朝文论选》第 176 页，
　　　人民文学出版社 1999 年版）。此书体现了陆云好奇、动情的特征，与陆机诗文不同。
　　　另外，陆云《逸民箴序》说："余昔为《逸民赋》，大将军掾何道彦，太府之俊才也，
　　　作《反逸民赋》，盛称官人之美，宠禄之华靡，伟名位之大宝，斐然其可观也。
　　　夫名者实之宾，位者物之寄。穷高有必颠之吝，溢美有大恶之尤，可不慎哉！"（《陆
　　　云集》卷十，黄葵点校，中华书局 1988 年版）此种人生态度，亦与功名心很强的
　　　陆机不同。

[2]　参见本章第一节之"尚通意趣与六朝文学中的繁简问题"。

[3]　参见汤用彤《魏晋玄学和文学理论》，见《理学·佛学·玄学》，北京大学出版
　　　社 1991 年版。张海明《玄学本体论与魏晋六朝诗学》，《文学评论》1997 年第 2 期。

般而言，建安时期，保守派占绝对优势。至太康时期，保守派和创新派势均力敌。至元嘉时期，创新派占优势，"清水芙蓉"高于"错彩镂金"，并且逐渐取代"错彩镂金"。《诗品序》中有一段关于魏晋六朝文坛代表人物的叙述文字，已基本揭示出这种消长趋势，其云：

> 故知陈思为建安之杰，公干、仲宣为辅；陆机为太康之英，安仁、景阳为辅；谢客为元嘉之雄，颜延年为辅。斯皆五言之冠冕，文词之命世也。

在这里，我们看到，曹植一派是逐渐式微，王粲一派则是渐趋兴盛。建安时期，曹植一派把持文坛，三个核心人物中独占其二；太康时期，曹植一派之陆机虽仍是文坛盟主，但王粲一派以不可阻遏之势发展起来，三个核心人物中就占了两位，只不过居于"辅"位而已；至元嘉时期，文坛盟主之地位已经被王粲一派的谢灵运所占领，曹植一派之颜延之降到了"辅"位。曹、王二派之消长，在这里已经被初步揭露出来。

再就《诗品》上品十二位诗人的时代分布来看，汉代三人（古诗、李陵、班姬），魏代三人（曹植、王粲、刘桢），晋五人（陆机、阮籍、潘岳、左思、张协），宋一人（谢灵运），齐梁则一个都没有，这说明传统诗学的衰微，代表钟嵘那种较为保守的诗学思想的诗人越来越少，以至于在齐梁时代就没有了。另外，《诗品》卷中评颜延之说："汤惠休曰：谢诗如芙蓉出水，颜如错彩镂金。颜终身病之。"《南史·颜延之传》载鲍照亦有类似的评价，据说颜延之亦是"终身病之"，创作上本以"错彩镂金""雕缋满眼"为特色的颜延之，亦忌讳别人用这些语词来评价他的诗歌，这说明"错彩镂金"的诗文风格在当时的确难以厌悦人心。《诗品》卷下评"檀、谢七君"云："余从祖正员常云：大明、泰始中，鲍、休美文，殊已动俗，惟此诸人，傅颜陆体。"
以曹植为首的保守派发展到大明、泰始中，已经是难以为继，能传此
派的是名不甚高的"檀、谢七君"。与"檀、谢七君"对立的是鲍照、
惠休，在此时形成了耸动天下之势，成为当时文坛的主流。根据上文
的考察，鲍、休之诗皆有浅净自然的特点，属于王粲一派，他们褒扬
谢诗的"芙蓉出水"风格，正有一种夫子自道的意味。所以，"鲍、
休美文"与"檀、谢七君"的对立，实质上就是"清水芙蓉"与"错
彩镂金"两种文学风格的对立，"鲍、休美文"以"动俗"之势压倒"檀、
谢七君"，实质上就是"清水芙蓉"高于"错彩镂金"，并且最终战
胜"错彩镂金"，成为一时文人所崇尚的文学审美风格。"清水芙蓉"
的文学审美追求，不仅为南朝后期的诗歌发展开辟了道路，亦为唐代
文学的兴盛奠定了基础。故毛先舒《诗辩坻》卷四说："'初日芙蓉'，
微开唐制；'错彩镂金'，犹留晋骨。"

最后需要说明的是，作者将此间文学厘定为保守与创新二派，这
只是相对的区别，不是绝对的划分。事实上，置身于魏晋六朝的文人
学者，或多或少都沾上了一些时代气息，或深或浅都受到过尚通意趣
和玄学思潮的影响。就保守派来说，如曹植，《魏志》本传说他"性
简易，不治威仪"，"任性而行，不自雕励"，他在《赠丁廙》诗中
亦说过"滔荡固大节，时俗多所拘。君子通大道，无愿为世儒"这样
的话，可见他亦颇有浮华之风。陆机的《文赋》亦与玄学有一定的关系。
再说颜延之，《南史》本传说他"言约清畅"，曾"以简要连挫"以
儒学著称的周续之，可见他亦受玄学风气的影响，亦有尚通重简的一
面。因其受玄学影响，故其咏竹林诸贤之《五君咏》亦颇有"林下
风"。所以，这两派之分别，只是保守传统之多少和受尚通意趣、玄学思想
影响之深浅的区别。

2. 说"文秀质羸"——关于钟嵘《诗品》"王粲"条的疏证

钟嵘《诗品》卷上"魏侍中王粲"条，说王粲"源出于李陵，发愀怆之词，文秀而质羸，在曹、刘间别构一体"。说王粲"源出于李陵"，是因为王粲"发愀怆之词"，与李陵"文多悽怆"的风格相近，故源出之。此历代注《诗品》者之公论，毋须赘言。但对于"文秀而质羸，在曹、刘间别构一体"一句，历代注者或略而不注，或注而不详，或注而有误。作者以为：钟嵘此言，颇有深意，正确理解它，不仅有利于深化我们对《诗品》关于诗人渊源的认识，而且对魏晋六朝文学中"错彩镂金"与"清水芙蓉"两种文学风格的认识，亦大有裨益。

《诗品》说王粲"在曹、刘间别构一体"，所谓"曹、刘"，即曹植、刘桢。《诗品》说曹植源出于《国风》，刘桢源出于《古诗》，而《古诗》又源出于《国风》，是知曹、刘同源。另外，《诗品》评曹植"骨气奇高，词采华茂，情兼雅怨，体被文质"，评刘桢"仗气爱奇，动多振绝，真骨凌霜，高风跨俗"，皆有尚气重骨的特点，是知曹、刘诗歌风格相近，区别仅在于，曹植诗"词采华茂""体被文质"，不同于刘桢诗"气过其文，雕润恨少"。曹、刘二人渊源相同、风格略近，故钟嵘每以曹、刘并称，如《诗品序》云："昔曹、刘殆文章之圣。""有轻薄之徒，笑曹、刘为古拙"，卷上云："公干升堂，思王入室。"又云："自陈思以下，桢称独步。"曹、刘同体，钟嵘在此已明确指出。严羽《沧浪诗话·诗体》亦云："以人而论，则有曹刘体。"至于王粲，钟嵘说他"在曹、刘间别构一体"，非常明确地指出他和曹、刘不是一个体派的诗人，《诗品》卷中说曹丕"颇有仲宣之体"，把王粲诗歌所代表的风格命名为"仲宣之体"，看来钟嵘的确是把"仲宣之体"和"曹刘体"区别看待的。

以曹植、刘桢为代表的"曹刘体"，与以王粲、曹丕为代表的"仲宣之体"，其区别何在？从历代诗论家的评论看，主要体现在以下两个方面：

其一，曹、刘诗"情兼雅怨"，特别是曹植诗，"风雅独绝"，[1]是一种古雅中和之美。如张戒《岁寒堂诗话》评曹植诗"铿锵音节，抑扬态度，温润清和，金声而玉振之，辞不迫而意已独至，与三百五篇异世同律，此所谓韵不可及也。"成书亦说："风雅当家，诗人本色，断推此君（即曹植）。"[2]而"仲宣之体"则是怨多于雅，如《诗品》说王粲"发愀怆之词"，即以怨为主。谢灵运《拟魏太子邺中诗序》说："王粲家本秦川，贵公子孙，遭乱流寓，自伤情多。""自伤情多"即溺于怨而伤于雅，故刘熙载《艺概·诗概》以为"仲宣情胜"。陈祚明说："王仲宣诗跌宕不足而真挚有余。"[3]陈绎曾《诗谱》说："王粲真实有余，澄滤不足。""真实有余"，是因为"自伤情多"；"澄滤不足"，故有伤渊雅。

其二，曹、刘诗"体被文质"，"仲宣之体"则是"文秀而质羸"。或者说，"曹刘体"以骨气胜；"仲宣之体"以秀逸为优。曹植诗，"骨气奇高"，故质优；"词采华茂"，故文富。合而观之，则是"体被文质"。刘桢诗，"仗气爱奇，动多振绝"，虽然"气过其文，雕润恨少"，有伤于文，但与曹植诗一样，皆以骨气取胜。故元好问《论诗绝句三十首》云："曹刘坐啸虎生风。"《自题中州集后五首》亦说："邺下曹刘尽气豪。"钟惺说："子建柔情丽质，不减文帝，而肝肠气骨，时有块磊处，似为过之。"[4]胡应麟《诗薮·内篇》说曹植的有些诗"气

[1] 陈祚明：《采菽堂古诗选》卷六。
[2] 成书：《多岁堂古诗存》卷三。
[3] 陈祚明：《采菽堂古诗选》卷七。
[4] 钟惺：《古诗归》卷七。

骨有余,而清和婉顺不足",说刘桢"才偏气过词"。刘熙载《艺概·诗概》亦说"公干气胜","刘公干、左太冲诗壮而不悲"。总之,皆指出曹、刘诗以骨气胜的特点。至于王粲,曹丕《与吴质书》说:"仲宣独自善于辞赋,惜其体弱,不足起其文。"此虽评辞赋,但亦可用于评诗,即《诗品》所谓"文秀而质羸"之意。[1]李华《扬州功曹萧颖士文集序》说"曹植丰赡,王粲超逸","超逸"是一种清远秀逸之美,与骨气之壮美迥异。故胡应麟《诗薮·内篇》说"仲宣才弱肉胜骨","仲宣之淳,公干之峭"。许学夷亦说:"公干诗声咏常劲,仲宣诗声韵常缓。""公干气胜于才,仲宣才优于气。"又说:"文帝《典论》称'应玚和而不壮,刘桢壮而不密,窃谓以仲宣代应玚更切。"[2]皆指出王粲诗乏骨气的特点。曹丕在这方面更突出,《文心雕龙·才略》说"魏文之才,洋洋清绮"。徐桢卿《谈艺录》说"曹丕质近美媛,远不逮植",成书说:"武帝雄才失之粗,子桓雅秀伤于弱。"[3]沈德潜亦说:"子桓诗有文士气,一变乃父悲壮之习矣。要其便娟婉约,能移人情。"[4]陈祚明说:"子桓笔姿轻俊,……其源出于《十九首》,淡逸处弥佳,乐府雄壮之调,非其本长。"[5]王夫之说:"读子桓乐府即如引人于张乐之野,泠风善月,人世陵嚣之气,淘汰俱尽。"[6]

总之,"曹刘体"与汉代古诗一样,多"陵嚣之气"。用顾随的话说,

---

[1] 王运熙、杨明《魏晋南北朝文学批评史》说:"'体弱'即禀气弱少之意,指文章风格不够生气蓬勃、强健有力。""'不足起其文',言文采斐然,而生气、劲健则不足。""后来钟嵘《诗品》称王粲'文秀质羸',也与曹丕意思相近。"(第32页,上海古籍出版社1996年版)

[2] 许学夷:《诗源辩体》卷四。

[3] 成书:《多岁堂古诗存》卷三。

[4] 沈德潜:《古诗源》卷五。

[5] 陈祚明:《采菽堂古诗选》卷五。

[6] 王夫之:《姜斋诗话》卷下。

是"多叫嚣夸大"，是"愤慨"，是"力的表现"。而曹丕"能以冷静头脑驾驭强烈感情"，"是沉静的、是敏感的"，"不是力而是韵"。以"静"为特色，"一点叫嚣气没有"的六朝文学正源于此。所以，顾随认为"汉魏两朝文章之分野即在此"。[1] 作者认为："曹刘体"与"仲宣之体"的分野，亦在于此。

从以上所引历代诗论家的评论看，"曹刘体"和"仲宣之体"确有非常明显的区别。概而言之，"曹刘体"情兼雅怨，仗气重骨，体被文质，以骨气取胜，多承汉音，不免叫嚣、发皇。"仲宣之体"自伤情多，文胜于质，便娟婉约，清俊秀美，以秀逸取胜，趋于冷静和敏感，开启魏响。两体之别，非仅"气胜"与"情胜"之别，亦是力与韵之别，甚至是"错彩镂金"与"清水芙蓉"两种审美风格的区别。

下面，我们来看看钟嵘《诗品》是如何评价这两种诗体的。

在《诗品》中，钟嵘把所有入品的诗人，总归于《诗经》《楚辞》两大系统，这显然是受到汉晋时期"同祖《风》《骚》"的文学史观的影响。就其具体溯源情况看，他为所品的 123 位诗人（"古诗"算 1 人）中的 37 人追溯了渊源，其中源出曹植、刘桢的共 12 人，包括直接源出于曹植的 2 人，间接的 8 人；直接源出于刘桢的 1 人，间接的 1 人。源出于王粲者共 20 人，包括直接渊源的 5 人，间接的 15 人。共 30 人（本为 32 人，除去因含跨两体而重复计算的陶渊明、谢灵运 2 人，故为 30 人）与"曹刘体"和"仲宣之体"发生关系。实际上，在那溯源的 37 人中，除去汉代的李陵、班姬、古诗 3 人和曹、刘、王 3 位本人，还剩 31 人。这 31 人中，除源于"小雅"的阮籍，另有 30 人与此二体有直接或间接的渊源关系。因此，说"曹刘体"和"仲宣之体"是整个魏晋六朝诗学之两大源头，比较符合钟嵘写作《诗品》

---

[1] 顾随：《顾随诗文论丛·驼庵文话》，天津人民出版社 1995 年版。

之初衷。

"曹刘体"和"仲宣之体"是魏晋六朝诗学的两大源头。"仲宣之体"相对于"曹刘体"来说是"别构",当然就有区别。至于区别何在?钟嵘似未说明,但综观《诗品》全书,我们不难发现他们之间的区别。特别是从钟嵘对那30位渊源于曹、刘和曹、王的诗人的品评,就很可看出他们之间的区别。先看与"仲宣之体"有渊源关系的,如:

潘岳。《诗品》云:"《翰林》叹其翩翩然如翔禽之有羽毛,衣服之有绡縠,犹浅于陆机。……嵘谓益寿轻华,故以潘为胜;《翰林》笃论,故叹陆为深。余常言:陆才如海,潘才如江。"

张协。《诗品》云:"文体华净,少病累。"

张华。《诗品》云:"其体华艳,兴托不奇。巧用文字,务为妍冶。虽名高向代,而疏亮之士,犹恨其儿女情多,风云气少。"

刘琨、卢谌。《诗品》云:"善为凄戾之词,自有清拔之气。"

嵇康。《诗品》云:"过为峻切,讦直露才,伤渊雅之致。然托喻清远,良有鉴裁,亦未失高流矣。"

陶渊明。《诗品》云:"文体省净,殆无长语。"

谢瞻等五人。《诗品》云:"源出于张华,才力苦弱,故务其清浅,殊得风流媚趣。"

鲍照。《诗品》云:"贵尚巧似,不避危仄,颇伤清雅之调。"

谢朓。《诗品》云:"一章之中,自有玉石,然奇章秀句,往往警道。"

沈约。《诗品》云:"不闲于经纶,而长于清怨。"

以上所举的与王粲有渊源关系的诗人(这里所举的是一部分共同特征比较明显的诗人),有如下共同特点:不闲经纶,颇伤渊雅;文体省净;清秀浅直。这三个方面的共同特征,与王粲"文秀而质羸"是一脉相承的。简言之，就是以"秀"为美。再看与"曹刘体"有渊源关系的，如：

> 陆机。《诗品》云："才高词赡，举体华美，气少于公干，文劣于仲宣。尚规矩，不贵绮错，有伤直致之奇。"
>
> 谢灵运。《诗品》云："尚巧似，而逸荡过之，颇以繁芜为累。"
>
> 颜延之。《诗品》云："尚巧似，体裁绮密，情喻渊深，动无虚散，一句一字，皆致意焉，又喜用古事，弥见拘束，虽乖秀逸，是经纶文雅才。"
>
> 檀、谢七君。《诗品》云："并祖袭颜延，欣欣不倦，得士大夫之雅致乎！"
>
> 左思。《诗品》云："文典以怨，颇多精切，得讽谕之致。虽野于陆机，而深于潘岳。"

综观以上诗人，其共同点有三：典雅精切；渊深繁富；绮密华美。这三个特点与曹植诗"骨气奇高，词采华茂，情兼雅怨，体被文质"的特点基本吻合，而与"仲宣之体"的特点正好相反。如果说"仲宣之体"体现了一种清秀、浅净之美，可用"秀"字加以概括。那末，"曹刘体"则是体现的雅致、渊深之美，可用"雅"字来概括。"仲宣之体"与"曹刘体"之区别，就是秀美与雅美的区别。说王粲"在曹、刘间别构一体"，实质上就是说王粲在雅美之外"别构"秀美一体。而钟嵘亦正是把"文秀而质羸"当作是王粲"在曹、刘间别构一体"之原因看待的。

事实上，在整个魏晋六朝，以秀为美不仅仅是一种文学上的追求，而是一种普遍的社会风尚。正如王钟陵《中国中古诗歌史》说：

> 中古审美情趣，如果试图用一个词来加以概括的话，我以为这个词便是"秀美"，简洁地说便是一个字——"秀"。[1]

---

[1]　王钟陵：《中国中古诗歌史》第168页，江苏教育出版社1988年版。

比如，在人物品鉴方面，"秀"便是一种很受推崇的理想品格，"秀"明显有形容人物外在形仪美好的内容，但更主要却是用以表达一种内在的风神才情，偏重于人物内在的精神、气韵、才调、风度等抽象品格，主要是一种内在的心性之美，具有飘逸、清通、明畅、简素的特点，故在当时的人物品鉴中多有"清秀""秀逸""明秀""简秀"等品目。[1]这与以端庄稳重、高壮广厚为特点的雅美完全不同。

秀美和雅美是两种不同的审美形态，凡是有典雅特征者皆有"乖秀逸"，凡是有秀逸特征者又"颇伤渊雅"。钟嵘对此亦有明确认识，如《诗品》以"文秀"评王粲，又说陆机"文劣于仲宣"，即是说陆机不如王粲之"文秀"。正因为陆机"文劣于仲宣"，故"有伤直致之奇"。"直致"与"文秀"有密切关系，秀与雅相对，"直致"与"雅致"相对，"秀"即"直致"。[2]《文心雕龙·隐秀》说："雕削取巧，虽美非秀。"陆机不如王粲之"文秀"，是由于他"尚规矩，（不）贵绮错"，[3]俳偶雕刻，渐失自然浑成之气。又《诗品》评颜延之"虽乖秀逸，是经纶文雅才"，是知"秀逸"与"经纶文雅"是完全相反的审美形态。又《诗品》评范云、丘迟说："范诗清便婉转，如流风回雪；丘诗点缀映媚，似落花依草。故当浅于江淹，而秀于任昉。"范、丘之诗"浅于江淹，秀于任昉"，是说范、丘诗有浅净、清秀的特点，颇类"仲宣之体"。至于任昉，据《诗品》"梁太常任昉"条说："（任昉）善铨事理，拓体渊雅，得国士之风，故擢居中品。但昉既博物，动辄用事，所以诗不得奇。"其评语与对颜延之的品评类似，

---

[1]　参见本书第三章第三节"魏晋六朝人物品鉴新品目诠释"。

[2]　详见本章本节之"说'直致'——关于钟嵘《诗品》中的一个诗学概念的诠释"。

[3]　（韩）车柱环《钟嵘诗品校证》以为"不贵绮错"之"不"字，乃浅人妄加。其说有据，可采信。参见张伯伟《钟嵘诗品研究》第397～398页，南京大学出版社1999年版。

皆有渊雅繁芜的特点，故亦同颜延之一样是"乖秀逸"，因而才有范、丘之诗"秀于任昉"之说。再如鲍照，《诗品》说他"才秀人微"，又说他"颇伤渊雅之调"，大概是因为"才秀"而导致"颇伤渊雅"。从这几条材料，就足可证明钟嵘把秀美与雅美区分得很清楚。

雅美相当于"错彩镂金"，秀美相当于"清水芙蓉"。雅美与秀美之区别，就是"错彩镂金"与"清水芙蓉"的区别。雅美和秀美之不同，亦是由思想背景的区别所造成，雅美的思想背景是儒学，秀美的思想背景是玄学。雅美与秀美的区别，实际上就是儒学与玄学的区别。一般而言，儒学的最高审美范畴是"雅"，具有端庄稳重、高壮广厚、渊综广博、古朴浑厚、谨严典正、矜重清厉的特点，因而构成了"儒雅""典雅""渊雅""高雅""博雅""雅正"等词汇。在雅趣的影响下形成的儒家学风，据司马谈《论六家要旨》说是"博而寡要"，或如诸季野所说是"渊综广博"，其观察事物往往从大处着眼，如支道林所说是"显处视月"，体现在文学上，就是追求典雅、沉博、渊深、繁富之美。曹植、刘桢、陆机、颜延之等人的思想近于儒家，故其文学有典雅繁富、渊深绮密、情兼雅怨的特点，亦就不足为怪。至于玄学，它是一种杂合儒道、以道释儒、以儒释道而又以道家为主的哲学，其学风与儒家相左而近于道家，关于道家的学风，据司马谈《论六家要旨》说是"指约而易操"，与儒家崇尚渊博不同，道家崇尚简约，故孙安国说玄学的学风是"清通简要"，其观察事物、辨章学术往往是从小处着眼，以小见大，以简驭繁，执一统万，正如支道林所说是"牖中窥日"。在玄学方法论的影响下，魏晋时期普遍形成一种以识、简、清、神、秀为尚的审美情趣，这几个审美范畴是以尚通意趣为基础的，通则简、简则神，神则清、清则秀。以秀为美的审美情趣与魏晋玄学有很密切的关系，据王钟陵说：以秀为美的思想是长期孕育并脱胎于

"言意之辨"的理论之中，在秀美理想基础上提高而成的"隐秀"理论，是"言意之辨"对立双方在历史的前进运动中形成的一个深刻合题。[1]所以，魏晋六朝时期的玄学家或玄学风气中人，在人物品评方面，以秀美为尚；在学术上，崇尚"清通简要"；在文学创作方面，追求清秀、浅净之美。总之，皆突出地体现了一种秀趣。需要特别说明的是，由儒学向玄学的发展，由"博而寡要"的儒学学风向"执一统万""以简驭繁"的清通简要的玄学学风的嬗变，是以尚通意趣为前提的，或者说，是汉末魏晋知识界盛行的尚通意趣之影响的结果。所以，从表面上看，以秀为美，是玄学风气的产物；追本溯源，则与尚通意趣有密切关系。

玄学发生于曹魏，而独盛于两晋。随着玄学思想的发生、发展以致独尊于两晋思想界，儒学便逐渐呈现出式微之势。这种学术思想的此消彼长的发展之势，正是导致此间秀美和雅美两种审美形态此消彼长的思想背景。在曹魏时期，儒学虽已衰败，但不至于为士人所完全废弃，仍在学术界占有极重要的位置，而玄学则处于草创时期，早期玄学家如何晏、王弼的思想体系中还有很明显的儒学成分。所以，在当时，雅美仍为士人所崇尚，秀美尚处在酝酿之中。至两晋南朝，玄学获得突飞猛进的发展，逐渐取代儒学成为学术思想之主流，影响及于时人之审美，雅美虽未被完全废弃，但很明显，秀美已经取代了雅美而成为一代之时尚。南朝人崇尚"清水芙蓉"而鄙薄"错彩镂金"，便是最好的证明。

以秀为美之审美情趣，是在玄学思想尤其是玄学方法论的影响下逐渐形成的。王粲"在曹、刘间别构一体"，开创了诗学上的秀美一派。那末，他与玄学思想有何关系呢？

---

[1] 王钟陵：《中国中古诗歌史》第178页，江苏教育出版社1988年版。

作者认为，王粲与玄学有很密切的关系，他虽然不是玄学家，但确是玄学风气中人，其依据有三：

其一，据汤用彤说：玄学的思想根源有二，"（一）研究《周易》《太玄》……等而发展出的一种'天道观'。（二）是当代偏于人事政治方面的思想，如现存刘劭《人物志》一类那时所谓'形名'派的理论，并融合三国时流行的各家之学"。[1] 王粲与玄学的这两个思想根源皆有密切关系。先看易学这个思想根源，据汤用彤说：三国时期的易学，按地域、思想之不同，可分为三派，一是江东一带，以虞翻、陆绩等人为代表；二是荆州，以宋忠等人为代表；三是北方，以郑玄、荀融等人为代表。其中荆州一派见解最新，江东一派受荆州一派影响颇大，北方派最旧，大多传习汉儒之象数。所以，"新学"最盛的地方在荆州、江东一带。[2] 王弼、何晏在易学基础上建立起来的玄学，继承的正是荆州学风，荆州学术是魏晋玄学的源头之一。值得注意的是，当荆州学术的特盛时期，正是王粲避难至荆州依靠刘表的时候，虽然没有材料证明王粲是否曾经参与过宋忠等人的易学讨论，但说王粲必定熟闻宋忠易学，当无可疑。[3] 更值得注意的是，玄学大师王弼是王粲的侄孙，史载：王粲与族兄王凯避难至荆州，王粲之二子死于魏讽之难，魏文帝以王凯之子王业嗣粲，而王弼乃王业之子。因此，王弼之玄学乃可

[1]　汤用彤：《魏晋玄学论稿》第 126 页，中华书局 1962 年版。

[2]　汤用彤：《魏晋玄学论稿》第 123 页，中华书局 1962 年版。

[3]　宋忠易学，异于郑玄。据说王粲亦曾撰文疑难郑玄《尚书》注，《隋书·经籍志》云："梁有《尚书释问》四卷，魏侍中王粲撰。"《旧唐书·经籍志》云："《尚书释问》四卷，郑玄注，王粲问，田琼、韩益正。"另外，据《太平御览》卷六百二引《金楼子·杂记》云："王仲宣昔在荆州，著书数十篇。荆州坏，尽焚其书。"被焚毁的数十篇荆州之作中，有无讨论易学的文字，亦未可知。

视为王氏之家学。[1]王粲与玄学之关系，由此可得到更进一步证明。

其二，王粲与玄学的另一思想根源——名学——密切相关。《文心雕龙·论说》说："傅嘏、王粲校练名理。"所谓"名理"，即形名学，它以检形定名为中心理论，是汉魏之际学术界比较关注的问题，是玄学的两大思想根源之一。如善谈名理之傅嘏就是一位有名的玄学家，据《世说新语·文学》载："傅嘏善言虚胜，荀粲谈尚玄远。"刘孝标注引《傅子》说："嘏既达治好正，而有清理识要，好论才性，原本精微，鲜能及之。"《魏志·傅嘏传》亦："嘏常论才性异同，钟会集而论之。"刘勰在《论说》里把王粲与傅嘏并提，将王粲的《去伐论》与傅嘏《才性论》、嵇康《声无哀乐论》、夏侯玄《本无》、王弼《周易略例》和何晏《道德论》等玄学论文并论，可见王粲的确是玄学风气中人。故刘师培《汉魏六朝专家文研究》说："王仲宣介乎儒法之间，……渐开校练名理之风，已与两汉之儒家异贯。"[2]其校练名理之文，已开启了王弼、何晏等玄学家的"清峻简约"的文风，刘师培《魏晋文学之变迁》说："王弼、何晏之文，清峻简约，文质兼备，虽阐发道家之绪，实与名法家言为近者也。此派之文，盖成于

---

[1] 贺昌群《魏晋清谈思想初论》说："汉代学术最重师法家法，魏晋之际，此风犹不尽坠。王弼承家学之渊源，复遭际时会，汉魏间新经解之运动，藉王弼天纵之才，至此始瓜熟蒂落，其学虽为创新，实承家学，且集其时代之大成者也。"（第52页，辽宁教育出版社1998年版）曹聚仁《中国学术思想史随笔》说："王弼未必住过荆州，然其家世与荆州颇有关系。""王氏从正宗始，便好玄言。而其父祖都和荆州有关系。粲、凯及其子与业，熟闻宋仲子之道，后定之论。则王弼之家学，上溯荆州，出于宋氏。"（第108页，生活·读书·新知三联书店1986年版）韩强《王弼与中国文化》说："王弼的家学与荆州学派有密切关系"，并认为当时"形成了以刘表、宋衷、王粲为首的荆州学派"（第27页，贵州人民出版社2001年版）。作者认为：王弼二十余岁创立玄学思想体系，此种年龄，与外界社会接触尚少，故其学术，源于家学的成分当远远大于受外界学术的影响。

[2] 刘师培：《中古文学论著三种》第124页，辽宁教育出版社1997年版。

傅嘏，而王、何集其大成。夏侯玄、钟会之流，亦属此派。溯其远源，则孔融、王粲实开其基。"[1]

其三，在行为方式上，与受儒家思想影响的文人追求文雅稳重、忠孝名节的君子风范不同，王粲之为人颇为通侻、躁竞。《魏志》本传称王粲"貌寝而体弱通侻"，裴注曰："通侻，简易也。"《文心雕龙·体性》说："仲宣躁锐，故颖出而才果。"《程器》说："仲宣轻脆以躁竞。"《三国志·魏志·杜袭传》亦说："粲性躁竞。"这说明王粲之为人，与儒家的君子风范大异其趣，而与东汉中后期以来在尚通意趣之影响下形成的浮华士风是一致的，与玄风大盛之后在"越名教而任自然"理论指导下兴起的虚诞之风是相通的。[2]

王粲与玄学关系密切，他不仅与玄学的两个思想根源密切相关，而且在行为方式上亦与玄风大盛之后的士风相通。由于文献散佚，特别是他在荆州所著的数十篇文章被烧毁，作者不敢贸然断定他就是一位早期玄学家，但说他是玄学风气中人，应该是比较符合实际。如前所论，以秀为美的审美情趣是长期孕育并脱胎于玄学"言意之辨"的理论之中，是受玄学"清通简要"的学术方法之浸润影响而形成。王粲既与玄学有如此密切之关系，那末，他在"曹刘体"的雅美风格之外"别构"秀美一体，这在学理上正有明显逻辑关系。另外，《诗品》中与王粲有直接或间接渊源关系的诗人，他们与王粲一样，虽未以玄学名家，但都是玄学风气中人，受玄学思想和尚通意趣的浸润颇深，故而源于王粲，体现了一种清秀、浅净的文学风格。

刘勰《文心雕龙·才略》称王粲为"七子之冠冕"，王粲之所以能在建安文坛群雄驰骋的局面中，独占鳌头，取得与曹植并尊的地位，作者以为：这正在于他的创新精神，在于他能够在曹刘古雅之体外"别

[1] 刘师培：《中古文学论著三种》第 27 页，辽宁教育出版社 1997 年版。
[2] 参见本书第四章之附录 "'仲宣伤于肥戆'解"。

构"秀美一体，以与"曹刘体"分庭抗礼。钟嵘《诗品序》说："有轻薄之徒，笑曹、刘为古拙。""笑曹、刘为古拙"的"轻薄之徒"，或许就是王粲等玄学风气中人。然而，正是此等"轻薄之徒"开创了新的风气，领导了新的时尚，为魏晋六朝文学之发展开创了一片新天地。

3. 说"直致"——关于钟嵘《诗品》的一个诗学概念的诠释

钟嵘《诗品》卷上说：陆机"尚规矩，（不）贵绮错，有伤直致之奇"。关于"直致"一词，《诗品》研究者多曾留意，并引书证以阐释。然以作者所见，其中尚有未发之覆，特别是关于"直致"这个诗学概念在《诗品》中的特别涵义，研究者皆未予深究。本节就这个问题作专题考察，希望能引起《诗品》研究者的注意。

首先，作者认为："直致"是六朝常用语，是《诗品》中的一个重要诗学概念。

"直致"者，率直自然、直而不曲之谓也。关于其语源，《诗品》注者多引唐宋文献为证，如向长清《诗品注释》、萧华荣《诗品注译》、徐达《诗品全译》等书，所引皆不出殷璠《河岳英灵集序》、朱熹《楚辞集注·九章序》和司空图《与李生论诗书》等三条唐宋书证。[1] 其实，"直致"乃六朝常用语，屡见当时文籍，如早于钟嵘的葛洪，在《抱朴子·刺骄》篇说："请会则直致，所惠则得多。"句中"直致"，即率直自然之意，与《诗品》"直致"语意相近。与钟嵘同时的北朝人常景著《古

---

[1] 萧华荣等《诗品》注者引《河岳英灵集序》多作"诗多直致，语少切对"。查《唐人选唐诗（十种）》（上海古籍出版社1958年版）和《文镜秘府论》（人民文学出版社1975年版），皆作"诗多直语，少切对"。《全唐文》作"诗多直致，语少切对"，此或为萧华荣等注家所本。

贤诗》，[1] 说"长卿有艳才，直致不群性"，[2] 此"直致"，即不委曲适俗之意，与《诗品》"直致"语意亦相近。《诗品》注者引唐宋文籍而不引六朝人语，有悖文献引征中"举先以明后，以示作者必有所祖述"的通则。[3]

"直致"是六朝常用语，钟嵘借以论诗，说陆机诗"有伤直致之奇"。"直致"一词在《诗品》中虽仅此一见，但"直""致"单用却是常见。其中，"直"字单用凡七见，列举如下：

> 《诗品序》："直书其事，寓言写物，赋也。""观古今胜语，多非补假，皆由直寻。"
>
> 卷中：评曹丕说："则新奇百许篇，率皆鄙直如偶语。"评陶渊明说："世叹其质直，……岂直为田家语耶。"评嵇康说："颇似魏文，过为峻切，讦直露才，伤渊雅之致。"
>
> 卷下：评曹操说："曹公古直，甚有悲凉之句。"

"致"字单用凡五见，列举如下：

> 卷上：评班姬"得匹夫之致"。评陆机"有伤直致之奇"。评左思"得讽谕之致"。
>
> 卷中：评嵇康"伤渊雅之致"。
>
> 卷下：评檀、谢七君"得士大夫之雅致"。

另外，以"致"为词根构成的词，在六朝很常见，如：

---

[1] 钟嵘卒于518年，常景卒于550年，似相距甚远。然据郁沅《魏晋南北朝文论选》的考察，常景此诗作于504年，与《诗品》大致同时。

[2] 《魏书·常景传》。

[3] 李善：《文选·东都赋序注》。

初，注《庄子》者数十家，莫能究其旨要。向秀于旧注外为《解义》，妙析奇致，大畅玄风。（《世说新语·文学》）

谢幼舆曰：友人王眉子清通简畅，嵇延祖弘雅劭长，董仲道卓荦有致度。（《世说新语·赏誉》）

王大将军与丞相书，称杨朗曰：世彦识器理致。（同上）

殷中军道韩太常曰：……及其发言遣辞，往往有情致。（同上）

王长史与大司马书，道渊源：识致安处，足副时谈。（同上）

（王濛）商略古贤，显默之际，辞旨劭令，往往有高致。（《世说新语·赏誉》刘注引《王濛别传》）

时人道阮思旷骨气不及右军，简秀不如真长，韶韵不如仲祖，思致不如渊源，而兼有诸人之美。（《世说新语·品藻》）

（山涛）妻曰：君才致殊不如，正当以识度相友耳。（《世说新语·贤媛》）

从以上罗列的材料看，六朝人用的"致"，是褒义词，指一种美好的境界、情态或意趣。所以，作者认为：所谓"直致"就是"直之致"，即一种美好的"直"的境界或意趣，是与"渊雅之致"相对而言的。或者说，"直致"与"雅致"是两个不同的诗学概念，甚至可以说是《诗品》中两个相对的诗学范畴。[1]

作者提出"直致"与"雅致"是钟嵘论诗的两个不同的诗学概念，依据如下：其一，《诗品》卷中"嵇康条"，说嵇康"过为峻切，讦直露才，伤渊雅之致"，可知"直"与"渊雅"明显对立。其二，卷

---

[1] "雅致"是钟嵘《诗品》的一个重要诗学概念，钟嵘常以"雅"论诗，如说曹植诗"情兼雅怨，体被文质"，曹彪、徐干诗"亦能闲雅"，任昉诗"拓体渊雅"，颜延之"是经纶文雅才"，谢庄诗"气候清雅"，檀、谢七君"得士大夫之雅致"，张欣泰、范缜诗"不失雅宗"。说嵇康诗"伤渊雅之致"，鲍照诗"颇伤清雅之调"。

上"陆机条"，先说陆机诗"出于陈思，才高词赡，举体华美"，故与曹植诗一样，"情兼雅怨，体被文质"，有雅正之风。又说其诗"有伤直致之奇"，即不够"直致"。[1] 这里，"雅"与"直"亦是明显对立的。其三，再举两条外证，《文心雕龙·才略》说："孙楚缀思，每直置以疏通；挚虞述怀，必循规以温雅。"周振甫注云："直置，直书其事，置于句中，即不用典。"[2] 作者认为："直置"是一种创作方法，"直致"是通过"直置"这种创作方法所达到的艺术境界。[3] 刘勰所谓"循规以温雅"，即是说"循规"乃"温雅"之条件。而《诗品》说陆机"尚规矩"，故"有伤直致之奇"。亦就是说，"尚规矩"使陆机诗"温雅"而伤"直致"。"直致"与"雅致"之对立，于此可见。而刘勰、钟嵘论诗之渊源影响亦较然可知。另外，唐初元兢《古今诗人秀句序》说："余于是以情绪为先，直置为本；以物色留后，绮错为末。"[4] 这段话本于上引《文心雕龙·才略》语和《诗品》"陆机条"。在这里，"直置"与"绮错"构成本末对应关系，以"直置为本"者，必以"绮错为末"。陆机诗"贵绮错"，有"雅致"，故必"伤直致之奇"，此《诗品》"直致"与"雅致"对立之又一例证。

　　总之，细绎《诗品》全书，再参诸同时或稍后论者之引述，不难

[1]　"有伤直致之奇"，是说陆机的缺点。徐达《诗品全译》译为"以免有妨于直率表达情致之妙"（第55页，贵州人民出版社1990年版）。与原文文意不符，是为误译。

[2]　周振甫：《文心雕龙选译》第293页，中华书局1980年版。

[3]　关于"直置"一语，范文澜《文心雕龙注》说："'直置'不可解，'置'或'指'之误欤。"杨明照《文心雕龙校注拾遗》说："'直置疏通'，盖即休文所谓'直举胸情，非傍诗史'也。《文镜秘府论·地卷·十体篇》说：'直置体者，谓直书其事，置之于句者是。'是'置'字未误。"并引《宋书·刘穆之传》《梁书·伏挺传》《江文通集·杂体诗殷东阳首》为证，指出"直置"是当时常语。作者认为：从《文镜秘府论》对"直置"的定义，和杨明照所引沈约语看，"直置"实为一种创作方法。

[4]　《文镜秘府论》南卷。

发现，"直致"实是《诗品》中的一个重要诗学概念，其与"雅致"相对，是钟嵘持之以论汉魏晋宋间一百多位诗人的两大诗学范畴之一。概括地说，《诗品》将汉魏晋宋间的诗歌创作分为风、骚二派，源于《国风》一派者，多有"雅致"之美，有"错彩镂金"的特点，《诗品》评此派诗人，多用"雅"字，构成如"渊雅""清雅""闲雅"和"雅致"等词，其流弊就是用事、繁芜、艰深。源于《楚辞》一派者，多有"直致"之美，有"清水芙蓉"的特点，《诗品》评此派诗人，多用"直""秀""浅""清"等字，其流弊就是"鄙直""险俗"，或"不避危侧"，或如"田家语"。

《诗品》虽非专论文学风格之专著，但已明显将诗歌分为"直致"和"雅致"二体。这种区分虽然粗略，但亦颇切实情。《文心雕龙·体性》区分文学风格为八体，其中的"显附"一体，就略同于《诗品》之"直致"体。《文镜秘府论·论体》区分文学风格为六体，其中的"切至"一体，亦近于《诗品》之"直致"体。司空图《二十四诗品》之"实境"一品，亦与《诗品》之"直致"体同（详后）。虽区分转繁，名目各异，然皆以"直致"为独立之一体。

进一步考察，作者认为："直致"非"田家语"，乃"自然英旨""风华清靡"之美。

"直致"是钟嵘《诗品》中的一个重要的诗学概念。值得注意的是，钟嵘对"直"曾加以分类，并对不同的"直"持着不同的态度。综观《诗品》，他将"直"分为"直致"和"质直"（或称"鄙直""古直"）两大类。他不喜欢"质直"，对那些文辞质朴、不加修饰的作家，他的评价都不高，如曹丕诗"鄙直如偶语"，降居中品；曹操诗"古直"，降居下品；嵇康诗"讦直"，降居中品；陶渊明诗"质直"，降居中品。他对"直书其事"的赋法亦有微辞，认为它"嬉成流移，文无止泊，有芜漫之累"。钟嵘不喜欢"质直"、"古直"和"鄙直",与他的"文已尽而意有余"的诗歌美学追求正相吻合。然而,在《诗品》中,"直致"却是一个褒义词。说陆机"有伤直致之奇",观其语意,他对"直致"一体持肯定态度,并无丝毫贬意。在《诗品》中,"奇"有卓颖、美好的意思,如卷上说曹植"骨气奇高",卷中说张华"兴托不奇",说任昉"动辄用事,所以诗不得奇"等等,皆是褒意。故"直致之奇"即"直致之美"的意思,说陆机诗"有伤直致之奇",意谓陆机诗欠缺"直致"之美。这里,需要探究的是,钟嵘《诗品》中使用的"直致"一词,到底是什么意思?

《诗品》卷中评陶渊明诗说:"世叹其质直,至如'欢言酌春酒''日暮天无云',风华清靡,岂直为田家语耶?"钟嵘在这里为陶渊明辩护,对世人于陶诗的"质直"之评提出异议,认为陶诗实有"风华清靡"的特点,并发出了"岂直为田家语耶"的质疑。[1]这个质疑很重要,"难道直就是乡里鄙语吗?"[2]言下之意是说,"直"不仅是"田家语","直"除了"质直"(即"田家语")一类外,还有"直致"一类,"直致"不是"田家语",而是一种"风华清靡""自然英旨"之美。我认为,这就是钟嵘《诗品》"直致"说的真正涵义。

钟嵘所谓的"直致之奇",实际上就是一种"自然英旨"之美。

---

[1] 钟嵘对当时人评陶诗的这个质疑,说明他已经认识到陶诗外质内绮的特点。后代学者对陶诗的评价多继承他这个观点,如苏轼说:"渊明作诗不多,然其诗质而实绮,癯而实腴。自曹、刘、鲍、谢、李、杜诸人,皆不及也。"(胡仔《苕溪渔隐丛话》前集卷四引)又说:"所贵乎枯淡者,谓其外枯而中膏,似淡而实美,渊明、子美之流是也。若中边皆枯淡,亦何足道。"(《苏轼文集》卷六十七)陈善《扪虱新话》说:"乍读渊明诗,颇似枯淡,久而有味,东坡晚年酷好之。"沈德潜《说诗晬语》说:"陶诗胸次浩然,其中有一段渊深朴茂不可到处。"

[2] 徐达《诗品全译》译"岂直为田家语耶"为"难道只是乡里鄙语吗?"并注说:"直:只是。"(第99页,贵州人民出版社1990年版)考虑到"直"是《诗品》中一个重要的诗学概念,且本段文字就是为世人对陶诗的"质直"之评作辩护的,故译为"难道直就是乡里鄙语吗",比较恰当。

因其是"自然英旨"，故而才显得"风华清靡"。需要说明的是，钟嵘所谓的"自然"，不是通常意义上的自然，而是玄学家讲的"自然"，是"应物而不累于物"的"自然"，是创造而不见创造的痕迹，用力而不见用力处的美。正因此，钟嵘并不反对作家用力，他甚至主张用力，但要做到用力而不觉有雕琢斧凿、人为构造的痕迹，认为这才是诗歌创作的最高境界，亦就是有所谓的"直致之奇"。比如，他之所以列曹丕、嵇康和陶渊明为中品，曹操为下品，就因为他们的诗"直"过了头，或有"露才"之弊，或有"质直"之嫌，或者"鄙直如偶语"，总之，皆不曾用力，故而亦非"言已尽而意有余"的佳作，钟嵘欣赏的不是这种自然，亦不是这种"直"。他亦反对用力太过，如当时诗歌创作中盛行的用典使事和讲平仄声律，在他看来，就是用力太过，有人工雕琢的痕迹，因而亦就不具备"自然英旨"的"直致之奇"。比如，他反对声律，认为它"务为精密，襞积细微，专相陵架。故使文多拘忌，伤其真美"。[1] 但是，对于"清浊通流，口吻调利"的诗篇却是相当地赞赏，如他称道谢灵运的诗"丽典新声，络绎奔会"，说张协诗"音韵铿锵"。又如，他反对用典使事，说："至于吟咏性情，亦何贵于用事？'思君如流水'，既是即目；'高台多悲风'，亦惟所见；'清晨登陇首'，羌无故实；'明月照积雪'，岂出经史？观古今胜语，多非补假，皆由直寻。""补假"，就是用力太过，使诗歌"句无虚语，语无虚字，拘挛补衲"，雕琢痕迹过重，因而亦就不具备"自然英旨"的"直致"之美。陆机诗正有这个特点，因而在

---

[1] 钟嵘《诗品序》说："观古今胜语，多非补假，皆由直寻。颜延、谢庄，尤为繁密，于时化之，故大明、泰始中，文章殆同书钞。近任昉、王元长等，词不贵奇，竞须新事，尔来作者，寖以成俗。遂乃句无虚语，语无虚字，拘挛补衲，蠹文已甚。但自然英旨，罕值其人。……于时士流景慕，务为精密，襞积细微，专相陵架，故使文多拘忌，伤其真美。"按：《诗品序》此段文字的表述和用词，与《文心雕龙·附会》篇中的一段文字颇为相似。《附会》说："夫画者谨发而易貌，射者仪毫而失墙，锐精细巧，心疏体统。故宜拙寸以信尺，枉尺以直寻，弃偏善之巧，学具美之绩，此命篇之经略也。"这里有两个问题值得注意：一是"直寻"，杨明《文心雕龙校注拾遗》引《孟子·滕文公下》云："且《志》曰：枉尺而直寻。宜若可为也。"按朱熹《集注》释此语说："直，伸也。八尺曰寻。枉尺直寻，……所屈者小，所伸者大也。"《诗品序》所谓"多非补假，皆由直寻"，正是这个意思，《诗品》注者当引《孟子》《文心雕龙》为证，未可仅据字面而释为"直抒胸臆"。二是"具美"，詹锳《文心雕龙义证》释为"整体完美"，这正与"谨发易貌"、"仪毫失墙""锐精细巧"的偏善之美是相对而言的。考察刘勰此段文意，与《诗品序》大致相近，如《序》云"文多拘忌，伤其真美"，所谓"拘忌"，就是刘勰所说的"务为精密，襞积细微，专相陵架"。然一作"具美"，一个"真美"，作者怀疑其中必有一误。作者认为，当以"具美"为确，如詹锳所说，"具美"是"整体完美"的意思，文学创作"务为精密，襞积细微，专相陵架"，使"文多拘忌"，固然有伤文章之"整体完美"。从文意上是讲得通的。再说，《诗品》卷中亦有"具美"一词，其文云："正叔（潘尼）绿繁之章，虽不具美，而文采高丽，并得虬龙片甲，凤凰一毛，事同驳圣，宜居中品。"潘尼诗"不具美"，是因为他的诗仅得"虬龙片甲，凤凰一毛"，即有"细微""精密"之功，而乏整体之美。这与《诗品序》《文心雕龙·附会》之意相近，故可反证《诗品序》之"真美"当作"具美"。其误之由，当是形近所致。

钟嵘看来，就是"有伤直致之奇"。他说任昉"既博物，动辄用事，所以诗不得奇"，亦是这个意思。再说，用典繁富，雕琢过分，便可导致"意深"。"深"和"浅"是钟嵘常用的两个诗学概念，他一方面对过分的"浅"（即"直"过了头）不满意，另一方面亦不喜欢过分的"深"，因为在他看来，"意深则词踬"。陆机诗就有这个问题，如《文心雕龙·体性》说"士衡矜重，故情繁而辞隐"，《熔裁》说"士衡才优，而缀辞尤繁"，《才略》说陆机"才欲窥深，辞务索广，故思能入巧，而不能制繁"，《世说新语·文学》引孙兴公说"陆文深而芜"，总之，陆机诗文"深"的问题，在当时已是学者的共识。又如《诗品》评颜延之诗"体裁绮密，情喻渊深，动无虚散，一字一句，皆致意焉。又喜用古事，弥见拘束。虽乖秀逸，是经纶文雅才。雅才减若人，则蹈于困踬也"。钟嵘在此虽极力为颜延之辩护，但终究掩盖不了颜诗因"绮密""渊深"而"蹈于困踬"的缺点。他说谢朓诗"善自发诗端，而末篇多踬"，所谓"末篇多踬"，就是"末篇多喜用古事"，[1]故而有伤"直致"。

　　"直致"之美亦是一种中和之美，这体现了钟嵘论诗的持中观念。[2]在他看来，直过了头，便是"鄙直""险俗"，便是"质直"如"田家语"，这不符合他的"言已尽而意有余"的诗歌美学观念。同样，"雅"过了头，便是"意深""拘忌"，便是"词踬"而"殆同书钞"，这亦不符合他的"自然英旨""风华清靡"的诗歌美学意趣。所以，从这个意义上讲，在《诗品》里，"直致"和"雅致"是两个相对但

---

[1]　陈延杰：《诗品注》，人民文学出版社 1980 年版。

[2]　王忠《钟嵘品诗的标准尺度》指出钟嵘品诗主张得"中"的文学观，举凡内容、形式、风格，皆持一种"中"的观点（《国文月刊》第 66 期，开明书店 1948 年）。张伯伟亦指出钟嵘受《周易》的影响，在《诗品》中主张"尚中"的文学观念（《钟嵘诗品研究》第 51 ~ 52 页，南京大学出版社 1996 年版）。

不矛盾的审美范畴，两者都以持中为特色，皆是中和之美。

　　"直致"是一种"自然"之美、中和之美。在《诗品》所评诗人中，最符合钟嵘"直致"审美理想的亦许要算谢灵运。或者说，钟嵘理想中的"直致""自然"，就是谢灵运诗式的"直致""自然"。谢灵运诗以"自然"为特色，在当时已是学者的共识，如鲍照说："谢五言如初发芙蓉，自然可爱。"[1]萧纲《与湘东王书》说："谢客吐言天拔，出于自然。"《诗品》虽未以"自然"二字评谢灵运，但说他的诗"譬犹青松之拔灌木，白玉之映尘沙"，亦正是"自然"的意思。实际上，谢诗与陶诗相比，未见得"自然"，如施补华《岘傭说诗》说谢诗"视左太冲、郭景纯，已逊自然"。那末，谢诗的"自然"体现在什么地方呢？于此，沈德潜的说法最有见地，他说谢诗"追琢而返于自然"，"大约经营惨淡，而一归于自然"，[2]这正是"应物而不累于物"的"自然"，是用力而不见用力处的"自然"，[3]亦是钟嵘所谓的"直致之奇"。《诗品》列谢灵运为上品，置陶渊明为中品，亦正是由这种"直致"理想或"自然"观念决定的。因此，《诗品》评谢诗，虽说它"尚巧似，颇以繁富为累"，但接着又为它辩护说："嵘谓若人兴多才高，寓目辄书，内无乏思，外无遗物，其繁富宜哉。"可见繁富、用事一类诗篇，在别人如陆机手里，是"有伤直致之奇"，而在谢灵运手里，因他有"兴多才高"的长处，可以驱使繁富的事典，故而就不觉其"拘忌"，亦就不伤"直致"了。

　　最后，我们讨论后世对钟嵘"直致"说的理解与误解。

　　在《诗品》中，"直致"是与"雅致"相对的一个重要诗学概念和审美范畴。在此二者间，钟嵘虽倾向于"雅致"一体，如上品诗人

[1]　《南史·颜延之传》。

[2]　《古诗源》卷十。

[3]　参见张伯伟《钟嵘诗品研究》第 59 页，南京大学出版社 1996 年版。

多有"雅"的特点，但对"直致"一体亦无明显的贬斥，而是把"直致"作为一种美的特征加以肯定。

以"直致"论诗，起于钟嵘《诗品》，后世诗论家转相祖袭，遂使之成为中国古代诗学史上一个应用广泛的专门概念。如与钟嵘同时的刘勰，在讲文学风格时，有所谓"显附"一体，略同于《诗品》之"直致"。《文心雕龙·体性》说：若总论归途，则数穷八体：一曰典雅，四曰显附。何谓"显附"？他说："显附者，辞直义畅，切理厌心者也。"用"直""切"释"显附"，可知刘勰所谓的"显附"，近似于钟嵘所谓的"直致"。另外，钟嵘所谓的"直致"亦略近于刘勰说的"比体"，他在《比兴》中说："故比者，附也；兴者，起也。附理者，切类以指事；起情者，依微以拟议。""比则蓄愤以斥言，兴则环譬以记讽。"这就是所谓"比显而兴隐"的问题。又说："且何谓为比？盖写物以附意，飏言以切事者也。""故比类虽繁，以切至为贵，若刻鹄类鹜，则无所取也。"刘勰所释"比体"，多用"显""附""切类""斥言"等词，并认为"比体"是"以切至为贵"，可知，此"比体"即是《体性》中的"显附"体，亦略近于钟嵘所谓的"直致"体。

钟嵘称为"直致"者，刘勰命名为"显附"或"比体"。至唐代，《文镜秘府论》论文学风格有六体，中有"切至"一体，其《论体》说："凡制作之士，祖述多门，人心不同，文体各异。较而言之，有博雅焉，……有切至焉，……舒陈哀愤，献纳约戒，言唯折中，情必曲尽，切至之功也。"《文镜秘府论》的六体，是依据《文心雕龙·体性》所举八体，稍加改易而成。[1] 其"切至"就相当于《文心雕龙》所谓的"显附"，亦略同于《诗品》之"直致"。另外，《文镜秘府论·地卷·十体》

[1] 郭绍虞《中国文学批评史》说："《文镜秘府论·论体》篇有博雅、清典、绮艳、宏壮、要约、切至六目，就是本《文心雕龙》所举八体，稍加改易而去了新奇、轻靡二体。"（第75页，上海古籍出版社1997年版）

有"直置体"，亦近于钟嵘的"直致"，只不过《文镜》是从创作方法的角度立论的。晚唐司空图《二十四诗品》，有"实境"一品，其解释"实境"云："取语甚直，计思匪深。……性情所至，妙不自寻，遇之自天，泠然希音。"其说正与钟嵘所谓的"直致"吻合。故清人孙联奎《诗品臆说》多引钟嵘之言作注，如云："愚按：古人诗，即日、即事，皆实境也。"[1] 又云："'清晨登陇首'五字，羌无故实，此等直语，定非深思所得。"皆引自钟嵘《诗品序》。

钟嵘"直致"说，虽然得到后人的理解与回应，但同时亦被后人不断地误解。如《文镜秘府论·论体》说："舒陈哀愤，献纳约戒，言唯折中，情必曲尽，切至之功也。""切至之失也直。""体尚专直，文好指斥，直乃行焉。谓文体不经营，专为直置，[2] 言无比附，好相指斥也。"关于"切至"与"直致"之关系，前已说明。需要补充的是，《文镜秘府论》说明"切至"一段，与《诗品》卷下"赵壹条"有明显的渊源关系，《诗品》云："元叔（赵壹）散愤兰蕙，指斥囊钱。苦言切句，良亦勤矣。""散愤"为《文镜》"舒陈哀愤"所本，"指斥"被《文镜》两次引用，其渊源关系甚为明显。问题是，《文镜》所论"切至"体的缺点，就有对钟嵘的误会。如前所述，《诗品》将"直"分为"直致"和"质直"（或云"古直""鄙直"）二类，"质直"是文辞质朴不加修饰，是"田家语"，而"直致"则是一种风华清靡、自然英旨之美。《文镜》笼统言之，其"体尚专直，文好指斥"等批评话语，亦

[1] 孙联奎：《司空图诗品解说二种》第37页，孙昌熙、刘淦校点，齐鲁书社1980年版。司空图《诗品》，虽被陈尚君、汪涌豪等学者怀疑为伪作，但目前尚未定论，故仍沿旧说。按："即日"当作"即目"，钟嵘《诗品》说："'思君如流水'，既是即目。"

[2] 周维德校云："置"，《眼心》作"置"（周维德校点《文镜秘府论》第152页，人民文学出版社1980年版）。按，作"置"是，《文镜秘府论·十体》有"直置体"，二字盖形近而误。

只适合于《诗品》之"质直"一体。因为钟嵘之"直致"体，并不是"不经营"，而是要"经营"却又力求不见"经营"之痕迹；刘勰之"显附"体，亦并不是"言无比附，好相指斥"，正好相好，刘勰是以"比附"释"显附"，其"显附"就略同于《比兴》篇中的"比体"。

后世对钟嵘"直致"说的误解，大概就是从《文镜秘府论》开始的，并且与《文镜秘府论》误解的理路，大体类似，即仅把"直"理解为"质直"，而忽略了"直"的另一面，即"直致"。如唐宋诗论家，或对"直"加以限制，要求"直而切"，[1] 或另造"直婉"一词，[2] 或直接反对为文为诗用"直"，如严羽《沧浪诗话》。总之，皆是重蹈《文镜》误解之理路，而不明"直"除了"质直"外，还有"直致"一体。

尤其值得注意的是，宋代以来的诗论家，即便借用钟嵘"直致"一语，已非《诗品》褒奖"自然英旨""风华清靡"之本意，而是作为一个贬义词，与"质直""鄙直"同等看待。如朱熹《楚辞集·九章序》说："余考其词，大抵多直致，无润色。"以"无润色"解释"直致"，同于《文镜》以"不经营"解释"直"。《文献通考》卷二三七《经籍考六十四》说："竹溪林氏曰：唐子西学东坡者也，得其气骨而未尽其变态之妙，间有直致处，然无一点尘俗，亦佳作也。"孙光宪《北梦琐言》卷七说："阆州人王保晦有文才而无体式，然其切露直致，易为晓悟。"文莹《湘山野录》卷上说："公已老，手染已疏以求免，但直致数句，更无表章铺叙之饰。"郎瑛《七修类稿》卷四《天地类》说："江山如此，则直至数句，无他感兴矣。"以上四例，或以"直致""为""未尽其变态之妙"，或以"直致"为"无表章铺叙之饰"，或以"无他感兴"释"直致"。总之，皆略有贬义，与钟嵘的"直致

---

[1]　元稹：《上令狐相公诗启》，《全唐文》卷六五三。

[2]　梁肃：《常州刺史独孤及集后序》，《全唐文》卷五一八。

之奇”不同。元代刘壎《隐居通仪·诗歌一》云："此诗虽若直致，然情思深婉，怨而不露。"观其语意，"直致"有不"深婉"和"露"的特点，此亦与钟嵘之意不合。明代王廷相《与郭价夫学士论诗书》云："言征实则寡余味，情直致而难动物也。"[1]杨慎《词品》卷二说："杜诗'灯前细寸檐花落'，注者谓檐下之花，恐非。盖谓檐前寸映灯花如花尔。后人不知，或改作'檐前细雨灯花落'，则直致无味矣。"《古今词话·词评》卷上说："张叔夏曰：潜夫（刘克庄）负一代时名，《别调》一卷，大约直致近俗，效稼轩而不及者。"黄宗羲《南雷庚戌集自序》说："夫明文自宋（濂）、方（孝孺）以后，直致而少曲折，奄奄无气，日流肤浅，盖已不容不变。"在这里，"直致"全然是贬意，与钟嵘之本意截然不同。这是对钟嵘"直致"说的彻底误解。

要之，"直致"是六朝习用语，是钟嵘《诗品》中的一个重要诗学概念。钟嵘将"直"区分为"直致"和"质直"二体。"直致"非"田家语"，乃"自然英旨""风华清靡"之美。钟嵘褒"直致"而贬"质直"，把"直致"与"雅致"并立，视为诗学中两个相对但不矛盾的审美范畴。此种观点，钟嵘虽未明确而集中地阐释，但其观点却是贯穿在《诗品》一书中，通览《诗品》，进行细致的比勘探索，是不难发现这种诗学观念的。正因为钟嵘没有对它进行集中而明确的阐释，才致使后世诗论家仅从字面上进行歪曲误解。本节的目的在于再现隐藏于《诗品》深处的"直致"诗学观念，希望对读者于《诗品》之阅读理解，提供一点帮助。

---

[1]　《王氏家藏集》卷二十八。

三、尚通意趣与文学批评

文学鉴赏与文学批评是既有联系又有区别的两个概念。一般而言，文学鉴赏中虽有一定的品评鉴别，但它却是以玩赏为主，力求通过鉴赏在自己的心灵上产生共鸣，得到愉快的美的感受。文学批评则是依据一定的标准对作家作品进行系统的、科学的、深入的分析研究，品评优劣。前者有主观性，后者有客观特质。但是，文学批评又往往是从鉴赏着手，或者说是以鉴赏为基础。在本节，作者在使用这两个概念时，不作明确的区分，或言鉴赏，或言批评，其意义则是相同的。作者探讨尚通意趣对魏晋六朝文学批评的影响，着重讨论这样两个问题：一是尚通意趣与魏晋六朝文学批评观念之自觉；二是尚通意趣与"知音"批评方法。

1. 尚通意趣与魏晋六朝文学批评观念之自觉

魏晋六朝是文学的自觉时代，亦是文学批评的自觉时代。文学的自觉与文学批评的自觉是相互推动的。一方面，文学的自觉导致了文学批评的自觉；另一方面，文学批评的自觉又推动了文学自觉的进程。如前所述，魏晋六朝文学自觉观念之形成，是以其间盛行的尚通意趣为文化背景的。作者亦同样认为：魏晋六朝文学批评之自觉，亦是在尚通意趣的直接影响下促成的。

文学批评的自觉，就是批评家自觉地有意识地进行文学批评，而不是在解经、著史的过程中因涉及文学现象而附带地、不自觉地进行文学品鉴。它包括两方面的内容，即批评家身份的自觉和批评观念的自觉。关于批评家身份的自觉，吾师胡大雷先生已有详尽的讨论。[1]
于此仅就批评观念之自觉与尚通意趣之关系，作简要的考察。

所谓文学批评观念的自觉，就是批评家从审美、娱乐的角度定位
文学，以历史的、发展的眼光品鉴文学的优劣。魏晋六朝文学批评观
念的自觉，主要表现在以下三个方面：

首先，从审美、娱乐的角度评论文学作品的价值。

汉晋文化思潮的发展，明显呈现出由道德、功利而艺术、审美的
发展趋势。汉代文化，无论是学术思想，还是文学艺术、人物品评，
皆有重功利、尚实用的特点，美刺、讽谏、功利、实用是其衡量思想、
学术、艺术之价值的唯一尺度。魏晋六朝人在学术思想、文学艺术、
人物品鉴和山水欣赏等方面，皆有艺术化、审美化的特点，有轻教化
而重娱乐的倾向。

一般而言，汉人论文，往往是"依经立义"，按照儒家的伦理教
化观念进行价值评判，其所重者，是美刺教化和道德功利。这种批评
观念，具体体现在汉人对《诗经》《楚辞》和汉赋的评价上。汉儒重《诗》，
尊之为经，认为《诗》有"经夫妇，成孝敬，厚人伦，美教化，移风俗"
的重大社会政治作用，他们在解《诗》的过程中，阐发出"上以风化下"
的诗教说和"下以风刺上"的美刺说，甚至对赋、比、兴这样的文学
创作方法，亦是从美刺角度进行解释。[2] 故程廷祚《诗论十三》说："汉
儒言诗，不过美刺二端。"[3] 对以屈原《离骚》为代表的楚辞的评价，
亦是如此，如刘勰《文心雕龙·辩骚》说："昔汉武爱《骚》，而淮

---

[1] 胡大雷：《论魏晋南北朝文学批评家对自我身份的确认》（《东方丛刊》1998 年
　　第 3 期）。刘明今：《中国古代文学理论体系·方法论》（第 180 ~ 186 页，复
　　旦大学出版社 2000 年版）。
[2] 郑玄《周礼·春官宗伯·大师》注说："赋之言铺，直铺陈今之政教善恶。比，
　　见今之失，不敢斥言，取比类以言之。兴，见今之美，嫌于媚谀，取善事以喻劝之。"
[3] 《青溪集》卷二。

南作《传》，以为'《国风》好色而不淫，《小雅》怨诽而不乱，若《离骚》者可谓兼之'。""王逸以为'诗人提耳，屈原婉顺，《离骚》之文，依经立义'。""及汉宣嗟叹，以为皆合经术；扬雄讽味，亦言体同诗、雅。"总之，喊人推崇以《离骚》为代表的楚辞，皆着眼于美刺教化，以"依经""合经"为依据，完全就是"依经立义"式的评价。又如汉赋，汉人对它的态度有两类：一是肯定，如司马迁认为相如赋"虽多虚辞滥说，然其要归，引之于节俭，此与《诗》之风谏何异？"[1]汉宣帝称道："辞赋大者与古诗同义，小者辩丽可喜，……尚有仁义讽谕，鸟兽草木多闻之观，贤于倡优博奕远矣。"[2]班固亦认为赋"或以抒下情而通讽谕，或以宣上德而尽忠孝，雍容揄扬，著于后嗣，抑雅颂之亚也"。[3]二是否定，如扬雄认为赋是"雕虫篆刻""壮夫不为"，原因在于赋有"劝百讽一"的特点。[4]王充亦认为赋"文丽而务巨，言眇而趋深，然而不能处定是非，辩然否之实。虽文如锦绣，深如河汉，民不觉知是非之分，无益于弥为崇实之化"。[5]无论是肯定评价，还是否定评价，都是从功利实用、美刺教化的角度出发。所以，刘明今称汉代的文学批评为"教化批评"，[6]是比较符合实际的。

　　魏晋六朝时期，以美刺教化品评文学的观念虽未完全废弃，但艺术审美的观点却明显占着主导地位，最突出的现象就是文学的审美娱乐功能得到特别地强调，当时的创作和鉴赏都有这样的特点。比如，在创作上，魏晋六朝人扬弃了汉人"下以风刺上"的美刺说，普遍重

[1]　《史记·司马相如列传》。
[2]　《汉书·王褒传》。
[3]　《两都赋序》，《文选》卷一。
[4]　《法言·吾子》。
[5]　《论衡·定贤》。
[6]　刘明今：《中国古代文学理论体系·方法论》第1章第3节，复旦大学出版社2000年版。

视文学的审美娱乐功能，如曹丕《与吴质书》描述邺下文人的创作情景说："每至觞酌流行，丝竹并奏，酒酣耳热，仰而赋诗。当此之时，忽然不自知乐也。"[1] 刘勰《文心雕龙·时序》亦说建安文人"傲雅觞豆之前，雍容衽席之上，洒笔以成酣歌，和墨以藉谈笑"。陆机《文赋》论创作说："伊兹事之可乐，固圣贤之所钦。"陆云《与兄平原书》说："文章既自可羡，且解愁忘忧，但作之不工，烦劳而弃力，故久绝意耳。"又说："云久绝意于文章，由前日见教之后，而作文解愁，聊复作数篇，为复欲有所为以忘忧。"[2] 颜之推亦认为文学创作"入其滋味，亦乐事也"。[3] 史称谢安"出则渔弋山水，入则谈说属文"，[4] "优游山水，以敷文析理自娱"。[5] 把创作视为与清谈、游山水一样的娱乐手段。陶渊明亦说："夫导达意气，其惟文乎！"[6] 并"常著文章自娱，颇示己志"。[7] 在这样的文学氛围中，专以审美娱乐为目的的创作大量涌现，出现了大量的游戏之作，唱和、应制、赠答之诗风行一时，亦产生了"为赏心而作"的"远实用而近娱乐"的志人志怪小说，和供人娱乐的笑话集。[8] 简言之，魏晋六朝人是以"游"的态度对待文学创作。创作态度决定鉴赏态度，魏晋六朝人在文学鉴赏上，扬弃了汉人"上以风化下"的诗教说，普遍重视文学作品游心寓目的审美娱乐作用，如干宝《搜神记序》说他的创作目的，除了"发明神道之不诬"外，还"幸将来好事之士，录其根本，有以游心寓目而无尤焉"。即让读者在阅读欣赏中获得"游心寓目"的美感享受。萧统《文选序》

---

[1] 《文选》卷四十二。

[2] 《陆平原集》卷八。

[3] 《颜氏家训·文章》。

[4] 《世说新语·雅量》注引《中兴书》。

[5] 《世说新语·识鉴》注引《续晋阳秋》。

[6] 《陶渊明集》卷五《感士不遇赋并序》，逯钦立校注，中华书局1979年版。

[7] 《陶渊明集》卷六《五柳先生传并赞》，逯钦立校注，中华书局1979年版。

[8] 鲁迅：《中国小说史略》第45～52页，人民文学出版社1976年版。

把文学比喻为陶匏、黼黻，认为文学"譬陶匏异器，并为入耳之娱；黼黻不同，并为悦目之玩"，鲜明地强调文学作品的"娱耳""悦目"功能。

总之，在魏晋六朝，无论是创作还是鉴赏，皆明显有轻实用尚娱乐、轻功利重审美的特点，普遍倾向于从艺术审美而不是从美刺教化的角度论定文学的价值。这在一定程度上体现了魏晋六朝批评家在批评观念上的自觉。

其次，以发展的眼光品评文学，反对贵古贱今、贵远贱近，提出今胜于古的观点。

汉人"法天奉古""好古守经"，其特点就是不通不变，信师是古，贵远贱近。这种批评观念盛行于两汉，延续于魏晋。不过，自东汉以来，在尚通意趣的影响下，一些"异端"思想家便开始起来反对这种错误的批评观念，王充、葛洪就是其中最突出的代表。王充在《论衡》之《问孔》《齐世》《宣汉》《须颂》《案书》等篇章中，对汉人信师是古、褒古贬今的观念作了尖锐的批评又在《自纪》篇中，从文学发展、创作个性和审美心理等角度对文学创作和欣赏中的复古守旧观念进行了批判。葛洪在《抱朴子》之《尚博》《钧世》等篇章中，对文学批评中的贵古贱今观念作了进一步的批评，提出了"时移世改"和"今胜于古"的文学发展观点。[1] 他认为：《尚书》"未若近代之优文、诏策、军书、奏议之清富赡丽"，《毛诗》"不及《上林》《羽猎》《二京》《三都》之汪濊博富"，亦不如夏侯湛、潘安仁所作的《补亡诗》。[2] 葛洪提出的"今胜于古"的观点，在文学批评史上有特别重要的意义，

---

[1] 《抱朴子·钧世》说："且夫古者事事醇素，今则莫不雕饰，时移世改，理自然也。"这种与世迁移的文学发展观，与刘勰提出的"文变染乎世情，兴废系乎时序"的观点，已经是非常接近了。

[2] 参见本章第一节之"尚通意趣与六朝文学创作中的新变意识"。

他不仅破除了人们对古人的迷信，而且亦肯定了当代文学的价值，对文学创作的繁荣发展起着重要的促进作用。

刘勰继承王充、葛洪的观点，进一步抨击文学批评中贵古贱今的错误观念，提出了系统的文学发展观。他在《文心雕龙·知音》中慨叹"知音其难"时，便首先指出：

> 夫古来知音，多贱同而思古，所谓"日进前而不御，遥闻声而相思"也。昔《储说》始出，《子虚》初成，秦皇、汉武，恨不同时；既同时矣，则韩囚而马轻，岂不明鉴同时之贱哉！

把"贱同而思古"视作是"知实难逢"的首要因素。可见，在刘勰看来，贵古贱今是妨碍正常文学批评的主要因素。刘勰虽然没有像王充、葛洪那样对这种错误观念进行尖锐的批评，但他在《时序》篇中提出的"文变染乎世情，兴废系乎时序"的文学发展史观，确是对贵古贱今观念的更为深刻、彻底的批评。

总之，自汉末以来，从王充对贵古贱今观念的批判，葛洪在王充之基础上提出"今胜于古"的观点，到刘勰提出"文变染乎世情，兴废系乎时序"的文学发展史观，贵古贱今的错误观念虽未被完全破除（事实上，这种观念根深蒂固，贯穿于中国古代社会之始终），但"今胜于古"的观念确已产生了相当重要的影响，"质文代变"的思想已经深入人心。以"今胜于古""质文代变"的观念评价文学，这亦标志着魏晋六朝的批评家在批评观念上的自觉。

第三，以历史的眼光评价文学，将作家作品置于文学史的前后关系中，运用"推源溯流"的批评方法，在与前人的比较中确定作家作品的价值和地位。

文学批评中的"推源溯流"方法，源于中国古代学术重视源流的传统。据考察，中国古代重视源流的学术传统，源于史官，奠基于孔子，明显地体现在班固的《汉书·艺文志》中。班固《汉书·艺文志》本于刘歆《七略》，《七略》又本于刘向《别录》。所以，准确地说，重视学术源流的传统，最早体现在刘向父子的著述中。文学批评上的"推源溯流"方法，就源于这种传统，故章学诚《文史通义》卷五《诗话》说："云某人之诗，其源出于某家之类，最为有本之学，其法出于刘向父子。"[1]但是，这种"推源溯流"的文学批评方法的正式成立，并且得到广泛运用，是在晋宋时期。如挚虞《文章流别志》、谢混《文章流别本》、孔宁《续文章流别》等，其书虽佚，但从其以"流别"为名看，当是对文学体裁的"推源溯流"之作。当时的史学家，在探讨文学变迁时，都在自觉地使用"推源溯流"方法，如檀道鸾《续晋阳秋》说：

> 自司马相如、王褒、扬雄诸贤，世尚赋颂，皆体则《诗》《骚》，傍综百家之言。[2]

沈约《宋书·谢灵运传论》说：

> 自汉至魏，四百余年，辞人才子，文体三变：相如巧为形似之言，班固长于情理之说，子建、仲宣以气质为体，并标能擅美，独映当时，是以一时之士，各相慕习。源其飚流所始，莫不同祖《风》《骚》。徒以赏好异情，故意制相诡。

[1] 参见张伯伟《中国古代文学批评史上"推源溯流"法的成立及其类型》，见《钟嵘诗品研究》第 347 ~ 348 页，南京大学出版社 1999 年版。
[2] 《世说新语·文学》注引。

萧子显《南齐书·文学传论》亦说：

> 今之文章，作者虽众，总而为论，略有三体：一则启心闲绎，托辞
> 华旷，……此体之源，出灵运而成也；次则缉事比类，非对不发，……
> 此则傅咸《五经》，应璩指事。虽不全似，可以类从；次则发唱惊挺，
> 操调险急，……斯鲍照之遗烈也。

当时的文学批评家如刘勰，其评论文学，亦有很强烈的"通变"
意识和"原始要终"的观念，他在《时序》篇中总论历代文学的发展，
得出"蔚映十代，辞采九变"的结论，比起沈约的"三变说"和萧子
显的"三体说"，更具有文学史的意味。在文学鉴赏上，他说："夫
缀文者情动而辞发，观文者披文以入情，沿波讨源，虽幽必显。"[1]
亦就是说，通过"沿波讨源"（即推源溯流）的方法，就能"披文以
入情"，使幽隐之情变得显畅鲜明，从而克服"音实难知"的困难。
其对每一种文体的研究，皆首先溯流别，进行"原始以表末"的考察。
他将所有文体都归源于五经的观点，[2] 虽然不一定完全可靠，但与挚
虞《文章流别志》一样，体现了批评家强烈的历史意识，是对"推源
溯流"方法的具体运用。

以"推源溯流"方法品评文学、考察文体，在晋宋间最流行的观
点是"同祖《风》《骚》"的文学史观。以为古今文学，莫不同祖《风》

---

[1]　《文心雕龙·知音》。
[2]　《文心雕龙·宗经》说："故论、说、辞、序，则《易》统其首；诏、策、章、表，
　　　则《书》发其源；赋、颂、歌、赞，则《诗》立其本；铭、诔、箴、祝，则《礼》
　　　统其端；纪、传、铭、檄，则《春秋》为根。并穷根以树表，极远以启疆。所以
　　　百家腾跃，终入环内者也。"

《骚》，是汉人依经而立之宏论。[1]但对"同祖《风》《骚》"之宏论进行深度阐释和系统论证者，则是自觉运用"推源溯流"批评方法的晋宋学者，前面提到的檀道鸾、沈约已有这样的观点，就是把所有文体都溯源于五经的刘勰，亦有这样的观念，他在《文心雕龙·序志篇》称"本乎道，师乎圣，体乎经，酌乎纬，变乎骚"为"文之枢纽"，虽然《辩骚》一篇在《文心雕龙》书中的地位和性质，在学界颇有争论，但从他把骚体与五经并称为"文之枢纽"看，骚体当和五经一样，是文体之本源。所以，他在《辩骚》篇称"凭轼以倚《雅》《颂》，悬辔以驭楚篇"为作文应循之准则，在《定势》说："模经为式者，自入典雅之懿；效骚命篇者，必归艳逸之华。"把五经和《离骚》作为两种文学风格的代表，并认为是后世两种文学风格（即"错彩镂金"和"清水芙蓉"）的源头，这是运用"推源溯流"批评方法探讨晋宋文学的风格特点。

在晋宋文学批评家中，运用"推源溯流"方法最自觉、亦最有成就的是钟嵘，对"同祖《风》《骚》"之观点阐释得最系统、全面的亦是钟嵘。他对由汉至梁这几百年的诗歌史进行了周密的分析和整理，对其间的一百二十多位诗人进行品第，对其中的三十六位诗人进行了追本溯源的考察，并将之纳入《诗》《骚》两大系统。对于钟嵘的批评和整合，章学诚《文史通义》卷五《诗话》给予了极高的评价，他说：

> 《诗品》之于论诗，视《文心雕龙》之于论文，皆专门名家勒为成书之初祖也。《文心》体大而虑周，《诗品》思深而意远。盖《文心》笼罩群言，而《诗品》深从六艺溯流别也。

---

[1]　参见曹旭《诗品研究》第 155 页，上海古籍出版社 1998 年版。

钟嵘"深从六艺溯流别"，被章学诚誉为"最为有本之学"，他说：

> 论诗论文而知溯流别，则可以探源经籍，而进窥天地之纯，古人之大体矣。此意非后世诗话家所能喻也。

在章学诚看来，《诗品》最有价值的地方，就是"深从六艺溯流别"。此论虽然不一定完全可靠，但说它是《诗品》最显著的特色，则是毫无疑义的。

需要说明的是，晋宋批评家普遍采用的"推源溯流"方法，以及由此揭示出来的"同祖《风》《骚》"的文学史观，与前面讨论的贵古贱今、贵远贱近的批评观念，有本质的区别。因为晋宋批评家通过"推源溯流"方法，提出《风》《骚》为文学之本源，这并不意味着源就优于流，《风》《骚》就高于后代文学，源流之分并非优劣之品。相反，晋宋批评家自觉运用"推源溯流"方法进行文学批评，恰恰说明他们在批评观念上的自觉。因为，评论一个诗人的成就，离开了整体的比较，就很难得出合乎实际的科学结论。恩格斯在《评亚历山大·荣克的德国现代文学讲义》中说：

> 任何一个人在文学上的价值都不是由他自己决定的，而只是同整体的比较中决定的。

艾略特在《传统与个人才能》中亦指出：

> 任何诗人，任何艺术的艺术家，不可能单独具备完整的意义。他的意味，他的鉴赏就是他与过去诗人及艺术家之关系的鉴赏。你不能孤立地评价他，你必须将他置于过去诗人及艺术家中加以对照和比较，这里

我所说的不只是历史批评的，也是审美批评的一个原则。

"推源溯流"方法的价值和意义，就在于此。[1]

以上，我们从三个方面讨论了魏晋六朝批评家在批评观念上的自觉。其实，这三种自觉批评观念的形成，皆与流行于汉末魏晋时期的尚通意趣有关。就审美、娱乐的批评观念看，它首先表现为一种超越意识，只有超越功利实用、美刺讽谏，才能进入审美、娱乐的游戏境界，换句话说，超越意识是由实用而审美、由功利而娱乐的必要前提。而超越意识又是在尚通意趣的直接影响下形成的，[2] 所以，魏晋六朝批评家审美、娱乐的批评观念，亦是在尚通意趣的影响下产生的。魏晋六朝批评家以发展的眼光评价文学，提出"质文代变"的观点，这与当时学术界在批评贵古贱今、贵远贱近的思想活动中，提出的"今胜于古"的观点互为表里。而批评贵古贱今，主张今胜于古，又是在尚通意趣的影响下发生的文化思潮。[3] 所以，晋宋批评家"质文代变"的文学发展史观，亦是在尚通意趣的影响下形成的。再说，晋宋批评家用历史的眼光评价文学，运用"推源溯流"方法构建"同祖《风》《骚》"的文学史，亦与尚通意趣有关。因为"推源溯流"批评方法的运用，是以拔冗去繁为前提，在纷繁复杂的历史文化现象中，要清理源流，归纳纲目，必须胸怀全局，高瞻远瞩，不为枝叶细节所拘泥。简言之，就是要执一统万、举本统末。而执一统万、举本统末是玄学家在尚通意趣之影响下建立起来的学术新方法。[4] 所以，"推源溯流"

---

[1] 参见张伯伟《钟嵘诗品研究》第84页，南京大学出版社1999年版。

[2] 参见本书第三章第二节之"汉晋间人物品鉴的总体发展趋势"和第六章第一节之"尚通意趣与审美超越意识之形成"。

[3] 参见本章第一节之"尚通意趣与六朝文学创作中的新变意识"。

[4] 参见本书第五章第二节"尚通意趣与汉晋学术取径、方法和目的之变迁"。

方法，虽然源于古代学术重视源流的传统，但它被晋宋批评家普遍采用，却是在玄学家"举本统末"的学术方法之影响下形成的，是在尚通意趣的刺激下产生的。

综上所述，我们认为，魏晋六朝时期文学批评观念之自觉，与文学的自觉一样，皆是在当时知识界流行的尚通意趣之影响下的直接产物。

2. 尚通意趣与"知音"批评方法

文学即人学，自觉的文学批评与审美的人物品鉴一样，皆有精妙玄微、难以言传的特点。所以，在汉晋间，当由以道德、功利为特点的汉代人物品评进入到以才性、风神为核心的魏晋品鉴阶段时，品鉴家皆感叹知人之难，如刘劭《人物志·七缪》说："人物之理，妙不可得而穷已。""人物之理，妙而难明。"《效难》说："人物精微，能神而明，其道甚难，固难知之难。"《九征》说："盖人物之本，出于情性，情性之理，甚微而玄。非圣人之察，其孰能究之哉！"葛洪在《抱朴子》之《擢才》《清鉴》等篇章中，亦有类似的感慨。同样，在魏晋时期，当文学创作和文学批评进入自觉阶段后，批评家亦普遍感到品文评文之难。

文学即人学，文学批评和人物品鉴虽然对象不同，但其原理是相通的，魏晋六朝时期的文学批评术语，多从人物品鉴中借鉴过来，就很能说明这个问题。魏晋六朝学者对于文品和人品、品文和品人，有大致相同的认识。如刘劭说："人物之本，出于情性。"文学批评家亦以情性为文学之本，如曹丕以气论文，就初步体现出这样的观点。刘勰《文心雕龙·体性》说："气以实志，志以定言，吐纳英华，莫非情性。"萧子显《南齐书·文学传序》亦说："文章者，盖情性之风标，神明之律吕也。"钟嵘《诗品序》又说："气之动物，物之感人，故摇荡性情，形诸舞咏。"总之，他们皆认为文如其人，文中所展示的正是作者之情性。人情难鉴，文情亦非易明。另外，刘劭《人物志·材理》说：

> 必也聪能听序，思能造端，明能见机，辞能辩意，捷能摄失，守能待攻，攻能夺守，夺能易予。兼此八者，然后乃能通于天下之理。通于天下之理，则能通人矣。

据此可知，品鉴家把人之性与道之理相提并论，通于道者方能通人。道心玄微，难于知晓。故鉴人如同体道，是"难知之难"。同样，魏晋六朝批评家在构建文学本体论时，亦以"道"为文学之本体。所以，如同鉴人、体道一样，品文评文亦有相当的难度。

相较而言，汉人以经明行修、道德善恶评人，以功利实用、美刺教化论文，其标准比较客观，故容易把握。魏晋以来，以才性、风神鉴人，以艺术审美品文，有由笃实而入玄虚的特点，故而难以客观地操作。所以，像慨叹知人之难一样，魏晋六朝学者亦一再感叹文情难鉴，如曹植《与杨德祖书》批评"刘季绪才不逮于作者，而好诋诃文章，掎摭利病"，认为"有南威之容，乃可以论于淑媛；有龙泉之利，乃可以议其断割"。即就是说，文学鉴赏不是一件简单容易的事情，需要批评者有特别的素养。葛洪《抱朴子·辞义》说："夫文章之体，尤难详赏。"《尚博》具体阐释说：

> 德行为有事，优劣易见；文章微妙，其体难识。夫易见者粗也，难识者精也。夫唯粗也，故铨衡有定焉；夫唯精也，故品藻难一焉。

刘勰《文心雕龙·知音》亦说:

> 知音其难哉! 音实难知, 知实难逢。逢其知音, 千载其一乎! ……
> 形器易征, 谬乃若是; 文情难鉴, 谁曰易分。

总之, 文情难鉴, 是魏晋六朝批评家的一个共同看法。

虽然文情难鉴, 但魏晋六朝批评家仍在通过对旧有错误观念的批评, 试图建立一个客观、公正、可行的批评理论体系, 曹丕、曹植、葛洪、钟嵘、刘勰等人, 就是其中的代表人物。刘勰在前人的基础上, 受时代风气的影响, 援引音乐欣赏之理, 提出"知音"这个概念, 并以"知音"为核心建构他的文学批评理论, [1] 这在魏晋六朝文学批评史上具有集大成的意义。他在《知音》中讨论文学批评, 主要从两个方面立论: 一是客观方面, 即"音实难知", 指文学作品本身难以品鉴; 二是主观方面, 即"知实难逢", 指知音之人的难得相逢。刘勰着重讨论后者。他将"知实难逢"的原因归结为三点: 一是"贱同而思古", 二是"崇己抑人", 三是"信伪迷真"。归根结蒂, 就是"知多偏好, 人莫圆该"。所谓"知多偏好, 人莫圆该", 就是拘泥不通。拘泥不通, 必然导致如刘勰所说的"慷慨者逆声而击节, 酝藉者见密而高蹈, 浮慧者观绮而跃心, 爱奇者闻诡而惊听。会己则嗟讽, 异我则沮弃, 各执一隅之解, 欲拟万端之变"的情况, 其结果就是"知实难逢"。

---

[1] 在中国文化史上, 文学与音乐的结缘是最早的, 中国古代文学可称为音乐文学, 中国古代的文学理论亦是起源于音乐理论。这个特点在魏晋六朝时期尤其突出。魏晋六朝文人在音乐上皆有相当地修养, 曹植《与吴质书》说: "夫君子而不知音乐, 古之达论, 谓之通而蔽。"因此, 音乐作为一种题材进入文学视野, 在魏晋六朝相当盛行; 借音乐术语以论文, 借乐理以喻文理, 在曹丕《典论·论文》、陆机《文赋》、刘勰《文心雕龙》等文论专著中亦是相当普遍 (参见张伯伟《略论魏晋南北朝时期音乐与文学的关系》, 《文学评论》1999 年第 3 期)。所以, 刘勰借"知音"以论文学批评, 是有时代特色的。

　　拘泥不通是妨碍正常文学批评的主要因素，自魏晋以来，批评家多有这样的看法，如曹丕《典论·论文》认为"文人相轻"是妨碍正常文学批评的主要因素之一，为何会出现"文人相轻"这种现象呢？他解释说："夫人善于自见，而文非一体，鲜能备善，是以各以所长，相轻所短。"亦就是说，导致"文人相轻"的原因之一，就是"文非一体，鲜能备善"，简言之，就是"知多偏好"，拘泥不通。他在区分文体时说：

　　　　夫文本同而末异，盖奏议宜雅，书论宜理，铭诔尚实，诗赋欲丽。此四科不同，故能之者偏也，惟通才能备其体。

通才备善众体，或者说，只有通才才能避免"文人相轻"。进一步说，只有通览博观，才能进行正常的文学批评。葛洪《抱朴子·尚博》亦有类似的观点，其云：

　　　　或有汪濊玄旷，合契作者，内阐不测之深源，外播不匮之远流，其所祖宗也高，其所绅绎也妙，变化不系滞于规矩之方圆，旁通不凝阂于一塗之逼促。是以偏嗜酸咸者，莫能知其味；用思有限者，不能得其神也。

"偏嗜酸咸""用思有限"，就是知多偏好、拘泥不通。江淹《杂体诗序》亦说：

　　　　夫楚谣汉风，既非一骨；魏制晋造，固亦二体。譬犹蓝朱成彩，杂错之变无穷；宫商为音，靡曼之态不极。故蛾眉讵同貌而俱动于魄，芳草宁共气而皆悦于魂，不其然欤？至于世之诸贤，各滞所迷，莫不论甘

而忌辛，好丹而非素。岂所谓通方广恕，好远兼爱者哉？ [1]

　　总之，以刘勰为代表的魏晋六朝批评家，皆把知多偏好、拘泥不通视为影响正常文学批评的主要因素。

　　既然"知多偏好，人莫圆该"导致了"知实难逢"，影响了文学批评的正常开展。那末，如何克服"多偏好"和"莫圆该"的缺点呢？刘勰指出：

　　　凡操千曲而后晓声，观千剑而后识器。故圆照之象，务先博观。阅乔岳以形培塿，酌沧波以喻畎浍，无私于轻重，不偏于憎爱，然后能平理若衡，照辞如镜矣。是以将阅文情，先标六观：一观位体，二观置辞，三观通变，四观奇正，五观事义，六观宫商。斯术既形，则优劣见矣。

刘勰的逻辑很简单：既然"多偏好"和"莫圆该"影响了文学批评的正常开展，克服"多偏好"和"莫圆该"的最佳手段是"博观"。"博观"是文学批评最有效的方法，"六观"则是"博观"的具体内容。[2] "博观"

---

[1]　《文选》卷三十一。

[2]　学术界对"六观"的认识分歧较大，或认为是刘勰提出的文学批评标准，或以为是批评方法。作者同意牟世金的意见，认为"六观"是从六个方面观察评价文学作品的方法，而不是衡量作品优劣的标准（牟世金《刘勰论文学欣赏》，见《雕龙集》第 294～295 页，中国社会科学出版社 1983 年版）。关于"六观"一词，据饶宗颐说，其发想可能来自佛家《阿毗昙心论》中的"三观"。另《宗经篇》的"七观"一语，注家皆谓出于《尚书大传》。日本学者兴膳宏以为"六观"一语出自佛教还是有疑问的，但是亦不失为一种可能。他还提到刘劭《人物志·八观篇》中的"八观"说（兴膳宏《〈文心雕龙〉与〈出三藏记集〉》，见《兴膳宏〈文心雕龙〉论文集》第 42 页，彭恩华译，齐鲁书社 1984 年版）。作者认为：刘勰评文之"六观"与刘劭品人之"八观"有明显的渊源关系，甚至《文心雕龙》与《人物志》在理论体系和结构安排上亦有一定的渊源关系。关于这个问题，作者拟另撰专文讨论，兹不赘述。

者，博览通观，这是与尚通意趣密切相关的一种观察评价方法。所以，刘勰的"知音"批评鉴赏理论，无论是对旧观念的批评，还是新方法的提出，都是以尚通重博为依据的。换句话说，"知音"批评理论的形成，是以汉末魏晋六朝时期知识界盛行的尚通意趣为文化背景的。

为了进一步说明尚通意趣与"知音"批评的关系，有必要考察一下《知音》篇中的"圆照""圆该"以及《文心雕龙》中以"圆"为词根的语汇的语源和含义。《文心雕龙》书中多有带"圆"字的语汇，如圆该、圆照、圆周、圆备、圆鉴、圆览、圆合、通圆等等，此外，还有理圆事密、虑动难圆、思转自圆、骨采未圆、势转若圆等说法，可以说，"圆"是《文心雕龙》使用频率较高的语汇之一。《文心雕龙》研究者往往将这些以"圆"为词根的语汇，视为刘勰从佛教经典中转用过来的佛教语汇，如范文澜《文心雕龙注》就认为"圆通"是刘勰导入《文心雕龙》的佛教语汇。詹锳《文心雕龙义证》释《知音》篇中的"圆照"，就多引佛教文献为证。兴膳宏《〈文心雕龙〉与〈出三藏记集〉》，研究《文心雕龙》与佛教的关系，其中有一段专论《文心雕龙》书中以"圆"为词根的语汇，亦相信它们是来源于佛教。不过，由于他注意到"圆"这个词在先秦《易》《庄子》书中已经出现，所以他的结论还比较折衷，他指出：

> 《易》与《庄子》当然都是六朝玄学经典，且是要了解与汉译佛典的关系所不可或缺之书。想来用于佛典并构成重要概念的"圆"之一语就是翻译时从玄学的古语中借来的。而"圆"一旦成为佛教用语，又和《易》与《庄子》互相产生了微妙的影响，并被纳入《文心雕龙》的修辞之中。[1]

---

[1] （日）兴膳宏：《兴膳宏〈文心雕龙〉论文集》第57～58页，彭恩华译，齐鲁书社1984年版。

作者认为：这个结论是可靠的，可以弥补国内学者的一些简单化的看法。现依此作进一步的申释。

关于中国传统文化中的尚"圆"之义，钱锺书言之甚详，[1]兹不具论。需要说明的是，中国文化中的尚"圆"与重"通"是相通的，圆则通，通则圆，圆与方对，通与执对。《易·系辞上》说："是故蓍之德圆而神，卦之德方以知。"韩康伯注云："圆者运不穷，方者止有分。言蓍以圆象神，卦以方象知也。唯变所适，数无不周，故曰圆。"韩康伯以"唯变所适，数无不周"释"圆"，这正与《易》之"通变"说相似，可知《易》之"圆"与"通"相近。再说，《易》之"圆而神"的说法，与作者在第三章中讨论魏晋人物品鉴之新品目时，提出的由通而神的观点，亦相吻合。因此，作者认为：中国传统文化中的"圆"与"通"，合则为一，分则为二，并无本质的区别。在佛学经典被文人普遍关注之前，文献典籍中的确未见"圆通"一语。我们承认《文心雕龙》中的"圆通"是被导入的佛教语汇，但它却是佛经翻译家从汉语中选取出来用以表达佛教教义的语汇，所以，与其说"圆通"的语源在佛教，不如说是在中国传统文化中。而以"圆"和"通"两个词根构成一个单纯词，亦说明这两个词根的词义是相近的。

为了说明《文心雕龙》中以"圆"为词根的语汇与汉末魏晋时期流行的尚通意趣之关系，有必要考察一下刘勰使用这些语汇的具体语境。现先将之罗列如下：

> 然诗有恒裁，思无定位。随性适分，鲜能圆通。（《明诗》）
> 徒锐偏解，莫诣正理。……故其义贵圆通，辞岂枝叶。（《论说》）

---

[1] 钱锺书：《管锥编》第二册《老子王弼注》第十三条"反者道之动"；第三册《全上古三代秦汉三国六朝文》第二〇条"圆喻之多义"（中华书局1986年版）。

> 然骨鲠靡密，辞贯圆通。（《封禅》）
>
> 沿根讨叶，思转自圆。（《体性》）
>
> 故能首尾圆合，条贯统序。（《熔裁》）
>
> 诗人比兴，触物圆览。物虽胡越，合则肝胆。（《比兴》）
>
> 自非圆鉴区域，大判条例，岂能控引清源，制胜文苑哉。（《总术》）
>
> 知多偏好，人莫圆该。（《知音》）

以上所举以"圆"为词根构成的语汇的语境，大体有两种情况：一是与"条例""统序""根叶"等语汇并用，这说明以"圆"为词根的语汇与"条例""统序"等词义有关。值得注意的是，汉末魏晋学者亦常常将带"通"为词根的语汇与"条例""统序""大体""统宗"等语汇并用，或者说，把"通"作为求大义、得大体、立条例的手段。所以，作者认为：刘勰书中的"圆"，与汉末魏晋学者所尚之"通"，词义大体相近。二是与"偏解""偏好"对用。兴膳宏注意到《同异记》中有"虽有偏解，终隔圆通"一语，比较含混地指示出《文心雕龙·论说》篇中"偏解"一语是被导入的佛教语汇。事实上，通、偏对用，是汉末曹魏以来的文人在尚通意趣的影响下形成的一个普遍习惯，如曹丕《典论·论文》说："此四科不同，故能之者偏也，唯通才能备其体。"刘劭《人物志》更是以通（或称兼）、偏论人，其书中屡见"通材之人"、"兼材之人""偏材之人""偏至之材"等语汇。葛洪《抱朴子》亦有这样的用法，如《辞义》说："盖偏长之一致，非兼通之才也。"以上所举，皆是不谙佛典之人。所以，佛典中圆（通）、偏对用的情况，当是翻译家沿袭魏晋学者之通例。《文心雕龙》中的圆、偏对用，或者受佛典之影响，但其源头却是魏晋学者在尚通意趣影响下形成的通、偏对用的语言习惯。

综上所述，作者认为：《文心雕龙》中以"圆"为词根的语汇虽然与佛教有关，但却是从汉末魏晋学者手中借过来的，与当时的尚通意趣有更直接的关系。进一步说，以"圆照""圆该"为核心内容的"知音"批评理论，是在汉末魏晋时期流行的尚通意趣之直接影响下形成的。

参考文献

一、古籍类

《周易正义》，王弼等注，孔颖达等正义，中国书店 1987 年影印本。

《论语译注》，杨伯峻编著，中华书局 1958 年。

《孟子译注》，杨伯峻译注，中华书局 1988 年。

《老子校释》，朱谦之撰，中华书局 1987 年。

《庄子集解》，王先谦编著，成都古籍书店 1988 年。

《春秋繁露》，董仲舒著，上海古籍出版社 1991 年。

《法言义疏》，汪荣宝撰，中华书局 1987 年。

《淮南鸿烈集解》，刘文典集解，中华书局 1989 年。

《新论》，桓谭著，孙冯翼辑，四部备要本。

《论衡校释》，黄晖校释，中华书局 1990 年。

《白虎通德论》，班固著，上海古籍出版社 1991 年。

《潜夫论笺》，汪继培笺，彭铎校正，中华书局 1979 年。

《风俗通义校注》，王利器著，中华书局 1981 年。

《建安七子集》，俞绍初辑，中华书局 1989 年。

《中论》，徐干著，《建安七子集》（俞绍初辑校）本，中华书局 1989 年。

《王弼集校释》，楼宇烈校释，中华书局 1999 年。

《人物志》，刘劭著，涵芬楼影印明正德刊本。

《抱朴子外编校笺》，杨明照撰，中华书局 1991 年。

《陆云集》，黄葵点校，中华书局 1988 年。

《陆机集》，金涛声点校，中华书局 1982 年。

《陶渊明集》，逯钦立校注，中华书局 1979 年。

《文选》，萧统编，上海书店 1988 年影印胡克家刻本。

《颜氏家训集解》，王利器集解，上海古籍出版社 1982 年。

《世说新语笺疏》（修订本），余嘉锡笺疏，上海古籍出版社 1996 年。

《世说新语校笺》，徐震堮校笺，中华书局 1984 年。

《史记》，司马迁著，中华书局 1987 年。

《汉书补注》，王先谦撰，中华书局 1983 年。

《后汉书集解》，王先谦撰，中华书局 1984 年。

《三国志集解》，卢弼著，中华书局 1982 年。

《晋书》，唐太宗等著，上海古籍出版社、上海书店 1986 年影印武英殿本。

《宋书》，沈约撰，中华书局 1987 年。

《南齐书》，萧子显撰，中华书局 1987 年。

《梁书》，姚思廉撰，中华书局 1987 年。

《陈书》，姚思廉撰，中华书局 1987 年。

《全上古三代秦汉三国六朝文》，严可均校辑，中华书局 1995 年。

《先秦汉魏晋南北朝诗》，逯钦立辑校，中华书局 1984 年。

《文赋集释》，张少康集释，人民文学出版社 2002 年。

《诗品注》，陈延杰注，人民文学出版社 1980 年。

《钟嵘诗品讲疏》，许文雨编著，成都古籍书店 1983 年。

《诗品注释》，向长清注，齐鲁书社 1986 年。

《诗品全译》，徐达译注，贵州人民出版社 1990 年。

《文心雕龙注》，范文澜著，人民文学出版社 1978 年。

《文心雕龙义证》，詹锳著，上海古籍出版社 1989 年。

《文心雕龙札记》，黄侃著，上海古籍出版社 2000 年。

《文心雕龙校注拾遗》，杨明照著，上海古籍出版社 1982 年。

《文心雕龙选译》，周振甫选译，中华书局 1980 年。

《文镜秘府论》，（日）遍照金刚著，周维德校点，人民文学出版社 1980 年。

《司空图诗品解说二种》，孙联奎著，孙昌熙、刘淦校点，齐鲁书社 1980 年。

《文史通义》，章学诚著，江苏广陵古籍刻印社 1991 年。

《诗源辩体》，许学夷著，杜维沫校点，人民文学出版社 1987 年。

《诗薮》，胡应麟撰，上海古籍出版社 1958 年。

《历代诗话》，何文焕辑，中华书局 1981 年。

《历代诗话续编》，丁福保辑，中华书局 1983 年。

《沧浪诗话校释》，严羽著，郭绍虞校释，人民文学出版社 1961 年。

《清诗话》，王夫之等撰，上海古籍出版社 1963 年。

《历代诗续编》，郭绍虞编选，富涛荪校点，上海古籍出版社 1983 年。

二、研究著述类

《中古文学论著三种》，刘师培著，辽宁教育出版社 1997 年。

《刘师培学术论著》，劳舒编，雪克校，浙江人民出版社 1998 年。

《章太炎学术史论集》，傅刚编校，中国社会科学出版社 1997 年。

《中国经学史》，马宗霍著，上海书店 1984 年。

《诗言志辨》，朱自清著，华东师范大学出版社 1996 年。

《中国文学批评史》，罗根泽著，上海古籍出版社 1984 年。

《中国文学批评史大纲》，朱东润著，古典文学出版社 1957 年。

《中国小说史略》，鲁迅著，人民文学出版社 1976 年。

《理学·佛学·玄学》，汤用彤著，北京大学出版社 1992 年。

《魏晋玄学论稿》，汤用彤著，中华书局 1962 年。

《魏晋清谈思想初论》，贺昌群著，辽宁教育出版社 1998 年。

《魏晋思想论》，刘大杰著，上海古籍出版社 1998 年。

《魏晋的自然主义》，容肇祖著，东方出版社 1996 年。

《美学散步》，宗白华著，上海人民出版社 1981 年。

《中国学术思想史随笔》，曹聚仁著，生活·读书·新知三联书店 1986 年。

《中古文学史论集》，王瑶著，古典文学出版社 1956 年。

《注史斋丛稿》，牟润孙著，中华书局 1987 年。

《冰茧庵丛稿》，缪钺著，上海古籍出版社 1985 年。

《魏晋南北朝史论丛》，唐长孺著，生活·读书·新知三联书店 1995 年。

《三松堂学术文集》，冯友兰著，北京大学出版社 1984 年。

《中国哲学简史》，冯友兰著，涂又光译，北京大学出版社 1985 年。

《文心雕龙创作论》，王元化著，上海古籍出版社 1979 年。

《陈寅恪文学论文选集》，陈寅恪著，上海古籍出版社 1992 年。

《周秦道论发微》，张舜徽著，中华书局 1982 年

《中国文化史》，柳诒徵著，中国大百科全书出版社 1988 年。

《周予同经学史论著选集》，周予同著，上海人民出版社 1983 年。

《中国美学史大纲》，叶朗著，上海人民出版社 1987 年。

《雕龙集》，牟世金著，中国社会科学出版社 1983 年。

《兴膳宏〈文心雕龙〉论文集》，（日）兴膳宏著，彭恩华译，齐鲁书社 1984 年。

《照隅室古典文学论文集》（下册），郭绍虞著，上海古籍出版社 1983 年。

《中国文学批评史》，郭绍虞著，上海古籍出版社 1979 年。

《中国历代文论选》，郭绍虞、王文生选编，上海古籍出版社 1989 年。

《道德理想主义的重建——牟宗三新儒学论著辑要》，郑家栋编，中国广播电视出版社 1992 年。

《顾随诗文论丛》，顾之京编，天津人民出版社 1995 年。

《管锥编》，钱锺书著，中华书局1986年。

《中国思想通史》（第二、三卷），侯外庐等著，人民出版社1957年。

《秦汉史》，翦伯赞著，北京大学出版社1991年。

《中国通史简编》（修订本，第三编第二册），范文澜著，人民出版社1964年。

《西方美学史》，朱光潜著，人民文学出版社1964年。

《朱光潜美学文集》（第三卷），朱光潜著，上海文艺出版社1983年。

《德国古典美学》，蒋孔阳著，商务印书馆1980年。

《当代西方美学》，朱狄著，人民出版社1984年。

《黑格尔与艺术难题》，薛华著，中国社会科学出版社1986年。

《美的历程》，李泽厚著，文物出版社1981年。

《中国美学史》（第一卷），李泽厚、刘纲纪著，中国社会科学出版社1984年。

《中国美学史》（魏晋南北朝卷），李泽厚、刘纲纪著，安徽文艺出版社1999年。

《中国古代思想史论》，李泽厚著，人民出版社1986年。

《中国思想史》（第一卷），葛兆光著，复旦大学出版社1998年。

《中国传统价值观诠释学》，刘翔著，上海生活·读书·新知三联书店1996年。

《中国思想传统的现代诠释》，余英时著，江苏人民出版社1998年。

《论戴震与章学诚》，余英时著，三联书店2000年。

《士与中国文化》，余英时著，上海人民出版社2003年。

《士大夫政治演生史稿》，阎步克著，北京大学出版社1996年。

《察举制度变迁史稿》，阎步克著，辽宁大学出版社1997年。

《玄妙之境》，张海明著，东北师范大学出版社1998年。

《正始玄学》，王葆玹著，齐鲁书社1987年。

《世说探幽》，萧艾著，湖南出版社1992年。

《世说新语研究》，王能宪著，江苏古籍出版社1992年。

《魏晋玄谈》，孔繁著，辽宁教育出版社1991年。

《魏晋玄学新论》，徐斌著，上海古籍出版社2000年。

《魏晋南北朝哲学思想研究概述》，许抗生著，天津教育出版社1991年。

《王弼与中国文化》，韩强著，贵州人民出版社2001年。

《魏晋南北朝文学论丛》，周勋初著，江苏古籍出版社1999年。

《魏晋南北朝文学批评史》，王运熙、杨明著，上海古籍出版社1996年。

《南朝文学与北朝文学研究》，曹道衡著，江苏古籍出版社1998年。

《魏晋文学史》，徐公持著，人民文学出版社1999年。

《南北朝文学史》，曹道衡、沈玉成著，人民文学出版社1991年。

《中国中古诗歌史》，王钟陵著，江苏教育出版社1988年。

《中国古代文学理论体系·原人论》，黄霖、吴建民、吴兆路著，复旦大学出版社2000年。

《中国古代文学理论体系·方法论》，刘明今著，复旦大学出版社2000年。

《中古文学理论范畴》，詹福瑞著，河北大学出版社1997年。

《魏晋南北朝诗学》，陈顺智著，湖南人民出版社2000年。

《门阀士族与永明文学》，刘跃进著，生活·读书·新知三联书店1996年。

《魏晋南北朝文论选》，郁沅、张明高选编，人民文学出版社1999年。

《诗品研究》，曹旭著，上海古籍出版社1998年。

《诗品考索》，王发国著，成都科技大学出版社1993年。

《钟嵘诗品研究》，张伯伟，南京大学出版社1999年。

《中国文学原理》，祁志祥著，学林出版社1993年。

《论魏晋的自然观——中国艺术自觉的哲学考察》，章启群著，北京大学出版社2000年。

《审美教育书简》，（德）席勒著，译林出版社2012年版。

《艺术原理》，（英）科林伍德著，王至元、陈华中译，中国社会科学出版社 1985 年。

《判断力批判》，（德）康德著，人民出版社 2002 年。

《美学》，（德）黑格尔著，商务印书馆 1979 年。

《日本学者研究中国史论著选译》（第七卷），刘俊文主编，中华书局 1993 年。

《中国文学中所表现的自然与自然观》，（日）小尾郊一著，邵毅平译，上海古籍出版社 1989 年。

《日本中青年学者论中国史》（六朝隋唐卷），刘俊文主编，上海古籍出版社 1995 年。

三、学术论文类

《魏晋风度与文章及药与酒之关系》，鲁迅著，见《而已集》，人民文学出版社 1973 年。

《魏晋玄学与文学理论》，汤用彤著，见《理学·佛学·玄学》，北京大学出版社 1991 年。

《山水诗是怎样产生的》，林庚著，见《文学评论》1961 年第 3 期。

《再论中国传统哲学的真善美问题》，汤一介著，见《国学今论》（张岱年等著），辽宁教育出版社 1991 年。

《王充与两汉文风》，周勋初著，见《古代文艺理论研究》第 2 辑，上海古籍出版社 1980 年。

《也谈"神思"与沈思兼及其他》，卢佑诚著，见《文学遗产》1994 年第 3 期。

《从两首〈折杨柳行〉看两晋间文人心态的变化》，曹道衡著，见《文学遗产》1995 年第 3 期。

《论文学的独立和自觉非自魏晋始》，张少康著，见《北京大学学报》

1996 年第 2 期。

《试论魏晋玄学与山水诗的兴起》，韦凤娟著，见《中国文学史研究集》，上海古籍出版社 1985 年。

《用比较方法看齐梁文学思潮和古今文体之争》，刘文忠著，见《文学遗产》1994 年第 4 期。

《论六朝美学之总体特征和历史地位》，吴功正著，见《中国文化研究》1997 年第 2 期。

《玄学本体论与魏晋六朝诗学》，张海明著，见《文学评论》1997 年第 2 期。

《略论魏晋南北朝时期音乐与文学的关系》，张伯伟著，见《文学评论》1999 年第 3 期。

《六朝玄音远，谁似解人归——魏晋玄学研究四十年的回顾与反思》，陈明著，见《原学》第 2 辑，中国广播电视出版社 1995 年。

《论魏晋南北朝文学批评家对自我身份的确认》，胡大雷著，见《东方丛刊》1998 年第 3 期。

《在"为艺术而艺术"的背后——关于《典论·论文》的重新诠释》，汪春泓著，见《文史知识》1999 年第 2 期。

《思潮风尚变迁与东汉后期文学》，齐天举著，见《中国古典文学论丛》第 4 辑。

后　记

　　汉晋时期，是古代中国历史上的一个急剧变革的时期。以汉魏之际为转折点，汉朝和魏晋南北朝，无论是政治、经济，还是文化、思想，皆呈现出显而易见的差别。这种差别，在文化思想领域表现得尤其显著。略而言之，这种差别表现在士风上，是由汉代的经明行修发展而为晋宋的简易通侻；表现在学风上，是由汉代的渊综广博转移而为晋宋的清通简要；表现在文风上，是由汉代的错彩镂金嬗变而为晋宋的清水芙蓉。

　　汉晋文化思潮之急剧变迁，以及由此急剧变迁而导致的显著差别，在古代文献和当下的思想史、哲学史、文化史和文学史著作中，皆有或详或略的阐述。对于发生此种急剧变迁之原因，自近现代以来，已成为学术界讨论的热点问题之一。汤用彤、贺昌群、鲁迅、刘大杰、侯外庐、余英时、李泽厚、葛兆光等学者，都对此发表了颇有见地的见解。然而，作者认为，通过几代学者的努力探索，问题的研究已渐趋深入，但并没有得到圆满的解决。因为这些见解，或有以"学理之自然演进""学问演进之必然趋势"等简单化方式处理文化思潮变迁之复杂态势的缺陷，或有因时代局限而以阶级观点大而化之地处理思想史之复杂局面的情况，或有虽触及问题之根本而又语焉不详的情况。总之，关于汉晋文化思潮变迁的研究，仍是一个值得学者用心用力的重要课题。

　　本书研究汉晋文化思潮之变迁，在充分吸收前贤时彦的研究成果之基础上，采用"内在理路"的研究方法，试图从一个全新的视角，即盛行于汉末魏晋六朝知识界而被现当代学者普遍忽略的尚通意趣的角度，分析导致汉晋文化思潮变迁的内在原因，研究汉晋文化思潮变迁的"内在理路"，对汉晋文化思潮之变迁，作通盘的诠释。所以，本书的主旨有二：其一，揭示汉末魏晋六朝知识界盛行的尚通意趣，研究尚通意趣的内涵及其产生的背景。其二，以尚通意趣为中心，通释汉晋文化思潮之变迁以及由此导致的显著差别。作者认为，尚通意趣虽不是汉晋文化思潮变迁的唯一原因，但汉晋文化思潮变迁中的诸多问题，甚至许多根本性的问题，唯有从尚通意趣出发，才能获得比较确切而通达的解释。

从注目于汉末魏晋六朝时期知识界盛行的尚通意趣，到这部书稿的完成，前前后后已有六七个年头。在这六七年的时间里，虽然我的教学工作主要集中在汉魏晋南北朝文学史上，但研究兴趣则是集中在古代中国的政治哲学和政治智慧上。其实，我最初亦并未计划要写成这样一部三十余万字的专著，只想就这个问题做几篇专题研究论文而已。先后写成的有《论汉晋间之尚通意趣与学风转移》《论汉晋间之尚通意趣与士风变迁》《论汉晋间之尚通意趣与人物品鉴》《论汉晋间之尚通意趣与文风嬗变》《从〈人物志〉论汉晋学风之变迁》《说"文秀而质羸"——钟嵘〈诗品〉王粲条疏证》等十余篇论文，除了少数几篇相继在《文史哲》《中州学刊》《齐鲁学刊》等刊物上发表过以外，其他的篇章皆是尚未来得及修改的初稿。直到2001年春夏之交，我研究中国古代政治智慧的《正统论——发现东方政治智慧》一书定稿，并寄呈出版社后，稍事休整，我又才重新拾起"汉晋文化思潮变迁研究"这项课题，才产生了将之做成专题论著的想法。

因有长期的资料积累和十余篇专题论文作基础，所以本书的写作还是相当顺畅的。算起来，前后亦耗去了我两年多的时间。虽说写作思路是顺畅的，但写作的过程却是相当艰苦和孤寂的。在这两年中，其中的一年我爱人陈慧平女士外出进修学习，与我朝夕相伴的，是我那四岁的女儿汪叙辰。书稿一页一页地加厚，女儿亦一天一天地长大。她的天真和淘气是我在艰苦的写作过程中不可或缺的调节。本书的写作，亦就成了我的学术探索和女儿的成长过程中的一段令人难以忘怀的纪念。

在本书的写作过程中，我得到了我的老师、亲人、同事和朋友的支持和关爱，在此，我谨向他们致谢。我应该特别提到的是贵州人民出版社文史编辑室的李立朴先生，老实说，此前，我与李立朴先生仅有过一面之缘，当他得知我在从事此项课题的研究时，便主动与我联系，并为本书的立项和出版做了大量艰苦而繁琐的工作。李先生奖掖学术的工作精神，使我深受感动。在此，我谨向他表示诚挚的敬意。

最后，我要再次说明的是，本书旨在通过尚通意趣这个新视角，对汉晋文化思潮变迁之"内在理路"，提供一种可能的诠释，增加了一个理解的层面。当然，它既不是唯一的诠释，亦不是唯一的层面。缺点和偏颇在所难免，批评与指正则是我永远期待着的。

汪文学

二〇〇三年六月一日于贵阳花溪

"汪文学学术作品集"后记

十年前,出版个人学术论文集《汉唐文化与文学论集》,我写过一篇"后记",名为"读书·教书·著书——十三年学术研究和教书育人之回顾与展望"。整整十年过去了,如今又提笔撰写个人学术作品集之"后记",对二十三年之学术历程进行回顾和总结。十年一个轮回,十三年做一次反思,二十三年做一次总结,是巧合还是命定?这不好说。但这次总结与前次不同,前次只是一个阶段性的反思,故而简略;此次则是一个转折性的总结,所以务求详尽。以下,便是我对自己二十三年治学经历之回顾与学术工作之反思,以及今后研究方向的展望。

一

过去在大学里从教的时候,我对学生尤其是刚走进大学校门的新同学,特别强调大学四年的学习生活于人生发展的意义。我以为,大学四年的学习,奠定一个人一生的文化背景,确定其人生发展之方向,决定其人生发展的高度。因此,我常常建议我的学生:你必须学有所长,你必须在这四年做出你的人生规划，并按照自己的兴趣和根据自己的人生规划学习。

其实，这亦是我的经验之谈。我是 1987 年上的大学，回顾大学四年的学习生活，我只记得做了两件事情：一是写小说，二是学习中国古代文学。大学一、二年级，我的主要工作是写小说。整整两年，我写短篇，写中篇，还写过长篇。记得当时写得很入迷，除了上课之外，几乎所有课余时间都用在了这上面。大学三、四年级，我的主要工作是学习中国古代文学。之所以放弃写小说，一方面是因为写了两年，没有作品发表过，不免有些丧气；另一方面则是因为我对中国古代文学这门课程发生了浓厚兴趣。不过，现在想来，前两年的写作训练亦没有白费，它在一定程度上培育了我的文字表达能力，养成了我勤于写作的习惯。之所以放弃小说写作转而专心学习中国古代文学，缘于杨树帆先生在"先秦文学"课程上讲的第一课"先秦神话"。先生古今中外旁征博引讲述"神话"的定义、研究方法和研究动态，深深地吸引了我，使我放弃小说的写作，转而重点学习中国古代文学。就是这一节课，改变了我的学习兴趣，确定了我的人生方向。因此，在大学三、四年级这两年中，我把所有课余时间都用在了中国古代文学的学习上，整天就泡在图书馆里读书和抄材料，真是达到了如饥似渴的地步。

我大学四年就做了这两件事，但就是这两件事奠定了我的知识背景，决定了我的人生方向。我于 1991 年大学毕业后顺利考上中国古代文学专业的研究生。与现在硕士研究生的批量招生和规模培养不同，我们那个时代硕士研究生招生数量很少，三位导师带两个学生，就像师傅带学徒一样，完全是手把手的带着读书、写笔记和做论文。导师祁和晖先生，主要从事汉唐文学和巴蜀地域文化研究，精研杜诗。先生待我如子，对我关爱有加，其治学上开阔的境界和独特的视角，使我受益匪浅。在我的治学经历中，博览群书之习惯，跨学科的研究取径，多半得自于先生的教诲和启发。导师何宁先生，主要从事先秦两汉诸子之研究，精研《淮南子》，著成《淮南子集释》这样的名山事业。先生秉承乾嘉学派的治学方法，主张一辈子读通一部书。其治学之谨严、待人之宽厚，长者风范，仙风道骨，尤为后学所景仰。很长一段时间，我想做《法言》《人物志》等书之集释或笺注，就是受先生治学精神之影响。导师王发国先生，主要从事中国古代文学理论之研究，精研钟嵘《诗品》，其关于《诗品》之考证著述，尤为学界所推崇。我之所以还能做一些考证性的论文，就是直接受益于先生的教育。

作为一位学者，研究方向或者研究课题的选择，与个人兴趣和性格大有关系。记得我在硕士论文选题时，最先尝试的是做初唐诗研究。我大略花了半年多的时间，通读了初唐近百年的诗歌。但是，读完之后，我没有找到任何感觉，亦没有找到研究的切入点，并且发现自己不适合做纯粹的诗词研究。我认为，做纯粹的诗词研究，研究者应当具备较为发达的形象思维能力，具备诗性气质，最好是能够写诗，对诗歌写作本身有比较真切的体验和理解。我不会写诗，形象思维能力较差，这亦是我在小说创作的道路上走不下去的主要原因。自信抽象思维能力比较发达，并且愿意下功夫，比较适合做文化思想史方面的研究。因此，我最后以汉唐文化思想方面的课题作为硕士论文选题，写成"汉唐雄风共性论——唐人慕学汉人风范之历史文化心态研究"一文，约有十五六万字。我是基于王勃提出的"唐承汉统"说，研究唐诗中以汉代唐的原因，探讨唐人慕学汉人之历史文化心态，由此奠定了我侧重从思想文化角度研究中国传统文化的方向。

在我的学术生涯中，自谓对学术有浓厚的兴趣，有一定的学术精神和学术理想，既能做一些细密的考证，亦能做一点宏观的研究，与三位恩师的教益有直接的关系。三年硕士研究生阶段的学习，坚定了我以学术研究为终身职志的选择，奠定了我侧重于从思想文化之角度切入中国传统文化研究的学术取向。所以，硕士研究生学业完成后，我便毫不犹豫地选择去高校从事中国古代文学的教学和研究工作，并且最终如愿以偿。

二

1994 年我硕士研究生毕业，进入贵州民族大学中文系从事中国古代文学的教学研究工作。我提交给时任系主任李华年先生审查的入职材料，是一本约有五万字的"读扬雄《法言》笔记"。先生对我关爱有加，使我记忆犹新的，是在我刚进校不久，先生对我的一次谈话。大意有两点：一是一定要把课程讲好，这是在高校立足之根本；二是一定要把学问做好，这是在学界立身之根本。二十余年的教学和科研实践，我算是没有辜负先生的期望。自信比较擅长讲课，亦还能够得到学生的欢迎。如果说有什么秘诀的话，那就是我喜欢将自己的读书心得和研究成果带入课堂，以培养学生的学习兴趣、学术想象力和创造力为教学目的，因而深受学生的欢迎。自信对学术研究有浓厚兴趣，有较强的学术精神和学术理想，二十余年先后出版十余种著述，在几个学术专题之研究上，提出了个人的学术见解，亦获得学术界的认同。大体做到以教学促进科研，以科研带动教学，使教学与科研相得益彰。

记得在 1994 年的夏天，因阅读冯天瑜先生的《中华文化史》而对"正统论"课题发生兴趣。书中零星讨论的"正统论"问题，引起我的注意，并意识到这是一个对中国古代政治文化产生过重大影响而又被学术界严重忽略的课题。于是搜集相关材料，撰成《中国古代正统观论纲》一文，于1995年5月在贵州省中华文化研究会召开的"传统文化与时代精神"学术会上交流，得到与会专家的认可，于是立意开展系统深入的专题研究。从搜集资料到完成定稿，历时五年，命名为《正统论——发现东方政治智慧》，于2001年交由陕西人民出版社出版。这是我的第一部学术著作，书中提出的"正统论是具有古代中国特色的权力合法性理论"的观点，至今依然自信是对"正统论"研究的重要补充。

从事人文社科的学术研究，学术积累不可或缺。但是，一个重要学术课题的捕捉，机缘亦是至关重要的。记得在1998年2月，我在《读书》杂志上读到葛兆光先生的《知识史与思想史——思想史的写法之二》一文，其中关于"东汉博学通儒的知识主义倾向，使得当时知识阶层的知识取径大大拓展"，进而"瓦解了儒家经典作为知识的唯一性"，使"各种杂驳的知识就成了人们阅读的热门"一段文字，引起我的极大兴趣。联想到我曾经关注过的在东汉中后期知识界备受关注的"通人"群体，使我意识到东汉中后期知识界盛行的尚通意趣对汉晋文化思潮变迁的重要影响。因此，从汉末魏晋六朝时期知识界盛行的尚通意趣的角度，研究汉晋文化思潮之变迁，成为我当时关注的重点课题。大约花了两年多时间，完成书稿的写作，命名为《汉晋文化思潮变迁研究——以尚通意趣为中心》，于2002年交由贵州人民出版社出版。葛兆光先生的这篇文章，是激发我写作这本书的重要机缘。如果没有这篇文章的启发，我不会想到写作这本书。书中提出的"尚通意趣是汉晋文化思潮变迁之关键"的观点，至今依然自信是解释汉晋文化思潮变迁的重要视角。

学术研究的开展和学术课题的捕捉，还与个人的人生经历有关系。

我出生在一个传统农村家庭中，少时于我影响最深，让我最感亲近的是祖父母。记得在小时候，祖父经常带着我走亲访友。在那时的农村，酒席是四方桌，什么身份坐什么位置，是有相当讲究的。通常的规矩是：祖孙同凳，父子不同席。这个规矩在乡下讲得很严，我多次亲眼看见村中的年轻人因为不懂得这个规矩，坐错了位置，而被人嘲笑。我一直不明白其中的原因，祖父亦未能给我做出明白的解释，好像亦没有人能够说得清楚。祖父享年七十有五，他是在一个特别阴冷的冬天的傍晚，突然中风倒地，就在那天深夜，他靠在我的肩头上离开了人世。祖父去世后，我一直想写点文字纪念那段影响我一生的人伦经历。天生稚拙而沉静的我，最终未能写出这篇纪念文字，倒是由此激发了我对祖孙关系和父子伦理的学术思考，并试图对"祖孙同凳，父子不同席"的礼俗现象做出解释，最终著成《中国古代父子疏离、祖孙亲近现象初探》一文，作为我对祖父母的一种理性的追忆或怀念。这段人生经历和这篇论文的写作，激发了我对人伦关系的研究兴趣。大约从2002年秋天开始，我花了近两年的时间，对传统中国人伦关系进行通盘诠释，撰成《传统人伦关系的现代诠释》一书，交由贵州民族出版社出版。

在《传统人伦关系的现代诠释》中，我对中国传统社会的人伦关系，进行了饶有兴趣的现代诠释。虽然夫妇关系的探讨在书中占有较大的篇幅，但是，我仍感意犹未尽。因为在我看来，两性关系包括夫妇关系和情人关系。此书限于篇幅和体例，于夫妇关系有较详尽的讨论，而于情人关系则是语焉不详。因此，从那时起，我便萌生出写一部专门讨论两性情爱关系的专著的想法。于是，从2007年春开始，我花了近四年的时间，集中精力开展传统中国社会男女两性情爱关系的研究，著成《诗性风月——中国古典文学中的情爱》一书，交由中央编译出版社出版。应该说，这本书是顺着《传统人伦关系的现代诠释》

一书的学术理路延伸出来的。实际上，此书的研究和写作已经大大超出我最初的设想，一不小心就写出了四十多万字，并且还意犹未尽，许多话题还萦绕在头脑里，欲罢不能，欲弃不忍。有些问题已经初步涉及，但是尚欠深入，或者未能做出令人信服的解释。

因此，由两性情爱关系之研究引申出来的"性别诗学研究"，进入我的学术视野，于是著成《中国古代性别与诗学研究》一书，于2012年交由台湾花木兰文化出版社出版。因研究性别诗学，而延展到对中国古代文学之"古典美"与"现代性"的思考，"中国古典诗学理想"课题又进入我的学术视野，于是便有《温柔敦厚：中国古典诗学理想》一书的写作。

三

学术研究方向和研究课题的选择，还与个人的工作经历有关。我于2006年从中文系调到学校图书馆工作，主要从事地域文献的搜集、整理和研究，构建图书馆的馆藏特色；2010年又从图书馆调到文学院工作，主要从事以地域性、民族性和应用性为特色的中国语言文学学科建设。于是，地域文化、区域文学和地方文献的研究，又逐渐进入到我的学术视野。

众所周知，近代以来出版的中国文学批评史，基本上皆以中土主流精英的经典理论为研究对象，很少涉及地域文献，特别是边省地方文献中的文论材料。当然，代表一个时代文学思想之主体特色和重要成就的，主要还是文化中心地区的主流知识精英之观点。但是，撰写"中国文学批评史"，建构"华夏民族文学理论体系"，除了重点考察主流知识精英的文学观念，亦必须关注文化边缘地区的士子对文学的看法；除了重视中土主流人士之文学理论，亦应当兼顾边省少数民族民间艺术家的文学思想。如此"重写"的"中国文学批评史"和重建的"华夏民族文学理论体系"，才是名副其实的。于是，辑录和校释贵州古近代地方文献中的文学理论资料，编著《贵州古近代文学理论辑释》一书， 就是在这种背景下，基于这样的学术理念，利用在图书馆工作的便利条件做出来的。

因为编著《贵州古近代文学理论辑释》一书，接触到大量的贵州地域文献，尤其是其中关于边省地域影响文学生产和传播的史料，引起我的注意，于是撰写《地域环境对黔中明清文学创作的影响研究》一文，发表在《江汉论坛》2009 年第 5 期，并被《中国社会科学文摘》2009 年第 9 期转载。于是，便以这篇论文为基础，计划开展边省地域对文学生产和传播的影响研究，并于 2012 年以"边省地域对文学生产和传播的影响研究——以贵州明清文学为例"为题，申请并获得国家社科基金立项资助。此项工作，历时三年有余，著成《边省地域与文学生产——文学地理学视野下的黔中古近代文学生产和传播研究》一书，于 2016 年交由上海古籍出版社出版。

虽然我的学科背景是中国古代文学，但却时常保持着对文学人类学、文学地理学和文学伦理学等交叉学科的浓厚兴趣，特别是近年来渐成时尚的关于地域学或地方性知识的研究，虽然距离我的学科背景相当遥远，但还是深深地吸引着我。比如赵世瑜先生的著作《小历史与大历史：区域社会史的理念、方法与实践》一书，就使我大开眼界，恍然大悟：原来学问可以这样做，原来学问必须这样做。无论是作为方法论还是作为研究对象的区域社会史研究，其追求"回到历史现场"的治学理念，其"以民俗乡例证史，以实物碑刻证史，以民间文献证史"的研究方法，其"进村找庙，进庙找碑"的治学路径，的确在史学研究领域树立起一种新的研究"范式"，具有相当重要的启示意义。尤其是对于像我这样从事从文献至文献的中国古代文学研究者来，确有耳目一新之感。

区域社会史研究尤其重视地方性资料的发现与整理，地方性知识的搜集与描述。实际上，区域社会史的研究就是通过地域性资料的解读和地方性知识的阐释，以建构地方经济社会的发展历史。贵州区域社会史研究，首先面临的突出问题，就是地方性资料的严重欠缺。贵州地域人文传统的欠缺和单薄，乃至出现"千年断层"现象；贵州文化长期以来一直处于被忽略、被轻视和被描写的地位，主要就是因为贵州地域文献资料长期以来没有能够得到有效的搜集、整理和传承。由于地方文献资料的严重短缺，必然出现人文传统的"千年断层"；地方文献的大量散佚，体认和构建地域人文传统缺乏必要的支撑，其文化形象就一直处在被忽略、被轻视和被描写的地位。因为缺乏足够的文献资料，所以不能建构起自我的人文传统和塑造出自我的文化形象，缺乏"我者"的自我"描写"，亦就必然陷入"他者"的"描写"之中，其"被描写"的地位就不可避免。在"被描写"的过程中，因为对象不能提供足够的文献资料，"被描写"的真实性、全面性和正确性就大打折扣，被歪曲、被忽略和被轻视亦就在所难免。基于这样的研究现状，沿着这样的学术思路，搜集、整理贵州地域文献资料，就成为我和我的研究团队特别重视的基础工作，于是编校《道真契约文书汇编》，整理严修《蟫香馆使黔日记》，主编"中国乌江流域民国档案丛刊""贵州古近代名人日记丛刊""中国西南布依摩经丛刊"等大型地域文献，就逐渐地开展起来。

2012 年，我负笈桂林，在胡大雷先生的指导下攻读博士学位，撰写题为"扬雄与六朝之学"的博士论文。游学胡门三年，其时先生正主持国家社科基金重大招标课题"桂学研究"的研究工作。先生关于"桂学"的研究和学科体系的建构，深深地吸引了我，激发我构建"黔学"学科的强烈愿望。亦就是从这时起，我不再满足于做贵州地域文化课题的个案研究和贵州地方文献的个别整理，而是产生了更大的学术理想，就是力图构建具有特色的中国地域之学——黔学，建构以黔学研究、贵州精神和多彩贵州三位一体的当代贵州精神文化体系。

黔学能否为"学"？这是首先必须解决的问题。我认为，"多山多石"的山国地理和"不边不内"的通道地位，以及"割川、滇、湘、粤之剩地"而构成的区域地理和因之而形成的"五方杂处"的地域文化，及其以"大杂居，小聚居"为特点的民族分布格局和因之而形成的"和而不同"的民族文化，使贵州的地理特征、地域区位、人文风尚、地域文化和民族性格皆自成一体，与其他地域相比，皆有相当明显的特殊性和独立性。所以，以自古及今与黔地、黔人相关的精神文化为核心内容，建构一门有别于其他地域之学的黔学，不仅是可能的，而且亦是有学理依据的。黔学的学科基础和学理依据，成为当时我特别关注的课题。

大体上说，贵州精神是灵魂，多彩贵州是形象，黔学研究是基石。三者相辅相成，相得益彰，是构建当代贵州精神文化体系的三大要素。所以，我以为，摆脱长期以被轻视、被忽略和被描写的尴尬地位，重塑贵州人文形象，重建黔人的文化自信，增强贵州多民族的文化凝聚力和地域认同感，构建当代贵州精神文化体系，是当代贵州经济社会发展建设中必须面对和着力解决的问题。目前手上正在开展的"贵州地域文化精神研究"和"作为地域空间的贵州形象史研究"等课题，就是在这种学术兴趣之驱动下开展起来的。

四

回顾过去二十余年的学术经历，或是由于个人的学术兴趣，或是因为某种偶然的机缘，或者缘于个人的人生经历，或者由于工作之需要，我在几项学术专题上做了一些研究，积累了一些心得体会，养成了个人的学术习惯，发表了一些个人看法，提出了一些学术观点。就学术习惯而言，以下两点，于我而言是比较受益的。

其一，端正书写的习惯。我的这种习惯的养成很早，大约是在小学二、三年级的时候，至今依然保持。自认为个人在学术研究上有一点成绩，与这个习惯大有关系。

记得那是在四十多年前一个晚春的周末，我随了父亲去乡公所的医务室上班，父亲为乡亲们看病拿药，我闲着无事，就在乡公所的楼上楼下、室里室外闲逛。大厅左侧宣传栏上张贴的一些考试试卷吸引了我，那是当时乡村干部的时事政治考试试卷，经过红笔批改，还号有分数，现在我还记得第一道题目是"党的十一大总路线是什么"，第二道题目是"新时期的总任务是什么"。到底是出于什么目的，我至今依然没有想清楚，反正当时我产生了偷走这些试卷的强烈冲动。我装着若无其事的样子，楼上楼下、室里室外逛了一圈，在确认不会被发现的情况下，迅速扯下这些试卷，立即将它揉成一团，塞进裤裆里，偷偷地"跑"回家。那一年我八岁，小学三年级学生，这是我一生中干的第一件"偷鸡摸狗"的事情。回到家，我躲在房间里，仔细"研究"这些试卷，通过精心的比照，花了两天的时间，整理出一份"标准"答案。不知出于什么原因，我很入迷，反反复复地抄写、背诵这份试卷，持续了差不多两年，几乎是一天抄写一遍。至今在我右手中指指节上的那颗胡豆大小的老茧，就是那时握笔给磨出来的。现在想起来，这件在别人看来毫无意义的事情，对我后来的读书生活发生了重要影响，使我养成工整书写的学习习惯，养成做事认真和爱好整洁的生活习惯。

现在的年轻人都不再用钢笔书写，许多专家学者和年轻人一样，把电脑作为书写的工具。用电脑书写，有方便快捷、便于修改的好处。但是，长期以来，我还是坚持用钢笔书写，大到几十万字的学术专著，小到几千字的学术论文，我都坚持用钢笔在三百字的方格稿纸上一丝不苟地书写。只有这样，我的头脑才是清楚的，思维才是敏捷的，思路才是连贯的。朋友们都笑话我落伍了，但我还是固执地坚持着。我亦这样要求我的孩子和学生。亦许这种做法真的已经落伍，但我还是固执地认为：认真书写对年轻人的成长很重要。我甚至常常偏执地以学生的书写态度论定他的生活态度和工作作风。我以为：你不一定能成为书法家，但你必须提笔书写。一提笔写字，你就得认真。这是一种态度，是学习的态度，亦是生活的态度。

在如今这个信息化时代，资料的获取极其便利，网络环境下的资料搜寻更是方便快捷。再要求学生抄书和背书，的确有些不合时宜。不过，于我个人而言，抄书是有益的，背书是有趣的。从小养成的抄书习惯，一直保持到读研究生那个时候。如今的我已渐渐失去了抄书的热情，虽然为了进行专题研究仍在做一些资料摘录式的读书笔记。但是，我仍然要求我的孩子和学生，在读书阶段应当养成抄书和背书的习惯，应当养成认真书写的习惯。

其二，博览群书的习惯。这种习惯的养成，始于读硕士研究生那几年，至今依然保持。我始终认为，只有博览群书，才能触类旁通，才能博而返约。许多重要的学术突破，往往是在学科边缘之际或交叉学科之间。只有博览群书，才能捕捉到有价值的学术课题，才能触类旁通，进而提升研究之高度、扩展研究之宽度、掘进研究之深度。个人在学术上能够捕捉到一些有价值的课题，能够有一些心得体会和学术见解，多半缘于这个习惯。

我的专业背景是中国古代文学，研究方向是汉魏晋南北朝文学。但是，长期以来，我一直在做着所学专业以外的事情。比如，《正统论——发现东方政治智慧》一书，据说这项研究应该属于政治学的范畴。《汉晋文化思潮变迁研究》一书，据说这本书又属于思想史的范畴。《传统人伦关系的现代诠释》一书，按照学科分类，应当属于伦理学的范畴。《贵州古近代文学理论辑释》一书，这显然属于文献学的范畴。《诗性风月——中国古典文学中的情爱》一书，书名是责任编辑基于图书销售之需要而改定，实际上是关于传统中国文化语境中的两性情爱关系之研究，虽然书中引用了大量的古代文学材料，但本质上不是关于古代文学的研究，其学科归属很难确定。另外，目前正在着手的"两汉之际政治与文化的综合研究""作为地域空间的贵州形象史研究""贵州地域文化精神研究"等等课题，其学科归属亦很不明确，或者大体可以归入历史学领域。

其实，我的学科疆界划分观念比较淡薄，当我对某个问题发生兴趣，认为它值得研究，并且手边又有一些材料可以利用，以为通过自己的努力又能够做得出来的时候，我便毫不犹豫地去做了，根本不曾想到它到底属于哪个学科门类，所以常常是一不小心就迈进了别人的地盘上去了。这样的做法，说得好听一点，是知识渊博，兴趣广泛。说得不好听一点，是没有专业方向，是杂家，因此亦就不成其为家。其实，从内心里我很尊敬和佩服那些一辈子只研究一本书或一个人的学者，就像我的老师何宁先生，一辈子就做《淮南子》研究，做成《淮南子集释》这样的名山事业；像我的老师王发国先生，一辈子就以钟嵘《诗品》为中心开展中国古代文学理论研究，做成《诗品考索》这样的不朽著作；或者像我的老师祁和晖先生那样，执着于杜甫诗歌的研究；像我的博士导师胡大雷先生，专注于先秦两汉魏晋南北朝文学和文献的研究，成为当代学界在该领域的领军人物。但是，我总是抑制不住自己的好奇心，因为博览群书，常常见异思迁，往往胡思乱想。有时亦扪心自问：耗上几年的时间去经营一些不断涌现出来的一个又一个"胡思乱想"，是不是代价太大？带着这样的疑惑，我曾专程去拜访一位我向来尊重的前辈学者，他的一番点拨让我茅塞顿开，豁然开朗。他说：学问之道当由博返约、由广入专。四十不惑。四十岁以前不妨博览群书，广泛涉猎；四十岁以后应当从事专门之学，以自成一家。遗憾的是，当我准备收住这些"胡思乱想"，打算专注于中国古代文学之研究时，我却离开了学术界，转行做了公务员。看来，此生只能做一个学术杂家了。

五

回顾过去二十余年的学术经历，总结过去的学术研究，反思已往的治学追求和学术理想，下述三个问题常常萦绕于心，这不仅是我过去二十余年的治学心得，亦可能成为影响我今后学术生涯的重要因素。

其一，学术创新与问题意识之关系。创新是学术研究之灵魂，没有创新价值的学术研究就是伪学术，就是制造学术垃圾。我深信，新材料的发现和新方法、新视角的运用是推动学术创新的重要途径。同时，新问题的捕捉，亦是促进学术创新的重要动力。比如，一条大家都耳熟能详的史料摆在面前，有的人匆匆读过，不曾有任何发现，而有的人却能从常见的材料中发现新问题、大问题，通过研究进而推动学术发展。这关键在于学者是否具备独到的学术眼光和敏锐的学术洞察力。有学术眼光和敏锐洞察力的学者，常常具有强烈的问题意识，因而能够在常见材料中捕捉到有价值的学术新问题，开展具有创新价值的学术研究。所以，学术研究之成败得失，往往与学术选题有特别密切的关系。一般而言，选题水平与学者的学术素养有关，与学者是否具备敏锐的学术洞察力有关。

学者必须具备强烈的问题意识。问题意识推动学术创新，在他人没有问题的地方发现问题，在他人信以为真的地方产生怀疑，这就是问题意识，这就是学术精神。我甚至以为，学者的学术生命应该由问题构成，一辈子解决几个学术难题，在几个学术大问题上有独特见解，便算是没有枉费此生。更进一步，就个人兴趣而言，我更追求对一个个具体的学术问题作深度的开掘，提出个人的独立见解，而不大乐于做面上的陈述，如文学史、文化史、思想史之类。当然，真正有价值的文化史或文学史之类的著作，必定是在著作者经历了若干个案问题之研究后所撰著。在问题研究中，我追求"一句话结论"的学术境界，即一部数十万字的研究著作，最终当能用一句话来概括结论，如此方才算有见解，有结论。即使这个见解有问题，这个结论有偏颇，亦略胜于通过数十万字的讨论而没有任何结论的著作。比如，在《正统论——发现东方政治智慧》中，讨论唐宋以来影响广泛的"正统论"，与以梁启超、饶宗颐为代表的学者以"正统论"为中国古代史学理论之观点不同，我提出"正统论是古代中国政治权力合法性理论"的观点，基本实现了"一句话结论"的学术追求。在《汉晋文化思潮变迁研究——以尚通意趣为中心》中，讨论汉晋文化思潮之变迁，得出"尚通意趣是汉晋间学风、士风、文风变迁之关键"的结论，亦大体实现了"一句话结论"的学术追求。在《扬雄与六朝之学》中，我用了近三十万字的篇幅，研究扬雄影响六朝之学的个人可能性，讨论扬雄对六朝之学的具体影响，提出"六朝之学始于扬雄"这个观点，亦算是得出了"一句话结论"。其他如《诗性风月——中国古典文学中的情爱》《边省地域与文学生产——文学地理学视野下的黔中古近代文学生产和传播研究》等等，亦大体实现了"一句话结论"的学术追求。总之，我并不反对其他形式的学术表述，仅是出于个人学术兴趣而偏爱以问题切入研究的学术表达，乐于以问题意识构建自己的学术生命，偏爱"一句话结论"的学术研究模式。

其二，学术高度与研究深度的统一。2012 年，我负笈桂林，游学胡门。大雷先生以为：学术研究当是高度与深度的统一，即以某人或某书为出发点，研究一个时代、一种思潮或者一个流派，既有微观的研究以示其深度，又以宏观的展现以示其高度。大雷先生的用意，我能理解，传统中国的学问博大精深，过于宏观的论述往往流于空疏，过于细微的研究容易陷入琐碎。你必须成为某一局部领域的研究者，你必须是古代某位学者文人或专书的研究专家，你在学术界才有立足之地。宏观的研究应当从某人或某书出发，才能达到高度与深度的统一。

学术研究的深度与高度之统一，就是以小见大的问题。在《汉晋文化思潮变迁研究——以尚通意趣为中心》一书中，我从当时知识界流行的尚通意趣这个被一般学者忽略的视角，对汉晋八百年间文化思潮之变迁，进行通盘诠释。虽然不是以专书或专人为出发点，但亦基本上做到了小题大做，算是既有高度、亦有深度的作品。又如《扬雄与六朝之学》一书，就是基于高度与深度相统一的治学理念展开的。若专注于扬雄之研究，亦许有深度，但可能没有高度；若专注于六朝之学的研究，则有可能流于空疏，有高度而无深度。而研究扬雄与六朝之学之渊源影响关系，则或可能达到高度与深度的统一。

其三，阵地战或者游击战的问题。我常常将学术研究比喻成行军打仗。打仗有两种类型：一是阵地战，二是游击战。正规军一般打的是阵地战，虽然偶尔亦打游击战。学术研究亦是如此，以学术为职志之学者往往打的是阵地战，即以一两个学术问题为中心向周边延展，或者以一个问题为起点向前延伸。虽然亦偶尔对其他问题发生兴趣，打打游击，但其重点则主要是在一两个阵地上。

回顾过去二十余年的学术研究，我打的是阵地战，主要是在三个阵地上经营。一是以"正统论"研究为起点的学术阵地。在 2002 年出版的《正统论——发现东方政治智慧》一书，我从权力合法性理论的角度，对古代中国上层政治权力和政治秩序展开研究。为了全面认识古代中国社会的结构特点，必须对民间社会秩序和网络有一个全面的研究。于是，我又潜心于传统社会人伦关系的研究，著成《传统人伦关系的现代诠释》一书，这是学术研究的自然拓展。在本书中，我用一章的篇幅讨论传统社会的婚姻关系和爱情理想，但因论题、体例和篇幅的限制，许多问题尚未完全展开讨论，尤其是爱情理想和情人关系。于是，我又专注于传统社会情爱关系之研究，企图通过传统中国人的情爱生活视角，研究华夏族人的文化心理和诗性精神，著成《诗性风月——中国古典文学中的情爱》一书。传统中国人的情爱生活中有浓厚的诗性精神，传统中国人的诗学理想有明显的女性化特征，于是性别诗学又进入到我的学术视野，因而有了《中国古代性别与诗学研究》一书。再进一步，因对中国古代诗学之研究，古代诗学之"古典美"与"现代性"问题引起我的关注，于是就有了《温柔敦厚：中国古典诗学理想》一书。此研究阵地，将来可能发生的延展，目前尚难预料。

二是汉晋文化与文学研究领域。我在 2000 年前后约有近三年的时间，着力于从汉末魏晋时期知识界普遍流行的尚通意趣之视角，对汉晋八百年间学术文化思潮之变迁，作通盘的诠释，撰成《汉晋文化思潮变迁研究——以尚通意趣为中心》一书，以为"魏晋之学始于汉末"，提出"尚通意趣是汉晋间学风、士风、文风转移之关键"的新说。因为讨论汉晋文化思潮之变迁，注意到扬雄在其中所起到的关键作用，故撰成《扬雄与六朝之学》一书，深化或部分修正了"魏晋之学始于汉末"的观点，提出"六朝之学始于扬雄"的新说。

三是以贵州地域文化为中心的研究阵地。作为一位贵州本土学者，关注和研究本土地域文化，是责任和担当，亦是情理中事。我用了近三年的时间从贵州古近代地方文献中辑录文学理论资料，进行分类整理和诠释研究，著成《贵州古近代文学理论辑释》一书。因此项工作而涉猎较多的地方文献，在偶然情况下发现一批数量可观且自成体系的民间契约文书，于是又有近两年时间投入到契约文书的整理工作中，著成《道真契约文书汇编》一书。为了构建黔学学术体系，黔学文献的搜集整理成为我特别关注的问题。因此，我用了近两年的时间点校整理严修《蟫香馆使黔日记》，还持续主编"中国乌江流域民国档案丛刊""贵州古近代名人日记丛刊""中国西南布依摩经丛刊"等大型地域文献。因为辑释贵州古近代文学理论资料，从地域角度思考文学的生产和传播，文学地理学研究进入我的学术视野，于是又有近两年的时间投入到边省地域对文学生产和传播的影响研究中，著成《边省地域与文学生产——文学地理学视野下的黔中古近代文学生产和传播研究》一书。如果说前两个阵地主要还是基于个人的学术兴趣，那末在这个阵地上的耕耘，除了学术兴趣外，还有基于重建乡邦文化的社会责任和学术担当。

以问题意识推动学术创新，以问题研究构建学术生命。追求学术高度与研究深度的统一，偏爱既有高度又有深度的学术研究。认真经营几个学术阵地，以一两个学术问题为中心向周边延展。以上三点，是我过去二十余年的学术追求，亦是我今后的学术理想。

六

在过去的学术经历中，我养成的一个习惯，就是每隔一段时间要做一次学术总结和研究规划。回顾过去的研究，分析其得与失；检点当下的工作，清理研究进展和思考问题；谋划未来的工作，规划读书方向和研究课题。总之，力图使自己的研究工作有目的地进行，有计划地开展。

回顾过去二十余年的学术经历，我的学术研究主要是打阵地战，侧重在上述三个阵地上工作。因为在学术研究上主张打阵地战，未来的学术规划，是接着做还是另起炉灶？我主张接着做。如果另起炉灶，重新开辟一个新阵地，则将面临诸多问题：一是知识储备不足，白手起家，做起来将会捉襟见肘，无法得心应手；二是我依然还对上述三个阵地保持着高度的兴趣，以为还有足够的空间可以耕耘；三是人到中年，精力有限，不想阵地过多，战线太长，只想在这三个阵地上持续耕耘下去。

首先，基于"正统论"研究构建起来的学术阵地，其延展之方向和结果，已经大大超出我最初的预料。从注目于中国古代政治权力合法性理论的研究（《正统论——发现东方政治智慧》），延展到探讨传统中国社会的民间秩序和人际伦理（《传统人伦关系的现代诠释》）；因不满足于当下人伦关系之研究对两性情爱关系的普遍忽略，而专题探讨传统中国语境中的两性情爱关系（《诗性风月——中国古典文学中的情爱》）；因对两性情爱关系之诗性特征的重视，而延伸到性别诗学之研究（《中国古代性别与诗学研究》）；因性别诗学研究之延展，而对中国古代诗学之"古典美"与"现代性"发生兴趣，于是又有关于中国古典诗学之理想品格的研究（《温柔敦厚：中国古典诗学理想》）。这是学术理路上的自然延伸和学术兴趣上的自然拓展，但是，从权力合法性理论之研究扩展到中国古典诗学之探讨，这是我最初没有预料到的。

从目前个人的学术兴趣来看，此学术阵地仍将沿着中国古代诗学的方向继续延展，一些相关的新课题，渐次进入我的学术视野，成为我当下特别关注、近期可能开展的研究课题。一是"想象的诗学——传统中国语境中的孤独诗学研究"。关注孤独诗学研究，始于2012年年初阅读台湾学者蒋勋先生的《孤独十讲》，比较详细的研究方案在2012年6月就已经写出来了。在孤独中想象，因孤独而回忆。孤独中的人，最擅想象，最喜回忆。孤独诗学的研究，实际上包括想象诗学和回忆诗学两个方面。这是一个有趣的学术课题，遗憾的是在很长一段时间都腾不出手来做。二是文学伦理学研究。十多年前，我便对文学伦理问题发生兴趣，试图以"传统中国语境中的文学伦理问题研究"为题开展专题研究，研究工作虽然没有实质性地开展起来，但基本构想已大体形成，研究思路亦比较明晰，问题清单已大体列出。基于文学创作者、文学题材、文学风格、文学欣赏、文学功能这五个层面建构一门文学伦理学，并以中国古代文学为例，展开传统中国语境中的文学伦理问题研究，是我当下特别想做的课题。

其次，在汉晋文化与文学研究阵地上，探讨汉晋文化思潮变迁发展之"内在理路"，提出"魏晋之学始于汉末"，起于汉末魏晋之尚通意趣（《汉晋文化思潮变迁研究：以尚通意趣为中心》）。据此延展开来，进一步探讨在尚通意趣之影响下，扬雄在汉晋文化思潮变迁中的关键作用，提出"六朝之学始于两汉之际，始于扬雄"的观点（《扬雄与六朝之学》）。这是学术研究向纵深发展的必然结果。

就目前的情况看，此学术阵地的拓展，以下两项课题引起我的极大兴趣。其一是"两汉之际政治与文化的综合研究"。因深入研究扬雄的学术思想和文学创作的创新意义，注意到两汉之际，扬雄在思想和文学上的革新、刘歆在学术上的变革和王莽在政治上的改革，实为同一历史文化背景下的时代性大变革。因此，在"六朝之学始于扬雄"这个观点之基础上，"两汉之际政治与文化的综合研究"进入我的学术视野。该课题意在通过两汉之际政治、文化、学术、思想和文学的综合研究，揭示两汉之际在中国文化史上的重大转折意义，以为"两汉之际"实可与"殷周之际""唐宋之际"并列为中国古代历史上的重大转折时刻。其二是"顾随诗学研究"。在对扬雄文学深入研究的过程中，我注意到扬雄在中国古代文学"古典美"之建构上的重要意义，由此而思考中国古代文学"古典美"之建构、解构与重构问题，认为中国古代文学之"古典美"建构于扬雄、理论阐释于刘勰、解构于韩愈、重构于顾随，于是"顾随诗学研究"课题进入到我的学术视野。发现顾随在中国诗学史上的价值，通过对其以诗心和诗情为核心的"情操诗学"理论进行初步探讨，以为顾随是中国晚清民国时期最具系统性和原创性的诗歌理论建构者，其"情操诗学"理论就是对沦落了千余年的中国古典诗学理想品格的重构或再造。

第三，在地域学研究阵地上，从辑释贵州古近代文学理论资料开始（《贵州古近代文学理论辑释》），逐渐侧重贵州地域文献资料的搜集和整理，于是便有对契约文书的关注（《道真契约文书汇编》），对日记文献的重视（《蟫香馆使黔日记》），对档案文献的偏爱（《中国乌江流域民国档案丛刊·沿河卷》，对民族文献的珍视（《中国西南布依摩经丛刊》）等等。因辑释贵州古近代文学理论资料，从地域角度思考文学的生产和传播，文学地理学研究进入我的学术视野，于是便有对边省地域于文学生产和传播之影响的研究（《边省地域与文学生产——文学地理学视野下的黔中古近代文学生产和传播研究》）。因搜集和整理贵州地域文献资料，研究贵州地域文学和区域文化，构建具有特色的中国地域之学——黔学，就成为我在相当长一段时期特别关注的问题。

地域文化与文学的研究空间相当广阔，在贵州区域文化与地方文学这个学术阵地上要做的事情还很多。目前重点关注以下几项课题：一是地域文献的搜集整理，比如"中国乌江流域民国档案丛刊""贵州古近代名人日记丛刊""中国西南布依摩经丛刊"等大型地域文献的搜集、整理和出版，还得持续下去。"中国西南苗疆走廊稀见文献资料丛刊""中国清水江、都柳江、盘江流域民国档案丛刊"等大型地域文献的搜集和整理，正在筹划中。二是黔学学术体系和学术品牌的营建，尚需进一步努力，一部名为"黔学十论"的著作正在谋划之中，重点解决"黔学"何以成为学？"黔学"能否成为学？"黔学"的学术体系和理论架构等基础性问题。三是有关贵州地域文化的几项专题研究，如"国家视野下的地域文化形象构建研究——以贵州地域文化形象构建为例""贵州地域文化精神研究"等课题，正在开展之中。其他如"南明王朝与明清之际贵州社会格局和士人心态研究""苗族的历史记忆与文化心性——基于蚩尤传说的研究""山地爱情——贵州山地民族的爱情文化解读""晚清诗学大背景下的郑珍诗学研究"，等等，亦渐次进入我的学术视野，成为我近期可能开展的研究课题。

如前所说，人到中年，精力有限，不想阵地过多，战线太长，主要还是打算在原有的几个学术阵地上持续耕耘。但是，基于当下我从事的文化和旅游工作，文化旅游课题应该亦必须成为我今后重点关注的对象。目前这方面的具体研究计划尚未形成，但是，诸如基于乡土文化的中国乡村旅游研究、贵州山地旅游文化品格之构建研究、贵州人文景观之文化构成与地域分布研究、基于文化线路的古苗疆走廊的人文资源和旅游价值的研究，等等课题，亦渐次进入我的学术视野，成为我今后学术工作的一个重要组成部分。

汪文学
二〇一八年五月二十日于贵阳花溪